KB160725

통상임금
문제와 대책

본 교재내용과 관련된 문의나 강의, 자문, 임금체계 개편 컨설팅을 의뢰하시고자 하는 경우 아래로 연락주시기 바랍니다.

광 / 장 / 노 / 무 / 법 / 인
Employee Relations Consulting Firm
서울특별시 영등포구 여의도동 35−2(백상B/D 10층)
Tel.02−785−0210 Fax.02−785−0188 www.kjlabor.com

통상임금
문제와 대책

현창종 · 윤찬성 · 조화식 · 손혁 · 송승준 지음

한국학술정보

머리말

통상임금 문제가 노사관계의 뇌관으로 작용하고 있다.

2013.12.18. 대법원 전원합의체는 정기상여금이 통상임금에 해당되기 때문에 정기상여금을 통상임금에 포함하여 초과근로수당(연장근무수당, 야간근무수당, 휴일근무수당)을 계산하여야 하고, 심지어는 과거 3년분의 임금차액에 있어서도 소급청구할 수 있다고 판시하였다. 다만, 노사 간 정기상여금을 통상임금에서 제외하기로 한 합의가 있는 상태에서 통상임금에 기한 과거 3년분의 임금소급청구로 인해서 기업에 중대한 경영상의 어려움이 초래되는 경우 등이라면 이러한 청구는 신의성실의 원칙에 반하여 허용될 수 없다고 하고 있다.

이 같은 대법원 전원합의체의 판결에 따라 노사 간에 엄청난 혼란이 야기되고 있다. 현재 통상임금과 관련된 소송 200여 건이 법원에 계류되어 있으며, 노조에서는 정기상여금을 통상임금에 포함하는 교섭요구안을 만들어 사용자를 압박하고 있다.

그동안 정기상여금 등은 통상임금에 포함되지 않는다고 보아 초과근로수당 계산 시 정기상여금을 통상임금에 포함하여 산정하지 않았는데, 동 판례로 인해 초과근로수당 산정 시 정기상여금 등을 포함하여 산정하여야 하고, 이는 막대한 인건비 상승으로 기업경영의 어려움을 초래할 수 있다. 또한, 신의성실의 원칙 등으로 인해 과거 3년분까지 해당 임금을 소급해주어야 하는지가 문제가 되고, 과거 3년분까지 통상임금에 기한 임금을 소급해주어야 한다면 기업에 엄청난 재정적인 부담으로 작용할 수 있다(재계는 과거 3년분의 통상임금문제를 해결하기 위해서는 38조 원의 추가비용이 들어간다고 주장한 바 있음).

따라서 노사 당사자는 과거 3년분의 통상임금 문제는 물론, 향후 통상임금 문제를 해결하기 위한 합리적 대책을 수립하여야 하는바, 본 서에서는 이러한 문제를 해결하기 위한 방안을 제시하고자 한다.

본 서는 총 4장으로 구성하였다.

제1장에서는 임금이 무엇인지에 대해서 기술하였다. 사용자가 근로자에게 지급하는 금품이 모두 임금은 아니므로 과연 임금이 무엇인지에 대하여 구체적 사례를 통해 기술하였으며, 통상임금과 평균임금의 개념과 산정방법도 설명하였다.

제2장에서는 통상임금의 요건과 판단기준에 대하여 구체적인 사례를 통해 기술하였다. 그동안 판례가 보여준 통상임금의 변천 과정을 살펴보고, 대법원 전원합의체 판결에서 제시한 통상임금의 판단기준을 상세히 설명하였으며, 구체적인 사례를 통해 통상임금 여부를 설명하였다. 또한, 그동안 노사가 통상임금 판단의 기준으로 삼았던 고용노동부 예규인 통상임금산정지침을 이번 대법원 전원합의체 판결기준에 따라 비교 분석함으로써 노사당사자 간 통상임금 산입 여부에 대한 다툼에 명확한 해답을 제시하고자 하였다.

제3장에서는 통상임금에 관한 노사합의와 신의성실의 원칙에 대하여 기술하였다. 이번 대법원 전원합의체 판결은 정기상여금이 통상임금에 해당된다고 하면서도 통상임금에 관한 노사합의 등이 존재하는 경우에는 과거 3년분에 대한 임금소급청구는 신의성실의 원칙에 기하여 허용될 수 없다고 판시하고 있다. 따라서 신의성실의 원칙에 의거 과거 3년분의 임금소급청구가 허용되지 않는 요건에 대하여 자세히 설명하였다.

제4장에서는 통상임금에 따른 기업의 임금관리대책에 대하여 기술하였다. 과거 3년분의 임금소급청구에 대한 대책과 임금체계 개편 등 향후 통상임금문제를 해결하기 위한 대책 그리고 이러한 대책의 후속조치의 일환으로 취업규칙 등 후속규정 정비절차에 대하여 하였다. 특히 통상임금문제 해결을 위한 구체적 방안으로 임금지급조건 변경을 통한 대책, 임금체계 개편을 통한 대책, 근로시간 단축을 통한 대책, 보상휴가제 활용을 통한 대책, 임금피크제 도입을 통한 대책 등으로 구분하여 제시하였다.

모쪼록 본서가 노사당사자 간에 통상임금 문제를 해결하는 데 있어서 작은 도움이 되기를 바라며, 본 서의 출판을 허락해준 한국학술정보(주) 채종준 대표이사님과 실무자 여러분 그리고 본서의 교정을 위해 애써주신 광장노무법인 직원들께 감사드린다.

2014. 5. 20.

여의도 광장노무법인에서

저자 일동

C·o·n·t·e·n·t·s

03 CHAPTER
통상임금 노사합의와 신의성실의 원칙 _ 119

CHAPTER 01

임금

제1절 임금의 개념

1. 임금의 개념

가. 임금의 정의

임금은 근로자가 생존을 확보하기 위한 유일한 수단으로서 근로조건 중에서 가장 중요한 위치를 차지하고 있다. 따라서 임금문제는 노동운동에서도 가장 큰 관심의 대상이 될 뿐만 아니라, 근로자의 최저한의 근로조건을 정하는 근로기준법에서도 필수적인 보호대상이 된다. 이처럼 임금은 근로기준법을 통해 보호하려는 대상을 정하는 의미뿐만 아니라, 근로시간, 휴일·휴가, 휴업수당 등 다른 근로조건과 밀접한 관련을 맺고 있고 여러 임금제도의 산정기초가 되는 평균임금·통상임금 개념 및 그 범위를 정하는 전제가 되므로 임금문제는 근로자의 근로조건을 정하는 근로기준법에서 가장 중요한 보호의 대상이 된다. 아울러 산업재해보상보험법, 고용보험법 등의 사회보장법의 영역에서도 근로기준법의 임금을 준용하고 있기 때문에 임금의 범위를 정하는 것은 중요한 의미가 있다.

근로기준법 제2조 제1항 제5호에서 "임금이란 사용자가 근로의 대가로 근로자에게 임금, 봉급, 그밖에 어떠한 명칭으로든지 지급하는 일체의 금품을 말한다"고 규정하여 임금을 정의하고 있다. 그리고 근로기준법에서는 임금을 크게 '평균임금'(제2조 제1항 제6호)과 '통상임금'(제2조 제2항 및 영 제6조)의 2가지 개념으로 구별하고, 퇴직급여(근로자퇴직급여보장법 제8조), 휴업수당(제46조), 연차휴가수당(제60조 제6항), 재해보상금(제79조 내지 제83조)과 산재보험급여(산업재해보상보험법 제52조 등), 감급제재(제94조) 등에 있어서는 평균임금을 기초로 하여 산정하게 하는 한편, 해고예고수당(제26조), 주휴수당(제55조), 연장·야간·휴일근로수당(제56조), 연차휴가미사용수당(제60조) 등에 있어서는 통상임금을 기초로 하여 산정하도록 규정하고 있다. 따라서 이러한 법규정에 맞추어 근로관계에서 발생하는 초과근로수당과 퇴직급여 등을 정확히 산정하기 위해서는 근로기준법상 임금의 개념에 대한 이해가 선행되어야 한다.

근로기준법상 소정의 임금은 사용자가 근로의 대가로 근로자에게 지급하는 일체의 금품으로서, 근로자에게 계속적·정기적으로 지급되고 그 지급에 관하여 단체협약, 취업규칙, 근로계약, 노동관행 등에 의하여 사용자에게 지급의무가 지워져 있다면 그 명목 여하를 불문하고 임금에 해당한다.[1] 사용자가 근로자에게 지급하는 금품이 임금에 해당하려면 먼저 그 금품이 "근로의 대가"로서 지급되는 것이어야 하므로, 비록 그 금품이 계속적·정기적으로 지급된 것이라 하더라도 그것이 근로의 대가로서 지급된 것으로 볼 수 없다면 임금에 해당한다고 할 수 없다. 여기서 근로의 대가라 함은 근로자가 사용자의 지휘·명령을 받으며 근로를 제공한 데 대한 보수라고 이해되므로 사용자는 개개의 근로자에 대하여 법률상 또는 계약상 임금의 지급의무를 지고 있는 것을 말한다. 다시 말하면 근로관계와 관련해서 근로자가 노무의 대가로서 사용자에 대하여 그 지급청구권을 가지는 것만이 임금에 해당한다는 것이다. 그리고 근로의 대가성이 있는 금품에 해당하려면 "사용자에게 그 지급의무"가 있어야 하는데, 이는 그 지급 여부를 사용자가 임의로 결정할 수 없다는 것을 의미하는 것이다. 따라서 사용자가 지급의무 없이 은혜적으로 지급하는 금원 등은 근로의 대상으로서 지급되는 임금에 포함되지 않는다. 대법원 판례에서도 "사용자가 근로자에게 지급하는 금품이 임금에 해당하려면 먼저 그 금품이 근로의 대가로 지급되는 것이어야 하므로 비록 그 금품이

---

[1] 대법원 2012.2.9. 선고 2011다20034 판결; 대법원 2006.8.24. 선고 2004다35052 판결; 대법원 2003.2.11. 선고 2002다50828 판결; 대법원 1999.9.3. 선고 98다34393 판결; 대법원 1999.5.12. 선고 97다5015 전원합의체 판결

계속적·정기적으로 지급된 것이라 하더라도 그것이 근로의 대가로 지급된 것으로 볼 수 없다면 임금에 해당한다고 할 수 없는데, 여기서 사용자가 지급하는 어떤 금품이 근로의 대가로 지급된 것이냐를 판단함에 있어서는 그 금품이 근로제공과 직접 관련되거나 그것과 밀접하게 관련하여 사용자에게 지급의무가 발생된 것으로 볼 수 있어야 하며, 어떤 금품이 지급의무 없이 은혜적으로 지급되거나 지급의무가 있더라도 근로제공과 관련 없이 근로자가 특수한 조건이나 환경에서 직무를 수행함으로 말미암아 추가로 소요되는 비용을 변상하기 위하여 지급되는 실비변상적인 성격을 갖는 경우 등과 같이 개별 근로자의 특수하고 우연한 사정에 의하여 좌우되는 때에는 그 금품의 지급이 단체협약·취업규칙·근로관계 등이나 사용자의 방침 등에 의하여 이루어진 것이라 하더라도 그러한 금품은 근로의 대가로 지급된 것으로 볼 수 없을 것이다"[2])라고 판결하고 있다.

나. 임금의 법적 성격

근로관계에 있어서 사용자의 주된 의무는 근로자에게 근로의 대가로서 임금을 지급하는 것이며, 이 임금지급의무는 근로자의 근로제공의무와 쌍무적 견련관계에 선다. 그러므로 임금의 법적 성질은 제공된 근로에 대한 반대급부로서의 의미를 가진다. 임금의 법적 성질에 관한 학설에는 노동대가설·노동관계설·노동력대가설이 있다. 첫째 노동대가설은 임금을 근로자의 구체적 노동에 대하여 지급되는 대가로 본다. 따라서 임금은 근로자가 사용자의 지휘·명령을 받으며 실제로 노동을 제공한 데 대한 보수라고 한다. 둘째 노동관계설은 근로자가 사용자에게 노동력을 맡김으로써 그의 생존을 걸고 있다는 점을 강조하면서 임금을 구체적 노동의 대가에 국한하지 아니하고 가족수당·물가수당·주택수당·휴일임금 등을 모두 포함하는 것으로 본다. 따라서 임금은 노동의 대상이 아니라 노동관계에서 발생하는 대가라고 한다. 셋째 노동력대가설에 의하면 임금은 근로자가 그의 노동력을 일정 시간 사용자의 지휘·처분하에 두고 있는 것에 대한 대가라고 한

---

2) 대법원 2011.7.14. 선고 2011다23149 판결; 대법원 2011.3.10. 선고 2010다77514 판결; 대법원 2006.8.24. 선고 2004다35050 판결; 대법원 2004.5.14. 선고 2001다76328 판결; 대법원 1996.5.14. 선고 95다19256 판결; 대법원 1995.5.12. 선고 94다55934 판결

다. 위 세 가지 학설 중 어느 설을 취하든 근로관계에 있어서 근로제공의무는 근로자가 그의 노동력을 사용자의 지배·처분하에 맡겨야 한다는 데 변함이 없으므로 제공된 노동력을 사용자가 그의 경제적 목적을 위하여 실제로 사용했느냐 또는 사용하지 않았느냐 하는 것은 전적으로 사용자의 자유에 속하므로 문제가 되지 않는 것으로 보아야 한다. 그러므로 근로자가 그의 노동력을 사용자의 지배·처분하에 두면서 현실적인 제공을 했음에도 불구하고 사용자가 근로자를 취업시키지 못하거나 취업시키기를 원하지 않는다 하더라도 임금지급의무를 면할 수 없다. 다시 말하면 근로계약에 의하여 타인의 노동력의 사용을 약속한 사용자는 마땅히 그 노동력의 사용에 대한 경제적 위험을 부담하여야 한다. 대법원의 판례도 "근로자가 출근하여 근로태세를 갖추고 있을 때에는 설령 근로자가 근로하지 않았다 하더라도 그가 근로하지 않은 것은 사용자의 귀책사유에 해당하므로 임금을 지급해야 한다"고 판시하고 있다.3)

다. 임금일체설과 임금이분설

대법원 전원합의체는 근로기준법이 규정하는 임금의 법적 성격과 관련하여, "모든 임금은 근로의 대가로서 근로자가 사용자의 지휘를 받으며 근로를 제공하는 것에 대한 보수를 의미하므로 현실의 근로제공을 전제로 하지 않고 단순히 근로자로서의 지위에 기하여 발생하는 이른바 '생활보장적 임금'이란 있을 수 없고, 임금을 근로의 제공 대가로 지급받는 교환적 부분과 근로자로의 지위에서 받는 생활보장적 부분으로 구별할 아무런 법적 근거도 없다"고 판시하여,4) 단체협약 등에 특별한 규정이 없는 한 근로자가 근로를 제공하지 아니한 쟁의행위 기간에는 근로제공의무와 대가관계에 있는 임금청구권이 발생하지 않는다는 '무노동무임금 원칙'을 정립한 이래, 대법원은 이와 같은 임금일체설의 입장을 계속 유지하고 있다.5)

위의 전원합의체 판결 이전에 종래 판례가 취한 '임금이분설'은 임금을 근로의

---

3) 대법원 1965.2.4. 선고 64누162 판결
4) 대법원 1995.12.21. 선고 94다26721 전원합의체 판결
5) 대법원 2007.6.15. 선고 2006다13070 판결

대가로서의 성질을 갖는 교환적 부분과 단순히 근로자로서의 지위에 기하여 발생하는 생활보장적 부분으로 구분하고 있었으나, 현행법상 임금을 교환적 부분과 생활보장적 부분으로 2분할 아무런 법적 근거가 없고, 임금의 지급실태를 보더라도 기본적으로 근로자가 생활하는 데 필요한 생계비와 기업의 지불능력과의 상관관계에 따라 형성될 뿐이며, 임금을 지급항목이나 성질에 따라 사실상 근로를 제공하는 것에 대하여 지급받은 교환적 부분과 근로제공과는 무관하게 단순히 근로자로서의 지위에 기하여 받은 생활보장적 부분으로 나누어 법적 취급을 달리하는 것이 반드시 타당하다고 할 수도 없고, 실제로 현실의 임금항목 모두를 교환적 부분과 생활보장적 부분으로 준별하는 것은 경우에 따라 불가능할 수 있으며, 임금 이분설에 전형적으로 생활보장적 임금이라고 설명하는 가족수당과 주택수당 등도 그 지급내용을 보면 그것이 근로시간에 직접 또는 비례적으로 대응하지 않는다는 의미에서 근로제공과는 밀접도가 약하기는 하지만 실질적으로는 근로자가 사용자가 의도하는 근로를 제공한 것에 대하여 그 대가로서 지급되는 것이지 단순히 근로자로서의 지위를 보유하고 있다는 점에 근거하여 지급한다고 할 수 없으며, 이러한 수당 등을 지급하게 된 것이 현실의 근로제공과는 무관하게 단순히 근로자의 생활이나 지위를 보장하기 위한 것이라고 할 수도 없으므로, 이러한 수당 등을 현실적인 근로제공의 대가가 아닌 것으로 보는 것은 임금의 지급현실을 외면하는 단순한 의제에 불과하다고 보아야 할 것이다.[6]

이에 대하여, 근로계약에 의하여 근로자가 제공하는 노동은 근로자가 보유하고 있는 '육체적 및 정신적 모든 능력의 총집합'으로서의 노동력의 사용 또는 처분에 관한 권한을 사용자에게 맡겨 놓고 사용자의 지휘명령에 따라 구체적인 노동을 제공하는 이른바 종속노동의 성격을 갖고 있으므로, 근로자에게 지급되는 임금은 구체적인 노동의 제공에 대한 대가로서의 의미를 갖기 이전에 기본적으로 근로자가 전인격적인 노동력의 처분 등에 관한 권한을 사용자에게 맡겨 놓은 것에 대한 대가로서의 성격을 갖는 것이고, 따라서 근로계약은 이를 체결한 근로자가 사용자의 기업조직에 편입되어 근로자로서의 지위와 직무를 맡게 되는 제1차

---

6) 대법원 1995.12.21. 선고 94다26721 전원합의체 판결(동 전원합의체 판결과 다른 견해를 취한 대법원 1992.3.27. 선고 91다36307 판결, 대법원 1992.6.23. 92다11466 판결 등은 변경됨)

적 의무와 근로자가 매일매일 사용자의 지시에 따라 구체적인 근로를 제공하여야
할 제2차적인 의무를 부담하는 이중적 구조를 갖게 되고, 근로자의 임금도 이러
한 이중구조에 대응하여 전자처럼 근로자로서의 지위를 취득함에 따라 발생하는
부분과 후자처럼 구체적인 근로의 제공에 따라 발생하는 부분의 통합적 형태로
구성되어 있다고 보는 임금이분설의 전원합의체 판결 소수의견도 있다.

2. 임금 여부의 판단기준

근로기준법상 임금이란 사용자가 근로의 대가로 근로자에게 임금, 봉급, 그밖
에 어떠한 명칭으로든지 지급하는 일체의 금품을 말하므로, 임금이기 위해서는
명칭 여하를 불문하고 우선 실체적으로 근로의 대가로 지급하는 금품이어야 하
고, 또한 사용자가 근로자에게 지급하는 금품이어야 하며 사용자에게 그 지급의
무가 지워져 있는 금품이어야 한다. 이에 대한 판단기준을 정리하면 다음과 같다.

가. 근로의 대가로 지급하는 금품일 것

임금이기 위해서는 실체적인 요건으로서 사용자가 근로자에게 지급하는 금품
이 근로의 대가로 지급하는 것이어야 한다. 여기서 근로의 대가라 함은 사용종속
관계에서 제공되는 근로에 대한 보상, 즉 근로자가 사용자의 지시·명령 아래서
제공한 근로에 대한 반대급부라 할 수 있다.

어떤 금품이 근로의 대가로 지급된 것인지를 판단함에 있어서는 그 금품지급의
무의 발생이 근로제공과 직접 관련되거나 그것과 밀접하게 관련된 것으로 볼 수 있
어야 하고, 이러한 관련 없이 그 지급의무의 발생이 개별 근로자의 특수하고 우연
한 사정에 의하여 좌우되는 경우에는 그 금품의 지급이 단체협약·취업규칙·근로
계약 등이나 사용자의 방침 등에 의하여 이루어진 것이라 하더라도 그러한 금품은
근로의 대가로 지급된 것으로 볼 수 없을 것이다.[7]

따라서 임금은 근로제공과 직접 관련되거나 그것과 밀접하게 관련되어 근로의

---

7) 대법원 2011.7.14. 선고 2011다23149 판결; 대법원 2011.3.10. 선고 2010다77514 판결; 대법원 2002.5.31. 선고 2000다
   18127 판결; 대법원 1995.5.12. 선고 94다55934 판결

대상으로 지급하는 것이므로, 근로의 대상과는 전혀 무관하게 ① 의례적·임의적이거나 호의적·은혜적으로 지급하는 경우(예: 근로자의 길흉화복을 이유로 지급되는 경조사의 축의금 또는 조의금, 위문금, QC 활동에 대한 포상금 등), ② 근로자의 복리후생을 위해 일시적 또는 일부 근로자에게만 지급하는 경우(예: 사택제공, 목욕시설 및 운동시설, 학자금보조, 급식보조, 교통비보조 등, 다만 복리후생적인 금품이라 하더라도 단체협약이나 취업규칙 및 관행에 따라 정기적으로 모든 근로자에게 일률적으로 지급하는 금품은 순수한 의미의 복리후생비로 볼 수 없어 임금에 해당될 수 있다), ③ 기업설비의 일환 또는 실비변상적으로 지급하는 경우(예: 작업복, 작업용품대금, 출장비, 차량유지비, 판공비, 기밀비, 영업활동비 등)에는 근로의 대가성을 갖지 아니하므로 임금으로 볼 수 없다. ④ 이외에도 해고예고수당이나 재해보상금, 전임자 급여 및 근로시간면제자에 대한 급여 등도 근로의 대가성이 없으므로 임금으로 인정될 수 없다.

나. 사용자가 근로자에게 지급하는 금품일 것

임금이기 위해서는 사용자와 근로자 간의 관계, 즉 근로관계에 있는 당사자 사이에 지급되는 것이어야 한다. 비록 그 명칭이 임금이라 하더라도 그러한 금품을 주고받는 자가 근로기준법상 사용자와 근로자가 아니라면 근로기준법상 임금이라 할 수 없으며, 또한 근로관계가 아닌 자영업자가 지급받은 금품이거나 위임의 대가로 지급받은 금품도 그 명칭이 임금이라 칭하더라도 근로기준법상의 임금은 아니다.

따라서 임금은 사용자가 근로자에게 지급하는 것이므로, 호텔·식당 등에서 손님이 직접 근로자에게 지급하는 봉사료는 원칙적으로 임금이라 할 수 없다. 다만, 사용자가 고객으로부터 대금의 일정비율을 봉사료 명목으로 받아 두었다가 전체 근로자에게 그 총액을 균등분배하는 경우에는 임금이다.

또한, 주식회사의 이사, 감사 등의 임원은 회사로부터 일정한 사무처리의 위임을 받고 있는 것이므로, 사용자의 지휘·감독 아래 일정한 근로를 제공하고 소정의 임금을 받는 고용관계에 있는 것이 아니며, 따라서 일정한 보수를 받는 경우에도 이를 근로기준법 소정의 임금이라 할 수 없고, 회사의 규정에 의하여 이사 등 임원에게 퇴직금을 지급하는 경우에도 그 퇴직금은 근로기준법 소정의 퇴직금이 아니라 재직 중의 직무집행에 대한 대가로 지급되는 보수에 불과하다고 할 것이다.[8] 그리고 근로기준법상의 근로자가 아닌 골프장캐디, 보험설계사, 학습지교사, 레미콘운전기사, 택배기사 등 자영업자나 자유직업소득자 형태로 노무를 제공하고 받은 금품도 근로기준법상의 임금이 아닌 것으로 보고 있다.

다. 사용자에게 지급의무가 지워져 있는 금품일 것

임금이기 위해서는 사용자가 근로자에게 지급의무가 지워져 있는 것이어야 한다. 여기서 근로의 대가성이 있는 금품에 대하여 그 지급의무가 지워져 있다는 것은 그 지급 여부에 대하여 사용자가 임의로 결정할 수 없다는 것을 의미하는 것이고 그 지급의무의 발생근거는 단체협약이나 취업규칙 또는 근로계약에 의한 것이든, 그 금품의 지급이 사용자의 방침이나 관행에 따라 계속적으로 이루어져 노사 간에 그 지급이 당연한 것으로 여겨질 정도의 관례가 형성된 경우처럼 노동관행에 의한 것이든 무방하다 할 것이다.

따라서 임금은 사용자가 근로의 대가로 근로자에게 지급하는 금품으로서, 근로자에게 계속적·정기적으로 지급되고 단체협약, 취업규칙, 근로계약 등에 의하여 사용자에게 그 지급의무가 지워져 있는 것을 말하므로, 어떤 금품이 사용자에게 지급의무가 지워져 있는지를 판단함에 있어서는 계속적·정기적으로 지급되고 지급대상, 지급조건, 지급금액 등이 확정되어 있다면 이는 그 지급의무가 지워져 있는 것으로 볼 수 있어 근로의 대가로 지급되는 임금의 성질을 갖는다. 그러나 그 지급사유의 발생이 불확정적이고 일시적으로 지급되는 경우이거나[9] 그 지급사유의 발생이 불확정적이고 지급조건이 경영성과나 노사관계의 안정 등과 같이 근로자 개인의 업무실적 또는 근로의 제공과는 직접적인 관련이 없는 요소에 의하여 결정되게 되어 있어 그 지급 여부 및 대상자 등이 유동적인 경우에는 그 지

---

8) 대법원 2003.9.26. 선고 2002다64681 판결; 대법원 2001.2.23. 선고 2000다61312 판결; 대법원 1988.6.14. 선고 87다카2268 판결
9) 대법원 2011.10.13. 선고 2009다86246 판결; 대법원 2005.9.9. 선고 2004다41217 판결

급의무가 지워져 있는 것으로 볼 수 없으며, 이 같은 경우에는 임금이라고 볼 수 없을 것이다.[10)]

라. 명칭 여하를 불문한 일체의 금품일 것

임금이기 위해서는 그 명칭이 반드시 임금이어야 하는 것은 아니며, 그 명칭이 어떠한 명칭으로 불리든지 간에 사용자가 근로에 대한 대가로 근로자에게 지급하는 것이면 모두가 임금으로 보아야 할 것이다. 따라서 사용자가 근로자에게 지급하는 금품의 명칭에 따라 임금인지 아닌지가 결정되는 것이 아니라, 임금의 성질을 갖는지 여부의 결정에 중요한 것은 근로의 대가성이 있는지 여부라고 할 것이다.

금품에는 금전 또는 유가증권뿐만 아니라 현물 또는 시설의 제공 등 이익을 제공하는 것도 이에 포함된다. 임금은 통화로 지급되어야 한다는 근로기준법의 규정은 현실적인 임금지급의 효과가 발생하였는지 여부를 판가름하는 데 있어서만 적용될 뿐이고, 통화 이외의 다른 지급수단을 임금의 범위에조차 포함시킬 수 없다는 의미는 아니다.

3. 임금 여부의 구체적 사례

가. 은혜적·호의적인 금품

(1) 임금성을 인정한 사례

1) 하계휴가비, 설·추석귀향비와 선물비, 후생용품비의 경우

단체협약에 따라 하계휴가비는 1년에 1회 250,000원을 지급, 설·추석마다 귀향비 150,000원과 선물비 20,000원을 지급, 후생용품비로 매년 200,000원을 상·하반기로 나누어 지급하여 온 경우, 모두 단체협약에 의하여 사용자에게 지급의무가 지워져 있고, 전 근로자 또는 일정한 조건에 해당하는 근로자에게 일률적으로 지급되어 왔으므로 이는 모두 근로의 대가로서 임금에 해당한다.[11)]

---

10) 대법원 2013.4.11. 선고 2012다48077 판결; 대법원 2001.10.23. 선고 2001다53950 판결

2) 기타수당(개인연금보조금)의 경우

노사 간 합의에 의하여 전 근로자들에게 매월 기타수당이라는 항목으로 10,000원씩을 지급하다 15,000원씩으로 인상하여 개인연금보조금이라는 항목으로 지급하여 온 경우, 회사가 기타수당 또는 개인연금보조금을 지급함에 있어서 이를 월급여의 총액에 포함시켜 소득세까지 공제하여 왔다는 것이므로, 이는 정기적·계속적으로 지급되어 온 것으로서 단체협약에 의하여 회사에 그 지급의무가 지워져 있는 것이지, 사용자가 은혜적으로 지급하는 것으로 볼 수는 없다.[12]

3) 개인연금보조금의 경우

회사가 개인연금보조금제도 도입 당시 20세 이상 55세 미만 사원을 대상으로 일괄적으로 개인연금을 가입해 주기로 노동자협의회와 합의하였고, 이후 일부 근로자들이 개인연금을 신청하지 아니하거나 해제한 경우에는 개인연금보조금을 지급하지 않고 일부 재가입을 제약하였다가 노사합의를 통해 허용해 왔으며, 현재 97%가 넘는 대다수 근로자가 개인연금보조금을 지급받고 있는 사실 등을 인정한 다음, 위 개인연금보조금은 근로자들이 개인연금 가입신청을 할 경우 회사에게 매월 일정한 금액을 지정된 개인연금 계좌에 입금할 의무가 발생하게 되고, 위와 같은 개인연금보조금은 회사가 매월 정기적·일률적으로 지급하고 있으며, 그 개인연금보조금이 사용자의 일방적 의사에 따라 지급기준이 변경되는 것이라거나 실비변상적 차원의 금원으로 보기도 어려우므로, 이는 회사에게 지급의무가 지워져 있는 계속적·정기적으로 지급되는 금원으로서 평균임금의 산정 대상이 되는 임금에 해당한다.[13]

4) 가족수당의 경우

회사의 가족수당규정에 따라 배우자와 20세 미만의 자녀 중 2인에 대하여 매월 가족수당을 지급하되 그 액은 배우자에 대하여는 금 20,000원, 자녀에 대하여는 1인당 금 10,000원으로 정하여, 일정한 요건에 해당하는 근로자에게 일률적으로

---

11) 대법원 2006.5.26. 선고 2003다54322, 54339 판결
12) 대법원 2006.5.26. 선고 2003다54322, 54339 판결
13) 대법원 2011.6.10. 선고 2010두19461 판결

지급되어 왔다면, 이는 임의적·은혜적인 급여가 아니라 근로에 대한 대가의 성질을 가지는 것으로서 임금에 해당한다.[14)]

(2) 임금성을 부정한 사례

1) 하기휴가비의 경우

단체협약에 회사는 전 종업원에게 일률적으로 금 70,000원을 하기휴가비로 지급한다고 규정하고 있고, 하기휴가 3일은 매년 7월 1일부터 8월 31일 사이에 필히 실시하며 연월차, 급여, 수당과는 무관하다고 규정하고 있는바, 회사가 종업원이 하기휴가를 실시하였는지 여부에 관계없이 일률적으로 하기휴가비를 지급하였다면 이는 근로의 대상으로 지급된 금품으로서 임금에 해당되지만, 이와는 달리 하기휴가를 실시한 종업원에게만 하기휴가비를 지급하였다면 이는 근로제공과는 관계없이 은혜적으로 지급된 금품에 불과하여 임금에 해당되지 않는다.[15)]

나. 복리후생적인 금품

(1) 임금성을 인정한 사례

1) 식사대의 경우

회사가 전 근로자에게 출근일에 한하여 일정 금액 상당의 식사를 현물로 제공하되, 식사를 제공받지 아니하는 근로자에게는 이에 상당하는 구판장 이용 구매권(쿠폰)을 지급하여 온 경우에는 임금에 해당한다.[16)]

2) 휴가비와 선물비의 경우

회사는 단체협약에 따라 전 사원들에게 매년 설휴가비, 추석휴가비 각 150,000원, 하기휴가비 250,000원을 각 지급하여 왔고, 노사합의에 따라 선물비를 연 200,000

---

14) 대법원 2002.5.31. 선고 2000다18127 판결
15) 대법원 1996.5.14. 선고 95다19256 판결
16) 대법원 1993.5.11. 선고 93다4816 판결(이 판례는 식대보조비가 일급금액으로 정해진 것으로서 정기적이고 일률적으로 지급된 임금이라고 봄이 상당하므로 통상임금에 포함된다고 판시하고 있음)

원 상당으로 책정한 후 그에 상응하는 선물을 현품으로 지급하여 왔으므로 각 휴가비 및 선물비는 단체협약, 노사합의 및 관행에 따라 일률적·계속적·정기적으로 지급된 것으로서 임금에 해당한다.[17]

3) 설·추석선물의 경우

사용자가 근로의 대상으로 근로자에게 지급한 금품이 비록 현물로 지급되었다 하더라도 근로의 대가로 지급하여 온 금품이라면 평균임금의 산정에 포함되는 임금으로 봄이 상당하다[18]. 2000년도 노사 임금합의 시 설에는 10만 원 상당, 추석에는 15만 원 상당의 선물을 지급하기로 한 합의에 따라 회사가 매년 모든 근로자들에게 지급해 온 선물의 경우, 비록 그것이 현물로 지급되었다고 하더라도 평균임금의 산정기초가 되는 임금에 해당한다.[19]

(2) 임금성을 부정한 사례

1) 자녀학자금의 경우

복지후생규정에 의하여, 회사의 예산범위 내에서 직원의 취학자녀 중 2인 이내에서 중고생은 공납금의 100%를 대학생은 공납금의 70%를 타 단체로부터 장학금을 받지 않는 한도에서 보조하여 왔다면, 이와 같은 학비보조금은 임금이라고 볼 수 없다.[20]

2) 식사대의 경우

사용자가 단체협약에 따라 오전 근무자에게 1일 2장, 오후 근무자에게 1일 1장의 식권을 제공하여 사용자가 운영하는 식당에서 식사할 수 있도록 하였더라도 단체협약에서 사용자가 근로자들에게 식사를 제공하는 것은 순수 복지후생적인 것이라고 명시하고 있고, 사용자가 근로자들에게 제공한 식권은 2일간 유효하고 식사를 하지 아니한 경우 다른 물품이나 현금으로 대체하여 청구할 수 없는 것이

---

17) 대법원 2005.9.9. 선고 2004다41217 판결
18) 대법원 2011.6.10. 선고 2010두19461 판결; 대법원 2005.9.9. 선고 2004다41217 판결; 대법원 1990.12.7. 선고 90다가19647 판결
19) 대법원 2011.6.10. 선고 2010두19461 판결
20) 대법원 1991.2.26. 선고 90다15662 판결

라면 사용자가 실제 근무를 한 근로자들에 한하여 현물로 제공한 식사는 근로자의 복지후생을 위하여 제공된 것으로서 근로의 대가인 임금이라고 보기 어렵다.[21]

3) 중식대의 경우

회사가 근로자들에게 중식을 현물로 제공하는 경우, 식사를 하지 않는 근로자들이 식비에 상응하는 현금이나 다른 물품을 청구할 수 있고 회사가 이를 지급할 의무가 있다는 점을 인정할 증거가 없는 이상, 중식대는 근로자의 후생복지를 위해 제공되는 것으로서 근로의 대가인 임금이라고 보기 어렵다.[22]

4) 식사제공의 경우

회사는 중식으로 1,300원 상당의 일반식과 2,300원 상당의 특식을 제공하기로 노사 간에 합의하였으며, 이에 따라 회사는 식권을 발행하지 않고, 월요일부터 토요일까지 특식 2회를 포함하여 위 가액 상당의 중식을 현물로 제공하였는데, 회사의 근무복을 입은 사람이라면 누구든지 식사를 할 수 있고, 출근하지 않은 근로자들이나 식사를 하지 않은 근로자들에게 식사비에 상당하는 금원을 지급하지는 아니하였음을 알 수 있다. 즉 중식 제공에 관한 규정이 단체협약상 '임금'의 장이 아니라 '후생복지 및 교육훈련'의 장에 있다는 점, 식권을 발행하지 않고, 중식을 제공받지 아니한 자에게 따로 현금이나 다른 물건으로 보상하여 주지 않는 점과 회사는 토요일 오전 근무만 하는 자에게도 중식을 제공하였을 뿐만 아니라, 식사를 하지 않은 근로자들에게 식사비에 상당하는 현금은 물론이거니와 다른 물건을 따로 제공하지도 아니한 점 등을 종합하여 보면, 중식은 근로자의 후생복지를 위하여 제공되는 것으로서 근로의 대가인 임금이라고 볼 수 없으므로 평균임금 산정의 기초가 되는 임금에 해당한다고 보기 어렵다.[23]

---

21) 대법원 2002.7.23. 선고 2000다29370 판결
22) 대법원 2005.10.13. 선고 2004다13755 판결
23) 대법원 2006.5.26. 선고 2003다54322, 54399 판결

다. 실비변상적인 금품

(1) 임금성을 인정한 사례

1) 출퇴근교통비의 경우

출퇴근교통비는 그 지급의 근거가 급여규정에 반드시 명시된 것은 아니라 할지라도 정기적·제도적으로 지급되어 왔고, 사무총장을 제외한 사무국의 전 직원에게 그 직급에 따라 일률적으로 지급되어 온 것일 뿐 아니라, 특히 사무국 직원 중 출퇴근교통비가 지급되지 아니한 사무총장에게는 그 대신에 출퇴근차량이 제공되었다는 것이므로, 위 교통비는 여비나 출장비 등과 같은 실비변상적인 성격의 금원이 아니라 근로기준법상 근로의 대가인 임금의 성질을 갖는 금원이라 할 것이다.[24]

2) 차량유지비의 경우

차량유지비의 경우 그것이 차량 보유를 조건으로 지급되었거나 직원들 개인 소유의 차량을 업무용으로 사용하는 데 필요한 비용을 보조하기 위해 지급된 것이라면 실비변상적인 것으로서 근로의 대상으로 지급된 것으로 볼 수 없으나 전 직원에 대하여 또는 일정한 직급을 기준으로 일률적으로 지급되었다면 근로의 대상으로 지급된 것으로 볼 수 있다.[25]

(2) 임금성을 부정한 사례

1) 해외파견수당의 경우

임금의 의의나 평균임금제도의 근본취지에 비추어 볼 때, 국외 주재직원으로 근무하는 동안 지급받은 급여 가운데 동등한 직급호봉의 국내 직원에게 지급되는 급여를 초과하는 부분은 근로의 대상으로 지급받는 것이 아니라 실비변상적인 것이거나 해외근무라는 특수한 근무조건에 따라 국외 주재직원으로 근무하는 동안

---

24) 대법원 1992.4.10. 선고 91다37522 판결
25) 대법원 2002.5.31. 선고 2000다18127 판결; 대법원 1997.10.24. 선고 96다33037, 33044 판결

임시로 지급받은 임금이라고 보아야 할 것이므로, 취업규칙에 국외 주재직원에 대한 퇴직금의 액수를 산출함에 있어서 그 부분의 급여를 평균임금 산정의 기초가 되는 임금의 총액에 산입하지 아니하도록 규정되어 있다고 하여 그 취업규칙이 무효라고 할 수 없다.[26]

2) 차량유지비의 경우

차량보유를 조건으로 지급되었거나 직원들 개인소유의 차량을 업무용으로 사용하는 데 필요한 비용을 보조하기 위해 지급된 것이라면 실비변상적인 것으로서 근로의 대상으로 지급된 것으로 볼 수 없다.[27] 또한, 자가운전보조비 명목의 금원이 일정직급 이상의 직원 중 자기 차량을 보유하여 운전한 자에 한하여 지급되고 있다면 이는 단순히 직급에 따라 일률적으로 지급된 것이 아니고 그 지급 여부가 근로제공과 직접 또는 밀접하게 관련됨이 없이 오로지 일정 직급 이상의 직원이 자기 차량을 보유하여 운전하고 있는지 여부라는 개별 근로자의 특수하고 우연한 사정에 따라 좌우되는 것이므로, 그 자가운전보조비 중 회사가 그 직원들에게 자기 차량의 보유와 관계없이 교통비 명목으로 일률적으로 지급하는 금원을 초과하는 부분은 비록 그것이 실제 비용의 지출 여부를 묻지 아니하고 계속적·정기적으로 지급된 것이라 하더라도 근로의 대상으로 지급된 것으로 볼 수 없다.[28]

3) 출장비의 경우

출장 시 여비나 숙박비 등으로 지급되는 출장비는 사용자가 근로자로부터 근로의 제공을 받기 위하여 당연히 갖추어야 할 기업시설에 갈음하는 실비변상적인 성질을 갖는 것이므로, 그것이 월급에 포함되어 있다고 하더라도 이는 임금으로 볼 수 없다.[29]

---

26) 대법원 1990.11.9. 선고 90다카4683 판결
27) 대법원 2002.5.31. 선고 2000다18127 판결; 대법원 1997.10.24. 선고 96다33037, 33044 판결
28) 대법원 1995.5.12. 선고 94다55934 판결
29) 대법원 1971.10.22.. 선고 71다1982 판결

라. 특별상여금·경영성과금 명목의 금품

(1) 판단기준

상여금이라 하더라도 계속적·정기적으로 지급되고 그 지급액이 확정되어 있다면 이는 근로의 대가로 지급되는 임금의 성질을 가지나, 그 지급사유의 발생이 불확정적이고 일시적인 경우이거나[30) 또는 그 지급조건이 경영성과나 노사관계 안정 등과 같이 근로자 개인의 업무실적 및 근로의 제공과는 직접적인 관련이 없는 요소에 의하여 결정되게 되어 있어 그 지급 여부 및 대상자 등이 유동적인 경우에는 이를 임금이라고 볼 수 없다.[31)

(2) 임금성을 인정한 사례

1) 특별상여금의 경우

전 근로자에게 창사기념일에 특별상여금 명목으로 일정액을 지급하고 그 후에도 매년 창사기념일에 같은 액수를 지급하여 왔다면 근로의 대가인 임금의 성질을 가진다.[32)

2) 특별생산격려금의 경우

특별생산격려금을 노동쟁의의 조정결과로 전년도의 경영성과를 감안한 특별상여금으로서 1회에 한하여 지급하기로 하였더라도 이후 회사의 경영실적의 변동이나 근로자들의 업무성적과 관계없이 근로자들에게 정기적·계속적·일률적으로 지급하여 왔다면 이는 근로계약이나 노동관행 등에 의하여 사용자에게 그 지급의무가 지워져 있는 것으로서 평균임금 산정의 기초가 되는 임금에 해당한다.[33)

3) 개인 포상금의 경우

구두류 제품 판매를 주업으로 하는 회사가 매년 상품권을 판매한 직원에게 그

---

30) 대법원 2006.5.26. 선고 2003다54322, 54339 판결; 대법원 2005.9.9. 선고 2004다41217 판결
31) 대법원 2013.4.11. 선고 2012다48077 판결
32) 대법원 1982.11.23. 선고 81다카1275 판결
33) 대법원 2001.10.23. 선고 2001다53950 판결

판매실적에 따라 지급하여 온 개인 포상금의 경우, 지급시기는 다르나 미리 지급기준과 지급비율을 정하고 그에 따라 계산된 포상금을 지급하여 왔다면 근로의 대가로 지급되는 것이라고 보아야 한다.[34]

4) 인센티브의 경우

자동차판매회사에서 영업사원들에게 매월 자동차 판매수량에 따른 일정 비율의 인센티브(성과급)를 지급하는 경우, 영업사원들이 차량판매를 위하여 하는 영업활동은 회사에 대하여 제공하는 근로의 일부라 볼 수 있어 인센티브는 근로의 대가로 지급되는 것이며, 인센티브의 지급이 매월 정기적·계속적으로 이루어지고 지급기준 등 요건에 맞는 실적을 달성하였다면 회사로서는 그 실적에 따른 인센티브의 지급을 거절할 수 없을 것이며, 인센티브를 일률적으로 임금으로 보지 않을 경우 인센티브만으로 급여를 지급받기로 한 근로자는 근로를 제공하되 근로의 대상으로서의 임금은 없는 것이 되고 퇴직금도 전혀 받을 수 없게 되는 불합리한 결과가 초래될 것인 점 등에 비추어, 위 인센티브는 퇴직금 산정의 기초가 되는 평균임금에 해당한다.[35]

5) 의사에게 지급한 진료포상비의 경우

병원이 그 소속 의사들에게 기본급과 제 수당 외에 '진료포상비 지급기준' 또는 '진료성과급 지급기준'에 따라 계속적·정기적으로 진료포상비를 지급하여 왔는데, 위 진료포상비에는 기본포상비와 특진포상비, 진료수익의 다과에 비례하는 성과포상비, 협진료 및 전과포상비 등이 포함되어 있었던 사실, 2009.1.31.까지 병원에서 내과 전문의로 근무하다 퇴직한 의사의 경우 매월 230만 원의 기본포상비와 진료수익이나 실적에 따라 지급되는 위 나머지 각 포상비를 지급받아 왔고, 2009.5.14.까지 병원에서 영상의학과 전문의로 근무하다 퇴직한 의사는 위 성과포상비와 특진포상비 등을 지급받아 온 사실 등을 인정한 다음, 병원이 소속 의사의 실적을 판단하는 기준으로 삼은 진료와 특진, 협진 등의 업무는 매달 이를 수행하는 횟수에 차이는 있을지언정 그 자체는 의사 고유의 업무로서 병원에 제공된 근

---

34) 대법원 2002.5.31. 선고 2000다18127 판결
35) 대법원 2011.7.14. 선고 2011다23149 판결

로의 일부이므로, 의사들에게 지급된 진료포상비는 모두 근로기준법상 평균임금 산정의 기초가 되는 임금총액에 포함된다.[36]

(3) 임금성을 부정한 사례

1) 경영성과금의 경우

회사가 근로자들에게 지급한 성과금이 경영실적이나 무쟁의달성 여부에 따라 그 지급 여부나 지급금액이 달라지는 경우, 이는 경영성과의 일부 분배로 볼 수 있을 뿐, 근로의 대상으로서의 임금이라 할 수 없고, 그리고 은행에서 상여금 명목의 보로금이 매년 경영성과에 따라 노사합의에 의하여 그 지급 여부나 지급기준 등을 정하여 지급하는 경우에도 근로의 대가로 인정할 수 없으므로 임금에 해당하지 않는다.[37]

2) 경영성과금/생산장려격려금의 경우

성과금은 단체협약 등에 규정된 바 없이 매년 임금협약 시 노사 간 합의로 그 지급 여부나 구체적인 지급기준 등을 정하여 지급하되, 경영성과금과 생산목표달성 또는 무쟁의격려금 등의 명목으로 거의 매년 틀리게 지급한 경우, 이는 그 지급액이 확정되어 있지 않아 계속적·정기적으로 지급되어 온 것으로서 단체협약 등에 의하여 회사에게 그 지급의무가 지워져 있는 것으로 보기는 어려우므로, 평균임금 산정의 기초가 되는 임금에 해당하지 아니한다.[38]

3) 성과상여금의 경우

근로자 개개인의 업무성과와 관계없이 회사 차원에서 일정한 성과를 달성한 경우, 회사 재량으로 지급대상자를 선발하여 지급하는 성과상여금은 평균임금에 포함되지 않는다.[39]

---

36) 대법원 2011.3.10. 선고 2010다77514 판결
37) 대법원 2011.10.13. 선고 2009다86246 판결; 대법원 2006.2.23. 선고 2005다54029 판결
38) 대법원 2006.5.26. 선고 2003다54322 판결; 대법원 2005.10.13. 선고 2004다13762 판결; 대법원 2005.9.9. 선고 2004다41217 판결
39) 대법원 2013.4.11. 선고 2012다48077 판결

4) 개인실적성과급의 경우

증권회사에서 영업직원에게 지급되는 성과급에 대해서 개인의 실적에 따라 그 지급 여부와 지급액수가 결정되는 경우, 지급조건과 지급시기가 단체협약 등에 정하여져 있다 하더라도 지급조건의 충족 여부는 근로자 개인의 실적에 따라 달라지는 것으로서 근로자의 근로제공 자체의 대상이라고 볼 수 없다(단체협약에 의한 성과급제는 영업직원들에게 성과급 지급일 현재 재직 중인 자에 대하여 성과급의 지급기준액 및 지급률에 따라 산정된 성과급을 연 4회로 분할하여 지급하기로 되어 있으며, 촉탁직 근로계약서에는 월정급여 이외에 회사의 성과급제에 의한 성과급을 지급하되 분기 중 퇴직할 경우에는 해당 성과급분을 지급하지 아니하기로 한 경우, 퇴직일이 속한 분기의 성과급을 제외한 그 이전 분기까지의 성과급은 지급하여야 할 것이다).[40]

5) 장기성과급의 경우

장기성과급(Long Term Incentive, 이하 'LTI')은 임직원 개개인의 업무성과와 관계없이 보험회사가 회사 차원에서 일정한 성과를 달성한 경우 회사에 3년 이상 근속한 임직원들 중 회사의 재량으로 지급대상자를 선발하여 지급한 급여로서, 회사가 모든 정규직원들을 대상으로 개개인의 업무성과를 고려하여 매년 3월경 LTI와 별도로 지급한 연간상여금(Annual Incentive Bonus)과는 전혀 다른 성질의 것으로 보인다. 또한, 직원에게 4년 연속 LTI가 지급되기는 하였지만, 이는 매년 회사가 그 재량으로 직원을 LTI 지급대상자로 선발하였기 때문이지 일정 자격 이상의 임직원들에게 LTI를 지급하기로 하는 관행이나 관례가 성립하였다고 볼 수 없으므로 LTI는 평균임금 산정의 기초가 되는 임금에 해당하지 않는다.[41]

---

40) 대법원 2004.5.14. 선고 2001다76328 판결
41) 대법원 2013.4.11. 선고 2012다48077 판결

제2절 통상임금의 개념과 산정

1. 통상임금의 개념

가. 통상임금의 정의

근로기준법 시행령 제6조 제1항에서 "통상임금이란 근로자에게 정기적이고 일률적으로 소정근로 또는 총근로에 대하여 지급하기로 정한 시간급 금액, 일급 금액, 주급 금액, 월급 금액 또는 도급 금액을 말한다"라고 규정하고 있다.

통상임금은 해고예고수당, 법정수당, 연차유급휴가수당 및 평균임금의 최저한도의 보장의 산정기초가 된다. 즉, 통상임금은 이러한 각종 수당 등을 산정하기 위한 도구개념으로서 사전적·평가적 성격을 가지고 있다.

통상임금은 근로계약에서 정한 근로를 제공하면 확정적으로 지급되는 임금으로서, 근로계약에 따른 소정근로시간에 통상적으로 제공하는 근로의 가치를 금전적으로 평가한 것이어야 하며, 또한 근로자가 실제로 연장·야간·휴일근로와 같은 초과근로를 제공하기 전에 미리 확정되어 있어야 한다.

통상임금 여부는 임금의 명칭이나 지급주기의 장단 등 형식적인 기준이 아니라 임금의 객관적 성질이 통상임금의 법적인 요건을 갖추었는지 여부에 따라 판단하게 되며, 근로계약에서 정한 근로, 즉 소정근로가 아닌 특별한 근로(예: 초과근로)를 제공함으로써 추가로 지급받은 임금은 소정근로의 대가라 할 수 없어 통상임금에 해당되지 않는다. 그러나 법령상에는 어떠한 금품이 통상임금의 범위에 포함되는지에 관해서는 아무런 명시규정을 두고 있지 않다.

나. 임금과 통상임금

상기하는 바와 같이 사용자가 근로의 대가로 근로자에게 지급하는 금품은 그 명칭과 관계없이 근로기준법상 소정의 임금에 해당한다고 할 것이고, 소정의 임금 중에서 근로자가 소정근로시간에 통상적으로 제공하는 근로의 가치를 평가한 것으로서 사전에 미리 확정할 수 있는 것이라면 역시 그 명칭과 관계없이 통상임금에 해당한다고 할 것이다.

사용자가 근로자에게 지급되는 금품이 임금이기 위해서는 실체적으로 근로의 대가로 지급하는 것이어야 하고, 또한 통상임금이기 위해서는 실체적으로 소정의 임금 중에서 소정근로의 대가라야 한다. 즉, 임금에 대해서 그 실질에 따라 소정 근로에 대한 임금과 전체근로(소정근로와 소정근로 외의 근로를 포함하는 총근 로)에 대한 임금으로 구분한다면, 여기서 임금이라 함은 전체근로에 대한 대가로 지급하는 임금을 의미하고, 통상임금이라 함은 소정근로에 대한 대가로 지급하는 임금을 의미한다고 볼 수 있다.

그러므로 통상임금은 그 자체가 임금산정의 기초가 되는 하나의 단위이므로 근로기준법상 임금에 해당되는 것이 전제되어야 하고 사용자가 근로자에게 지급 하는 급여 중 임금으로서의 성질을 갖지 않는 것은 통상임금의 범위에 포함되지 않는 것은 그 개념상 당연한 것이다.

2. 통상임금의 기능

가. 연장·야간·휴일근로수당을 산정하는 기준임금

통상임금의 주요기능 중의 하나가 연장·야간·휴일근로에 대한 가산임금을 산정하는 기준임금이 된다.

근로기준법 제56조에는 "사용자는 연장근로와 야간근로 또는 휴일근로에 대하 여는 통상임금의 100분의 50 이상을 가산하여 지급하여야 한다"고 규정하고 있다.

나. 해고예고수당, 주휴수당, 연차휴가수당 등을 산정하는 기준임금

통상임금은 연장·야간·휴일근로에 대한 가산임금을 산정하는 기준임금이 되 는 것 이외에도 해고예고수당, 주휴수당, 연차휴가수당 등을 산정하는 기준임금 이 된다.

근로기준법 제26조 본문에는 "사용자는 근로자를 해고하려면 적어도 30일 전 에 예고하여야 하고, 30일 전에 예고하지 아니하였을 때에는 30일분 이상의 통상임금을 지급하여야 한다"고 규정하고 있고, 동법 제55조 및 시행령 제30조에는 "사용자는 근로자에게 1주 동안의 소정근로일을 개근한 자에게 평균 1회 이상의 유급휴일을 주어야 한다"고 규정하고 있으며, 동법 제60조 제5항에는 "사용자는 연차휴가기간에 대하여는 취업규칙 등에서 정하는 통상임금 또는 평균임금을 지급하여야 한다"고 규정하고 있다. 그리고 연차유급휴가는 1년간 행사하지 아니하면 소멸되나 휴가를 사용하지 못하고 근로를 제공한 연차유급휴가일수(즉, 연차휴가미사용수당)에 대하여는 취업규칙 등에서 정하는 통상임금 또는 평균임금을 지급하여야 한다고 보고 있다.

다. 평균임금의 최저한도를 보장하는 기준임금

평균임금은 이를 산정하여야 할 사유가 발생한 날 이전 3개월 동안에 지급된 임금의 총액을 그 기간의 총일수로 나누어 산출하게 되는데, 이렇게 산출된 금액이 그 근로자의 통상임금보다 적으면 그 통상임금을 평균임금으로 하게 된다(근로기준법 제2조 제2항).

이처럼 통상임금은 실제 근로시간이나 근무실적 등에 따라 증감·변동될 수 있는 평균임금의 최저한도를 보장하는 기준임금이 된다.

3. 통상임금의 산정

가. 통상임금의 산정방법에 관한 법규정

통상임금은 근로자가 정상적인 근로시간에 근로하는 외에 연장근로, 야간근로, 휴일근로 등을 한 경우, 그러한 특별한 근로에 대한 '법정수당액'을 산출하는 데 기초로 삼기 위한 것이다. 법정수당액을 산출하기 위해서는, 먼저 근로자가 몇 시간 동안 연장·야간·휴일근로 등을 하였는지를 확정하고, 그와 동시에 근로자에게 지급하기로 정하여진 통상임금을 1시간 단위로 환산한 이른바 '시간급 통상임금'의 액수가 얼마인지를 산정한 다음, 이와 같은 연장·야간·휴일근로시간수에 시간급 통상임금과 근로기준법 소정의 일정한 할증률을 순차로 곱하여야 할 것이

다. 그러므로 법정수당을 산정하기 위해서는 우선 시간급 통상임금을 산정하여야

하는 것이 필수적이다. 근로기준법 시행령에는 통상임금의 산정방법에 관하여 이

를 규정하고 있다.

근로기준법 시행령 제6조(통상임금)

① 법과 이 영에서 "통상임금"이란 근로자에게 정기적이고 일률적으로 소정근로 또는
총근로에 대하여 지급하기로 정한 시간급 금액, 일급 금액, 주급 금액, 월급 금액 또
는 도급 금액을 말한다.

② 제1항에 따른 통상임금을 시간급 금액으로 산정할 경우에는 다음 각 호의 방법에
따라 산정된 금액으로 한다.

  1. 시간급 금액으로 정한 임금은 그 금액

  2. 일급 금액으로 정한 임금은 그 금액을 1일의 소정근로시간수로 나눈 금액

  3. 주급 금액으로 정한 임금은 그 금액을 주의 통상임금 산정기준시간수(법 제2조
제1항 제7호에 따른 주의 소정근로시간과 소정근로시간 외에 유급으로 처리되는
시간을 합산한 시간)로 나눈 금액

  4. 월급 금액으로 정한 임금은 그 금액을 월의 통상임금 산정기준시간수(주의 통상
임금 산정기준시간수에 1년 동안의 평균 주의 수를 곱한 시간을 12로 나눈 시간)
로 나눈 금액

  5. 일·주·월 외의 일정한 기간으로 정한 임금은 제2호부터 제4호까지의 규정에 준
하여 산정된 금액

  6. 도급 금액으로 정한 임금은 그 임금 산정 기간에서 도급제에 따라 계산된 임금의
총액을 해당 임금산정기간(임금 마감일이 있는 경우에는 임금 마감 기간을 말한
다)의 총근로시간수로 나눈 금액

  7. 근로자가 받는 임금이 제1호부터 제6호까지의 규정에서 정한 둘 이상의 임금으로
되어 있는 경우에는 제1호부터 제6호까지의 규정에 따라 각각 산정된 금액을 합
산한 금액

③ 제1항에 따른 통상임금을 일급 금액으로 산정할 때에는 제2항에 따른 시간급 금액
에 1일의 소정근로시간수를 곱하여 계산한다.

나. 일급·주급·월급·연봉·도급금액에 대한 시간급 통상임금의 산정방법

통상임금의 산입범위에 포함되는 임금이 시간급 금액으로 정해져 있다면 시간

급통상임금은 이를 모두 합산하면 되기 때문에 산정상에 아무런 어려움이 없다.

그러나 사업장마다 임금지급의 체계나 실태는 매우 다양한 것이 현실이다. 대부

분 월급제로 되어 있는 것이 상례지만 경우에 따라 임금산정의 기간을 1월이 아

닌 1일이나 1주일 또는 1년으로 되어 있거나 도급제로 임금을 정하기도 한다.

따라서 통상임금의 산정방법과 관련하여 시간급 금액으로 정해져 있는 경우를 제외하고 일급·주급·월급·연봉 금액 및 도급 금액으로 정해진 임금에 대하여는 어떠한 산정방식에 의하여 시간급 통상임금으로 환산할 것인가가 문제가 되는데, 이에 대하여 유형별로 구분하여 설명하면 다음과 같다.

(1) 일급 금액에 대한 시간급 통상임금의 산정방식

일급 금액으로 정한 임금에 대하여는 그 금액을 1일의 소정근로시간수로 나눈 금액이 시간급 통상임금이 된다. 여기서 소정근로시간이라 함은 근로기준법 제50조(근로시간) 및 제69조 본문(연소자의 근로시간) 또는 산업안전보건법 제46조(유해위험작업의 근로시간)에 따른 근로시간의 범위에서 근로자와 사용자 사이에 정한 근로시간을 말한다(근로기준법 제2조 제1항 제7호).

이를 산식으로 나타내면 다음과 같다.

$$\text{시간급 통상임금} = \frac{\text{일급 금액}}{\text{1일의 소정근로시간(8시간)}}$$

그리고 일급 금액이 기준근로시간을 초과하는 총근로시간(예: 10시간)을 기준으로 책정되는 경우가 있는데, 이 경우는 근로기준법 제56조의 규정에 의한 할증률(100분의 150)을 감안하여 다음 산식과 같이 일급 금액을 총근로시간수로 나누어 시간급 통상임금을 산정하면 된다.

$$\text{시간급 통상임금} = \frac{\text{일급 금액}}{\text{1일의 소정근로시간} + \text{시간외근로시간} \times 1.5}$$

(2) 주급 금액에 대한 시간급 통상임금의 산정방식

주급 금액으로 정한 임금에 대하여는 그 금액을 주의 통상임금 산정기준시간수로 나눈 금액이 시간급 통상임금이 된다. 여기서 주의 통상임금 산정기준시간 수라 함은 근로기준법 제2조 제1항 제7호에 따른 주의 소정근로시간과 소정근로 시간 외에 유급으로 처리되는 시간을 합산한 시간을 말한다. 따라서 주급 금액이 근로기준법 제55조에 따른 유급 주휴일에 근무를 하지 않아도 당연히 지급되어야 할 임금, 즉 주휴수당을 포함하여 산정하고 있는 경우에는 주급 금액으로 정한 통 상임금을 주의 소정근로시간과 유급으로 처리되는 주휴시간을 합산한 시간 수 (40+8=48시간. 단, 반휴일이 유급인 경우에는 52시간)로 나누면 시간급 통상임금 이 된다.

이를 산식으로 나타내면 다음과 같다.

$$\text{시간급 통상임금} = \frac{\text{주급 금액}}{\text{1주의 통상임금 산정기준시간수(40시간 + 8시간)}}$$

(3) 월급 금액에 대한 시간급 통상임금의 산정방식

월급 금액으로 정한 임금에 대하여는 그 금액을 월의 통상임금 산정시간수로 나눈 금액이 시간급 통상임금이 된다. 여기서 월의 통상임금 산정기준시간수라 함은 주의 통상임금 산정기준시간수에 1년 동안의 평균 주의 수를 곱한 시간을 12로 나눈 시간을 말한다. 따라서 월급제의 경우에도 주급제의 경우와 마찬가지 로 근로기준법 제55조에 따른 유급주휴일에 근로하지 않아도 당연히 지급하여야 할 임금, 즉 주휴수당을 포함하여 산정하고 있는 경우에는 월급 금액으로 정한 통 상임금을 주의 통상임금 산정기준시간수에 1년 동안의 평균 주의 수를 곱한 시간 을 12로 나눈 시간 [{(40+8)×(365/7)}/12≒209. 단, 반휴일이 유급인 경우에는 226 시간] 으로 이를 나누면 시간급 통상임금이 된다.

이를 산식으로 나타내면 다음과 같다.

$$\text{시간급 통상임금} = \frac{\text{월급 금액}}{\text{1월의 통상임금 산정기준시간수(209시간)}}$$

(4) 연봉 금액에 대한 시간급 통상임금의 산정방식

연봉 금액으로 정한 임금에 대하여는 그 금액을 1년간의 월수(12월)로 나누면 월급 금액이 되므로 이를 월의 통상임금 산정시간수로 나눈 금액이 시간급 통상임금이 된다. 따라서 연봉제의 경우에도 월급제의 경우와 마찬가지로 근로기준법 제55조에 따른 주휴수당을 포함하여 산정하고 있는 경우에는 연봉 금액으로 정한 통상임금을 12로 나누고 이 금액을 주의 통상임금 산정기준시간수에 1년 동안의 평균 주의 수를 곱한 시간을 12로 나눈 시간 [{(40+8)×(365/7)}/12≒209. 단, 반휴일이 유급인 경우에는 226시간]으로 이를 나누면 시간급 통상임금이 된다.

이를 산식으로 나타내면 다음과 같다.

$$\text{시간급 통상임금} = \frac{\text{연봉 금액} \div 12 (= \text{월급 금액})}{\text{1월의 통상임금 산정기준시간수(209시간)}}$$

(5) 도급 금액에 대한 시간급 통상임금의 산정방식

도급제로 정한 임금에 대하여는 그 임금산정기간에서 도급제에 따라 계산된 임금의 총액을 해당 임금산정기간의 총근로시간수로 나눈 금액이 시간급 통상임금이 된다.

따라서 도급제 임금의 경우에는 근로자가 소정근로시간을 초과하는 시간외근로를 하였는지 여부에 관계없이 시간급 통상임금은 도급금액을 해당 도급금액 산정기간의 총근로시간수로 나눈 금액이 이에 해당된다.

이를 산식으로 나타내면 다음과 같다.

$$\text{시간급 통상임금} = \frac{\text{도급 금액}}{\text{해당 도급금액 산정기간의 총근로시간수}}$$

다. 포괄산정임금제에 따른 시간급 통상임금의 산정방법

사용자가 근로계약을 체결함에 있어서는 근로자에 대하여 기본임금을 결정하고 이를 기초로 각종 수당을 가산하여 합산 지급하는 것이 원칙이나, 기본임금을 미리 산정하지 아니한 채 각종 수당을 합한 금액을 월급여액으로 정하거나 기본임금을 정하고 매월 일정액을 각종 수당으로 지급하는 내용의 이른바 포괄임금제에 의한 임금지급계약을 체결하는 경우가 있다. 이처럼 포괄임금제의 경우에 시간급 통상임금 산정을 어떻게 해야 하는지가 문제가 될 수 있다.

월급 금액으로 정하여진 통상임금을 시간급 금액으로 산정할 때에는 그 금액을 월의 통상임금 산정기준시간수로 나눈 금액에 의하여야 하므로, 그 시간급 통상임금을 산정하기 위해서는 먼저 포괄임금액 중에서 월급 금액으로 정하여진 통상임금을 확정한 후에 이를 산정하면 될 것이다. 그러나 월급 금액으로 정하여진 통상임금을 확정하기가 곤란한 경우에는 근로자가 연장·야간·휴일에 근로를 한 것으로 의제하여 이를 약정 근로시간과 합하여 총근로시간수를 산정한 후, 연장·야간·휴일근로수당분 등이 포함된 포괄임금액을 그 총근로시간수로 나누는 방식에 의하여 그 시간급 통상임금을 산정하여도 무방하다.[42] 또한, 연봉제에 있어서도 기본연봉 이외에 고정 초과근로수당과 성과수당 등이 포함되어 있는 경우에는 총 연봉을 구성하는 포괄임금액 중에서 먼저 월급 금액으로 정하여진 통상임금을 확정하여 시간급 통상임금을 산정하거나 아니면 월급 금액으로 정하여진 통상임금을 확정하기가 곤란하다면 월급을 구성하는 포괄임금액을 기준으로 총근로시간수로 나누는 방식에 의하여 시간급 통상임금을 산정하면 될 것이다.

라. 임금항목별 혼재에 따른 시간급 통상임금의 산정방법

통상임금의 산입범위에 포함되는 임금이 시간급 금액이라면 시간급통상임금을 산정함에 있어서는 전혀 문제가 되지 않는다. 그런데 사업장마다 임금의 구성체계나 지급실태가 매우 다양하고, 또한 한 사업장 내에서도 통상임금 산입범위에 포함되는 임금형태가 일급이나 월급 또는 연봉이나 도급 등과 같이 임금항목별로 달리하고 혼재하여 이를 지급할 수가 있다.

예컨대, 일급제인 근로자의 경우, 기본급여는 일급형태로 산정지급하고 근속수

---

42) 대법원 2012.3.29. 선고 2010다91046 판결

당은 월급형태로 산정지급하며 상여금은 1년 단위(즉, 연봉형태)로 산정지급할 수가 있는바, 이처럼 임금항목별로 그 지급방법이 일급, 월급, 연급 등과 같이 혼재되어 있는 경우에 시간급 통상임금 산정을 어떻게 해야 하는지가 문제가 될 수 있다.

이 경우 시간급 통상임금을 산정함에 있어서는 임금항목별로 각각의 산정방식에 따라 시간급 통상임금으로 환산하고 이를 합산하면 될 것이다. 즉, 일급 금액으로 정해진 기본일급에 대해서는 1일의 소정근로시간수로 나누어 시간급 통상임금을 산정하고, 월급 금액으로 정해진 근속수당에 대해서는 월의 통상임금 산정기준시간수로 나누어 시간급 통상임금을 산정하며, 연봉 금액으로 정해진 상여금에 대해서는 1년간의 월수로 나누고 또다시 이를 월의 통상임금 산정기준시간수로 나누어 시간급 통상임금을 산정하여 모두 합산하면 해당 근로자에 대한 시간급 통상임금이 될 것이다.

마. 통상임금 산정기준시간

(1) 통상임금 산정기준시간의 개념

통상임금 산정기준시간이라 함은 소정근로시간과 주휴 등 유급휴일시간을 합산한 시간으로서, 연장·야간·휴일근로수당 등의 법정수당을 산정하기 위해서는 월급 금액으로 정하여져 있는 임금의 경우에는 시간급 통상임금으로 계산하여야 하는바, 그 산정기준시간을 말한다.

통상임금은 시간급으로 산출함이 원칙이다. 왜냐하면, 근로자가 기준근로시간 외에 연장근로나 휴일근로 또는 야간근로를 한 경우 이에 대한 법정수당을 시간 단위로 산정하여야 하기 때문이다. 따라서 시간급 통상임금으로 산정하기 위한 기준시간은 다음과 같다.

① 일급 금액으로 정하여진 경우에는 1일의 소정근로시간

② 주급 금액으로 정하여진 경우에는 소정근로시간과 소정근로시간 외에 유급처리되는 시간을 합산한 시간(즉, 주의 통상임금 산정기준시간)

③ 월급 금액으로 정하여진 경우에는 주의 통상임금 산정기준시간에 1년간의 평균주수를 곱한 시간을 12월로 나눈 시간(즉, 월의 통상임금 산정기준시간)

④ 도급 금액으로 정하여진 경우에는 당해 임금산정기간(임금마감일이 있는 경우에는 임금마감기간)의 총근로시간(총근로시간 외에 유급처리되는 시간은 합산한다)

(2) 기준근로시간 및 소정근로시간과의 관계

근로기준법 등에서는 1일과 1주를 단위로 하여 근로시간의 기준에 관하여 이를 규정함으로써 기준근로시간으로 작용하고 있다. 즉, 성인근로자의 경우는 1일 8시간, 1주 40시간이 법정 기준근로시간이 되고, 연소근로자(18세 미만)의 경우는 1일 7시간, 1주 40시간이 법정 기준근로시간이 되며, 유해·위험작업근로자의 경우는 1일 6시간, 1주 34시간이 법정 기준근로시간이 된다.

소정근로시간이라 함은 법정 기준근로시간 범위에서 근로자와 사용자 사이에 정한 시간으로서 실제로 근로하기로 한 시간을 말한다(근로기준법 제2조 제7호). 주휴 등 유급휴일은 소정근로시간에 포함되지 아니한다. 따라서 성인근로자의 경우 1일의 소정근로시간은 8시간, 1주의 소정근로시간은 40시간의 범위에서 근로자와 사용자 사이에 정한 시간이 이에 해당한다. 그리고 연소자(18세 미만인 자)의 경우는 1일 7시간, 1주 40시간의 범위에서 정한 시간이며, 유해위험작업의 경우에는 1일 6시간, 1주 34시간의 범위에서 정한 시간이 이에 해당한다.

(3) 통상임금 산정기준시간수의 구분

통상임금이 주급 금액 또는 월급 금액 등으로 정하여져 있는 경우에 시간급 통상임금으로 산정하는 방법은 해당금액을 1주 또는 1월의 통상임금 산정시간수로 나누어 계산하게 된다.

여기서 1주의 통상임금 산정시간수라 함은 1주의 소정근로시간과 소정근로시간 외에 유급으로 처리되는 시간을 합산한 시간을 말하며(시행령 제6조 제2항 제3호), 1주의 소정근로시간 40시간과 유급주휴시간 8시간을 합산한 48시간이 이에 해당한다. 그리고 1월의 통상임금 산정시간수라 함은 주의 통상임금 산정시간수에 1년 동안의 평균 주의 수를 곱한 시간을 12로 나눈 시간을 말하며(시행령 제6조 제2항 제4호), 주의 통상임금 산정시간수 48시간에 1년 동안의 평균 주의 수 365/7(52.14)를 곱한 시간을 12로 나눈 209시간이 이에 해당한다. 즉, 그 산식은 다음과 같다.

$$월의\ 통상임금\ 산정시간수 = \{(40+8) \times (365/7)\} / 12 = 209\ 시간$$

그러나 주 5일근로제에 따른 비근무일 2일 중 주휴일 이외의 1일을 법정휴일 또는 약정휴일로서 유급으로 정하는 경우에는 1주 또는 1월의 통상임금 산정시간수가 달라진다. 즉, 1주의 통상임금 산정시간수는 1주의 소정근로시간 40시간과 유급주휴시간 8시간에다 추가 유급휴일시간 4시간을 합산한 52시간이 이에 해당하며, 1월의 통상임금 산정시간수는 주의 통상임금 산정시간수 52시간에 1년 동안의 평균 주의 수 365/7(52.14)를 곱한 시간을 12로 나눈 226시간이 이에 해당한다. 그 산식은 다음과 같다.

$$월의\ 통상임금\ 산정시간수 = \{(40+8+4) \times (365/7)\} / 12 = 226\ 시간$$

제3절 평균임금의 개념과 산정

1. 평균임금의 개념

가. 평균임금의 정의

근로기준법 제2조 제1항 제6호는 "평균임금이란 이를 산정하여야 할 사유가 발생한 날 이전 3개월 동안에 그 근로자에게 지급된 임금의 총액을 그 기간의 총일수로 나눈 금액을 말한다. 근로자가 취업한 후 3개월 미만인 경우도 이에 준한다"

고 규정하고 있고, 이어서 제2항은 "제1항 제6호에 따라 산출된 금액이 그 근로자의 통상임금보다 적으면 그 통상임금액을 평균임금으로 한다"고 규정하고 있다.

동법에서 규정하는 평균임금의 정의는 다름 아닌 1일 평균임금의 산정방법을 그대로 표현하고 있으며, 평균임금은 개별 근로자의 실제 근로시간이나 근무실적 등에 따라 증감·변동되는 것으로서, 법정기간(산정사유 발생일 이전 3개월) 동안 근로자에게 실제 지급된 임금의 총액을 기초로 하여 산정되므로, 과거의 근로시간이나 근무실적 등을 토대로 사후적으로 산술하는 근로자의 통상적인 생활임금이라 할 수 있다.

나. 통상임금과 평균임금의 구별

통상임금은 근로기준법상 초과근로수당 등의 법정수당을 산정하는 기준임금으로서 개별 근로자의 정상적인 근로시간에 통상적으로 제공하는 근로의 가치를 금전적으로 평가한 것이어야 하고 초과근로를 제공하기 전에 미리 확정되어 있어야 하므로 사전적·평가적 성격을 가진다. 반면에 평균임금은 근로기준법상 퇴직금 등을 산정하는 기준임금으로 개별 근로자의 실제 근로시간이나 근무실적 등에 따라 증감·변동되고 법정기간(산정사유가 발생한 날 이전 3개월) 동안에 지급된 임금총액을 그 기간의 총일수로 나눈 금액을 말하는 것으로서 실제 근로를 제공한 이후에 과거의 근로시간 또는 근무실적 등을 토대로 산정하게 되므로 사후적·산술적 성격을 갖는다. 이처럼 통상임금은 사용자가 근로자에게 소정 근로에 대한 대가로서 지급하기로 정하여진 임금이라는 점에서 평균임금과 구별된다. 근로기준법상 평균임금은 앞서 본 바와 같이 이를 산정하여야 할 사유가 발생한 날 이전 3개월에 그 근로자에 대하여 지급된 임금의 총액을 의미하는 것이기 때문이다. 평균임금은 근로자에게 실제로 지급된 임금뿐만 아니라 평균임금 산정사유가 발생한 날을 기준으로 당연히 지급되어야 할 임금 중 지급하지 아니한 임금까지 모두 포함하고 그밖에 그 범위를 정함에 있어서 별다른 제한이 없으므로 근로기준법상 임금의 개념과 거의 동일함을 전제로 하는 임금단위에 해당함에 반하여, 통상임금은 소정근로 또는 총근로의 대상으로 정기적·일률적으로 지급하기로 정해진 고정적 급여만을 의미하므로, 근로자에게 직위해제, 대기발령 또는 감봉처분 등에 의해 임금이 감액되는 특별한 사유가 없는 이상, 통상임금의 범위는 평균임금에 비하여 좁은 것이 보통이다.

또한, 통상임금은 평균임금 산정방식의 불완전성을 보완하는 대체기준으로 사용된다. 평균임금 산정방식에 따라 산출된 금액이 통상임금보다 적으면 통상임금액을 평균임금으로 간주하게 된다. 즉, 평균임금산출방식에 의하여 산출된 금액이 해당 근로자의 통상임금보다 저액일 경우에는 그 통상임금을 평균임금으로 한다(근로기준법 제2조 제2항). 원래 평균임금을 마련한 기본취지가 평균임금을 지급해야 할 기간 중에 근로자의 통상의 생활을 종전과 같이 보장하려는 데 있다. 그런데 임금이 시간·일급·성과급제에 의하여 지급되는 경우라든가 도급제의 경우에는 산출된 평균임금이 근로일수 및 기타의 원인으로 통상임금보다 저액이 될 가능성이 있으므로 동 제도의 취지를 실현할 수 없게 된다. 따라서 이로 인한 불이익을 방지하기 위해 이 규정을 둔 것이다.

2. 평균임금의 기능

가. 퇴직금을 산정하는 기준임금

평균임금의 주요 기능으로는 근로자가 퇴직할 경우에 그에 따른 퇴직금을 산정하는 기준임금이 된다.

근로기준법 제34조 및 근로자퇴직급여보장법 제8조 제1항에는 "퇴직금제도를 설정하고자 하는 사용자는 계속근로기간 1년에 대하여 30일분 이상의 평균임금을 퇴직금으로 퇴직하는 근로자에게 지급할 수 있는 제도를 설정하여야 한다"고 규정하고 있다.

나. 산재보험급여를 산정하는 기준임금

평균임금은 산업재해보상보험법에 의하여 업무상 재해를 당한 산재근로자에 대한 보험급여(휴업급여, 장해급여, 유족급여, 상병보상연금, 장의비 등)를 산정하는 기준임금이 된다.

산업재해보상보험법 제52조에는 "휴업급여는 업무상 사유로 부상을 당하거나 질병에 걸린 근로자에게 요양으로 취업하지 못한 기간에 대하여 지급하되, 1일당 지급액은 평균임금의 100분의 70에 상당하는 금액으로 한다"고 규정하고 있고, 동법 제57조(장해급여), 제62조(유족급여), 제66조(상병보상연금), 제71조(장의비)에는 역시 평균임금에 기초하여 해당 보험급여를 산정하도록 규정하고 있다.

3. 평균임금의 산정

근로기준법 제2조 제1항 제6호에서 규정하는 평균임금의 정의는 다름 아닌 1일 평균임금의 산정방법을 그대로 표현하고 있는바, 평균임금은 산정사유 발생일 이전 3개월 동안에 지급된 임금총액을 그 기간의 총일수로 나누어 산정하면 된다. 이와 같은 평균임금의 산정방법은 근로자의 통상의 생활임금을 사실대로 반영하려는 데 그 목적이 있다.

이를 산식으로 나타내면 다음과 같다.

$$\text{평균임금} = \frac{\text{사유발생일 이전 3개월 동안 지급된 임금총액}}{\text{사유발생일 이전 3개월 동안의 총일수}}$$

가. 산정사유발생일(기산일)

근로기준법상의 평균임금을 '산정하여야 할 사유가 발생한 날'이라 함은 평균임금 산정의 기산일로서 퇴직금 지급에 있어서는 퇴직한 날,[43] 재해보상(산재보상)에 있어서는 사망 또는 부상의 원인이 되는 사고가 발생한 날 또는 진단에 의하여 질병이 발생되었다고 확정된 날(시행령 제52조), 당초의 상병이 재발되거나 악화된 경우에는 새로 요양급여의 대상이 되는 업무상의 부상 또는 질병이 재발

---

[43] 가령 근로자가 사직원을 제출하더라도 사용자가 이의 수리를 고의적으로 거부 또는 지연하는 경우, 퇴직 효력의 발생시기는 민법 제660조 제2항 및 제3항에 의하여 사용자에게 사직원을 제출한 날로부터 1개월 또는 1임금지급기간이 경과한 날이 되기 때문에 평균임금 산정사유발생일은 사직원을 제출한 날이 아니고 퇴직된 날이 기산점이 됨.

하거나 악화되었다고 확정된 날,[44] 감급의 제재에 있어서는 제재의 의사표시가 당해 근로자에게 도달된 날이라고 해석된다.

나. 이전 3개월 동안의 총일수

평균임금의 산정에 있어서 '기간의 총일수'라 함은 평균임금 산정기준이 되는 대상기간을 말하며 실제로 근무한 근로일수를 말하는 것이 아니라 역(歷)상의 일수로서 지급사유가 발생한 당일은 제외하고, 즉 사유가 발생한 날 이전 3월 동안의 기산에 있어서 사유가 발생한 날인 초일은 산입하지 아니하고,[45] 그 전일부터 소급하여 역일에 의한 3개월 동안의 총일수가 이에 해당한다.

그러나 근로기준법상 소정의 평균임금 산정은 근로자에게 유리한 단체협약이나 취업규칙 등에 관련 규정이 없을 때에 최소한 이처럼 산정한다는 것이며, 유리한 산출방식이 단체협약이나 취업규칙 등에 존재할 때에는 그 방법에 의하여 산출하여야 한다.[46]

다. 이전 3개월 동안 지급된 임금총액

평균임금의 산정에 있어서 '임금총액'이라 함은 평균임금 산정기간(즉, 이전 3개월) 중에 근로의 대가로서 지급되는 임금의 총액을 말한다. 따라서 실제로 지급된 임금뿐만 아니라 지급되지 않았다 하더라도 사유발생일 이전에 이미 채권으로 확정된 것은 임금총액에 포함된다.[47] 예컨대, 사용자가 평균임금 산정기간 동안 임금이 전액 체불되어 현실적으로 임금이 전혀 지급되지 않고 있다 하더라도 동 체불임금액은 전액 임금의 총액에 포함하여 평균임금이 산정되어야 한다. 그리고 평균임금 산정기간 동안에 대기발령으로 보직이 없게 되거나 징계의 처분으로 감급제재 등을 받게 됨으로써 평상시의 임금보다 낮은 임금을 받게 되는 경우에는 감액지급된 임금액만을 기준으로 하여 평균임금을 산정하여도 무방하다. 이 경우

---

44) 대법원 2011.12.8. 선고 2010두10655 판결
45) 대법원 1996.7.9. 선고 96누5469 판결(지급사유가 발생한 당일은 포함되지 아니하는데, 이는 민법 제157조의 규정에 의하여 "기간을 일·주·월 또는 연으로 정한 때에는 그 기간의 초일은 산입하지 않는다"고 하는 "초일불산입의 원칙"에 따른 것임)
46) 대법원 1990.11.9. 선고 90다카4683 판결; 대법원 1979.10.30. 선고 79다1561 판결
47) 대법원 1978.2.14. 선고 77다3121 판결

46 통상임금 문제와 대책

이처럼 산출된 평균임금액이 통상임금보다 적으면 그 통상임금액을 평균임금으로 하게 된다(법 제2조 제2항).

따라서 임금총액에는 '기본급여' 외에도, 근로기준법에 의하여 일정한 요건이 충족될 경우 지급하지 않으면 안 되는 연장근로수당, 야간근로수당, 휴일근로수당, 연차수당[48] 등의 '법정수당'은 물론이고 단체협약 등에 의하여 약정하여 지급하는 직책수당, 자격면허수당, 직무수당, 특수직무수당 등의 '약정수당' 및 영업실적에 따른 일정 비율의 인센티브나 판매수당 명목의 '성과급',[49] 그리고 통상 1개월을 넘는 기간을 단위로 하여 지급하는 '상여금'[50] 등도 합산되어야 한다.

그리고 근로시간과 관계없이 생활보조적·복리후생적으로 지급되는 금품(예: 가족수당, 통근수당, 교육수당, 급식비 등)이라 할지라도 정기적·일률적으로 전 근로자에게 지급하는 등 임금의 성질을 갖고 있는 한 평균임금 산정기초가 되는 임금의 총액에 합산된다. 그러나 임시로 지급된 임금 및 수당과 통화 외의 것으로 지급된 임금은 이를 포함하지 아니한다(법시행령 제2조 제2항).

결국, 평균임금 산정기초가 되는 임금총액에는 사용자가 근로의 대상으로 근로자에게 지급하는 일체의 금품으로서 근로자에게 계속적·정기적으로 지급되고 그 지급에 관하여 단체협약·취업규칙 등에 의하여 사용자에게 지급의무가 지워져 있으면 그 명칭 여하를 불문하고 임금총액에 모두 포함된다고 할 것이나 근로의 대상과 관련 없이 그 지급의무의 발생이 개별 근로자의 특수하고 우연한 사정에 의하여 좌우되는 경우에는 그 금품의 지급이 단체협약·취업규칙 등에 의하여 이루어진 것이라 하더라도 임금총액에 포함되지 않는다고 할 것이다.[51]

---

48) 연차수당의 경우에 지급 당해 월의 임금이 아니므로 당해 연도 근로월별로 분할산정(3/12)하여 산입하여야 한다 (1993.11.22. 근기 68207-2422).
49) 대법원 2011.7.14. 선고 2011다23149 판결
50) 1년분의 상여금 전액을 근로월별로 분할산정(3/12)하여 산입하게 된다. 그러나 근로월수가 1년 미만이면 당해 근로월 중에 지급받은 상여금 전액을 그 근로월수로 분할산정하여 산입하면 된다.
51) 대법원 2011.7.14. 선고 2011다23149 판결; 대법원 2011.3.10. 선고 2010다77514 판결; 대법원 2005.9.9. 선고 2004다41217 선고; 대법원 2004.11.12. 선고 2003다264 판결; 대법원 2003.4.22. 선고 2003다10650 판결; 대법원 2003.2.11. 선고 2002다50828 판결; 대법원 2002.10.17. 선고 2002다8025 판결; 대법원 2002.5.31. 선고 2000다18127 판결

라. 평균임금 산정의 특례

(1) 3개월 미만 취업자의 경우

취업한 후 3개월이 지나지 않아서 평균임금을 산정해야 할 사유가 발생한 경우에도 원칙적인 평균임금 산정방식에 준하여 산정하면 된다(법 제2조 제1항 제6호 후단). 즉, 취업한 후 3개월 미만인 경우에는 해당 취업기간에 받은 총임금을 해당 취업기간의 총일수로 나누어서 평균임금을 산정하게 되는 것이다(예: 45일 취업한 경우, 평균임금=45일간에 지급된 임금총액/45일).

(2) 총일수 및 임금총액에서 제외되는 경우

평균임금을 산정함에 있어서 그 산정기간 중에 다음의 1에 해당하는 기간이 있는 경우에는 그 기간과 그 기간에 지급된 임금은 평균임금 산정기준이 되는 기간(즉, 총일수)과 임금의 총액에서 빼고 이를 산정하게 된다(시행령 제2조 제1항 및 남녀고용평등법 제19조의3 제4항과 제22조의2 제5항). 이처럼 그 기간에 지급된 임금을 임금총액에 산입하지 아니하는 것은, 만일 산입한다고 할 때 평균임금의 산정사유가 발생한 시기에 따라 평균임금에 현저한 차이가 발생할 염려가 있기 때문에 이를 방지하기 위함에 있다.

① 수습사용 중인 기간, 다만 수습사용한 날로부터 3월 이내에 한한다(법 제35조 제5호 및 시행령 제16조).

② 사용자의 귀책사유로 휴업한 기간(법 제46조)

③ 출산전후휴가 기간(법 제74조)

④ 업무상 부상 또는 질병으로 요양하기 위하여 휴업한 기간(법 제78조)

⑤ 육아휴직 기간(남녀고용평등법 제19조)

⑥ 쟁의행위 기간(노동조합 및 노동관계조정법 제2조 제6호)

⑦ 병역법, 향토예비군설치법, 민방위기본법에 따른 의무의 이행을 위하여 휴직하거나 근로하지 못한 기간. 다만, 그 기간 중 임금을 지급받은 경우에는 그러하지 아니하다.

⑧ 업무 외 부상이나 질병, 그 밖의 사유로 사용자의 승인을 받아 휴업한 기간

⑨ 육아기 근로시간 단축기간(남녀고용평등법 제19조의2)

⑩ 가족돌봄휴직 기간(남녀고용평등법 제22조의2)

(3) 임시로 지급된 임금·수당과 통화 외의 것으로 지급된 임금의 경우

평균임금 산정기초가 되는 임금의 총액을 계산할 때에는 근로기준법상의 임금 모두가 포함되나, 임시로 지급된 임금 및 수당과 통화 외의 것으로 지급된 임금은 이를 임금총액에 포함하지 아니한다. 다만, 고용노동부 장관이 정하는 것은 그러하지 아니하다(법시행령 제2조 제2항).

여기서 '임시로 지급된 임금 및 수당'이라 함은 일시적·우발적인 사유로 인하여 지급되는 것과 같이 그 지급사유의 발생이 불확정적인 것을 말하며,[52] '통화 외의 것으로 지급된 임금'이라 함은 현물로 지급되는 것으로 해석된다.

(4) 특수하고 우연한 사정에 의하여 통상의 경우보다 현저하게 적거나 많은 경우

근로기준법 제2조 제1항 제6호와 근로기준법 시행령 제2조 등이 정한 원칙에 따라 평균임금을 산정하였다고 하더라도, 근로자의 퇴직을 즈음한 일정 기간 특수하고 우연한 사정으로 인하여 임금액 변동이 있었고, 그 때문에 위와 같이 산정된 평균임금이 근로자의 전체 근로기간, 임금액이 변동된 일정 기간의 장단, 임금액 변동의 정도 등을 비롯한 제반 사정을 종합적으로 평가해 볼 때 통상의 경우보다 현저하게 적거나 많게 산정된 것으로 인정되는 예외적인 경우라면, 이를 기초로 퇴직금을 산출하는 것은 근로자의 통상적인 생활임금을 기준으로 퇴직금을 산출하고자 하는 근로기준법의 정신에 비추어 허용될 수 없는 것이므로, 근로자의 통상적인 생활임금을 사실대로 반영할 수 있는 합리적이고 타당한 다른 방법으로 그 평균임금을 따로 산정하여야 할 것이다. 그러나 근로자의 평균임금이 위와 같이 통상의 경우보다 현저하게 적거나 많다고 볼 예외적인 정도까지 이르지 않은 경우에는 구 근로기준법 제19조 등이 정한 원칙에 따라 평균임금을 산정하

---

52) 대법원 1981.10.13. 선고 81다697 판결; 대법원 1978.12.13. 선고 78다2007 판결

여야 하고, 다만 그 금액이 통상임금보다 저액일 경우에는 그 통상임금액을 평균임금으로 할 수 있을 뿐이다.[53]

위와 같은 경우로서, 예를 들어 근로자가 근로기준법 소정의 평균임금 산정기간에 의도적으로 현저하게 평균임금을 높이기 위한 행위를 하였다거나[54] 근로자가 위 평균임금 산정기간에 범죄행위로 구속되거나 업무 외의 부상이나 질병 등 개인적인 사정으로 휴직하여 그동안 지급된 급여를 기초로 산정한 평균임금이 통상의 경우보다 현저하게 적은 금액이 되는 때[55] 등이 근로기준법의 관계규정에 의하여 평균임금을 산정하는 것이 현저하게 부적당한 경우에 해당한다. 이 경우 그 평균임금의 산정방법은 근로자의 통상의 생활임금을 사실대로 반영하는 것을 그 기본원리로 하므로, 전자의 사례에서는 근로자가 의도적으로 현저하게 평균임금을 높이기 위한 행위를 하지 않았더라면 산정될 수 있는 평균임금 상당액이, 후자의 사례에서는 휴직 등과 같은 특수한 사정이 없었더라면 산정될 수 있는 평균임금 상당액이라고 할 수 있을 것이고, 구체적으로는 특별한 사정이 없는 한 근로자가 의도적으로 현저하게 평균임금을 높이기 위한 행위를 한 기간이나 휴직기간 등 특수한 사유가 발생한 기간을 제외한 그 직전 3개월간의 임금을 기준으로 하여 근로기준법이 정하는 방식에 따라 산정한 금액 상당이라고 할 것이다.

---

53) 대법원 2009.5.28. 선고 2006다17287 판결; 대법원 2003.7.25. 선고 2001다12669 판결; 대법원 2002.12.27. 선고 2000다18714 판결
54) 대법원 1998.1.20. 선고 97다18936 판결; 대법원 1995.2.28. 선고 94다8631 판결
55) 대법원 1999.11.12. 선고 98다49357 판결

CHAPTER 02

통상임금의
요건과 판단기준

제1절 통상임금의 요건

1. 통상임금의 판단요건

가. 통상임금의 개념과 특징

사용자가 근로의 대가로 근로자에게 지급하는 금품은 그 명칭과 관계없이 근로기준법의 규율을 받은 소정의 임금에 해당한다고 할 것이다. 그리고 이러한 소정의 임금 중에서 근로자가 소정근로시간에 통상적으로 제공하는 근로의 가치를 평가한 것으로서 사전에 미리 확정할 수 있는 것이라면 그 명칭과 관계없이 모두 통상임금에 해당한다고 볼 수 있을 것이다. 즉, 통상임금은 근로계약에서 정한 근로를 제공하면 확정적으로 지급되는 임금을 말한다.

근로기준법이 통상임금에 부여하는 기능 중 가장 주목되는 것은 연장·야간·휴일근로에 따른 초과근로수당 등을 산정하는 기준임금으로 기능한다는 점이다. 이처럼 통상임금이 근로자가 소정근로시간(즉, 법정근로시간의 범위에서 당사자가 근로하기로 정한 근로시간)을 초과하는 근로를 제공할 때에 가산임금 등을 산정하는 기준임금으로 기능한다는 점을 고려하면, 그것은 당연히 근로자가 소정근로시간에 통상적으로 제공하는 근로의 가치를 금전적으로 평가한 것이어야 하고, 또한 근로자가 실제로 초과근로를 제공하기 전에 미리 확정되어 있어야 한다. 그

래야만 사용자와 근로자는 소정근로시간을 초과하여 제공되는 연장근로 등의 초과근로에 대한 비용 또는 보상의 정도를 예측하여 연장근로 등의 제공 여부에 관한 의사결정을 할 수 있을 것이고, 실제 연장근로 등이 제공된 때에는 사전에 확정된 통상임금을 기초로 하여 초과근로수당을 곧바로 산정할 수 있게 되기 때문이다.

나. 통상임금 여부의 판단요건

통상임금은 근로자에게 정기적이고 일률적으로 소정근로에 대하여 지급하기로 정한 금액을 말하며, 어떠한 임금이 통상임금에 속하는지 여부는 그 임금이 소정근로의 대가로 근로자에게 지급되는 금품으로서 정기적·일률적·고정적으로 지급되는 것인지를 기준으로 그 객관적인 성질에 따라 판단하여야 하고, 임금의 명칭이나 그 지급주기의 장단 등 형식적 기준에 의해 정할 것이 아니다.

따라서 연장·야간·휴일근로에 따른 초과근로수당 등의 산정기준이 되는 통상임금에 해당되기 위해서는 초과근로를 제공하는 시점에서 보았을 때 근로계약에서 정한 근로의 대가로 지급되는 임금이어야 하고(소정근로대가성), 근로계약에서 정한 근로의 대가로 지급될 어떤 항목의 임금이 일정한 주기에 따라 정기적으로 지급되며(정기성), 모든 근로자나 근로와 관련된 일정한 조건 또는 기준에 해당하는 모든 근로자에게 일률적으로 지급되고(일률성), 그 지급 여부가 업적이나 성과 기타 추가적인 조건과 관계없이 사전에 이미 확정되어 있어야 한다(고정성). 이와 같은 4가지 요건을 모두 갖추면 그 명칭과 관계없이 통상임금에 해당한다.

2. 통상임금 법리의 변천 과정

가. 통상임금의 기존 법리(1995.12.21. 이전)

종래의 판례에 따르면 "근로기준법상 소정의 통상임금이란 근로자에게 정기적·일률적으로 소정근로 또는 총근로에 대하여 지급하기로 정하여진 시간급금액, 일급금액, 주급금액, 월급금액 또는 도급금액을 말하며, 이는 소정의 근로의 양 및 질에 관계되는 근로의 대가로서 실제 근무일수나 수령액에 구애됨이 없이 정기적·일률적으로 1임금산정기간에 지급하기로 정하여진 고정급 임금을 의미한다"고 판단하여 왔다.[56]

그리하여 소정근로대가성에 있어서는 "근속기간에 따라 지급하는 근속수당의 경우 이는 숙련공을 확보하기 위하여 지급되는 것이거나 근로의 질에 대한 대가로서 고정적으로 지급되는 근로교환적 임금이 아니라 장기근속자를 우대하기 위한 은혜적 성격의 수당으로서 근로의 질과는 관계가 없는 것이고 근무연수에 구애 없이 정기적·일률적으로 지급되는 고정급 임금이라고 할 수 없으므로 통상임금의 범위에 포함시킬 수 없다"고 보았고,[57] 정기성에 있어서는 "1개월을 넘는 기간마다 정기 또는 임시로 기업의 경영실적, 근로자의 근무성적 등을 감안하여 지급되고 있는 상여금은 통상임금 산정의 기초가 될 임금에 포함되지 아니한다"고 보았으며,[58] 고정성에 있어서는 "출근일수가 15일 이상이면 전액을 지급하고 15일 미만이면 일할로 계산하여 지급하는 근속수당 등의 경우 실제의 근무성적에 따라 지급 여부 및 지급액이 달라지므로 고정적인 임금이라 할 수 없어 통상임금에 해당하지 않는다"고 보아 왔다.[59]

나. 임금이분설의 폐기(1995.12.21.)

대법원 1995.12.21. 선고 94다26721 전원합의체 판결은 "모든 임금은 근로의 대가로서 근로자가 사용자의 지휘를 받으며 근로를 제공하는 것에 대한 보수를 의미하므로 현실의 근로제공을 전제로 하지 않고 단순히 근로자로서의 지위에 기하여 발생하는 이른바 '생활보장적 임금'이란 있을 수 없고, 임금을 근로제공의 대가로 지급받는 교환적 부분과 근로자로서의 지위에서 받는 생활보장적 부분으로 구별할 아무런 법적 근거도 없다"고 판시하여, 이른바 임금이분설을 폐기하였다.

---

56) 대법원 1994.10.28. 선고 94다26615 판결; 대법원 1992.5.22. 선고 92다7306 판결; 대법원 1990.12.26. 선고 90다카12493 판결
57) 대법원 1992.5.22. 선고 92다7306 판결
58) 대법원 1990.2.27. 선고 89다카2292 판결
59) 대법원 1996.3.22. 선고 95다56767 판결

위 대법원 전원합의체 판결에서 모든 임금을 근로의 대가로 파악하여 임금이 분설을 폐기함으로써, 이 판결을 계기로 이후에는 임금을 근로제공에 대한 교환적 부분과 근로제공과 무관한 생활보장적 부분으로 구별할 법적 근거가 없어졌으므로, 임금의 형식적인 명칭에 따라 통상임금에 속하는지 여부를 달리 볼 아무런 이유가 없게 되었을 뿐만 아니라, 또한 통상임금을 1임금산정기간을 기준으로 가려왔던 판단방식도 더 이상 설 자리를 잃게 되었다.

다. 정기성 요건의 판단기준 변경(1996.2.9.)

대법원은 임금이분설을 폐기한 전원합의체 판결 선고(1995.12.21.) 이전까지는 "통상임금은 근로의 양 및 질에 관계되는 근로의 대가로서 실제 근무일수나 수령액에 구애됨이 없이 정기적·일률적으로 1임금산정기간에 지급하기로 정하여진 고정급 임금을 의미한다"[60]고 판시함으로써, 그동안 통상임금의 정기성 요건을 판단함에 있어서는 '1임금산정기간'을 기준으로 적용하여 왔다.

그러나 임금이분설을 폐기한 전원합의체 판결 선고(1995.12.21.) 직후, 대법원 1996.2.9. 선고 94다19501 판결은 "근로자에 대한 임금이 1개월을 초과하는 기간마다 지급되는 것이라도 그것이 정기적·일률적·고정적으로 지급되는 것이면 통상임금에 포함될 수 있다"고 판시하였다. 그 이후 대법원은 일관되게 통상임금은 근로자가 소정근로시간에 통상적으로 제공하는 근로인 소정근로의 대가로 근로자에게 지급되는 금품으로서 정기적·일률적·고정적으로 지급되는 임금이라고 판시하여 왔으며, 여기서 그 임금이 '1임금산정기간' 내에 지급되는 것인지 여부에 대하여는 더 이상 판단기준으로 제시되지 아니하였다.[61]

라. 분기별 정기상여금의 통상임금 해당(2012.3.29.)

통상임금은 근로자에게 소정근로 또는 총근로의 대상으로서 정기적·일률적으로 지급하기로 정해진 고정적 임금을 말하므로, 근로자의 실제 근무성적에 따라 지급 여부 및 지급액이 달라지는 항목의 임금은 고정적인 임금이라 할 수 없어

---

60) 대법원 1994.10.28. 선고 94다26615 판결
61) 대법원 1998.4.24. 선고 97다28421 판결; 대법원 2012.3.29. 선고 2010다91046 판결

통상임금에 해당하지 않는다. 그러나 근로자에 대한 임금이 1개월을 초과하는 기간마다 지급되는 것이라도 그것이 정기적·일률적으로 지급되는 것이면 통상임금에 포함될 수 있다.

대법원 2012.3.29. 선고 2010다91046 판결은 "상여금은 6개월을 초과하여 계속 근무한 근로자에게 근속 연수의 증가에 따라 미리 정해놓은 각 비율을 적용하여 산정한 금액을 분기별로 지급하는 것으로서, 매월 월급형태로 지급되는 근속수당과 달리 분기별로 지급되기는 하지만 그러한 사정만으로 통상임금이 아니라고 단정할 수 없다. 나아가 단체협약 제27조에 '상여금 지급은 매 분기 말까지 재직한 자'라고 규정하면서도 곧이어 '퇴직자에 대해서는 월별로 계산 지급한다'고 추가로 규정함으로써 상여금 지급대상에서 중도퇴직자를 제외한 것으로 볼 수 없으며, 또한 기본급 등과 마찬가지로 비록 근로자가 상여금 지급대상기간 중에 퇴직하더라도 퇴직 이후 기간에 대하여는 상여금을 지급할 수 없지만, 재직기간에 비례하여 상여금을 지급하겠다는 것이라면 상여금의 지급 여부 및 지급액이 근로자의 실제 근무성적 등에 따라 좌우되는 것이라 할 수 없고, 오히려 그 금액이 확정된 것이어서 정기적·일률적으로 지급되는 고정적인 임금인 통상임금에 해당한다고 볼 여지가 있다"[62]고 판시하였다.

마. 고정성 요건 등의 판단기준 구체화(2013.12.18.)

대법원 2013.12.18. 선고 2012다89399·94643 전원합의체 판결[63]은 그동안 많은 논쟁이 되어왔던 통상임금의 판단기준에 대해 구체적으로 제시하고 있다. 즉, 소정근로대가성은 근로자가 소정근로시간에 통상적으로 제공하기로 정한 근로에 관해 사용자와 근로자가 지급하기로 약정한 금품을 말한다고 판단하고 있고, 정기성은 임금이 일정한 간격을 두고 계속적으로 지급되는 것을 의미하므로 1개월을 넘는 기간마다 정기적으로 지급하는 것은 단지 분할 지급하는 지급주기의 문제일 뿐이고 통상임금에서 제외되는 사정이 아니라고 판단하고 있으며, 일률성은

---

62) 대법원 2012.3.29. 선고 2010다91046 판결
63) 2013년 12월 18일 선고된 대법원 전원합의체 판결은 정기상여금의 통상임금성 판결과 김장보너스, 설·추석상여금, 하기휴가비 등의 복리후생급여의 통상임금성 판결 두 가지를 말하며, 이하 정기상여금의 통상임금성 판결과 복리후생급여의 통상임금성 판결이라 칭한다.

모든 근로자에게 지급되는 것뿐만 아니라 모든 근로자가 아니더라도 일정한 조건 또는 기준에 달한 모든 근로자에게 지급되는 것도 포함되며, 여기서 일정한 조건이란 고정적이고 평균적인 임금을 산출하려는 통상임금의 개념에 비추어 볼 때 고정적인 조건이어야 하고 기술과 경력 등과 같이 소정근로의 가치 평가와 관련된 조건이어야 한다고 판단하고 있다. 그리고 고정성은 임의의 날에 소정근로시간을 근무한 근로자가 그 다음 날 퇴직한다 하더라도 그 하루의 근로에 대한 대가로 당연하고도 확정적으로 지급받게 되는 임금을 말하므로, 초과근로를 제공하는 시점에서 그 지급 여부가 업적, 성과, 기타 추가적인 조건과 관계없이 당연히 지급될 것이 확정되어 있는 임금을 말한다고 판단하고 있다.

특히 종전판결에서는 고정성 요건을 판단함에 있어서 임금지급 시 근무일수에 따라 일할계산하는 경우 실제 월간 근무성적에 따라 지급 여부 및 지급액이 달라지는 경우에는 그 달라진다는 이유로 비고정적인 임금으로 보았으나 이번 전원합의체 판결에서는 실제 월간 근무일수에 따라 지급액이 달라지는 경우에도 소정근로 제공 시 적어도 일정액 이상의 임금이 지급될 것이 확정되어 있다면 그 범위에서 고정성이 인정된다고 판단하고 있다.

이번 대법원 전원합의체 판결의 내용을 정리하면 다음과 같다.

(1) 정기상여금의 통상임금성 판결[64]

1) 주요 사실관계

① 단체협약에 따르면, 통상임금의 기준은 기본급에 직책수당, 생산수당, 위해수당, 근속수당, 자격수당 등을 합산한 금액으로 하고, 상여금은 통상임금의 700%를 8회 분할하여 짝수달에 각 100%, 추석과 설날에 각 50%씩 지급한다고 규정하고 있다.

② 상여금지급규칙에 따르면, 상여금의 지급기준으로 신규입사자 및 2개월 이상 장기휴직 후 복직한 자에 대한 상여적용율은 지급대상기간 중 2개월 만

---

64) 대법원 2013.12.18. 선고 2012다89399 전원합의체 판결

근하면 100%, 1개월 이상 근무하면 70%, 1개월 미만 근무하면 30%를 적용하고, 휴직자에 대한 상여적용율은 지급대상기간 중 15일 미만이면 100%, 1개월 미만이면 70%, 2개월 미만이면 30% 적용, 2개월 이상이면 지급 제외하며, 퇴사자에 대한 상여적용율은 근무한 일수만큼 일할계산하여 지급한다고 규정하고 있다.

2) 이 사건의 쟁점

① 1개월을 초과하여 짝수달에 지급하는 정기상여금이 통상임금에 해당하는지 여부

② 노사가 정기상여금을 통상임금 산정에서 제외하기로 합의하였음에도, 근로자가 그 합의의 무효를 주장하며 추가임금을 청구하는 것이 신의칙에 반하는지 여부

3) 원심의 판단(대전지방법원 2012.8.22. 선고 2012나4372 판결)

정기상여금은 통상임금에 해당하고, 근로자가 이에 기초하여 추가임금을 청구하는 것이 신의칙에 위반되지 아니한다(원고 승소).

(2) 복리후생급여의 통상임금성 판결[65]

1) 주요 사실관계

① 단체협약에, 회사는 김장철에 김장보너스를 지급하며 지급금액은 노사협의하여 지급한다고 규정하고 있고, 이에 따라 김장보너스를 지급하기 직전에 노사협의로 정하여 2007년부터 2009년까지는 220,000원, 2010년에는 240,000원을 지급하였다.

② 상여금지급규칙에, 설·추석상여금에 대해서 짝수달에 지급하는 정기상여금의 지급기준과 병렬하여 이를 규정하고 있으나, 설·추석상여금을 지급함에 있어서는 정기상여금과 달리 퇴사자에 대해서 일할계산하여 지급하지 않고 지급일 현재 6개월 이상 휴직 중인 자를 제외하고는 재직 중인 근로자

---

65) 대법원 2013.12.18. 선고 2012다94643 전원합의체 판결

에게만 지급하고 지급일 전에 퇴직한 근로자에게는 지급하지 아니하였다. 이러한 사실에 대하여 노동조합과 근로자들은 특별히 이의를 제기하지 아니하였다.

③ 하기휴가비(정액 50만 원씩), 선물비(연 20만 원 상당의 금품), 생일자지원금(근로자 생일에 3만 원 상당의 문화상품권), 개인연금지원금, 단체보험료(매월 일정액의 보험료 전액 대납) 등을 단체협약 또는 노사협의에 의하여 지급하여 왔다.

2) 이 사건의 쟁점

① 노사협의로 정하여 지급한 김장보너스의 통상임금 해당 여부

② 특정 시점에 재직 중인 근로자에게만 지급하기로 한 것으로 볼 여지가 있는 설·추석상여금, 하기휴가비, 선물비, 생일자지원금, 개인연금지원금, 단체보험료 등의 통상임금 해당 여부

3) 원심의 판단(대전고등법원 2012.9.21. 선고 2011나6388 임금)

각 금품 모두 통상임금에 해당하고, 이를 통상임금에서 제외하기로 한 노사합의는 근로기준법에 위반되어 무효이며, 근로자가 무효를 주장하며 추가임금을 청구하는 것이 신의칙에 반하지 아니한다(원고 일부승소).

(3) 전원합의체 판결의 내용

1) 판결의 개요

대법원 전원합의체(재판장 양승태 대법원장)는 2013년 12월 18일 자동차 부품 업체인 갑을오토텍의 근로자와 퇴직자들이 회사를 상대로 낸 임금 및 퇴직금 청구소송에서 정기상여금은 통상임금에 포함하고, 이것을 통상임금에서 제외하기로 한 근로자와 사용자가 합의하였더라도 그러한 합의는 근로기준법에 위배되어 무효이나, 근로자가 그 합의의 무효를 주장하면서 정기상여금을 통상임금에 포함하여 산정한 수당과 퇴직금을 추가로 청구하는 것은 신의칙에 위배된다. 근로현장에서 정기상여금은 그 자체로 통상임금에 해당하지 아니한다는 전제하에 임금

총액을 기준으로 한 임금협상이 일반화되어 이미 관행으로 정착됐고, 그럼에도 정기상여금의 통상임금 제외에 관한 노사합의가 무효임을 주장하며 추가임금을 청구하게 되면 기업에게 예측하지 못한 새로운 재정적 부담을 지워 중대한 경영상의 어려움을 초래하거나 기업의 존립을 위태롭게 할 수 있으므로, 이와 같은 추가임금 청구는 신의칙에 위배되어 허용될 수 없다고 밝혔다(일명 '정기상여금 판결' 사건의 원심은 신의칙 위반 여부에 대한 심리가 미진하다는 이유로 파기환송).

또한, 대법원은 김장보너스, 설·추석상여금, 하기휴가비, 선물비 등 각종 복리후생 명목의 급여에 대해서는 지급일 현재 재직 중인 근로자에게만 지급되는 것이라면 소정근로의 대가로서의 성질을 갖지 못할 뿐만 아니라 고정적인 임금으로 볼 수 없어 통상임금에 해당하지 않는다고 밝혔다(일명 '복리후생급여 판결' 사건의 원심은 특정시점에 재직 중인 근로자에게만 지급되는 것으로 볼 여지가 있는 각종 금품의 통상임금 해당 여부에 대한 심리가 미진하다는 이유로 파기환송).

2) 판결의 주요 요지

① 정기상여금 판결의 요지

㉮ 통상임금이 노사 사이에 법정근로시간의 범위에서 정한 근로시간(이하 '소정근로시간'이라고 한다)을 초과하는 근로를 제공할 때 가산임금 등을 산정하는 기준임금으로 기능한다는 점을 고려하면, 그것은 당연히 근로자가 소정근로시간에 통상적으로 제공하는 근로의 가치를 금전적으로 평가한 것이어야 하고, 또한 근로자가 실제로 연장근로 등을 제공하기 전에 미리 확정되어 있어야 할 것이다. 그래야만 사용자와 근로자는 소정근로시간을 초과하여 제공되는 연장근로 등에 대한 비용 또는 보상의 정도를 예측하여 연장근로 등의 제공 여부에 관한 의사결정을 할 수 있고, 실제 연장근로 등이 제공된 때에는 사전에 확정된 통상임금을 기초로 하여 가산임금을 곧바로 산정할 수 있게 되기 때문이다.

㉯ 결국, 어떠한 임금이 통상임금에 속하는지 여부는 그 임금이 소정근로의 대가로 근로자에게 지급되는 금품으로서 정기적·일률적·고정적으로 지급되는 것인지를 기준으로 그 객관적인 성질에 따라 판단하여야 하고,

임금의 명칭이나 그 지급주기의 장단 등 형식적 기준에 의해 정할 것이 아니다. 여기서 소정근로의 대가라 함은 근로자가 소정근로시간에 통상적으로 제공하기로 정한 근로에 관하여 사용자와 근로자가 지급하기로 약정한 금품을 말한다. 근로자가 소정근로시간을 초과하여 근로를 제공하거나 근로계약에서 제공하기로 정한 근로 외의 근로를 특별히 제공함으로써 사용자로부터 추가로 지급받는 임금이나 소정근로시간의 근로와는 관련 없이 지급받는 임금은 소정근로의 대가라 할 수 없으므로 통상임금에 속하지 아니한다.

㉰ 어떤 임금이 통상임금에 속하기 위해서 정기성을 갖추어야 한다는 것은 그 임금이 일정한 간격을 두고 계속적으로 지급되어야 함을 의미한다. 통상임금에 속하기 위한 성질을 갖춘 임금이 1개월을 넘는 기간마다 정기적으로 지급되는 경우, 이는 노사 간의 합의 등에 따라 근로자가 소정근로시간에 통상적으로 제공하는 근로의 대가가 1개월을 넘는 기간마다 분할지급되고 있는 것일 뿐, 그러한 사정 때문에 갑자기 그 임금이 소정근로의 대가로서의 성질을 상실하거나 정기성을 상실하게 되는 것이 아님은 분명하다. 따라서 정기상여금과 같이 일정한 주기로 지급되는 임금의 경우 단지 그 지급주기가 1개월을 넘는다는 사정만으로 그 임금이 통상임금에서 제외된다고 할 수는 없다.

㉱ 어떤 임금이 통상임금에 속하기 위해서는 그것이 일률적으로 지급되는 성질을 갖추어야 한다. '일률적'으로 지급되는 것에는 '모든 근로자'에게 지급되는 것뿐만 아니라 '일정한 조건 또는 기준에 달한 모든 근로자'에게 지급되는 것도 포함된다. 여기서 '일정한 조건'이란 고정적이고 평균적인 임금을 산출하려는 통상임금의 개념에 비추어 볼 때 고정적인 조건이어야 한다. 단체협약이나 취업규칙 등에 휴직자나 복직자 또는 징계대상자 등에 대하여 특정 임금에 대한 지급 제한사유를 규정하고 있다 하더라도, 이는 해당 근로자의 개인적인 특수성을 고려하여 그 임금지급을 제한하고 있는 것에 불과하므로, 그러한 사정을 들어 정상적인 근로

관계를 유지하는 근로자에 대하여 그 임금 지급의 일률성을 부정할 것은 아니다.

⑩ 어떤 임금이 통상임금에 속하기 위해서는 그것이 고정적으로 지급되어야 한다. 이는 통상임금을 다른 일반적인 임금이나 평균임금과 확연히 구분 짓는 요소로서 앞서 본 바와 같이 통상임금이 연장·야간·휴일근로에 대한 가산임금을 산정하는 기준임금으로 기능하기 위하여서는 그것이 미리 확정되어 있어야 한다는 요청에서 도출되는 본질적인 성질이다. '고정성'이라 함은 근로자가 제공한 근로에 대하여 그 업적, 성과, 기타의 추가적인 조건과 관계없이 당연히 지급될 것이 확정되어 있는 성질을 말하고, '고정적인 임금'은 임금의 명칭 여하를 불문하고 임의의 날에 소정근로시간을 근무한 근로자가 그 다음 날 퇴직한다 하더라도 그 하루의 근로에 대한 대가로 당연하고도 확정적으로 지급받게 되는 최소한의 임금이라고 정의할 수 있다.

⑪ 상여금지급규칙에 따라 이 사건 상여금을 근속기간이 2개월을 초과한 근로자에게는 전액을, 근속기간이 2개월을 초과하지 않는 신규입사자나 2개월 이상 장기휴직 후 복직한 자와 휴직자에 대하여는 상여금 지급대상기간 중 해당구간에 따라 미리 정해 놓은 비율을 적용하여 산정한 금액을 각 지급하였으며, 상여금 지급대상기간 중에 퇴직한 근로자에 대해서는 근무일수에 따라 일할계산하여 지급한 사실을 알 수 있다.

앞에서 본 법리를 위 사실관계에 비추어 보면, 이 사건 상여금은 근속기간에 따라 지급액이 달라지기는 하나 일정 근속기간에 이른 근로자에 대해서는 일정액의 상여금이 확정적으로 지급되는 것이므로, 이 사건 상여금은 소정근로를 제공하기만 하면 그 지급이 확정된 것이라고 볼 수 있어 정기적·일률적으로 지급되는 고정적인 임금인 통상임금에 해당한다.

⑫ 법률상 통상임금에 해당하는 정기상여금 등을 통상임금 산정에서 제외하기로 하는 노사합의는 근로기준법에 위반되므로 무효이지만, '정기상

여금'에 있어서 노사가 그간의 사회적 인정과 근로관행에 따라 통상임금에 해당하지 않는다고 신뢰하여 이를 통상임금 산정에서 제외하기로 합의하고 이를 토대로 임금총액과 다른 근로조건을 정한 경우에, 임금에 관한 노사합의 시 기업의 한정된 수익 내에서 세부항목별이 아닌 총액을 기준으로 임금 등을 정하는 것이 일반적이고, 노사가 정기상여금이 통상임금에 해당됨을 알았다면 다른 조건 등을 변경하여 합의된 종전 총액과 실질적인 차이가 없도록 조정하였을 것이며, 만약 정기상여금이 통상임금 산정에서 제외된 부분만을 무효로 주장하며 근로자가 추가임금을 청구할 수 있다면, 근로자는 임금협상 당시 서로 합의한 조건에 따른 임금을 모두 지급받으면서, 다른 한편으로는 그 합의된 조건이 무효임을 주장하며 기업의 한정된 수익을 넘는 추가임금을 지급받게 되는 결과가 되므로, 근로자의 추가임금 청구로 인해 사용자 측이 예기치 못한 과도한 재정적 지출을 부담하게 됨으로써 기업에 중대한 경영상 어려움을 초래하게 되는 것은 정의와 형평 관념에 비추어 용인될 수 없으므로, 이러한 경우에 한해서는 근로자의 추가임금 청구가 신의성실의 원칙에 위반되어 허용될 수 없다.

② 복리후생급여 판결의 요지

㉮ 고정적인 임금이라 함은 임금의 명칭 여하를 불문하고 임의의 날에 소정근로시간을 근무한 근로자가 그 다음 날 퇴직한다 하더라도 그 하루의 근로에 대한 대가로 당연하고도 확정적으로 지급받게 되는 최소한의 임금을 말하므로, 근로자가 임의의 날에 소정근로를 제공하면 추가적인 조건의 충족 여부와 관계없이 당연히 지급될 것이 예정되어 지급 여부나 지급액이 사전에 확정된 임금은 고정성을 갖춘 것으로 볼 수 있다. 여기서 말하는 추가적인 조건은 근로자가 임의의 날에 연장·야간·휴일 근로를 제공하는 시점에 그 성취 여부가 아직 확정되어 있지 않은 조건을 말하므로, 특정 경력을 구비하거나 일정 근속기간에 이를 것 등과 같이 위 시점에 그 성취 여부가 이미 확정되어 있는 기왕의 사실관계를

조건으로 부가하고 있는 경우에는 고정성 인정에 장애가 되지 않지만, 근로자가 소정근로를 했는지 여부와는 관계없이 지급일, 기타 특정시점에 재직 중인 근로자에게만 지급하기로 정해져 있는 임금은 그 특정시점에 재직 중일 것이 임금을 지급받을 수 있는 자격요건이 된다. 그러한 임금은 기왕에 근로를 제공했던 사람이라도 특정시점에 재직하지 않는 사람에게는 지급하지 아니하는 반면, 그 특정시점에 재직하는 사람에게는 기왕의 근로 제공 내용을 묻지 아니하고 모두 이를 지급하는 것이 일반적이다. 그와 같은 조건으로 지급되는 임금이라면, 그 임금은 이른바 소정근로에 대한 대가의 성질을 가지는 것이라고 보기 어려울 뿐 아니라 근로자가 임의의 날에 근로를 제공하더라도 그 특정시점이 도래하기 전에 퇴직하면 당해 임금을 전혀 지급받지 못하여 근로자가 임의의 날에 연장·야간·휴일 근로를 제공하는 시점에서 그 지급조건이 성취될지 여부는 불확실하므로, 고정성도 결여한 것으로 보아야 한다.

㉯ 단체협약은 '회사는 김장철에 김장보너스를 지급하며, 지급금액은 노사협의하여 지급한다'고 정하고 있고, 이에 따라 이 사건 김장보너스는 지급 직전에 노사협의를 통해 정해졌는데, 2007년부터 2009년까지는 220,000원, 2010년에는 240,000원으로 정해진 사실을 알 수 있다. 이처럼 지급액을 결정하기 위한 객관적인 기준 없이 단지 사후에 노사협의를 통해 그 지급액을 정하도록 한 경우라면 그 지급액이 사전에 확정되어 있다고 볼 수 없다. 따라서 이 사건 김장보너스는 고정적인 임금이라고 할 수 없어 통상임금에 해당한다고 볼 수 없다.

㉰ 설·추석상여금의 지급에 있어서 상여금지급규칙 제6조 소정의 지급기준을 적용하지 아니하고, 지급일 현재 6개월 이상 휴직 중인 자를 제외하고는 재직 중인 근로자 전원에게 이 사건 설·추석상여금을 일률적으로 지급하는 한편 지급일 전에 퇴직한 근로자에게는 이를 지급하지 아니한 사실을 알 수 있다. 따라서 근로자가 소정근로를 했는지 여부와 관계없이 지급일, 기타 특정시점에 재직 중인 근로자에게만 지급하기로 정해져 있

는 임금은 소정근로의 대가로서의 성질을 갖지 못할 뿐만 아니라 고정적

임금으로 볼 수 없다.

㉣ 근로자들에게 하기휴가비와 선물비, 생일자지원금으로 정액을 일률적으

로 지급하면서 각 지급일 전에 퇴사한 근로자에게는 이를 지급하지 아

니한 사실을 알 수 있어 설·추석상여금과 마찬가지로 노사 간에 지급

일에 재직 중일 것이라는 조건을 임금을 지급받을 수 있는 자격요건으

로 부가하는 명시적 또는 묵시적 합의가 이루어졌거나 그러한 관행이

확립된 것으로 볼 여지가 있다. 나아가 개인연금지원금과 단체보험료도

그 지급 내용상 지급일 전에 퇴직한 근로자에 대해서는 지급되지 않았

을 가능성을 배제할 수 없다.

(4) 소결(요약)

1) 정기상여금에 대한 통상임금성 판단(대법 2012다89399)

□ **사실관계**
  ○ 단체협약上 통상임금 산입범위
    – 기본급에 직책수당, 생산수당, 위해수당, 근속수당, 자격수당 등을 합산한 금액
  ○ 단체협약上 상여금 지급시기 및 지급기준
    – 통상임금의 700%를 8회 분할하여 짝수달에 각 100%씩, 추석과 설날에 각 50%씩 지급
  ○ 상여금지급규칙上 상여금 적용율(신규입사자/복직자/휴직자/퇴직자)
    – 지급대상기간 중 2개월 만근하면: 전액(100%) 지급
    – 지급대상기간 중 2개월 미만 근무하면: 일부(70%, 30%) 지급
    – 퇴직자에 대한 상여금 적용율: 근무일수만큼 일할계산하여 지급

□ **판결내용**
  ○ 정기상여금은 통상임금에 해당
    – 1임금산정기간인 1개월을 초과하여 2개월마다 지급하더라도 주기적으로 지급되기 때문에 정기성 요건에 충족

- 소정근로를 제공하기만 하면 상여금의 지급 여부 및 지급액이 이미 모든 근로 자에게 확정되어 있기 때문에 소정근로대가성과 일률성을 인정
- 중간퇴직자에게 근무일수에 비례하여 상여금을 지급하기 때문에 고정성을 인정
- 따라서 정기상여금은 소정근로를 제공하기만 하면 그 지급이 확정되어 정기 적·일률적으로 지급되는 고정적 임금인 통상임금에 해당
○ 정기상여금에 기한 추가임금 청구는 신의칙에 위반
- 법률상 통상임금에 해당하는 정기상여금 등을 통상임금에서 제외하기로 한 노사합의는 근로기준법에 위반되어 무효이나,
- 정기상여금에 있어서 통상임금에서 제외하는 노사합의의 무효를 주장하며 추 가 법정수당을 청구하는 것은 신의성실의 원칙에 위반되어 허용될 수 없음.
- 즉, 정기상여금을 통상임금 산정에 포함시켜 다시 계산한 통상임금을 기초로 소급하여 법정수당 차액을 청구할 수 없음.

2) 복리후생급여에 대한 통상임금성 판단(대법 2012다94643)

□ 사실관계
○ 김장보너스
- 단체협약에 회사는 김장철에 김장보너스를 지급하며, 지급금액은 노사협의하 여 지급한다고 규정
- 실제 2007~2009년에는 22만 원, 2010년에는 24만 원을 노사협의로 정하여 지급
○ 설·추석상여금
- 정기상여금과 달리 퇴사자에 대하여는 일할계산하여 지급하지 않음.
- 실제 지급일 현재 재직하는 자에게만 지급
- 이에 대해서 근로자들로부터 특별히 이의제기 없었음.
○ 하기휴가비, 선물비, 생일자지원금, 개인연금지원금, 단체보험료
- 단체협약 등에 의하여 지급하되 지급일 현재 재직하는 자에게만 지급

□ 판결내용
○ 김장보너스: 고정성이 부정되어 통상임금으로 볼 수 없음.
- 지급액이 사전에 확정되어 있지 않고 사후에 노사협의로 정하고 있으므로, 고 정적인 임금으로 볼 수 없어 통상임금에 해당되지 않음.
○ 설·추석상여금: 소정근로대가성과 고정성이 부정되어 통상임금으로 볼 수 없음
- 정기상여금과 달리 소정근로 제공과 관계없이 지급일에 재직하는 자에게만 지급하 고 지급일 이전에 퇴직한 자에게는 지급하지 않고 있으므로, 소정근로의 대가로서 의 성질을 갖지 못하고 고정적인 임금으로 볼 수 없어 통상임금에 해당되지 않음.
○ 하기휴가비, 선물비, 생일자지원금, 개인연금지원금, 단체보험료: 소정근로대가성 과 고정성이 부정되어 통상임금으로 볼 수 없음.
- 설·추석상여금과 같은 취지로 통상임금에 해당되지 않음.

3) 대법원 전원합의체 판결의 의의

□ 이번 대법원 전원합의체 판결의 의의를 요약하여 정리하면 다음과 같다.
  ○ 통상임금의 개념적 요건(소정근로대가성, 정기성, 일률성, 고정성)에 관한 구체적인 기준을 제시하였다는 점
  ○ 1개월을 넘는 기간마다 지급하는 정기상여금 등이 통상임금에 해당될 수 있다는 사실을 명확히 밝혔다는 점
  ○ 소정근로제공과 관계없이 특정시점에 재직 중인 자에게만 지급되는 임금은 통상임금이 아니라는 사실을 명확히 밝혔다는 점
  ○ 근로자가 노사합의 무효를 주장하며 추가임금을 청구하는 것이 신의성실의 원칙상 허용되지 않을 수 있다는 사실과 그에 해당하기 위한 요건을 제시하였다는 점

---

4) 변경하여야 할 대법원 판결

□ 대법원 1996.3.22. 선고 95다56767 판결
  ○ 근속수당의 지급조건에 일정 근무일수를 기준으로 그 미만은 일할계산하여 지급하고 그 이상은 전액 지급하기로 정해진 경우(출근일수 15일 이상이면 전액을, 15일 미만이면 일할계산하여 지급), 그 일할계산하여 지급되는 최소한도의 임금은 고정적인 임금이라고 보아야 하는데도, 이와 달리 이를 지급 여부 및 지급액이 실제 근무성적에 의하여 달라진다는 이유로 비고정적인 임금으로 보아 통상임금에 해당되지 아니한다고 판단한 것은 전원합의체 판결의 견해에 배치되어 이를 변경함.

□ 대법원 2007.6.15. 선고 2006다13070 판결 등을 비롯한 같은 취지의 판결들
  ○ 복리후생적 명목의 급여가 지급일 당시 재직 중일 것을 지급조건으로 하는지 여부에 관하여 심리하지 아니한 채 해당 급여가 단체협약 등에 의하여 일률적·정기적으로 지급되는 것으로 정해져 있다는 사정만으로 통상임금에 해당한다고 판단한 것은 전원합의체 판결의 견해에 배치되어 이를 모두 변경함.

제2절 통상임금의 판단기준

실제 기업현장에서는 다양한 종류의 수당과 상여금 등이 존재하고 그에 대한 지급조건과 지급실태 등도 복잡다기하여 어떤 임금이 통상임금에 포함되는지 판단이 곤란한 경우가 있을 수 있다. 2013년 12월 18일 선고된 대법원 전원합의체

판결(2012다89399, 2012다94643)은 통상임금의 요건에 관한 판단기준을 구체적으로 제시하고 있다. 즉, 통상임금의 개념을 소정근로시간에 통상적으로 제공하는 근로의 가치를 금전적으로 평가한 것인 실체적 요건에 해당하는 '소정근로대가성'과 소정근로의 대가인지 여부를 확인하기 위한 보충적 개념징표인 지급형태적 요건에 해당하는 '정기성, 일률성, 고정성'에 대해, 각 요건별 판단기준을 구체적으로 제시하고 있다. 이를 인용하여 정리하면 다음과 같다.

1. 소정근로대가성

□ 소정근로대가성
　○ 소정근로시간에 통상적으로 제공하기로 정한 근로에 관하여 지급하기로 약정한 임금
　　－ 근로계약에 따른 소정근로시간에 통상적으로 제공하는 근로의 가치를 금전적으로 평가한 것으로서, 실제 초과근로를 제공하기 전에 미리 확정되어 있어야 함.
　　－ 따라서 근로계약에서 정한 근로가 아닌 특별한 근로를 제공하고 추가로 지급받은 임금은 소정근로의 대가가 아님.

가. 소정근로대가성의 의미

사용자가 근로자에게 지급하는 임금이 통상임금에 속하기 위해서는 우선 실체적으로 소정근로의 대가라야 한다. 여기서 소정근로의 대가라야 한다는 것은 근로자가 소정근로시간(사용자와 근로자 사이에 법정근로시간의 범위에서 정한 근로시간)에 통상적으로 제공하기로 정한 근로에 관하여 사용자와 근로자가 지급하기로 약정한 금품을 말한다.

따라서 소정근로의 대가는 통상임금이 기능과 필요성에 비추어 실제로 초과근로를 제공하기 전에 미리 확정되어 있어야 하며, 그것은 당연히 근로자가 소정근로시간에 통상적으로 제공하는 근로의 가치를 금전적으로 평가한 것이어야 한다.

소정근로의 대가가 무엇인지는 근로자와 사용자가 소정근로시간에 통상적으로 제공하기로 정한 근로자의 근로의 가치를 어떻게 평가하고 그에 대하여 얼마의 금품을 지급하기로 정하였는지를 기준으로 전체적으로 판단하여야 하고, 그 금품이 소정근로시간에 근무한 직후나 그로부터 가까운 시일 내에 지급되지 아니하였

다고 하여 그러한 사정만으로 소정근로의 대가가 아니라고 할 수는 없다.

그리고 어떤 금품이 소정근로의 대가로 지급되는 통상임금에 속하는지 여부를 검토하기에 앞서 근로기준법상 소정의 임금에 해당되는지 여부를 확인하여야 하며, 소정의 임금에 해당되지 않는다면 통상임금에 포함되지 않는다. 즉, 통상임금은 근로기준법상 소정의 임금에 해당하는 것임이 전제되어야 하며, 사용자가 근로자에게 지급하는 금품 중 임금으로서의 성질을 갖지 않는 것은 두말할 필요도 없이 통상임금의 범위에 속하지 못하는 것은 그 개념상 당연하다고 할 것이다.

또한, 근로기준법상 소정의 임금에 해당된다 하더라도 소정근로의 대가, 즉 소정근로시간에 통상적으로 제공하기로 정한 근로에 관하여 사용자와 근로자가 지급하기로 약정한 금품이 아니라면 설령 그 금품이 정기적·일률적·고정적으로 지급되더라도 통상임금에 포함되지 않는다. 따라서 어떤 항목의 임금이 통상임금이기 위해서는 우선 주된 개념징표인 소정근로대가성이라는 실체적 요건에 충족되어야 하고, 또한 소정근로대가성인지 확인하기 위한 보충적 개념징표인 정기성·일률성·고정성이라는 형태적 요건에 충족되어야 한다는 것이다. 만일 실체적 요건에 충족되지 않는다면 비록 형태적 요건인 정기성·일률성·고정성에 충족된다 하더라도 통상임금에 포함되지 않는다고 할 것이다.

나. 소정근로의 대가로 볼 수 없는 임금

통상임금은 소정근로시간에 통상적으로 제공하기로 정한 근로의 대가로 지급되는 임금이어야 하므로, 다음과 같이 소정근로의 대가로 볼 수 없는 임금은 통상임금에 속하지 아니한다.

(1) 근로자가 소정근로시간을 초과하여 근로를 제공함으로써 지급받는 임금

통상임금에 속하기 위해서는 소정근로시간에 통상적으로 제공하기로 정한 근로의 대가로 지급되는 임금이어야 하므로, 근로자가 소정근로시간(법정 기준근로시간 범위에서 근로자와 사용자 사이에 정한 시간으로서 실제로 근로하기로 한 시간을 말하며, 통상근로자의 경우 1일 8시간, 1주 40시간이 이에 해당된다)을 초

과하여 근로를 제공함으로써 사용자로부터 지급받는 임금은 통상임금에 속하지 아니한다. 예컨대, 연장·야간·휴일근로에 따른 초과근로수당, 연차유급휴가 미실시에 따른 연차휴가미사용수당 등이 이에 해당될 것이다.

초과근로수당 등에 갈음하여 매월 고정급으로 지급하거나 포괄임금제로 약정한 임금을 지급하는 경우에 고정급 상당액이 통상임금에 포함되는지가 다툼이 될 수 있다. 이는 비록 매월 모든 근로자에게 고정급으로 지급된다고 하더라도 소정근로시간을 초과하여 연장·야간·휴일근로 등에 대해 지급하는 것인 이상, 소정근로의 대가로 지급하는 통상임금에 포함될 수 없다고 할 것이다.

(2) 근로계약에서 제공하기로 정한 근로 외의 근로를 특별히 제공함으로써 추가로 지급받는 임금

통상임금에 속하기 위해서는 소정근로시간에 통상적으로 제공하기로 정한 근로의 대가로 지급되는 임금이어야 하므로, 근로자가 근로계약에서 제공하기로 정한 근로 외의 근로를 특별히 제공함으로써 사용자로부터 추가로 지급받는 임금은 통상임금에 속하지 아니한다. 예컨대, 사내강사 선임과 교육진행에 따른 강사수당, 신입사원 채용 시 멘토링 제도와 운영에 따른 멘토수당, TFT 구성과 활동에 따른 특별수당, 쟁의행위로 중단과 중단업무 수행에 따른 대체근무수당 등이 이에 해당될 것이다.

(3) 소정근로시간의 근로와는 관련 없이 지급받는 임금

통상임금에 속하기 위해서는 소정근로시간에 통상적으로 제공하기로 정한 근로의 대가로 지급되는 임금이어야 하므로, 근로자가 소정근로시간의 근로와는 전혀 관련 없이, 즉 소정근로의 가치와는 전혀 무관하게 사용자로부터 지급받는 임금은 통상임금에 속하지 아니한다. 예컨대, 부양가족 유무와 가족 수에 따른 가족수당, 취학자녀 유무와 자녀에 따른 학자보조금, 특정시점 재직 여부와 재직에 따른 상여금과 명절 떡값 등이 이에 해당될 것이다.

2. 정기성

> □ 정기성
> ○ 일정한 간격을 두고 계속적으로 지급되는 임금
>   – 미리 정해진 일정한 기간마다 정기적으로 지급되는 임금
>   – 1개월을 초과하는 기간마다 지급이 되더라도, 일정한 기간마다 주기적(규칙
>   적)으로 지급되는 것이면 통상임금에 포함될 수 있음.
>   – 즉, 정기성의 요건은 '1임금지급주기'로 한정되는 것이 아니며, 2개월마다, 3개
>   월마다, 6개월마다, 1년마다 등으로 지급되더라도 정기적으로만 지급되는 것이면
>   정기성을 갖춘 경우에 해당

가. 정기성의 의미

사용자가 근로자에게 지급하는 임금이 통상임금에 속하기 위해서는 정기적으로 지급하는 임금이어야 한다. 어떤 임금이 통상임금에 속하기 위하여 정기성을 갖추어야 한다는 것은 그 임금이 '일정한 간격을 두고 계속적으로 지급'되어야 함을 의미한다.

따라서 정기성은 미리 정해진 일정한 기간마다 정기적으로 지급되는지 여부에 관한 것으로서, 1개월을 초과하는 기간마다 지급되더라도 일정한 간격을 두고 계속적으로 지급되는 것이면 통상임금이 될 수 있다고 할 것이다. 통상임금에 속하기 위한 성질을 갖춘 임금이 1개월을 넘는 기간마다 정기적으로 지급되는 경우, 이는 노사 간의 합의 등에 따라 근로자가 소정근로시간에 통상적으로 제공하는 근로의 대가가 1개월을 넘는 기간마다 분할 지급되고 있는 것일 뿐, 그러한 사정 때문에 갑자기 그 임금이 소정근로의 대가로서의 성질을 상실하거나 정기성을 상실하게 되는 것이 아님은 분명하므로, 일정한 주기로 지급되는 임금의 경우 단지 그 지급주기가 1개월을 넘는다는 사정만으로 그 임금이 통상임금에서 제외된다고 할 수는 없다.

나. 임금산정기간과 정기성

통상임금의 요건인 정기성을 판단함에 있어서 대법원은 임금이분설을 폐기한

전원합의체 판결 선고(1995.12.21.) 이전까지는 '1임금산정기간(=1임금지급주기)'을 기준으로 적용했었으나, 이후에는 임금을 1개월을 초과하는 기간마다 지급되는 것이라도 그것이 정기적·일률적·고정적으로 지급되는 것이면 통상임금에 포함될 수 있다고 보아 통상임금이 '1임금산정기간' 내에 지급되는 것인지 여부에 대하여는 더 이상 판단기준으로 삼지 않았다.

따라서 정기상여금의 경우와 같이 이를 지급함에 있어서 1임금지급주기와는 달리 2개월마다, 3개월마다, 6개월마다, 1년마다 등으로 지급이 되더라도 정기적으로만 지급이 되면 정기성을 갖춘 경우에 해당된다는 것이다.

근로기준법 제43조 제2항은 임금을 매월 1회 이상 일정한 날짜를 정하여 지급하도록 규정하고 있는데, 이는 사용자로 하여금 매월 일정하게 정해진 기일에 임금을 근로자에게 어김없이 지급하도록 강제함으로써 근로자의 생활안정을 도모하려는 것이므로,[66] 위 규정을 근거로 1개월을 넘는 기간마다 정기적으로 지급되는 임금이 통상임금에서 제외된다고 해석할 수 없으며, 또 근로기준법 시행령 제6조 제1항은 통상임금에 관하여 규정하면서 '시간급 금액, 일급 금액, 주급 금액, 월급 금액 또는 도급 금액'이라는 표현을 사용하고 있는데, 위 표현을 근거로 위 규정이 통상임금의 범위를 1개월을 단위로 산정 또는 지급되는 임금으로 한정한 취지라고 해석할 수는 없고, 다양한 기간을 단위로 산정·지급되는 임금의 형태를 예시한 것에 불과하다고 보아야 할 것이다.

그리고 최저임금법 제6조 제4항은 매월 사용자가 근로자에게 지급하는 임금 중 매월 1회 이상 정기적으로 지급하는 임금 외의 임금으로서 고용노동부 장관이 정하는 것을 최저임금과 비교할 '비교대상 임금'에서 제외하고 있다. 그러나 최저임금제도의 목적은 임금의 최저수준을 보장하여 근로자의 생활 안정과 노동력의 질적 향상을 기하고자 하는 데에 있어 연장·야간·휴일 근로에 대한 가산임금 등을 산정하기 위한 통상임금제도와 그 목적을 달리하므로, 위와 같은 최저임금법의 규정을 근거로 통상임금을 매월 1회 이상 정기적으로 지급하는 임금으로 한정하여야 한다고 볼 수 있다.

---

66) 대법원 1985.10.8. 선고 85도1262 판결

3. 일률성

☐ 일률성
- ○ 모든 근로자 또는 일정한 조건이나 기준에 달한 모든 근로자에게 지급되는 임금
  - 모든 근로자에 지급되는 것이거나 일정한 조건 또는 기준에 달한 모든 근로자에게 지급되는 것이면 일률성을 인정
  - 일정한 조건 또는 기준이란 소정근로의 가치평가와 관련된 조건이어야 하고, 시시때때로 변동되지 않는 고정적인 조건이어야 함.
  - 휴·복직자, 징계대상자 등에 대한 임금지급 제한은 개인적인 특수성을 고려한 것일 뿐이며, 정상적인 근로관계를 유지하고 있는 근로자에 대하여 일률성이 부정되지는 아니함.

가. 일률성의 의미

사용자가 근로자에게 지급하는 임금이 통상임금에 속하기 위해서는 일률적으로 지급하는 임금이어야 한다. 어떤 임금이 통상임금에 속하기 위해서는 그것이 일률적으로 지급되는 성질을 갖추어야 한다. 일률적으로 지급되는 것에는 '모든 근로자에게 지급되는 것'만을 포함하는 것이 아니라 '근로와 관련된 일정한 조건 또는 기준에 달한 모든 근로자에게 지급되는 것'도 포함된다. 여기서 '일정한 조건'이란 고정적이고 평균적인 임금을 산출하려는 통상임금의 개념에 비추어 볼 때 고정적인 조건이어야 하며,[67] 임금의 지급대상이나 지급조건 등에 있어서 고정적인 조건이 아닌 일시적·유동적인 조건은 제외된다.

나. 일정한 조건 또는 기준

'일정한 조건 또는 기준'은 통상임금 일률성의 요건을 갖추고 있는지를 판단하는 잣대로서, 통상임금이 소정근로의 가치를 평가한 개념이라는 점을 고려할 때, 작업내용, 기술, 경력 등과 같이 소정근로의 가치 평가와 관련된 조건이어야 하고, 시시때때로 변동되지 않는 고정적인 조건이어야 한다.

따라서 통상임금은 소정근로시간에 통상적으로 제공하기로 정한 근로의 대가로 지급되는 것이므로, 일정한 기술이나 자격·면허증을 소지한 자, 특수작업이

---

67) 대법원 1993.5.27. 선고 92다20316 판결; 대법원 2012.7.26. 선고 2011다6106 판결

나 위험작업 등에 고정적으로 종사하는 자, 작업환경이 열악한 특수지역에 고정적으로 근무하는 자 등과 같이 근로자가 제공하는 근로 자체가 일반적인 경우보다 특수한 것으로 인정할 만한 객관적인 기준을 정하고 그러한 특수하고 고정적 근로를 제공하는 대가로 해당 근로자 모두에게 일률적으로 지급하는 임금, 예컨대 기술수당, 자격수당, 면허수당, 특수작업수당, 위험수당 등의 명목으로 일정액을 지급하고 있는 임금의 경우, 이는 일률성 요건에 충족되어 통상임금에 포함될 수 있을 것이다.

그러나 부양가족이 있는 근로자에게만 지급되는 가족수당과 같이 소정근로의 가치 평가와 무관한 사항을 조건으로 하여 지급되는 임금의 경우, 이는 그 조건에 해당하는 모든 근로자에게 지급되었다 하더라도 여기서 말하는 '일정한 조건 또는 기준'에 따른 것이라 할 수 없어 일률성이 부정되므로 통상임금에 속하지 아니한다.[68] 그러나 모든 근로자에게 기본금액을 가족수당 명목으로 일률적으로 지급하는 경우이거나 또는 미혼자 등 가족이 없는 근로자에게도 일률적으로 부양가족이 있는 근로자가 지급받는 가족수당의 절반 상당액을 지급하는 경우 이는 근로의 질이나 양에 대하여 지급되는 기본급에 준하는 수당으로서 고정적이고 평균적으로 매월 지급되는 임금이라 할 것이므로 미혼자 등에게 지급하는 기본금액만큼은 일률성이 인정되어 통상임금의 범위에 속한다.[69]

그리고, 단체협약이나 취업규칙 등에 휴직자나 복직자 또는 징계대상자 등에 대하여 특정 임금에 대한 지급제한 사유를 규정하고 있다 하더라도, 이는 해당 근로자의 개인적인 특수성을 고려하여 그 임금지급을 제한하고 있는 것에 불과하므로, 그러한 사정을 들어 정상적인 근로관계를 유지하는 근로자에 대하여 그 해당 임금의 일률성이 부정되지는 않는다.

---

68) 대법원 2000.12.22. 선고 99다10806 판결; 대법원 2003.12.26. 선고 2003다56588 판결
69) 대법원 1992.7.14. 선고 91다5501 판결

4. 고정성

┌───┐
□ 고정성
  ○ 업적, 성과, 기타의 추가적인 조건과 관계없이 당연히 지급될 것이 확정되어 있는
    임금
    ─ 고정적인 임금은 소정근로시간을 근무한 자가 그 다음 날 퇴직하더라도 그 하
      루의 근로에 대한 대가로 당연하고도 확정적으로 지급받게 되는 최소한의 임
      금을 의미함.
    ─ 고정성의 판단은 초과근로를 제공할 당시에 그 지급 여부가 추가적인 조건(성
      취 여부가 불분명한 조건)과 관계없이 지급될 것이 확정되어 있는지 여부를
      기준으로 이를 판단하게 됨(사전확정성).
    ─ 소정근로 제공 이외에 추가적인 조건이 충족되어야 지급하는 임금이나 그 조
      건의 충족 여부에 따라 지급액이 달라지는 임금 등은 고정성을 갖춘 경우로
      보지 않음. 다만, 지급액 중 추가적인 조건에 따라 달라지지 않는 부분만큼은
      고정성을 갖춘 경우에 해당
└───┘

가. 고정성의 의미

사용자가 근로자에게 지급하는 임금이 통상임금에 속하기 위해서는 고정적으로 지급하는 임금이어야 한다. 어떤 임금이 통상임금에 속하기 위해서는 그것이 고정적으로 지급되어야 한다. 이는 통상임금을 다른 일반적인 임금이나 평균임금과 확연히 구분 짓는 요소로서 통상임금이 연장·야간·휴일 근로에 대한 가산임금을 산정하는 기준임금으로 기능하기 위하여서는 그것이 미리 확정되어 있어야 한다는 요청에서 도출되는 본질적인 성질이다.

따라서 고정성이라 함은 근로자가 제공한 근로에 대하여 그 업적, 성과, 기타의 추가적인 조건과 관계없이 당연히 지급될 것이 확정되어 있는 성질을 말하며, 고정적인 임금이라 함은 임금의 명칭 여하를 불문하고 임의의 날(즉, 가산임금 산정 시점)에 소정근로시간을 근무한 근로자가 그 다음 날 퇴직한다 하더라도 그 하루의 근로에 대한 대가로 당연하고도 확정적으로 지급받게 되는 최소한의 임금을 말한다. 따라서 근로자가 임의의 날에 소정근로를 제공하면 추가적인 조건의 충족 여부와 관계없이 당연히 지급될 것이 예정되어 지급 여부나 지급액이 사전에 확정된 임금은 고정성을 갖춘 것으로 볼 수 있다.[70]

나. 고정성의 판단기준

고정성은 초과근로를 제공할 당시에 그 지급 여부가 업적, 성과, 기타 추가적인 조건과 관계없이 지급될 것이 확정되어 있는지 여부를 기준으로 판단하게 되며(사전확정성), 여기서 말하는 추가적인 조건이라 함은 초과근무를 제공하는 시점에서 그 성취 여부가 불분명한 조건을 말한다.

따라서 통상임금의 고정성은 사전확정성을 의미하는데, 고정성을 갖춘 임금은 근로자가 임의의 날에 소정근로를 제공하면 추가적인 조건의 충족 여부와 관계없이 당연히 지급될 것이 예정된 임금이므로, 근로자가 실제로 연장근로 등의 초과근로를 제공하는 시점에서 보았을 때 그 지급 여부나 지급액이 사전에 미리 확정되어 있어야 한다.

종전의 판결71)은 고정성의 요건을 판단함에 있어서 근무일수에 따라 일할계산하여 지급하는 임금의 경우 실제 근무성적에 따라 지급 여부 및 지급액이 달라진다는 이유를 들어 비고정적인 임금으로 보아 통상임금에 해당되지 않는다고 판단하여 왔다. 그러나 2013년 12월 18일에 선고된 대법원 전원합의체 판결은 실제 근무일수에 따라 지급액이 달라지는 경우에도 소정근로 제공 시 적어도 일정액 이상의 임금이 지급될 것이 확정되어 있다면 그 범위에서 고정성이 인정된다는 판단을 하고 있다. 예컨대, 근속수당을 지급함에 있어서 출근일수 15일 이상이면 전액을 지급하고, 15일 미만이면 일할계산하여 지급하는 경우, 그 일할계산하여 지급되는 최소한도의 임금만큼은 고정적인 임금으로 보아 통상임금에 해당된다고 보고 있다.72)

다. 추가적인 조건과 고정성

통상임금의 고정성(즉, 사전확정성)은 근로자가 제공하는 근로에 대하여 그 업적, 성과, 기타 추가적인 조건과 관계없이 당연히 지급될 것으로 확정되어 있는 임금이다. 여기서 말하는 조건은 근로자가 임의의 날에 연장·야간·휴일 근로를

---

70) 대법원 2014.2.13. 선고 2011다86287 판결
71) 대법원 1996.2.9. 선고 94다19501 판결 외 다수
72) 일할계산 임금을 실제 근무성적에 따라 달라진다는 이유로 비고정적 임금으로 판단한 대법원 1996.3.22. 선고 95다56767 판결은 대법원 전원합의체 판결의 견해에 배치되어 이를 변경하였다.

제공하는 시점에 그 성취 여부가 아직 확정되어 있지 않은 조건을 말하므로, 특정 경력을 구비하거나 일정 근속기간에 이를 것 등과 같이 초과근무를 제공하는 시점에 그 성취 여부가 이미 확정되어 있는 기왕의 사실관계를 조건으로 부가하고 있는 경우에는 고정성 인정에 장애가 되지 않지만, 예컨대 근로자가 소정근로를 했는지 여부와는 관계없이 실제 근무실적에 따라 지급 여부나 지급액이 달라지거나 일정 근무일수를 채워야만 지급하는 것으로 정해져 있거나 지급일 기타 특정 시점에 재직 중인 근로자에게만 지급하기로 정해져 있는 임금의 경우에는 그와 같은 요건이 추가적으로 충족되어야만 그 임금을 지급받을 수 있는 자격요건이 되는 것이다.

따라서 근로자가 소정근로를 제공하더라도 추가적인 조건이 충족되어야 지급하는 임금이나 그 조건의 충족 여부에 따라 지급액이 변동되는 임금 부분은 고정성을 갖춘 것으로 볼 수 없을 것이나 지급액 중 추가적인 조건에 따라 달라지지 않는 부분만큼은 고정성을 갖춘 경우에 해당한다고 볼 수 있다.

실제 근무실적에 따라 그 지급 여부나 지급액이 달라지는 임금의 경우, 이에는 이른바 성과급이 해당될 수 있는데, 이와 같은 임금은 원칙적으로 고정성이 부정된다.[73] 그러나 근무실적이 최하위인 경우라 하더라도 최소한의 임금이 보장되어 지급되고 있다면 그 부분만큼은 근무실적과는 관계없이 확정적이므로 고정성이 인정된다. 또한, 전년도 근무실적을 평가하여 당해 연도 임금액이 정해지는 경우에도 당해 연도에는 그 임금의 지급 여부나 지급액이 확정적이므로 역시 고정성이 인정된다. 그러나 전년도에 지급할 것을 특별한 사정으로 그 지급시기만 늦춰져 당해 연도에 지급되는 경우에는 고정성이 인정되지 않는다.

그리고 일정 근무일수를 충족하여야만 지급되는 임금의 경우, 이는 소정근로를 제공하는 외에 일정 근무일수의 충족이라는 추가적인 조건을 성취하여야만 비로소 지급되는 것이므로, 이러한 조건의 성취 여부는 임의의 날에 초과근로를 제공하는 시점에서는 그 지급이 확정되지 않는 불확실한 조건이므로 고정성이 인정되지 않는다.

---

73) 대법원 1996.2.9. 선고 94다19501 판결; 대법원 2012.3.15. 선고 2011다106426 판결

또한, 지급일, 기타 특정시점에 재직 중인 근로자에게만 지급하는 임금의 경우,74) 이는 소정근로의 제공 여부와는 관계없이 그 지급일 또는 특정시점에 재직만이 그 자격요건이 되므로 소정근로의 대가로 보기 어려울 뿐만 아니라 근로자가 임의의 날에 근로를 제공하더라도 그 지급일 또는 특정시점이 도래하기 전에 퇴직하면 당해 임금을 전혀 지급받지 못하여 근로자가 임의의 날에 연장근로 등의 초과근로를 제공하는 시점에서 그 지급조건이 성취될지 여부는 불확실하므로 역시 고정성이 인정되지 않는다.

제3절 통상임금 해당 여부에 대한 구체적 적용기준

초과근로수당 등의 산정기준이 되는 통상임금이 되기 위해서는 초과근로를 제공하는 시점에서 보았을 때, 근로계약에서 정한 근로의 대가로 지급되는 것이어야 하고(소정근로대가성), 근로계약에서 정한 근로의 대가로 지급될 어떤 항목의 임금이 일정한 주기에 따라 정기적으로 지급되어야 하며(정기성), 모든 근로자나 근로와 관련된 일정한 조건 또는 기준에 달한 모든 근로자에게 일률적으로 지급되어야 하고(일률성), 그 지급 여부가 업적이나 성과 기타 추가적인 조건과 관계없이 사전에 이미 확정되어 있는 것이어야 하는데(고정성), 이와 같은 모든 요건을 갖추면 그 명칭과 관계없이 통상임금에 해당된다.

실제 기업현장에서는 임금의 지급조건이 매우 다양할 뿐만 아니라 그 구체적인 임금의 지급실태는 더욱 복잡하고, 어떠한 유형의 임금이 통상임금의 범위에 포함될 수 있는지는 그 지급조건에 따라 달라질 수 있다. 2013년 12월 18일 선고된 대법원 전원합의체 판결(2012다89399, 2012다94643)은 통상임금의 요건에 관한 판단기준과 더불어 통상임금 해당 여부에 관한 적용기준에 대해서도 구체적으로 임금유형별로 제시하고 있다. 이를 인용하여 정리하면 다음과 같다.

---

74) 예컨대, 상여금 등이 이에 해당될 수 있으며, 상여금 등을 지급함에 있어서 지급일 또는 특정시점 당시 재직 중인지 여부와 관계없이 이미 제공된 근로에 대해서는 당연히 그 부분만큼을 계산하여 지급해야 하는지를 둘러싼 다툼이 있을 수 있다(대법원 1981.11.24. 선고81다카174 판결).

1. 근속기간에 연동하는 임금

> ○ 근속기간에 따라 지급 여부나 지급금액이 달라지는 임금
>   (예시) 일정 근속기간 이상을 재직할 것을 지급조건으로 하는 경우 또는 근속기간
>   에 따라 임금계산방법이 다르거나 지급액이 달라지는 경우(예: 근속수당 등)
>   → 통상임금에 해당
>   - (일률성 인정) 근속기간은 일률성 요건 중 '근로와 관련된 일정한 조건 또는 기
>   준'에 해당
>   - (고정성 인정) 초과근로를 제공하는 시점에서 보았을 때, 그 근로자의 근속기간
>   이 얼마나 되는지는 이미 확정되어 있음.

가. 지급조건의 유형

근속기간에 따른 임금지급조건으로는 어떠한 임금이 일정한 근속기간 이상을
재직할 것을 지급조건으로 하거나 또는 일정한 근속기간을 기준으로 하여 임금의
계산방법을 달리하거나 근속기간별로 지급액을 달리하는 경우 등으로 구분할 수
있다.

예컨대, 1년 이상 근속자에게 매 1년 단위로 일정한 금액을 가산한 근속수당
또는 근속가산금을 매월 지급하는 경우(3년차 1만 원, 4년차 2만 원, 5년차 3만 원
등), 장기근속자를 우대하기 위하여 10년 이상 근속자에게 일정액의 장기근속수
당을 매월 지급하는 경우(10년 이상 근속자 5만 원 등), 역시 장기근속자를 우대
하기 위하여 5년 단위의 근속기간별로 지급금액을 달리하여 지급하는 경우(5년
이상자 3만 원, 10년 이상자 5만 원, 15년 이상자 8만 원 등) 등이 이에 해당될 것
이다.

나. 적용기준의 판단

임금지급조건으로서의 근속기간은 근로자의 숙련도와 밀접한 관계가 있고 소
정근로의 가치 평가와 관련이 있는 '일정한 조건 또는 기준'으로 볼 수 있다 하겠
으며, 또한 일정한 근속기간 이상을 재직한 모든 근로자에게 그에 대응하는 임금
을 지급한다면 일률성의 요건을 갖추고 있다고 할 수 있다. 그리고 근속기간은 근

로자가 임의의 날에 연장·야간·휴일 등의 초과근로를 제공하는 시점에서는 그 성취 여부가 불확실한 조건이 아니라 그 근속기간이 얼마인지가 이미 확정되어 있는 기왕의 사실이기 때문에 일정한 근속기간에 이른 모든 근로자는 임의의 날에 근로를 제공하면 다른 추가적인 조건의 성취 여부와는 관계없이 근속기간에 연동하는 임금을 확정적으로 지급받게 된다는 점에서 고정성도 갖추고 있다고 할 수 있다.

따라서 임금의 지급 여부나 지급액이 근속기간에 연동한다는 사정은 그 임금이 통상임금에 속한다고 보는 데 있어서 전혀 장애가 되지 않는다고 보아야 할 것이다.

2. 근무일수에 연동하는 임금

○ 매 근무일마다 일정액을 지급하기로 한 임금
  (예시) 근무일수에 따라 일할계산하여 지급하는 임금의 경우
  → 통상임금에 해당
  - (고정성 인정) 근로자가 임의의 날에 소정근로를 제공하기만 하면 그에 대하여 일정액을 지급받을 것이 확정되어 있음.
○ 일정 근무일수를 채워야만 지급하는 임금
  (예시) 월 15일 이상 근무해야만 지급되는 임금의 경우
  → 통상임금이 아님
  - (고정성 부정) 소정근로 제공 외에 일정 근무일수 충족이라는 추가적 조건을 성취해야 하므로 초과근로를 제공하는 시점에서 금액을 확정할 수 없음.
○ 일정 근무일수에 따라 계산방법 또는 지급액이 달라지는 임금
  (예시) 근무일수가 15일 이상이면 특정명목의 급여를 전액 지급하고, 15일 미만이면 근무일수에 따라 그 급여를 일할계산하여 지급하는 경우
  → 통상임금에 해당(최소한도분)
  - (고정성 인정) 소정근로를 제공하면 적어도 일정액 이상의 임금이 지급될 것이 확정되어 있는 최소한도의 범위에서는 고정성을 인정할 수 있음(즉, 최소한 일할계산되는 금액 한도에서는 고정성을 인정).

가. 지급조건의 유형

근무일수에 따른 임금지급조건으로는 매 근무일마다 일정액을 지급하는 경우 (1일당 5천 원 또는 1만 원 등), 일정 근무일수를 채워야만 지급하는 경우(소정근

로일수 만근 시 지급 또는 근무일수 며칠 이상 시 지급 등), 일정 근무일수에 따라 계산방법이나 지급액이 달라지는 경우(근무일수 며칠 이상은 전액 지급하고 며칠 미만은 일할계산 지급 등) 등으로 구분할 수 있다.

예컨대, 식대보조비, 교통보조비, 만근수당, 개근수당, 정근수당, 출근수당, 승무수당, 운행수당, 입갱수당 등이 이에 해당될 것이다.

나. 적용기준의 판단

매 근무일마다 일정액의 임금을 지급하기로 한 경우, 이 같은 경우에는 단순히 근무일수에 따라 일할계산하여 임금을 지급함으로써 실제 근무일수에 따라 그 지급액이 달라지기는 하지만, 근로자가 임의의 날에 소정근로를 제공하기만 하면 그에 대하여 일정액을 지급받을 것이 확정되어 있으므로 고정성을 갖춘 임금에 해당된다고 보고 있으며, 근무일수에 따라 일할계산한 임금액이 월간 근무일수에 따라 차이가 있다고 하더라도 고정성이 결여된 것으로 보는 것은 아니다.[75]

일정 근무일수를 채워야만 임금을 지급하는 경우, 이와 같은 경우에는 소정근로를 제공하는 외에 일정 근무일수의 충족이라는 추가적인 조건을 성취하여야 비로소 지급되는 것이고, 이러한 조건의 성취 여부는 임의의 날에 연장·야간·휴일 등의 초과근로를 제공하는 시점에서 확정할 수 없는 불확실한 조건이므로 고정성을 갖춘 것으로 볼 수 없다. 즉, 일정 근무일수를 채워야만 지급하는 임금은 소정근로의 대가로서 사전에 확정되어 있는 것이 아니라 추가적인 조건인 근무실적에 따라 그 지급 여부가 결정되는 경우이므로 고정적인 임금이라 할 수가 없다.

일정 근무일수에 따라 계산방법 또는 지급액이 달라지는 임금의 경우, 이 같은 경우에는 소정근로를 제공하면 적어도 일정액 이상의 임금이 지급될 것이 확정되어 있다면 그와 같이 최소한도로 확정되어 있는 범위에서는 고정성을 인정할 수 있다. 예컨대, 근무일수가 15일 이상이면 특정 명목의 급여를 전액 지급하고 15일 미만이면 근무일수에 따라 그 급여를 일할계산하여 지급하는 경우, 소정근로를

---

75) 대법원은 그동안 월간 근무일수에 따른 합산액 차이에 근거하여 그 지급 여부 및 그 지급액이 실제 근무성적에 의하여 달라진다는 이유로 비고정적인 임금으로 보아 통상임금에 해당되지 않는다고 판단하여 왔으나 대법원 2013.12.18. 선고 2012다89399 전원합의체 판결의 견해에 배치되어 모두 변경하였다.

제공하기만 하면 최소한 일할계산되는 임금의 지급은 확정적이므로, 그 한도에서 고정성을 갖춘 임금에 해당된다고 보고 있다.

3. 특정시점에 재직 중인 근로자에게만 지급하는 임금

○ 임금지급일 또는 특정시점에 재직 중인 근로자에게만 지급하기로 정해져 있는 임금
  → 통상임금이 아님.
  – (소정근로대가성 부정) 소정근로와 무관하게 재직만이 지급조건에 해당
  – (고정성 부정) 초과근로를 제공하는 시점에서 보았을 때, 그 근로자가 그 임금지급일 또는 특정시점에 재직하고 있을지 여부는 불확실
○ 임금지급일 또는 특정시점 전에 퇴직하더라도 근무일수에 비례한 만큼을 지급하는 임금
  (예시) 퇴직 시 근무일수에 따라 일할계산하여 지급하기로 한 경우
  → 통상임금에 해당(비례한도분)
  – (고정성 인정) 임금지급일 또는 특정시점 전에 퇴직하더라도 그 근무일수에 비례한 만큼의 임금을 지급하는 경우에는 근무일수에 비례하여 지급되는 한도에서는 고정성이 부정되지 않음.

가. 지급조건의 유형

특정시점에 재직 중인 근로자에게만 임금을 지급하는 경우로는 그 지급조건에 따라 임금지급일 또는 특정시점 기준으로 재직자에게만 지급하는 경우와 재직자뿐만 아니라 퇴직자에게도 지급하는 경우 등으로 구분할 수 있다.

예컨대, 정기상여금을 비롯하여 설·추석상여금, 명절 떡값, 하기휴가비, 체력단련비, 성과수당 등이 이에 해당될 것이며, 각 임금항목에 있어서 지급일 또는 특정시점에 재직자에게만 지급하는 것으로 그 지급조건을 정할 수가 있고, 또는 재직자뿐만 아니라 퇴직자에게도 지급하는 것으로 그 지급조건을 정할 수가 있다. 여기서 퇴직자에게 지급하는 경우란 통상적으로 근무한 일수만큼을 일할 또는 월할계산하여 지급하는 경우를 말한다.

나. 적용기준의 판단

임금지급일 기타 특정시점에 재직하는 근로자에게만 지급하기로 정해져 있는

임금의 경우, 이와 같은 경우에는 근로자가 소정근로를 했는지 여부와는 관계없이 그 지급일 또는 특정시점에 재직 중일 것이 임금을 지급받을 수 있는 자격요건이 된다. 그러한 임금은 기왕에 근로를 제공했던 근로자라도 임금지급일 또는 특정시점에 재직하지 않는 근로자에게는 지급하지 아니하는 반면, 그 임금지급일 또는 특정시점에 재직하는 근로자에게는 기왕의 근로제공 내용을 묻지 아니하고 모두 이를 지급하는 것이 된다. 이와 같은 조건으로 지급되는 임금이라면 그 임금은 이른바 소정근로에 대한 대가의 성질을 가지는 것이라고 보기 어려울 뿐 아니라 근로자가 임의의 날에 근로를 제공하더라도 그 임금지급일 또는 특정시점이 도래하기 전에 퇴직하면 해당 임금을 전혀 지급받지 못하여 근로자가 임의의 날에 연장·야간·휴일 근로를 제공하는 시점에서 그 지급조건이 성취될지 여부는 불확실하므로, 고정성도 결여한 것으로 보아야 할 것이다.

따라서 정기상여금을 비롯하여 설·추석상여금, 하기휴가비, 체력단련비 등을 지급함에 있어서 기왕의 근로와 무관하게 재직만이 그 지급조건으로 규정하여 이를 지급하는 경우에는 소정근로대가성 및 고정성이 인정되지 않아 통상임금에 속하지 않는다.

그러나 근로자가 임금지급일 또는 특정시점 이전에 퇴직하더라도 그 근무일수에 비례한 만큼의 임금을 지급하는 경우, 이는 근로자가 임의의 날에 소정근로를 제공하기만 하면 그에 대한 일정액(즉, 그 하루의 근로에 대한 대가)을 지급받을 것이 확정되어 있으므로, 근무일수에 비례하여 지급되는 한도에서는 고정성이 부정되지 않는다.

따라서 정기상여금, 설·추석상여금 등을 지급함에 있어서 근로자가 퇴직 시 근무일수에 따라 일할계산하여 지급하고 있는 경우에는 재직자만이 그 지급조건으로 하는 경우와는 달리 소정근로대가성 및 고정성이 모두 인정되어 통상임금에 속한다.

4. 특수한 기술, 경력 등을 조건으로 하는 임금

> ○ 특수한 기술의 보유나 특정한 경력의 구비 등이 지급의 조건으로 부가되는 임금
> (예시) 특정 자격, 면허, 기술 등을 보유한 경우 지급하는 수당(자격수당, 면허수당,
> 기술수당 등)
> → 통상임금에 해당
> – (고정성 인정) 초과근로를 제공하는 시점에서 보았을 때, 특수한 기술의 보유나
> 특정한 경력의 구비 등의 여부는 기왕에 확정된 사실에 해당

가. 지급조건의 유형

특수한 기술 또는 특정한 경력 등을 지급조건으로 하는 임금의 경우로는, 특정
자격의 소지에 따른 자격수당, 특정 면허의 소지에 따른 면허수당, 특수 기술의
보유에 따른 기술수당, 특별 기능의 보유에 따른 기능수당, 특정 경력 등의 구비
에 따른 특수작업수당이나 위험수당 등이 이에 해당될 것이다.

나. 적용기준의 판단

특수한 기술의 보유나 특정한 경력의 구비 등이 임금지급의 조건으로 부가되
어 있는 경우, 이와 같은 경우에는 그 임금이 특수한 기술의 보유 또는 특정한 경
력의 구비된 모든 근로자에게 일률적으로 지급된다면 이는 '근로와 관련된 일정
한 조건 또는 기준에 달한 모든 근로자'라는 일률성의 요건을 갖춘 경우에 해당
되며, 또한 근로자가 임의의 날에 연장·야간·휴일 등의 초과근로를 제공하는
시점에서 특수한 기술의 보유나 특정한 경력의 구비 여부는 그 성취 여부가 불확
실한 조건이 아니라 기왕에 확정된 사실이므로, 고정성의 요건을 갖춘 경우에 해
당된다고 할 것이다.

5. 근무실적에 연동하는 임금

○ 근무실적을 평가하여 이를 토대로 지급 여부나 지급액이 정해지는 임금
  (예시) 일반적인 성과급의 경우
  → 통상임금이 아님.
  - (고정성 부정) 초과근로를 제공하는 시점에서 보았을 때, 지급 여부나 지급액이 확정되어 있지 않고 그 성취 여부가 불확실한 조건에 해당
○ 최소한도가 보장되는 성과급
  (예시) 근무실적을 A, B, C로 평가하여 최하 C등급에도 100만 원의 성과급을 지급하는 경우
  → 통상임금에 해당(최소한도분)
  - (고정성 인정) 근무실적에 관하여 최하등급을 받더라도 지급받을 수 있는 최소한도의 금액만큼은 이미 확정되어 있으므로 고정성을 인정
○ 전년도 근무실적으로 당해 연도에 지급 여부나 지급액을 정하는 임금
  → 통상임금에 해당
  - (고정성 인정) 초과근무를 제공하는 시점인 당해 연도에는 그 성과급 등의 지급 여부나 지급액이 이미 확정되어 있음.
  - (고정성이 부정되는 경우) 보통 전년도에 지급해야 할 것을 그 지급시기만 늦춘 것에 불과하다고 볼 만한 특별한 사정이 있는 경우에는 일반적인 성과급과 마찬가지로써 고정성이 인정되지 않음.

가. 지급조건의 유형

근무실적에 따른 임금으로는 대표적으로 성과급을 들 수 있다. 성과급을 지급하기 위한 근무실적의 평가대상을 당해 연도의 실적을 근거로 하거나 전년도의 실적을 근거로 할 수 있는데, 임금의 지급조건으로서 당해 연도의 근무실적을 평가하여 이를 토대로 그 지급 여부 및 지급액을 정하는 경우, 당해 연도의 근무실적을 평가하여 이를 토대로 그 지급 여부 및 지급액을 정하되 최소한도가 보장되는 경우, 전년도의 근무실적에 따라 당해 연도 임금의 지급 여부나 지급액을 정하는 경우 등으로 구분할 수 있을 것이다.

나. 적용기준의 판단

당해 연도의 근무실적을 평가하여 이를 토대로 지급 여부나 지급액이 정해지는 성과급의 경우, 이와 같이 지급대상기간 중에 이루어진 근로자의 근무실적 평

가에 따른 성과급의 경우에는 일반적으로 고정성이 부정된다. 즉, 근로자가 초과근로를 제공하는 시점에서는 근무실적에 대한 평가가 이루어지지 않았고, 또한 그에 따른 성과급의 지급 여부나 지급액이 확정되어 있지 않아 그 성취 여부가 불확실한 조건에 해당되어 고정성이 결여되어 있어 통상임금에 속한다고 볼 수 없다.

그러나 당해 연도의 근무실적을 평가하여 이를 토대로 지급 여부 및 지급액을 정하되 최소한도가 보장되는 성과급의 경우, 이와 같은 경우에는 근무실적에 관하여 최하등급을 받더라도 일정액을 지급하는 경우와 같이 최소한도가 확정되어 있으므로 그 최소한도의 임금은 고정적 임금이라고 할 수 있다. 예컨대, 근무실적을 A, B, C로 평가하여 최하 C등급은 100만 원, B급은 200만 원, A등급은 300만 원의 성과급을 지급하기로 하였다면 근무실적에 대하여 어떤 평가를 받더라도 최소 100만 원은 보장되므로 100만 원만큼은 이미 받을 것으로 확정되어 있기 때문에 고정적인 임금으로 통상임금의 범위에 속한다. 그러나 근무실적을 A, B, C로 평가하여 최하 C등급은 0원, B급은 200만 원, A등급은 300만 원의 성과급을 지급하기로 하였다면 C등급을 받을 경우 성과급이 없기 때문에 이 경우의 성과급은 고정성이 결여되어 통상임금에 속하지 않는다.

그리고 근로자의 전년도 근무실적에 따라 성과급의 지급 여부나 지급액을 정하는 경우, 당해 연도에는 그 임금의 지급 여부나 지급액이 확정적이므로 당해 연도에 있어 그 임금은 고정적인 임금에 해당되어 통상임금에 속한다. 그러나 보통 전년도에 지급할 것을 그 지급시기만 늦춘 것에 불과하다고 볼만한 특별한 사정이 있는 경우에는 고정성을 인정할 수 없다. 다만, 이러한 경우에도 근무실적에 관하여 최하등급을 받더라도 일정액을 최소한도로 보장하여 지급하기로 한 경우에는 그 한도 내에서 고정적인 임금으로 볼 수가 있다.

제4절 통상임금의 산입범위 및 구체적 사례

1. 고용노동부 행정지침에 의한 통상임금 산입범위

기존 고용노동부의 통상임금산정지침[76])에 따르면, 통상임금의 산입범위를 판단함에 있어서 대법원의 판례보다도 아주 제한적이고 좁게 해석하고 있음을 확인할 수 있다. 이를 살펴보면 다음과 같다.

〈기존 고용노동부의 통상임금 산입범위 예시내용〉

---

1. 통상임금 산입범위에 해당되는 경우
   1) 소정근로시간 또는 법정근로시간에 대하여 지급하기로 정하여진 기본급 임금
   2) 1임금산정기간 내의 소정근로시간 또는 법정근로시간에 대하여 일급·주급·월급 등의 형태로 정기적·일률적으로 지급하기로 정하여진 고정급 임금
      ① 담당업무나 직책의 경중 등에 따라 미리 정하여진 지급조건에 의해 지급하는 수당
         : 직무수당(금융수당, 출납수당), 직책수당(반장수당, 소장수당) 등
      ② 물가변동이나 직급 간의 임금격차 등을 조정하기 위하여 지급하는 수당
         : 물가수당, 조정수당 등
      ③ 기술이나 자격·면허증소지자, 특수작업종사자 등에게 지급하는 수당
         : 기술수당, 자격수당, 면허수당, 특수작업수당, 위험수당 등
      ④ 특수지역에 근무하는 근로자에게 정기적·일률적으로 지급하는 수당
         : 벽지수당, 한냉지근무수당 등
      ⑤ 버스, 택시, 화물자동차, 선박, 항공기 등에 승무하여 운행·조종·항해·항공 등의 업무에 종사하는 자에게 근무일수와 관계없이 일정한 금액을 일률적으로 지급하는 수당: 승무수당, 운항수당, 항해수당 등
      ⑥ 생산기술과 능률을 향상시킬 목적으로 근무성적에 관계없이 매월 일정한 금액을 일률적으로 지급하는 수당: 생산장려수당, 능률수당 등

2. 통상임금 산입범위에 해당되지 않는 경우
   1) 실제 근로 여부에 따라 지급금액이 변동되는 임금과 1임금산정기간 이외에 지급되는 수당
      ① 근로기준법 또는 취업규칙 등에 의하여 지급되는 수당
         : 연장·야간·휴일근로수당, 연차휴가미사용수당, 생리휴가보전수당 등

---

76) 고용노동부 제47호, 개정 2012.9.25.

> ② 근무일에 따라 일정금액을 지급하는 수당: 승무수당, 운항수당, 항해수당, 입갱수당 등
> ③ 생산기술과 능률을 향상시킬 목적으로 근무성적 등에 따라 정기적으로 지급하는 수당: 생산장려수당, 능률수당 등
> ④ 장기근속자의 우대 또는 개근을 촉진하기 위한 수당
>   : 개근수당, 근속수당, 정근수당 등
> ⑤ 취업규칙 등에 미리 지급금액을 정하여 지급하는 일·숙직수당
> ⑥ 정기상여금, 체력단련비, 경영성과배분금, 격려금, 생산장려금, 포상금, 인센티브 등
> 2) 근로시간과 관계없이 근로자에게 생활보조적·복리후생적으로 지급되는 금품
>   ① 통근수당, 차량유지비
>   ② 사택수당, 월동연료수당, 김장수당
>   ③ 가족수당, 교육수당
>   ④ 급식 및 급식비

2. 대법원 전원합의체 판결에 의한 통상임금 산입범위

대법원 전원합의체 판결(2012다89399 등)은 그동안 많은 논란이 되어 왔던 통상임금의 요건별 판단기준에 관하여 구체적으로 제시하고 있다. 위 전원합의체 판결을 통하여 쟁점이 된 임금항목에 대하여 유형별로 통상임금 해당 여부를 정리하면 다음과 같다.

〈대법원 전원합의체 판결을 통한 임금유형별 통상임금 해당 여부〉

임금유형	임금의 특징	통상임금 해당 여부
① 정기상여금	– 2개월 주기로 짝수달에 100% 지급 – 퇴직자에게도 근무일수에 따라 일할계산하여 지급	• 통상임금 해당 – 고정성 인정
② 김장보너스	– 지급 직전 노사협의로 정하여 지급 – 재직자에게만 지급	• 통상임금 미해당 – 고정성 부정
③ 설·추석상여금	– 설과 추석에 각 50%씩 지급 – 재직자에게만 지급	• 통상임금 미해당 – 소정근로대가성과 고정성 부정
④ 하기휴가비, 선물비, 생일자지원금, 개인연금지원금, 단체보험료	– 재직자에게만 지급	• 통상임금 미해당 – 소정근로대가성과 고정성 부정
⑤ 가족수당	– 모든 근로자에게 기본금액을 가족수당 명목으로 지급	• 통상임금 해당 – 일률성과 고정성 인정
	– 실제 부양가족이 있는 자에게 일정액을 추가지급	• 통상임금 미해당 – 소정근로대가성 부정 (근로가치와 무관한 조건)

⑥ 근속수당	– 근속기간에 따라 지급 여부나 지급액이 달라지는 임금(예: 일정 근속기간 이상을 재직할 것을 지급조건으로 하거나 근속기간별로 지급액을 달리하는 경우 등)	· 통상임금 해당 – 일률성과 고정성 인정
⑦ 근무일수에 따라 달라지는 임금	– 매 근무일마다 일정액을 지급하기로 한 임금(일할계산)	· 통상임금 해당 – 고정성이 인정되어 통상임금에 해당
	– 일정한 근무일수를 채워야만 지급하는 임금	· 통상임금 미해당 – 일정일수를 채워야 한다는 추가적인 조건이 필요(불확실한 조건에 해당)하여 고정성을 부정
	– 일정일수(15일) 이상이면 전액 지급하고, 일정일수(15일) 미만이면 일할계산하여 지급	· 통상임금 해당 – 최소한도분(일할계산금액)은 고정성이 인정되어 통상임금에 해당

⑧ 기술·자격·면허수당	– 특수한 기술의 보유나 특정한 경력의 구비가 임금지급의 조건인 경우	· 통상임금 해당
		  – 일률성과 고정성 인정
		  (기왕에 확정된 사실)

⑨ 성과급	– 근무실적을 평가하여 지급 여부나 지급액이 결정되는 성과급	· 통상임금 미해당 – 사전에 확정되지 않은 사실을 조건으로 하므로 고정성을 부정
	– 최소한도가 보장되는 성과급	· 통상임금 해당 – 최소한도분 만큼은 고정성이 인정되어 통상임금에 해당

	– 전년도 근무실적으로 당해 연도에 지급되는 성과급	· 통상임금 해당
		  – 이미 확정되어 있어 고정성을 인정
		· 통상임금 미해당
		  – 전년도에 지급해야 할 것을 그 지급시기만 늦춘 것에 불과하다면 고정성을 부정

⑩ 특정시점에 재직 시에만 지급되는 임금	– 특정시점에 재직 중인 근로자에게만 지급하기로 정해져 있는 임금	· 통상임금 미해당 – 소정근로대가성과 고정성 부정
	– 특정시점 전에 퇴직하더라도 근무일수에 비례한 만큼의 임금을 지급	· 통상임금 해당 – 근무일수에 비례하여 지급되는 한도에서는 고정성을 인정

3. 통상임금 산입범위를 둘러싼 구체적 사례

　　앞에서 살펴본 통상임금의 요건별 판단기준, 임금유형별 구체적 적용기준 및 그동안의 대법원의 판례 등을 기초로 하여 어떠한 임금이 통상임금 산입범위에 포함될 수 있는지에 대하여 각 임금의 항목별로 그 판단기준 및 구체적 사례를 살펴보기로 한다.

가. 기본급 임금

임금항목[77] 예시	통상임금 해당 여부[78]
소정근로시간 또는 법정근로시간에 대하여 지급하기로 정하여진 기본급 임금	통상임금 ○

기본급 임금은 일반적으로 법정근로시간의 범위에서 정한 근로시간(즉, 소정근로시간)에 대해 지급하기로 정하여진 기본적 임금항목을 말하며, 특수사정에 의해 지급되는 수당이나 그 지급조건에 따라 지급 여부 또는 지급액이 달라지는 금품과는 엄연히 구별되는 임금항목이다.

통상임금은 근로자에게 정기적이고 일률적으로 소정근로에 대하여 지급하기로 정한 금액을 말하며, 어떠한 임금이 통상임금에 속하는지 여부는 그 임금이 소정근로의 대가로 근로자에게 지급되는 금품으로서 정기적·일률적·고정적으로 지급되는 것인지를 기준으로 그 객관적인 성질에 따라 판단하여야 하고, 임금의 명칭이나 그 지급주기의 장단 등 형식적 기준에 의해 정할 것이 아니다.

연장·야간·휴일근로에 따른 초과근로수당 등의 산정기준이 되는 통상임금에 해당되기 위해서는 임의의 날에 초과근로를 제공하는 시점에서 보았을 때 근로계약에서 정한 근로의 대가로 지급되는 임금이어야 하고(소정근로대가성), 근로계약에서 정한 근로의 대가로 지급될 어떤 항목의 임금이 일정한 주기에 따라 정기적으로 지급되며(정기성), 모든 근로자나 근로와 관련된 일정한 조건 또는 기준에 해당하는 모든 근로자에게 일률적으로 지급되고(일률성), 그 지급 여부가 업적이나 성과 기타 추가적인 조건과 관계없이 사전에 이미 확정되어 있어야 한다(고정성). 이와 같은 4가지 요건을 모두 갖추어야만 그 명칭과 관계없이 통상임금에 해당되는 것이다.

따라서 소정근로시간에 대하여 지급하기로 정하여진 기본급 임금은 근로계약에서 정한 근로를 제공하면 그 대가로 지급되고, 일정한 주기에 따라 정기적으로

---

77) 예시된 임금항목은 기존 고용노동부의 행정지침(예규 제47호, 개정 2012.9.25.)에 따른 내용을 준용하여 예시하기로 한다.
78) 통상임금 해당 여부를 표기함에 있어서, 통상임금에 해당되는 경우에는 '통상임금 ○', 통상임금에 해당되지 않는 경우에는 '통상임금 ×', 통상임금에 해당되거나 해당되지 않을 수도 있는 경우에는 '통상임금 △'라고 표기하도록 한다(이하 동일).

지급되며, 모든 근로자에게 일률적으로 지급되고, 그 지급 여부가 업적이나 성과 기타 추가적인 조건과 관계없이 당연히 지급될 것으로 사전에 이미 확정되어 있다는 점에서, 통상임금의 4가지 요건을 모두 갖추어 통상임금에 속한다는 사실에 대하여는 다툼이 있을 수 없다고 할 것이다.

나. 고정급 임금

임금항목 예시	통상임금 해당 여부
일·주·월 기타 1임금산정기간 내의 소정근로시간 또는 법정근로시간에 대하여 일급·주급·월급 등의 형태로 정기적·일률적으로 지급하기로 정하여진 고정급 임금	
① 담당업무나 직책의 경중 등에 따라 미리 정하여진 지급조건에 의해 지급하는 수당: 직무수당(금융수당, 출납수당), 직책수당(반장수당, 소장수당) 등	통상임금 ○
② 물가변동이나 직급 간의 임금격차 등을 조정하기 위하여 지급하는 수당: 물가수당, 조정수당 등	통상임금 ○
③ 기술이나 자격·면허증소지자, 특수작업종사자 등에게 지급하는 수당: 기술수당, 자격수당, 면허수당, 특수작업수당, 위험수당 등	통상임금 ○
④ 특수지역에 근무하는 근로자에게 정기적·일률적으로 지급하는 수당: 벽지수당, 한냉지근무수당 등	통상임금 ○
⑤ 버스, 택시, 화물자동차, 선박, 항공기 등에 승무하여 운행·조종·항해·항공 등의 업무에 종사하는 자에게 근무일수와 관계없이 일정한 금액을 일률적으로 지급하는 수당: 승무수당, 운항수당, 항해수당 등	통상임금 ○
⑥ 생산기술과 능률을 향상시킬 목적으로 근무성적에 관계없이 매월 일정한 금액을 일률적으로 지급하는 수당: 생산장려수당, 능률수당 등	통상임금 ○
⑦ 그밖에 제①부터 제⑥까지에 준하는 임금 또는 수당	통상임금 ○

(1) 통상임금 여부의 판단기준

1) 직책수당 및 이에 준하는 수당

취업규칙 등에 의하여 직책의 경중이나 책임의 정도 또는 이에 따른 직급 등의 미리 정하여진 지급조건에 따라 지급하는 이른바 직책수당, 직급수당, 관리수당, 책임수당, 조장수당, 반장수당 등과 같은 고정급 임금의 경우, 이는 기본급 임금과 같은 성격을 가진 수당으로서 소정근로를 제공하면 그 대가로 1임금산정기간마다 정기적으로 지급되고 직제규정상 일정 직책 또는 직급을 맡고 있는 모든 근로자에게 일률적으로 지급되므로 정기성과 일률성의 요건에 충족되고, 그 지급

여부가 업적이나 성과 기타 추가적인 조건과 관계없이 사전에 이미 확정되어 있어 고정성의 요건에 충족된다. 따라서 이는 기본급 임금과 마찬가지로 통상임금의 범위에 속하며, 해당 여부를 둘러싼 다툼이 있을 수 없다고 본다.

2) 직무수당 및 이에 준하는 수당

담당직무의 경중이나 난이도 또는 위험도 등의 미리 정하여진 지급조건에 따라 지급하는 이른바 직무수당, 금융수당, 출납수당, 위험수당, 기술수당, 기능수당 등과 같은 고정급 임금의 경우, 이도 기본급 임금과 같은 성격을 가진 수당으로서 소정근로시간에 대해 1임금산정기간마다 관련 직무 또는 직종에 종사하는 모든 근로자에게 일률적으로 지급되므로 정기성과 일률성의 요건에 충족되고, 그 지급 여부가 업적이나 성과 기타 추가적인 조건과 관계없이 이미 사전에 확정되어 있어 고정성의 요건에 충족된다. 따라서 이도 기본급 임금 및 직책수당과 마찬가지로 통상임금의 범위에 속하며, 역시 해당 여부를 둘러싼 다툼이 있을 수 없다고 본다.

3) 자격·면허수당, 특수작업수당 등

자격·면허증을 소지하고 관련 직무 종사에 따른 자격수당·면허수당, 특수직종 종사에 따른 승무수당·운항수당·항해수당, 특수작업 종사에 따른 특수작업수당·특수근무수당, 특수지역 근무에 따른 벽지수당·한냉지근무수당 등과 같은 고정급 임금의 경우, 이는 1임금산정기간마다 소정근로시간에 대하여 월급 또는 일급 등의 형태로 정기적·일률적으로 고정급 임금으로 지급되고 있다면, 앞의 기본급 임금과 직책수당 및 직무수당의 경우와 마찬가지로 통상임금의 범위에 속하며, 근로자가 임의의 날에 연장·야간·휴일 등의 초과근로를 제공하는 시점에서 해당자격·면허증의 소지 등의 여부는 그 성취 여부가 불확실한 조건이 아닌 사전에 이미 확정된 조건으로서 고정성의 요건에 전혀 문제가 되지 않는다.

그러나 상기 관련수당을 지급함에 있어서 '일정 근무일수 충족(월 15일 이상)' 등과 같은 추가적인 지급조건에 따라 그 지급 여부 또는 지급액을 정하는 경우에는 소정근로를 제공하는 것 외에 일정 근무일수 충족이라는 추가적인 조건을 성취해야만 비로소 지급되는 것이므로 근로자가 임의의 날에 초과근로를 제공하는 시점에서는 그 지급이 확정되지 아니한 불확실한 조건이 되어 고정성을 인정할 수 없어 통상임금의 범위에 속한다고 볼 수 없다.

4) 조정수당, 능률수당, 기타수당 등

직급 또는 개인 간 임금격차를 조정하기 위하여 지급하는 조정수당, 업무능률을 향상시킬 목적으로 지급하는 능률수당이나 생산장려수당, 지급조건을 명확히 하지 않고 지급하는 기타수당 명목의 임금 등과 같은 고정급 임금의 경우, 앞의 경우처럼 1임금 산정기간마다 소정근로시간에 대하여 일급 또는 월급형태로 정기적·일률적으로 고정급 임금으로 지급되고 있다면, 그 명칭과 관계없이 역시 통상임금에 속한다고 볼 수 있다.

그러나 능률수당 등의 경우 근무실적에 연동하여 그 지급 여부나 지급액을 정하여 지급하거나 또는 조정수당과 기타수당 등의 경우 근무일수에 연동하여 일정 근무일수를 충족해야만 지급하는 경우라면 소정근로를 제공하는 것 외에 추가적인 조건을 성취해야만 하므로 근로자가 임의의 날에 초과근로를 제공하는 시점에서는 그 지급이 확정되지 아니한 불확실한 조건이 되어 고정성을 인정할 수 없어 통상임금의 범위에 속한다고 볼 수 없다.

(2) 통상임금 여부의 구체적 사례

1) 통상임금에 속한다는 사례

① 면허수당의 경우

면허수당 지급액의 산출방법이나 금액, 지급조건이 미리 정하여져 있고 소정의 요건을 갖춘 근로자에게 일률적·계속적·의무적으로 지급하여 왔다면 이는 통상임금의 범위에 포함된다.79)

② 위생수당과 위험수당의 경우

모든 환경미화원에게 매월 정액으로 지급하는 위생수당과 위험수당 근로의 대가

---

79) 대법원 1992.7.28. 선고 92다14007 판결

로 정기적·일률적으로 지급되는 고정적인 임금이므로 통상임금에 포함된다.[80]

③ 고열작업수당의 경우

고열작업수당이 지급되도록 정하여진 공정에 종사하는 모든 근로자에 대해서 일시적·유동적인 조건이 아닌 고정적인 조건하에 일정한 조건이 충족되면 일정한 금액을 매년 정기적·일률적으로 지급한 것으로서 통상임금에 포함된다.[81]

④ 기타수당의 경우

상당한 기간 다른 명목의 임금과 함께 기타수당을 수령하였다면, 이는 정기적·일률적으로 소정근로 또는 총근로에 대하여 지급하는 통상임금의 범위에 속할 개연성이 충분히 있다.[82]

⑤ 산업안전보건비의 경우

노사 간의 합의에 의하여 전 근로자들에게 근무성적과는 관계없이 산업안전보건비가 정기적·일률적·고정적으로 지급되는 것인 이상 이는 총근로에 대한 대상으로서 통상임금의 성질을 가진다.[83]

2) 통상임금에 속하지 않는다는 사례

① 비행수당의 경우

항공기 승무원에 대하여 지급되는 60시간분의 비행수당(이를 보장수당 또는 보장비행수당이라고 한다)은 일반승무원의 경우 월간 실제 승무시간이 최저 승무시간인 30시간 이상인 경우에 한하여 지급되고, 그 실제 승무시간이 최저 승무시간에 미달하는 경우에는 보장수당이 지급되지 않고, 월간 승무기준시간인 75시간을 초과하는 경우에는 75시간에 상당하는 비행수당과 초과 부분에 대하여 가산 지급되는 비행수당이 함께 지급되며, 승무결근자나 무단결근자 등에 대하여는 비록 그 실제 근무시간이 최저 승무시간을 초과하는 경우에도 보장수당이 지급되지 않는다면, 이 비행수당은 비록 보장수당의 경우에도 고정적으로 지급되는 것이 아니고 항공기 승무원의 실제의 근무성적에 따라 그 지급 여부나 지급액이 달라

---

80) 대법원 2011.9.8. 선고 2011다22061 판결
81) 대법원 2005.9.9. 선고 2004다41217 판결
82) 대법원 1992.3.10. 선고 91다11391 판결
83) 대법원 2005.10.13. 선고 2004다13762 판결

지는 것이므로 통상임금에 해당하는 임금이라 할 수 없다.[84]

② 특수직무수당의 경우

지하 600m 이하의 심부작업장에서 작업하는 날에 한하여 1일 소정의 특수직무수당을 지급하는 경우, 이는 지하 600m 이하의 심부작업장에서만 근무한 것인지여부 등을 알 수 없어 위 수당이 정기적으로 지급된 것이기는 하나 일률적으로지급한 것이라고 단정할 수는 없다.[85]

다. 변동급 임금

임금항목 예시	통상임금 해당 여부
실제 근로 여부에 따라 지급금액이 변동되는 금품	
① 「근로기준법」과 「근로자의 날 제정에 관한 법률」 등에 의하여 지급되는 연장근로수당, 야간근로수당, 휴일근로수당, 연차유급휴가근로수당, 생리휴가보전수당 및 취업규칙 등에 의하여 정하여진 휴일에 근로한 대가로 지급되는 휴일근로수당 등	통상임금 ×
② 근무일에 따라 일정금액을 지급하는 수당: 승무수당, 운항수당, 항해수당, 입갱수당 등	통상임금 ○
③ 생산기술과 능률을 향상시킬 목적으로 근무성적 등에 따라 정기적으로 지급하는 수당: 생산장려수당, 능률수당 등	통상임금 △
④ 장기근속자의 우대 또는 개근을 촉진하기 위한 수당: 개근수당, 근속수당, 정근수당 등	통상임금 △
⑤ 취업규칙 등에 미리 지급금액을 정하여 지급하는 일·숙직수당	통상임금 ×
⑥ 봉사료(팁)로서 사용자가 일괄관리 배분하는 경우	통상임금 ×

(1) 통상임금 여부의 판단기준

1) 연장·야간·휴일근로수당 등

통상임금에 속하기 위해서는 소정근로시간에 통상적으로 제공하기로 정한 근로의 대가로 지급되는 임금이어야 하기 때문에, 근로자가 소정근로시간을 초과하여 근로를 제공함으로써 지급받은 임금은 근본적으로 통상임금에 포함될 수가 없다. 즉, 법정근로시간을 연장하여 근로함으로써 지급되는 연장근로수당, 야간(오후 10시부터 오전 6시까지)에 근로함으로써 지급되는 야간근로수당, 근로기준법 또는 취업규칙 등에 정하여진 휴일에 근로함으로써 지급되는 휴일근로수당, 그리

---

84) 대법원 1996.5.28. 선고 95다36817 판결
85) 대법원 1994.5.24. 선고 93다31979 판결

고 근로자가 근로의 대가로 발생한 연차유급휴가를 사용하지 아니하고 휴가일에 근로를 제공함으로써 지급되는 연차유급휴가미사용수당 등은 실체적으로 소정근로의 대가와는 전혀 무관하므로 통상임금에 포함될 수 없다.

그리고 연장·야간·휴일근로수당에 갈음하여 고정급 또는 포괄임금제로 모든 근로자에게 매월 지급된다고 하더라도 이는 소정근로시간을 초과하여 연장·야간·휴일근로를 제공함으로써 이에 대해 지급하는 것인 이상, 소정근로의 대가로 지급하는 통상임금에 포함될 수 없다.

2) 근무일수에 따라 지급하는 수당

근무일수와 연동되는 임금지급조건에 따라, 단순히 매 근무일수마다 일할계산하여 지급하는 임금은 실제 근무일수에 따라 그 지급액이 매월 달라지기는 하지만 근로자가 임의의 날에 소정근로를 제공하기만 하면 그에 대하여 일정액(즉, 그 하루의 근로대가)을 지급받을 것이 확정되어 있기 때문에 고정성을 갖춘 경우에 해당하여 통상임금에 포함되며, 또한 일정 근무일수에 따라 계산방법 또는 지급액이 달라지는 임금은 소정근로를 제공하면 적어도 일정액 이상의 임금이 지급될 것이 확정되어 있는 최소한도의 범위에서는 고정성을 인정할 수 있어 통상임금에 포함된다. 그러나 일정 근무일수를 채워야만 지급하는 임금은 소정근로를 제공하는 외에 일정 근무일수 충족이라는 추가적인 조건을 성취해야만 비로소 지급되는 것이기 때문에 임의의 날에 연장·야간·휴일 등의 초과근로를 제공하는 시점에서 그 성취 여부는 확정할 수 없는 불확실한 조건이므로 고정성을 갖춘 것으로 볼 수 없어 통상임금에 포함되지 않는다.

따라서 승무수당, 운항수당, 항해수당 등을 지급함에 있어서 단순히 매 근무일수마다 일할계산하여 이를 매월 지급하는 경우라면 통상임금에 포함된다고 보아야 하고, 개근수당, 정근수당, 만근수당 등을 지급함에 있어서 해당 월의 소정근로일수를 만근(개근)하거나 일정 근무일수 이상을 출근한 경우에만 이를 매월 지급하는 경우라면 통상임금에 포함되지 않는다고 볼 수 있다.

3) 근무성적에 따라 지급하는 수당

근무성적과 연동되는 임금지급조건에 따라, 당해 연도 근무성적을 평가하여 이를 토대로 그 지급 여부나 지급액이 정해지는 임금은 근로자가 초과근로를 제공하는 시점에서는 근무성적에 대한 평가가 이루어지지 않아 그에 따른 임금의 지급 여부나 지급액이 확정되어 있지 않는 상태이기 때문에 그 성취 여부가 불확실한 조건에 해당되고 고정성이 부정되므로 통상임금에 포함되지 않는다. 그러나 당해 연도 근무성적을 평가하여 이를 토대로 그 지급 여부나 지급액을 정하기는 하지만 최소한도가 보장된다면 그 최소한도의 임금은 고정성이 긍정되어 통상임금에 포함될 수 있으며, 또한 당해 연도의 근무성적이 아닌 전년도의 근무성적에 따라 그 지급 여부나 지급액이 정해지는 임금은 당해 연도에 그 지급 여부나 지급액이 이미 확정되어 있기 때문에 고정적인 임금에 해당되어 통상임금에 포함된다고 보아야 한다.

따라서 성과급, 능률수당, 생산장려수당 등을 지급함에 있어서 전년도의 근무성적에 따라 당해 연도의 임금이 정해지거나 당해 연도의 근무성적에 따라 임금이 정해지더라도 최소한도의 임금이 보장되는 경우라면 통상임금에 포함된다고 보아야 하고, 당해 연도의 근무성적에 따라 최소한도의 임금이 보장되지 않고 그 지급 여부나 지급액이 정해지는 경우라면 통상임금에 포함되지 않는다고 볼 수 있다.

4) 근속기간에 따라 지급하는 수당

근속기간과 연동되는 임금지급조건에 따라, 일정한 근속기간 이상을 재직하면 지급하기로 하는 임금이거나 일정한 근속기간에 따라 임금의 계산방법을 달리하거나 근속기간별로 지급액을 달리하는 임금은 일정한 근속기간 이상을 재직한 모든 근로자에게 임금을 지급하기 때문에 일률성 요건에 충족되고, 또한 근속기간은 근로자의 숙련도와 밀접한 관계가 있어 소정근로의 가치 평가와 관련이 있는 일정한 조건 또는 기준으로 볼 수가 있고, 근로자가 임의의 날에 초과근로를 제공하는 시점에서 그 성취 여부가 불확실한 조건이 아니라 그 근속기간이 얼마인지가 이미 확정되어 있기 때문에 고정성 요건에 충족되어 통상임금에 포함된다고 보아야 한다.

따라서 근속기간에 따라 지급하는 근속수당, 근속가산금, 장기근속수당 등은 그 지급 여부나 지급액이 근속기간과 연동된다는 사정만으로는 통상임금에 속한다고 보는 데 있어서 전혀 장애가 되지 아니하므로, 특별한 경우를 제외하고는 근속기간에 따른 임금은 모두 통상임금에 포함된다고 볼 수 있다.

5) 일·숙직수당과 봉사료 등

일·숙직수당은 일반적으로 전 근로자에게 일률적·고정적으로 지급하는 것이 아니라 근로자마다 개별적으로 일직 또는 숙직 근무한 날에 대하여 당일의 식비 등으로 지급하는 실비변상적인 성질을 띤 금품으로 보아야 하므로 근로기준법상 소정의 임금에 해당되지 않는다.[86] 따라서 통상임금에 속하기 위해서는 근로기준법상 소정의 임금에 해당하는 것임이 전제되어야 하므로, 일·숙직수당은 근로가치와 무관하고 소정근로대가성이 부정되므로 통상임금에 속하지 않는다.

그리고 호텔·식당 등의 접객업소나 골프장에 종사하는 근로자가 고객으로부터 직접 받은 팁과는 달리, 사용자가 고객으로부터 대금의 일정비율을 봉사료 명목으로 일률적으로 받아 모아 두었다가 정기적으로 전체 근로자에게 그 총액을 균등 분배하는 경우, 개개의 근로자가 분배받는 봉사료액은 근로기준법상 소정의 임금에 해당된다고 볼 수 있다.[87] 그러나 봉사료는 업적이나 기타 추가적인 조건과 관계없이 당연히 지급될 것으로 확정되어 있는 임금이 아니기 때문에 고정성 요건을 갖춘 경우로 볼 수 없어 통상임금에 속하지 않는다.

(2) 통상임금 여부의 구체적 사례

1) 통상임금에 속한다는 사례
① 근속수당의 경우

사용자가 매년 7월 1일 기준으로 1년 이상 근속한 근로자에게 매 1년 단위로 일정한 금액을 가산하여 지급한 근속수당은 은혜적인 배려에서가 아니라 일정한

---

86) 대법원 1990.11.27. 선고 90다카10312 판결
87) 대법원 1992.2.28. 선고 91누8104 판결

근속 연수에 이른 근로자에게 실제의 근무성적과는 상관없이 매월 일정하게 지급된 것으로서 정기적·일률적으로 지급되는 고정적인 임금이므로 통상임금에 포함된다.[88]

② 근속가산금의 경우

1년을 초과하여 계속 근무한 환경미화원들에게 근속 연수가 증가함에 따라 일정 금액을 가산하여 1년 근속당 일정금액을 지급하는 근속가산금의 경우, 이는 근로의 대가로 정기적·일률적으로 지급되는 고정적인 임금이므로 통상임금에 포함된다.[89]

③ 장기근속수당의 경우

장기근속수당은 근로의 양 또는 질에 무관하게 은혜적으로 지급되는 것이 아니라 일정 근속 연수에 달한 자에게 실제의 근무성적과는 상관없이 매월 일정액을 지급하여 온 것으로서 정기적·일률적으로 지급되는 고정적인 임금이므로 통상임금에 속한다.[90]

2) 통상임금에 속하지 않는다는 사례

① 근속수당의 경우

근속수당은 출근일수가 15일 이상인 근로자에 대하여는 전액을 지급하나 15일 미만인 근로자에 대하여는 일할로 계산된 근속수당만을 지급하는 것으로 근로자들의 실제의 근무성적에 따라 좌우하게 되어 고정적인 임금이라고 할 수 없으므로 통상임금의 범위에 포함되지 않는다.[91] 그러나 이 판결은 2013년 12월 18일에 선고된 대법원 전원합의체 판결(2012다89399)의 견해에 배치되어 변경되었다. 즉, 종전판결은 일할계산하여 지급되는 임금의 경우 그 지급액이 실제 근무성적에 따라 달라진다는 이유로 비고정적인 임금으로 보았으나, 전원합의체 판결은 일할계산하여 지급되는 임금이라 할지라도 최소한도의 임금만큼은 고정적인 임금에 해당하는 것으로 그 고정성 요건의 판단기준을 변경하였다.

---

88) 대법원 2002.7.23. 선고 2000다29370 판결
89) 대법원 2011.9.8. 선고 2011다22061 판결; 대법원 2011.8.25. 선고 2010다63393 판결
90) 대법원 2000.12.22. 선고 99다10806 판결
91) 대법원 1996.3.22. 선고 95다56767 판결

② 월차수당과 주휴수당의 경우

근로자가 월차휴가일에 근로를 할 것인지 여부를 선택함에 따라 그 지급 여부가 결정되는 월차수당과 소정근무일수의 개근 여부에 따라 그 지급 여부가 결정되는 주휴수당은 모두 통상임금에 포함되지 아니한다.[92]

라. 1개월을 초과하는 기간마다 지급되는 임금

임금항목 예시	통상임금 해당 여부
1임금산정기간 이외에 지급되는 금품	
① 정기상여금	
취업규칙 등에 지급조건, 금액, 지급시기가 정해져 있거나 전 근로자에게 관례적으로 지급하여 사회통념상 근로자가 당연히 지급받을 수 있다는 기대를 하게 되는 경우: 정기상여금 등	통상임금 △
② 특별상여금, 경영성과배분금 등	
관례적으로 지급한 사례가 없고, 기업이윤에 따라 일시적·불확정적으로 사용자의 재량이나 호의에 의해 지급하는 경우: 특별상여금, 경영성과배분금, 격려금, 생산장려금, 포상금, 인센티브 등	통상임금 △
③ 체력단련비	
가. 전 근로자에게 정기적·일률적으로 지급하는 경우	통상임금 ○
나. 일시적으로 지급하거나 일부 근로자에게 지급하는 경우	통상임금 ×
④ 설·추석상여금, 하기휴가비 등	
가. 전 근로자에게 정기적·일률적으로 지급하는 경우	통상임금 ○
나. 일시적으로 지급하거나 일부 근로자에게 지급하는 경우	통상임금 ×

(1) 통상임금 여부의 판단기준

1) 정기상여금, 특별상여금·성과배분금 등

상여금이라 함은 일반적으로 임금 이외에 특별히 지급하는 인센티브 개념의 보너스라 할 수 있다. 그러나 지급방법 및 지급성격에 따라 전 근로자에게 일률적·고정적으로 임금의 일부로서 지급하는 경우가 있고, 경영실적(기업이윤, 매출액 등)에 따라 차별적·비고정적으로 지급하는 경우가 있다. 전자가 이른바 정기상여금의 경우에 해당되고, 후자가 본래의 취지대로 지급하는 보너스로서 특별상여

---

92) 대법원 2007.4.12. 선고 2006다81974

금과 성과배분금 등의 경우에 해당된다고 할 수 있다.

　정기상여금이나 특별상여금 등이 통상임금에 속하는지 여부를 검토하기에 앞서 근로기준법상 소정의 임금에 해당되는지 여부를 확인할 필요가 있으며, 만일 소정의 임금에 해당되지 않는다면 통상임금의 개념상 두말할 필요도 없이 통상임금에 속하지 못한다. 여기서 정기상여금은 소정의 임금으로서의 성질을 가지고 있다는 점에 대하여는 다툼의 여지가 없으나 특별상여금 또는 성과배분금 등은 그 지급사유의 발생이 불확정적이고 일시적으로 지급되거나[93) 또는 그 지급조건이 경영성과나 노사관계안정 등과 같이 근로자 개인의 업무실적 또는 근로의 제공과는 직접적인 관련이 없는 요소에 의하여 결정하도록 되어 있고 그 지급 여부 및 대상자 등이 유동적인 경우가 일반적이기 때문에, 이와 같은 경우에는 근로기준법상 소정의 임금에 해당되지 않는다고 보고 있다.[94)

　따라서 정기상여금의 경우에는 취업규칙 등에 지급조건, 지급금액, 지급시기가 정해져 있거나 전 근로자에게 관례적으로 지급하고 있는 경우라면 비록 1임금지급주기마다 지급되지 않고 2개월, 3개월, 6개월, 또는 1년마다 지급되더라도 정기적으로 지급되면 정기성의 요건을 갖춘 경우에 해당되어 통상임금에 포함된다. 그러나 정기상여금을 지급함에 있어서 그 지급조건의 하나로서 지급일 또는 특정시점에 재직하는 근로자에게만 지급하기로 정해져 있는 경우에는 그 지급일 또는 특정시점에 재직 중일 것이 자격요건이 되기 때문에 소정근로를 제공했던 근로자라도 지급일 또는 특정시점에 재직하지 않고 있으면 지급하지 아니하는 반면에 그 지급일 또는 특정시점에 재직하는 근로자에게는 소정근로의 제공 여부를 묻지 않고 지급하는 것이 되어 이른바 소정근로대가성이 부정되고, 또한 근로자가 임의의 날에 초과근로를 제공하는 시점에서 그 지급조건인 재직 여부가 성취될지는 불확실하므로 고정성도 부정되어 통상임금에 포함되지 않는다.

　그리고 특별상여금 내지는 성과배분금 등의 경우에는 근로기준법상 소정의 임금의 성질을 가진 경우라면 앞의 정기상여금에 준하여 통상임금 해당 여부를 판단하면 될 것이나 소정의 임금의 성질을 가진 경우가 아니라면 근로가치와 무관

---

93) 대법원 2006.5.26. 선고 2003다54322, 54339 판결; 대법원 2005.9.9. 선고 2004다41217 판결
94) 대법원 2013.4.11. 선고 2012다48077 판결

하게 지급되는 경우에 해당되어 소정근로대가성이 부정되므로 통상임금에 포함되지 않는다.

2) 체력단련비, 설·추석상여금, 하기휴가비 등

체력단련비, 설·추석상여금, 하기휴가비 등의 경우에도 상여금의 경우와 같이 통상임금에 속하는지 여부를 검토하기에 앞서 근로기준법상 소정의 임금에 해당되는지 여부를 확인할 필요가 있다 할 것이다. 체력단련비 등이 소정의 임금에 해당되는지 여부에 대한 판단은 근로자에게 계속적·정기적으로 지급되고 그 지급에 관하여 단체협약, 취업규칙, 노동관행 등에 의하여 지급의무가 지워져 있어야 하며,95) 여기서 어떤 금품이 근로의 대가로 지급된 것인지를 판단함에 있어서는 그 금품에 대한 지급의무의 발생이 근로제공과 직접적으로 관련되거나 그것과 밀접하게 관련된 것으로 볼 수 있어야 하고, 이러한 관련 없이 그 지급의무의 발생이 개별 근로자의 특수하고 우연한 사정에 의하여 좌우되는 경우에는 그 금품의 지급이 단체협약이나 취업규칙 등에 의하여 이루어진 것이라 하더라도 그러한 금품은 근로의 대가로 지급된 것으로 볼 수 없다.96) 또 취업규칙 등에 의하여 지급의무가 지워져 있어야 한다는 것은 그 지급 여부에 대해 사용자가 임의적으로 결정할 수 없음을 의미한다고 할 것이다.

체력단련비 등은 일반적으로 그 지급방법에 따라 취업규칙 등에 지급조건, 지급금액, 지급시기를 정하거나 관례적으로 전 근로자에게 정기적·일률적으로 지급하는 경우에는 소정의 임금의 성질을 가진 것으로 볼 수 있을 것이나, 사용자의 재량으로 일시적으로 지급하거나 일부 근로자에만 지급하는 경우에는 특별한 경우를 제외하고는 소정의 임금의 성질을 가진 것으로 볼 수 없을 것이다.

따라서 소정의 임금의 성질을 가진 체력단련비 등의 경우에 비록 1년마다 지급되더라도 정기적·계속적으로 지급되면 정기성의 요건을 갖춘 경우에 해당되어 통상임금에 포함된다고 보아야 한다. 그러나 체력단련비 등을 지급함에 있어서

---

95) 대법원 2012.2.9. 선고 2011다20034 판결
96) 대법원 2011.7.14. 선고 2011다23149 판결

그 지급조건의 하나로서 임금지급일 또는 특정시점에 재직하는 근로자에게만 지급하기로 정해져 있는 경우에는 정기상여금의 예와 같이 소정근로대가성 및 고정성이 부정되어 통상임금에 포함되지 않는다고 할 것이다.

(2) 통상임금 여부의 구체적 사례

1) 통상임금에 속한다는 사례
① 2개월마다 지급하는 정기상여금의 경우
단체협약 및 상여금지급규칙에 따라 정기상여금을 짝수달마다 지급하되, 근속기간이 2개월을 초과한 근로자에게는 전액을, 근속기간이 2개월을 초과하지 않는 신규입사자나 2개월 이상 장기휴직 후 복직한 자, 휴직자에 대하여는 상여금 지급대상기간 중 해당구간에 따라 미리 정해 놓은 비율을 적용하여 산정한 금액을 각 지급하고, 상여금 지급대상기간 중에 퇴직한 근로자에 대해서는 근무일수에 따라 일할계산하여 지급하고 있는 경우, 이와 같은 상여금은 <u>근속기간에 따라 지급액이 달라지기는 하나 일정 근속기간에 이른 근로자에 대해서는 일정액의 상여금이 확정적으로 지급되는 것이므로, 이 상여금은 소정근로를 제공하기만 하면 그 지급이 확정된 것이라고 볼 수 있어 정기적·일률적으로 지급되는 고정적인 임금인 통상임금에 해당한다.</u>[97]
② 분기별로 지급하는 정기상여금의 경우
상여금은 6개월을 초과하여 계속 근무한 근로자에게 근속 연수의 증가에 따라 미리 정해놓은 각 비율을 적용하여 산정한 금액을 분기별로 지급하는 것으로서, 매월 월급형태로 지급되는 근속수당과 달리 분기별로 지급되기는 하지만 그러한 사정만으로 통상임금이 아니라고 단정할 수 없다. 나아가 단체협약 제27조에 '상여금 지급은 매 분기 말까지 재직한 자'라고 규정하면서도 곧이어 '퇴직자에 대해서는 월별로 계산 지급한다'고 추가로 규정함으로써 상여금 지급대상에서 중도퇴직자를 제외한 것으로 볼 수 없으며, 또한 기본급 등과 마찬가지로 비록 근로자가 상여금 지급대상기간 중에 퇴직하더라도 퇴직 이후 기간에 대하여는 상여금을

---

97) 대법원 2013.12.18. 선고 2012다89399 전원합의체 판결

지급할 수 없지만, 재직기간에 비례하여 상여금을 지급하겠다는 것이라면, 상여금의 지급 여부 및 지급액이 근로자의 실제 근무성적 등에 따라 좌우되는 것이라 할 수 없고, 오히려 그 금액이 확정된 것이어서 정기적·일률적으로 지급되는 고정적인 임금인 통상임금에 해당한다고 볼 여지가 있다.[98]

③ 체력단련비의 경우

매년 일정시기에 월 기본급에 대한 일정액(예: 기본급 50% 또는 100%)을 체력단련비로 전 직원에게 지급하여 온 경우, 이는 소정근로 또는 총근로에 대하여 지급하기로 한 금품으로서 정기적·일률적으로 지급되는 고정적인 임금이라 할 것이므로 통상임금에 속한다.[99]

2) 통상임금에 속하지 않는다는 사례

① 정기상여금의 경우

정기상여금은 1년 이상 근속하고 지급기준일에 재직하고 있는 자에 한하여 월 만근임금의 380%를 기준으로 4회 분할하여 지급하는 것으로서, 근로자가 임의의 날에 근로를 제공하더라도 그 특정시점이 도래하기 전에 퇴직하면 당해 임금을 전혀 지급받지 못하여 근로자가 임의의 날에 연장·야간·휴일근로를 제공하는 시점에서 그 지급조건이 성취될지 여부가 불확실하므로, 고정성이 없어 통상임금에 속하지 않는다.[100]

② 설·추석상여금의 경우

설·추석상여금의 지급에 있어서 그 지급일 현재 6개월 이상 휴직 중인 자를 제외하고는 재직 중인 근로자 전원에게 일률적으로 지급하는 한편 지급일 전에 퇴직한 근로자에게는 이를 지급하지 아니하는 경우, 근로자가 소정근로를 했는지 여부와 관계없이 지급일 기타 특정시점에 재직 중인 근로자에게만 지급하기로 정해져 있는 설·추석상여금은 소정근로의 대가로서의 성질을 갖지 못할 뿐만 아니라 고정적 임금으로 볼 수 없어 통상임금에 해당한다고 볼 수 없다.[101]

---

98) 대법원 2012.3.29. 선고 2010다91046 판결
99) 대법원 1996.5.10. 선고 95다2227 판결; 대법원 1996.2.9. 선고 94다19501 판결
100) 부산고법 2014.1.8. 선고 2012나7816 판결
101) 대법원 2013.12.18. 선고 2012다94643 전원합의체 판결

③ 하기휴가비의 경우

근로자들에게 하기휴가비로 정액을 일률적으로 지급하면서 각 지급일 전에 퇴사한 근로자에게는 이를 지급하지 아니한 사실을 알 수 있어 노사 간에 지급일에 재직 중일 것이라는 조건을 임금을 지급받을 수 있는 자격요건으로 부가하는 명시적 또는 묵시적 합의가 이루어졌거나 그러한 관행이 확립된 것으로 볼 여지가 있는 경우, 소정근로를 했는지 여부와 관계없이 지급일 기타 특정시점에 재직 중인 근로자에게만 지급하기로 정해져 있는 하기휴가비는 소정근로의 대가로서의 성질을 갖지 못할 뿐만 아니라 고정적 임금으로 볼 수 없어 통상임금에 해당한다고 볼 수 없다.102)

④ 하기휴가비와 설·추석상여금의 경우

단체협약에서 지급기준일 현재 재직 중인 근로자에게만 하기휴가비와 설·추석상여금을 지급하도록 규정하고 있고, 이에 따라 지급기준일 전에 퇴사한 근로자에 대하여는 지급기준일 전에 근로를 제공하였다고 하더라도 하기휴가비 또는 설·추석상여금을 전혀 지급하지 아니하였음을 알 수 있고, 이에 대하여 노동조합이나 근로자들이 특별히 이의를 제기하였다고 인정할 자료는 없는 경우, 하기휴가비와 설·추석상여금은 단체협약에 의하여 근로자가 소정근로를 했는지 여부와는 관계없이 그 지급기준일에 재직 중인 근로자에게만 지급하기로 정해져 있는 임금으로서, 이와 같은 불확실한 조건이 그 지급의 자격요건이 되는 것이므로 통상임금의 징표로서의 고정성이 결여되어 통상임금에 해당하지 않는다고 할 것이다.103)

---

102) 대법원 2013.12.18. 선고 2012다94643 전원합의체 판결
103) 대법원 2014.2.13. 선고 2011다86287 판결

마. 생활보조·복리후생적 명목의 임금

임금항목 예시	통상임금 해당 여부
근로시간과 관계없이 근로자에게 생활보조적·복리후생적으로 지급되는 금품	
① 통근수당, 차량유지비	
가. 전 근로자에게 정기적·일률적으로 지급하는 경우	통상임금 ○
나. 출근일수에 따라 변동적으로 지급하거나 일부 근로자에게 지급하는 경우	통상임금 ○
② 급식 및 급식비	
가. 근로계약, 취업규칙 등에 규정된 급식비로서 근무일수에 관계없이 전 근로자에게 일률적으로 지급하는 경우	통상임금 ○
나. 출근일수에 따라 차등 지급하는 경우	통상임금 ○
③ 가족수당, 교육수당	
가. 독신자를 포함하여 전 근로자에게 일률적으로 지급하는 경우	통상임금 ○
나. 가족 수에 따라 차등 지급되거나 일부 근로자에게만 지급하는 경우(학자보조금, 근로자 교육비 지원 등의 명칭으로 지급)	통상임금 ×
④ 월동연료수당, 김장수당 등	
가. 전 근로자에게 정기적·일률적으로 지급하는 경우	통상임금 ○
나. 일시적으로 지급하거나 일부 근로자에게 지급하는 경우	통상임금 ×

(1) 통상임금 여부의 판단기준

1) 통근수당, 차량유지비 등

통근수당, 차량유지비 등의 경우에도 통상임금에 속하는지 여부를 검토하기에 앞서 근로기준법상 소정의 임금에 해당되는지를 확인하여야 하며, 소정의 임금에 해당된다면 그것이 근로자가 소정근로시간에 통상적으로 제공하는 근로의 가치를 평가한 것으로서 사전에 미리 확정할 수 있는 것이라면 그 명칭과 관계없이 통상임금에 포함된다고 볼 수 있다. 통근수당 등이 소정의 임금에 해당되는지에 대한 판단은 근로자에게 계속적·정기적으로 지급되고 그 지급에 관하여 단체협약, 취업규칙, 노동관행 등에 의하여 지급의무가 지워져 있어야 하며, 여기서 어떤 금품이 근로의 대가로 지급된 것인지를 판단함에 있어서는 그 금품에 대한 지급의무의 발생이 근로제공과 직접적으로 관련되거나 그것과 밀접하게 관련된 것으로 볼 수 있어야 하고, 이러한 관련 없이 그 지급의무의 발생이 개별 근로자의 특수하고 우연한 사정에 의하여 좌우되는 경우에는 그 금품의 지급이 단체협약이나 취업규칙 등에 의하여 이루어진 것이라 하더라도 그러한 금품은 근로의 대가로 지급된 것으로 볼 수 없다.

통근수당을 지급함에 있어서 전 근로자에게 정기적·일률적으로 고정금액을 지급하는 경우이거나 또는 매 근무일마다 일정액을 지급하는 경우에는 소정의 임금에 해당된다고 보고 있으며, 차량유지비를 지급함에 있어서 전 근로자에 대하여 또는 일정한 직급을 기준으로 일률적으로 지급하는 경우에도 소정의 임금에 해당된다고 보고 있다. 그러나 차량보유를 조건으로 차량유지비를 지급하거나 직원들 개인소유의 차량을 업무용으로 사용하는 데 필요한 비용을 보조하기 위해 차량유지비가 지급되는 것이라면 실비변상적으로 지급되거나 근로제공과 관련 없이 차량보유에 따른 개별 근로자의 특수하고 우연한 사정에 따라 좌우되는 것으로서 근로의 대가성을 부정하여 소정의 임금에 해당되지 않는다고 보고 있다.104)

그리고 일반근로자들에게는 자기 차량 보유와 관계없이 교통비 명목으로 일률적으로 지급되고 일정 직급 이상의 근로자자들에게는 자기 차량을 보유하여 운전하는 것에 대한 차량유지비 명목으로 지급되고 있는 경우에는 그 차량유지비 중 일반근로자들의 교통비 명목으로 지급하는 금원의 상당액은 임금에 해당된다고 보고 있지만, 교통비 명목으로 지급하는 금원을 초과하는 금액에 대해서는 근로의 대가성을 부정하여 임금에 해당되지 않는다고 보고 있다.105)

따라서 소정의 임금에 해당되는 통근수당의 경우에 전 근로자에게 정기적·일률적으로 고정급 임금을 지급하거나 근무일수에 따라 일정액을 지급하는 경우라면 비록 생활보조적 내지는 복리후생적 명목으로 지급되는 것이라도 소정근로를 제공하면 그 대가로 1임금산정기간마다 지급되는 것이므로 통상임금에 포함된다고 볼 수 있다. 그러나 통근수당을 일시적으로 지급하거나 일부 근로자들에게만 지급하는 경우에는 일률성과 고정성이 부정되어 통상임금에 포함되지 않는다. 또한, 통근수당을 지급함에 있어서 그 지급조건의 하나로서 일정 근무일수를 채워야만 지급하기로 정해져 있는 경우에도 소정근로를 제공하는 외에 일정 근무일수의 충족이라는 추가적인 조건을 성취해야 지급하게 되므로 고정성이 부정되어 역

---

104) 대법원 2002.5.31. 선고 2000다18127 판결; 대법원 1997.10.24. 선고 96다33037, 33044 판결
105) 대법원 1995.5.12. 선고 94다55934 판결

시 통상임금에 포함되지 않는다고 볼 수 있다.

2) 급식비, 식대보조비 등

급식비, 식대보조비 등의 경우에도 앞의 통근수당과 마찬가지로 통상임금에 속하는지 여부를 검토하기에 앞서 근로기준법상 소정의 임금에 해당되는지를 확인하여야 한다. 급식비 또는 식대보조 등을 지급함에 있어서 정기적·일률적으로 고정금액을 지급하는 경우이거나 또는 매 근무일마다 일정액을 지급하는 경우에는 소정의 임금에 해당된다고 보고 있으며, 전 근로자에게 출근일에 한하여 일정금액 상당의 식사를 현물로 제공하는 경우에도 식사를 제공받지 아니하는 근로자에게는 이에 상당하는 구판장 이용 구매권(쿠폰)을 지급하여 온 경우라면 임금에 해당한다고 보고 있다.[106] 그러나 근로자들에게 제공한 식권은 2일간 유효하고 식사를 하지 아니한 경우 다른 물품이나 현금으로 대체하여 청구할 수 없는 경우라면 사용자가 실제 근무를 한 근로자들에 한하여 현물로 제공한 식사는 근로자의 복지후생을 위하여 제공된 것으로서 근로의 대가인 임금에 해당되지 않는다고 보고 있다.[107]

따라서 소정의 임금에 해당되는 급식비 등의 경우에 통근수당의 경우와 마찬가지로 전 근로자에게 정기적·일률적으로 고정급 임금을 지급하거나 근무일수에 따라 일정액을 지급하는 경우라면 비록 생활보조적 내지는 복리후생적 명목으로 지급되는 것이라도 소정근로를 제공하면 그 대가로 1임금산정기간마다 지급되는 것이므로 통상임금에 포함된다고 볼 수 있다. 그러나 급식비 등을 일시적으로 지급하거나 일부 근로자들에게만 지급하는 경우에는 일률성과 고정성이 부정되어 통상임금에 포함되지 않는다. 또한, 급식비 등을 지급함에 있어서 그 지급조건의 하나로서 일정 근무일수를 채워야만 지급하기로 정해져 있는 경우에도 소정근로를 제공하는 외에 일정 근무일수의 충족이라는 추가적인 조건을 성취하여야 지급하게 되므로 고정성이 부정되어 역시 통상임금에 포함되지 않는다.

---

106) 대법원 1993.5.11. 선고 93다4816 판결
107) 대법원 2002.7.23. 선고 2000다29370 판결

3) 가족수당, 교육수당 등

가족수당과 교육수당 등의 경우에도 통상임금에 속하는지 여부를 검토하기에 앞서 근로기준법상 소정의 임금에 해당되는지를 확인하여야 한다. 가족수당과 교육수당 등을 지급함에 있어서 부양가족이 없고 취학자녀가 없음에도 불구하고 독신자를 포함하여 전 근로자에게 정기적·일률적으로 고정금액을 지급하는 경우에는 소정의 임금에 해당된다는 사실에 대하여 다툼이 없다고 본다.

그러나 가족수당에 있어서는 부양가족이 있는 근로자에게 부양가족 수에 따라 지급하더라도 일정한 요건에 해당하는 근로자에게 일률적으로 계속 지급하는 경우에 임의적·은혜적인 급여가 아닌 근로에 대한 대가의 성질을 가진 소정의 임금에 해당된다고 보고 있으며,108) 반면에 자녀학자금에 있어서는 취학자녀를 둔 근로자에 대하여 타 단체로부터 장학금을 받지 않는 한도에서 일시적으로 지급하는 경우에는 소정의 임금에 해당되지 않는다고 보고 있다.109) 이처럼 가족수당과 교육수당에 대한 지급의무의 발생이 부양가족과 취학자녀라는 개별 근로자의 특수하고 우연한 사정에 기인한다는 점에 있어서는 동일하나 가족수당은 부양가족 수에 따라 계속적으로 지급되고 교육수당은 취학자녀 수에 따라 일시적으로 지급되고 있다는 데 그 차이가 있다고 할 것이다.

따라서 미혼자 등 부양가족이 없는 자를 포함하여 전 근로자에게 지급하는 가족수당은 근로의 질이나 양에 대하여 지급되는 기본급에 준하는 수당으로서 고정적으로 매월 일률적으로 지급되는 임금이라 할 것이므로 통상임금에 포함된다고 보아야 하고,110) 취업자녀가 없는 독신자를 포함하여 전 근로자에게 지급되는 교육수당 또는 자녀학자금의 경우에도 명칭과 관계없이 똑같은 논리로 통상임금에 포함된다고 보아야 할 것이다. 그러나 부양가족이 있는 근로자에게만 지급하는 가족수당111)과 취학자녀가 있는 근로자에게만 지급하는 교육수당 등은 이른바 소정근로의 가치 평가와 무관한 사항을 조건으로 하여 이를 지급하는 경우로서 그 조건에 해당하는 모든 근로자에게 지급된다고 하더라도 일정한 조건 또는 기

---

108) 대법원 2002.5.31. 선고 2000다18127 판결
109) 대법원 1991.2.26. 선고 90다15662 판결
110) 대법원 1992.7.14. 선고 91다5501 판결
111) 대법원 2000.12.22. 선고 99다10806 판결

준에 따른 것이라 할 수 없어 일률성이 부정되므로 통상임금에 포함되지 않는다고 보아야 할 것이다.

4) 월동연료수당, 김장수당 등

월동연료수당과 김장수당 등의 경우에도 통상임금에 속하는지 여부를 검토하기에 앞서 근로기준법상 소정의 임금에 해당되는지를 확인하여야 한다. 월동연료수당과 김장수당 등은 일반적으로 그 지급방법에 따라 취업규칙 등에 지급조건, 지급금액, 지급시기를 정하거나 관례적으로 전 근로자에게 정기적·일률적으로 지급하는 경우에는 소정의 임금의 성질을 가진 것으로 볼 수 있을 것이나, 사용자의 재량으로 일시적으로 지급하거나 일부 근로자에만 지급하는 경우에는 특별한 경우를 제외하고는 소정의 임금의 성질을 가진 것으로 볼 수 없을 것이다.

따라서 매년 특정시기에 일정액을 전 근로자에게 월동보조비를 지급하는 경우 이는 소정근로에 대하여 지급하기로 한 금품으로서 정기적·일률적으로 지급되는 고정적인 임금이라 할 것이므로 통상임금에 포함된다고 볼 수 있으며,112) 그러나 매년 지급 직전에 노사협의를 통해 정하여 지급하고 있는 김장보너스의 경우에는 사전에 그 지급액이 확정되어 있다고 볼 수 없고 고정적인 임금이라고 할 수 없어 통상임금에 포함된다고 볼 수 없다.113) 또한, 매년 월동연료비 등을 지급함에 있어서 그 지급조건의 하나로서 임금지급일 또는 특정시점에 재직하는 근로자에게만 지급하기로 정해져 있는 경우에는 소정근로 제공 여부와 관계없이 재직만이 자격요건이 되므로 소정근로대가성 및 고정성이 부정되어 통상임금에 포함되지 않는다.

(2) 통상임금 여부의 구체적 사례

1) 통상임금에 속한다는 사례
① 가족수당의 경우
미혼자 등 가족이 없는 근로자에게도 일률적으로 부양가족이 있는 근로자가

---

112) 대법원 1996.2.9. 선고 94다19501 판결
113) 대법원 2013.12.18. 선고 2012다94643 전원합의체 판결

지급받는 가족수당의 절반을 지급한 경우 이는 근로의 질이나 양에 대하여 지급되는 기본급에 준하는 수당으로서 고정적·평균적으로 매월 일률적으로 지급되는 임금이라 할 것이므로 통상임금의 범위에 속한다.[114]

② 식대보조비의 경우

근로자에게 출근일에 한하여 일정금액 상당의 식사를 현물로 제공하되, 식사를 제공받지 아니하는 근로자에게는 동액 상당의 구판장 이용 쿠폰을 지급하여 온 경우, 이 식대보조비는 그 지급조건 및 내용 등에 비추어 근로의 대가로 정기적·일률적으로 지급된 임금이라고 봄이 상당하므로 통상임금에 포함된다.[115]

③ 급량비 및 교통보조비의 경우

모든 환경미화원에게 매월 정액으로 지급한 급량비 및 교통보조비의 경우, 이는 근로의 대가로 정기적·일률적으로 지급되는 고정적인 임금이므로 통상임금에 포함된다.[116]

④ 급식비와 교통보조비의 경우

급식비와 교통보조비는 매월 일정액을 전 근로자에게 지급하여 온 것으로서 소정근로 또는 총근로에 대하여 지급하기로 한 금품이고, 또한 정기적·일률적으로 지급되는 고정적인 임금이라 할 것이므로 통상임금에 속한다.[117]

⑤ 교통비의 경우

교통비를 승무운전자에 한하여 1일 1,000원 내지 1,200원을 지급한다고 임금협정서에 기재되어 있으므로 여비, 출장비 등과 같은 실비변상적인 성격의 금원이 아니라 근로기준법에서 말하는 근로의 대상인 임금의 성질을 갖는 금원일 뿐만 아니라 월급제가 아닌 일급제로 지급되는 임금항목에 해당하므로 비록 월 단위를 기준으로 삼아 근로자들마다 출근일수가 달라 월 합산액에 차이가 있더라도 이를 두고 실제의 근무실적에 비례하여 지급액이 변동되는 것이라고는 할 수 없어 통상임금의 성질을 갖는다.[118]

---

114) 대법원 1992.7.14. 선고 91다5501 판결
115) 대법원 1993.5.27. 선고 92다20316 판결; 대법원 1993.5.11. 선고 93다4816 판결
116) 대법원 2011.9.8. 선고 2011다22061 판결; 대법원 2011.8.25. 선고 2010다63393 판결
117) 대법원 2000.12.22. 선고 99다10806 판결; 대법원 1996.5.10. 선고 95다2227 판결
118) 대법원 2003.6.13. 선고 2002다74282 판결

⑥ 월동보조비의 경우

매년 11월에 월 기본급에 대한 일정액을 월동보조비로 전 직원에게 지급하여 온 경우, 이는 소정근로 또는 총근로에 대하여 지급하기로 한 금품으로서 정기적·일률적으로 지급되는 고정적인 임금이라 할 것이므로 통상임금에 속한다.[119]

⑦ 효도제례비, 연말특별소통장려금, 출퇴근보조여비의 경우

효도제례비, 연말특별소통장려금, 출퇴근보조여비는 모두 근로자들에 대하여 근로의 대가로서 정기적·일률적·고정적으로 지급되는 임금이라고 할 것이어서 통상임금에 해당한다.[120]

2) 통상임금에 속하지 않는다는 사례

① 가족수당의 경우

회사의 임금규칙에 따라 부양가족이 있는 경우 4인을 초과하지 않는 범위 내에서 부양가족 1인당 금 10,000원씩의 가족수당을 지급하거나 배우자나 자녀와 동거하는 부모가 있는 근로자에게만 지급되는 가족수당의 경우에, 이는 근로의 양이나 질에 무관하게 부양가족이 있는 근로자에게만 지급되는 것이므로 통상임금의 산입범위에 포함되지 않는다.[121]

② 중식대의 경우

기능직사원 급여관리세칙에 '중식대는 현물 급여를 원칙으로 하고, 본사 기타 현물 급여가 불가능한 지역의 근무자는 중식대(월 37,500원)를 별도 품의 후 지급한다'고 규정하고 있고, 회사 내 식당이 설치된 곳은 중식대를 현물로 지급하고 근로자들 중 일부는 퇴직하기 전 재직 당시 중식대를 현금으로 지급받은 사실을 인정할 수 있으나, 현금으로 중식대를 지급받은 근로자들을 제외한 나머지 근로자들에게 중식대가 현물로 정기적·일률적으로 지급되었고, 현물로 중식대를 지급받도록 되어 있는 근로자가 식사를 하지 않을 경우 식사비에 상당하는 금품을 별도로 제공받았다는 사실을 인정할 증거가 없으므로, 회사가 일부 원고들에게 지급한 중식대는 정기적·일률적으로 지급하기로 한 고정 임금이라고 보기 어려

---

119) 대법원 1996.2.9. 선고 94다19501 판결
120) 대법원 2007.6.15. 선고 2006다13070 판결
121) 대법원 2003.4.22. 선고 2003다10650 판결; 대법원 1994.10.28. 선고 94다26615 판결

워 통상임금에 해당한다고 할 수 없다.[122]

③ 김장보너스의 경우

단체협약은 '회사는 김장철에 김장보너스를 지급하며, 지급금액은 노사협의하여 지급한다'고 정하고 있고, 이에 따라 김장보너스는 지급 직전에 노사협의를 통해 정해졌는데, 2007년부터 2009년까지는 220,000원, 2010년에는 240,000원으로 정해진 사실을 알 수 있다. 이처럼 김장보너스는 그 지급액을 결정하기 위한 객관적인 기준 없이 단지 사후에 노사협의를 통해 정하도록 한 경우라면 그 지급액이 사전에 확정되어 있다고 볼 수 없고 고정적인 임금이라고 할 수 없어 통상임금에 해당한다고 볼 수 없다.[123]

④ 선물비, 생일자지원금의 경우

근로자들에게 선물비와 생일자지원금으로 정액을 일률적으로 지급하면서 각 지급일 전에 퇴사한 근로자에게는 이를 지급하지 아니한 사실을 알 수 있어 노사 간에 지급일에 재직 중일 것이라는 조건을 임금을 지급받을 수 있는 자격요건으로 부가하는 명시적 또는 묵시적 합의가 이루어졌거나 그러한 관행이 확립된 것으로 볼 여지가 있는 경우, 근로자가 소정근로를 했는지 여부와 관계없이 지급일 기타 특정시점에 재직 중인 근로자에게만 지급하기로 정해져 있는 선물비와 생일자지원금은 소정근로의 대가로서의 성질을 갖지 못할 뿐만 아니라 고정적 임금으로 볼 수 없어 통상임금에 해당한다고 볼 수 없다.[124]

⑤ 자가운전보조비의 경우

자가운전보조비 명목의 금원이 일정직급 이상의 직원 중 자기 차량을 보유하여 운전한 자에 한하여 지급되고 있다면 이는 단순히 직급에 따라 일률적으로 지급된 것이 아니고 그 지급 여부가 근로제공과 직접적으로 또는 밀접하게 관련됨이 없이 오로지 일정 직급 이상의 직원이 자기 차량을 보유하여 운전하고 있는지 여부라는 개별 근로자의 특수하고 우연한 사정에 따라 좌우되는 것이므로, 그 자가운전보조비 중 회사가 그 직원들에게 자기 차량의 보유와 관계없이 교통비 명

---

122) 대법원 2003.10.9. 선고 2003다30777 판결
123) 대법원 2013.12.18. 선고 2012다94643 전원합의체 판결
124) 대법원 2013.12.18. 선고 2012다94643 전원합의체 판결

목으로 일률적으로 지급하는 금원을 초과하는 부분은 비록 그것이 실제 비용의 지출 여부를 묻지 아니하고 계속적·정기적으로 지급된 것이라 하더라도 근로의 대상으로 지급된 것으로 볼 수 없다.[125] 따라서 근로기준법상 소정의 임금에 해당되지 않는다.

⑥ 차량유지비의 경우

차량보유를 조건으로 지급되었거나 직원들 개인소유의 차량을 업무용으로 사용하는 데 필요한 비용을 보조하기 위해 지급된 것이라면 실비변상적인 것으로서 근로의 대상으로 지급된 것으로 볼 수 없다.[126] 따라서 근로기준법상 소정의 임금에 해당되지 않는다.

⑦ 가족수당과 중식대의 경우

가족수당은 부양가족이 있는 근로자에게만 지급되었던 것이고, 중식대는 상근자에 한하여 현물로 지급되며 현물을 제공받지 않은 근로자에 대하여 그에 상당하는 금품이 제공되었음을 인정할 수 없으므로 특별한 사정이 없는 한 가족수당 및 중식대는 모두 통상임금의 산정 시 포함될 수 없다.[127]

바. 기타 금품

임금항목 예시	통상임금 해당 여부
임금의 대상에서 제외되는 금품	
① 휴업수당, 퇴직금, 해고예고수당	통상임금 ×
② 단순히 생활보조적, 복리후생적으로 보조하거나 혜택을 부여하는 금품: 결혼축의금, 조의금, 의료비, 재해위로금, 교육기관·체육시설 이용비, 피복비, 통근차·기숙사·주택제공 등	통상임금 ×
③ 사회보장성 및 손해보험성 보험료부담금: 고용보험료, 의료보험료, 국민연금, 운전자보험 등	통상임금 ×
④ 실비변상으로 지급되는 금품: 출장비, 정보활동비, 업무추진비, 작업용품 구입비 등	통상임금 ×
⑤ 돌발적인 사유에 따라 지급되거나 지급조건이 규정되어 있어도 사유발생이 불확정으로 나타나는 금품: 결혼수당, 사상병수당 등	통상임금 ×
⑥ 기업의 시설이나 그 보수비: 기구손실금 등	통상임금 ×

---

125) 대법원 1995.5.12. 선고 94다55934 판결
126) 대법원 2002.5.31. 선고 2000다18127 판결
127) 대법원 2003.4.22. 선고 2003다10650 판결

(1) 통상임금 여부의 판단기준

단순히 생활보조적·복리후생적인 금품을 보조하거나, 개인연금보험료 또는 단체보험료 등의 금품을 대납하는 경우라 하더라도 그 지급실태에 따라 근로기준법상 소정의 임금에 해당될 수가 있고, 더 나아가 소정의 통상임금에 포함될 수가 있다. 즉, 사용자가 근로의 대가로 근로자에게 지급하는 일체의 금품으로서 계속적·정기적으로 지급되고 그 지급에 관하여 단체협약, 취업규칙, 노동관행 등에 의하여 사용자에게 지급의무가 지워져 있다면 그 명칭을 불문하고 소정의 임금에 해당될 수 있고, 또한 소정의 임금 중에서 근로계약에서 정한 근로를 제공하면 확정적으로 지급되는 임금으로서 사전에 미리 확정할 수 있는 것이라면 그 명칭과 관계없이 소정의 통상임금에 포함될 수 있다.

통상임금에 속하는지 여부를 판단함에 있어서는 임금의 명칭이나 지급주기의 장단 등 형식적인 기준에 의해 정하여지는 것이 아니며 소정의 임금이 소정근로의 대가로 근로자에게 지급되는 금품으로서 정기적·일률적·고정적으로 지급되는 것인지를 기준으로 객관적인 성질에 따라 판단할 문제이다.

따라서 단순한 생활보조적·복리후생적 명목의 금품, 개인연금보험료 명목의 금품, 단체보험료 명목의 금품, 이에 준하는 기타 금품 등에 대해서도 통상임금에 속하는지 여부를 검토하기에 앞서 근로기준법상 소정의 임금에 해당되는지를 확인하고, 소정의 임금에 해당된다면 그것이 근로자가 소정근로시간에 통상적으로 제공하는 근로의 가치를 평가한 것으로서 사전에 미리 확정할 수 있는 것이라면 그 명칭과 관계없이 통상임금에 포함된다고 볼 수 있다.

(2) 통상임금 여부의 구체적 사례

1) 개인연금보험료의 경우

사용자가 단체협약에 의하여 전 근로자를 피보험자로 하여 개인연금보험에 가입한 후 매월 그 보험료 전부를 대납하였고 근로소득세까지 원천징수하였다면, 이는 근로의 대상인 임금의 성질을 가진다고 할 것이고, 정기적·일률적·고정적 급부라는 통상임금의 개념적 징표까지 모두 갖추고 있는 이상, 위 연금보험료는

통상임금에 포함된다.[128)]

2) 개인연금보험료, 단체보험료의 경우

근로자가 소정근로를 했는지 여부와 관계없이 지급일 기타 특정시점에 재직 중인 근로자에게만 지급하기로 정해져 있는 개인연금지원금과 단체보험료의 경우, 이는 소정근로의 대가로서의 성질을 갖지 못할 뿐만 아니라 고정적 임금으로 볼 수 없어 통상임금에 해당한다고 볼 수 없다.[129)]

3) 운전자보험금의 경우

노동조합이 단체협약에 따라 근로자들의 교통사고 발생 시 생활안정을 도모하기 위하여 회사로부터 매월 기금의 형식으로 지급받은 돈을 조합원들에게 운전자보험금이라는 명목으로 분배한 것은 근로의 대상으로 지급된 임금이라 볼 수 없어 통상임금에 포함되지 아니한다.[130)]

---

128) 대법원 2005.9.9. 선고 2004다41217 판결
129) 대법원 2013.12.18. 선고 2012다94643 전원합의체 판결
130) 대법원 2002.7.23. 선고 2000다29370 판결

CHAPTER 03

통상임금 노사합의와
신의성실의 원칙

제1절 통상임금 노사합의

1. 노사자치에 따른 근로조건 형성

가. 사적자치의 인정

개인의 존엄과 가치를 고양하고 모든 사람에게 인간다운 생활을 보장한다는 것이 근대사법이 지향하여야 할 근본사명이다. 민법의 근본사명은 개인이 자기의 의사에 따라 자유롭게 자기의 법률관계를 형성할 수 있을 때에 비로소 실현될 수 있는 것이다. 그러므로 의사에 의한 자기결정·자기책임·자기지배의 원리에 의하여 사적자치가 실현된다. 우리 민법도 근본적으로 자유·개인주의 사상이 그 기초를 이루고 있으므로 사적자치의 원칙이 그 기본원리를 이루고 있다. 또한, 사적자치의 원칙은 자본주의 발전에 비상한 원동력이 되었다. 이 원칙이 인정됨으로써 사람은 그의 경제활동에서 창의를 충분히 발휘할 수 있고, 또한 자유로이 활동할 수 있었기 때문이다. 사적자치를 실현하는 수단은 법률행위이다. 법률행위 중 가장 중요한 것은 계약이기 때문에 법률행위자유의 원칙을 계약자유의 원칙이라고도 한다. 계약자유의 원칙은 상대방 선택의 자유를 포함하는 계약체결의 자유, 내용결정의 자유, 방식의 자유를 그 구체적 내용으로 한다.

이처럼 모든 사람은 자기의 의사에 따라 자기의 법률관계를 형성하여 스스로 지배하고 책임을 지는 사적자치 내지 법률행위 자유의 원칙이 인정되고 있으므로 근로기준법도 근로조건을 근로자와 사용자가 동등한 지위에서 자유의사에 의하여 결정하도록 규정하여 근로자와 사용자의 관계에서 사적자치를 인정하고 있다(근로기준법 제4조). 이는 노사당사자가 근로조건을 어느 수준에서 정할 것인가 여부는 근로자와 사용자가 대등한 지위에서 각자의 자유의사에 따라 근로조건 등 법률관계를 형성·결정할 수 있도록 하여 근로조건에 대한 노사대등결정의 원칙을 선언하는 것이자 계약자유의 원칙을 확인하고 있는 것이다.

나. 사적자치의 제한

노동보호법으로서 근로기준법은 사회적 세력관계에서 지배적 지위에 있는 사용자가 그의 힘을 남용하여 근로조건을 일방적으로 결정 또는 실시하려는 사용자의 행위를 규제함으로써 개별 근로자 보호를 입법목적으로 하고 있다.

근로기준법은 근로관계의 성립·존속 또는 종료와 관련하여 근로자에게 법률에 의하여 사용자에 대한 일정한 권리를 확보해 주는 것을 목적으로 하므로 근로자들의 계약상의 권리를 구체적으로 보장하기 위해 근로계약을 직접적이고 강행적인 효력을 가지고 규율하고 있다. 근로자와 사용자는 동법의 최저기준에 미달하는 근로조건을 근로계약에 의하여 정할 수 없으며, 설령 근로자와 사용자가 근로기준법의 규정에 위반하여 합의를 했다 하더라도 기준미달의 계약 부분은 당연히 무효이다. 그러므로 근로조건의 결정에 관하여 사적자치 및 계약자유의 원칙이 인정되더라도 근로기준법은 근로조건의 최저기준을 정하고 있고(근로기준법 제3조), 이러한 최저기준에 미달하는 근로조건을 정한 근로계약은 그 부분에 한하여 무효이며, 무효로 된 부분은 근기법이 정한 최저기준에 의한다(근로기준법 제15조)고 하고 있으므로 근로자가 근로계약을 체결하면서 법정 최저기준을 하회하는 내용의 근로조건을 정하는 것에 동의하더라도 이러한 동의는 유효하지 않다. 이러한 의미에서 민법상 계약자유의 원칙(계약내용 결정의 자유)은 제한되며 취업규칙이나 단체협약의 경우에도 근로기준법상의 최저기준이 준수되어야 한다. 그러나 근로기준법상 법정 최저기준을 상회하는 내용의 근로조건을 근로계약, 취업규칙, 또는 단체협약으로 정하는 것은 유효하며, 이 경우 계약자유의 원칙이 적용되나 최저기준에 미달하는 근로조건을 정하는 경우에는 사적자치 및 계약자유의 원칙을 제한하고 있다.

다. 집단적 자치의 인정

개별적 근로관계법은 근로관계가 성립한 근로자와 사용자 간의 개별적인 권리·의무관계에 대하여 종래의 시민법원리를 수정함으로써 근로관계에서의 실질적 평등을 실현하려는 노동보호법이므로 근로자보호라는 관점에서 근로자와 사용자 사이에 국가가 입법이나 행정을 통하여 직접 개입함으로써 시민법상의 계약자유의 원칙, 특히 계약내용 형성의 자유를 수정한다. 그러나 집단적 노사관계법에서는 근로자가 자주적으로 형성한 단결체를 통하여 사용자(또는 그 단체)와 실질적 대등성을 전제로 자치적으로 근로조건이나 노사관계를 형성할 수 있도록 조성하는 방법을 취한다. 근로 3권의 보장을 배경으로 하여 단결체를 통한 노사 간의 실질적 평등을 구현하려는 집단적 노사자치의 원칙을 인정하고 있다. 이처럼 집단적 노사자치원칙에 의하여 집단적 합의에 의한 근로관계의 규율 및 개별적 합의에 대한 우월성의 인정을 내용으로 한다. 즉 노동조합과 사용자(또는 그 단체) 사이에 집단적 합의(단체협약)에 의하여 조합원인 근로자와 사용자 간의 근로관계 및 노사관계상의 제 문제에 관하여 규율하는 것이 인정되며, 집단적 합의가 개별 근로자와 사용자 간의 근로계약이나 사용자에 의한 취업규칙에 우선하는 것을 용인하고 있다.

라. 집단적 자치의 한계

(1) 강행법규 위반

집단적 노사관계 당사자가 단체교섭, 단체협약을 통하여 근로자의 근로조건을 규율할 수 있는 협약자치가 인정되더라도 일정한 내재적 한계가 있으므로 단체협약에 정한 근로조건 등의 기준이 근로기준법 등에 규정된 강행법규나 선량한 풍

속 기타 사회질서(민법 제103조)에 위반되는 내용이면 이는 상위의 법규범에 저촉되므로 무효이다.[131]

이처럼 아무리 노동조합이 사용자와 자주적으로 결정한 것이라고 하더라도 협약의 내용이 근로기준법 등 강행법규의 기준에 위반되는 경우에는 효력이 없다. 이는 협약자치의 한계를 국가에서 정한 최저기준 이상의 영역으로 한정하는 것이 단체협약제도를 인정한 기본취지에 부합되기 때문이다.

(2) 단체협약의 내재적 한계

근로 3권의 보장에 의한 이른바 협약자치제도는 근로자의 근로조건의 개선과 사회적·경제적 지위향상을 목적으로 한다는 점에서는 아무런 이의가 있을 수 없다. 단체협약제도의 취지가 근로자의 보호에 있다는 것은 헌법상의 근로 3권 보장에 의하여 명백한 것이므로 근로자들에게 불이익하게 단체협약을 변경한다는 것은 헌법 제33조 제1항의 본래적 기능이 아닌 예외적 경우에 해당한다. 여기서 협약자치를 근로조건의 개선이라는 의미로 좁게 해석할 경우에 노조가 근로조건의 불이익한 변경에 합의하는 것은 정당화될 수 없을 것이다. 그러나 노조도 노사의 공동체인 기업의 경영위기에 대하여 사회적 반려자로서 협력해야 할 협약자치가 인정되어야 한다고 할 수 있다. 그렇게 함으로써 노조가 사용자와 함께 경영상의 어려움을 극복함으로써 기업의 희생에 노력하는 것은 동시에 근로자들을 위하여 고용기회의 감축방지 또는 직장상실의 위험으로부터 보호할 수 있기 때문이다. 따라서 협약당사자들은 변화된 경제적·경영상의 상황에 적합하게 근로조건을 적응시킬 수 있는 권한과 임무를 함께 가지고 있다고 할 수 있으므로 협약규범을 유리하게 변경하는 것은 물론이고 불리하게 바꿀 수도 있다고 보아야 한다. 판례도 "협약자치의 원칙상 노동조합은 사용자와 사이에 근로조건을 유리하게 변경하는 내용의 단체협약뿐만 아니라 근로조건을 불리하게 변경하는 내용의 단체협약을 체결할 수 있으므로, 근로조건을 불리하게 변경하는 내용의 단체협약이 현저히 합리성을 결하여 노동조합의 목적을 벗어난 것으로 볼 수 있는 경우와 같

---

131) 대법원 1993.4.9. 선고 92누15765 판결; 대법원 1990.12.21. 선고 90다카24496 판결

은 특별한 사정이 없는 한 그러한 노사 간의 합의를 무효라고 볼 수는 없고, 노동조합으로서는 그러한 합의를 위하여 사전에 근로자들로부터 개별적인 동의나 수권을 받을 필요가 없으며, 단체협약이 현저히 합리성을 결하였는지 여부는 단체협약의 내용과 그 체결경위, 당시 사용자 측의 경영상태 등 여러 사정에 비추어 판단해야 한다"[132)]고 판시하여 단체협약의 불이익변경이 협약자치의 범위를 일탈한 것으로 볼 수 없다고 판단하고 있다.

다만, 대법원은 "학교법인이 운영하는 병원 소속 근로자들로 구성된 노동조합과 '2005년·2006년 임·단 특별협약'을 체결하면서 근로자들 정년을 60세에서 54세로 단축하기로 합의하고 취업규칙의 정년 규정도 같은 내용으로 변경한 후, 그에 따라 54세 이상인 근로자를 포함한 일반직원 22명을 정년퇴직으로 처리한 사안에서, 이 사건 특별협약에 의한 정년 단축은 학교법인이 운영하는 병원의 경영위기를 극복하기 위한 자구대책으로 이루어졌다고는 하나, 그 체결 당시 한시적 적용이 예정되어 있어 일정 연령 이상의 근로자들을 정년 단축의 방법으로 일시에 조기 퇴직시킴으로써 사실상 정리해고의 효과를 도모하기 위하여 마련된 것으로 보이고, 이처럼 이 사건 정년 단축이 모든 근로자를 대상으로 하는 객관적·일반적 기준의 설정이 아닌 일정 연령 이상의 근로자들을 조기 퇴직시키기 위한 방편으로 강구된 이상 병원의 경영상태 및 경영개선을 위해 노사가 취하였던 노력 등을 고려하더라도 이러한 일정 연령 이상의 근로자들을 정년 단축의 방법으로 조기 퇴직시킨 조치는 연령만으로 조합원을 차별하는 것이어서 합리적 근거가 있다고 보기 어려우므로, 이 사건 특별협약 중 정년에 관한 부분은 현저히 합리성을 결하였다고 볼 것이다. 그렇다면 이 사건 특별협약 중 정년에 관한 부분 및 이에 근거하여 개정된 취업규칙은 근로조건 불이익변경의 한계를 벗어난 것으로서 무효이고, 이 사건 특별협약 및 취업규칙에 따라 이루어진 근로자 등에 대한 퇴직처리는 사실상 해고에 해당한다고 할 것이다"[133)]고 판시하여 단체협약에 의한 근로조건 불이익변경의 합리성과 한계를 판단하고 있다.

---

132) 대법원 2011.7.28. 선고 2009두7790 판결; 대법원 2003.9.5. 선고 2001다14665 판결; 대법원 2002.12.27. 선고 2002두9063 판결; 대법원 2000.9.29. 선고 99다67536 판결
133) 대법원 2001.7.28. 선고 2009두7790 판결

2. 강행규정 위반의 노사합의

가. 통상임금 노사합의 인정 여부

(1) 합리적 사유 있는 노사합의 유효 견해

노사 간에 특정한 임금을 통상임금에서 제외하기로 하는 노사합의의 내용이 근로기준법의 통상임금 수준에 미치지 못하더라도 합리적 사유가 인정되는 경우에는 그 효력을 인정해야 한다는 주장이 있다. 즉, "통상임금의 범위에 관한 합의가 강행규정 위반으로 무효인지를 판단할 때에는 그 합의가 이루어진 경위, 사용자 및 근로자가 입게 되는 이익 또는 불이익 정도, 통상임금 제외 합의의 효력이 일률적으로 부정되어 사용자는 물론 노동조합 및 근로자조차 전혀 예상하지 못했던 거액의 체불 임금이 일순간에 발생됨으로써 입게 되는 사용자의 불의의 타격 및 그로 인한 경제적 파급효과, 통상임금 관련 규정에 관한 근로기준법의 기본적 입법 취지 등을 충분히 고려해야 한다"는 것이다.[134]

그러나 이 견해는 통상임금이 단지 법정수당 등의 계산 수단으로서의 의미만이 아니라 근로기준법의 연장근로수당 등의 산정 기초로써 장시간 근로를 방지하는 역할과 생활보장적 기능(예: 해고예고수당)을 함께 수행하고, 그 점에서 강행성 및 효력규정으로서의 성격을 갖는다는 점을 간과하고 있다. 잘 알다시피 근로기준법은 헌법에 따라 근로조건의 기준을 정함으로써 근로자의 기본적 생활을 보장·향상시키며 균형 있는 국민경제의 발전을 꾀하는 것을 목적으로 하는바, 그 강행성은 노사합의라는 형식을 빌려 근로자로 하여금 근로기준법이 정한 기준에 미달하는 근로조건을 감수하도록 하는 것을 저지함으로써 근로자에게 실질적으로 최소한의 근로조건을 유지시켜 주기 위한 것이다.[135]

현행 노동관계법하에서 노사합의는 근로기준법상 통상임금 수준을 상회하는 수준에서 가능하다. 협약자치는 근로기준법의 기준을 전제하고 허용된다. 법원

---

134) 홍준호, "상여금은 통상임금에 포함될 수 없다", 『노동법률』 2013년 7월호, 60~61면.
135) 강용현, "통상임금의 정의와 성질상 통상임금에 산입되어야 할 수당을 통상임금에서 제외하기로 하는 노사 간 합의의 효력 유무", 『대법원판례해설』 제19-2호, 법원도서관, 1993, 291면.

역시 같은 취지에서, "근로기준법은 근로조건의 최저기준을 정하고 있는 것에 불과하므로 계약자유의 원칙상 근로계약 당사자는 근로기준법이 정한 기준을 초과하는 연장근로수당(이른바 법 내 초과근로수당)의 지급에 관하여 약정할 수 있다"고 판시하였다.[136]

또한, 노사합의 또는 취업규칙을 통해 기업에서 통상임금을 제외하여 온 관행은 근로자에게 소득보전을 위해 연장근로와 휴일근로 등을 많이 하도록 유도하여 우리나라 노사관계의 큰 문제인 '장시간 근로'를 조장했기 때문에, 이러한 노사합의에 대해 합리성 내지 타당성을 인정할 수 없다.

우리나라는 OECD 전체국가 중에서 연간 총근로시간이 1위, 2위 수준에 이르는 정도로 장시간 근로가 이루어져 왔다. 장시간 근로로 인해 근로자의 삶의 질이 저하됨은 물론 과로사 등 산업재해의 위험에 노출이 심해지고 기업 및 국가경제의 경쟁력이 약화되고 있다.

1일 8시간, 1주 40시간의 법정근로시간 제한에 따른 총근로시간을 훨씬 넘어 장시간 근로가 가능하게 된 배경으로, 연장근로와 휴일근로 등에 대한 할증률을 사실상 낮추는 효과가 생기도록 통상임금에서 각종 수당 및 상여금을 제외하고 할증의 기준임금으로 정하는 것이 만연하여 왔다. 즉 기업에서 "싼값에" 연장근로, 휴일근로 등이 가능하도록 각종 수당이나 상여금을 통상임금에서 제외하여 온 것이다.

노사 간에 임금인상의 합의를 함에 있어서도 종래의 장시간 노동을 그대로 유지하거나 더 확대하기 위해서 통상임금에서 각종 수당 및 상여금을 제외하는 합의를 하여왔다. 명백히 통상임금에 해당되는 기본급을 인상하기보다 당해 사업장에서 가산임금의 기준임금에서 제외하여 온 수당이나 상여금을 인상하거나 신설하는 합의를 해온 것이다. 그러므로 노사합의의 경위가 타당하거나 정당하다고 인정되기 어렵다.

따라서 강행규정의 예외를 인정하는 판례법리는 극히 예외적인 상황에서 적용되어야 하는 것인데 통상임금의 범위를 노사합의로 제한하는 것은 그러한 경우에

---

136) 대법원 2005.9.9. 선고 2003두896 판결

해당하지 않는다.

(2) 통상임금 제외 노사관행 존중 견해

사업장에서 특정수당이나 상여금을 통상임금에서 제외하는 것은 고용노동부의 예규인 통상임금산정지침에 따라 오랫동안 관행으로 이루어져 왔으므로 존중되어야 한다는 견해이다. 그러나 고용노동부의 예규인 통상임금산정지침은 행정기관 내부의 행정지침에 불과하므로, 사법부가 통상임금에 대하여 판단함에 있어서 법규성을 인정하지 않으며 고용노동부의 예규는 이미 오랫동안 판례와 일치되지 않았고, 그 때문에 예규를 판례에 일치하도록 변경하여야 한다는 지적을 계속 받아왔으므로 그러한 예규를 믿었다는 사실은 정당한 관행이 될 수 없다.

또한, 단순히 오랫동안 예규를 따라왔다는 사실만으로는 그 관행이 근로계약의 내용을 이루고 있다고 인정하기 부족하다. 판례도 "관행이 근로계약의 내용을 이루고 있다고 인정하기 위해서는, 그 관행이 기업사회에서 일반적으로 근로관계를 규율하는 규범적인 사실로서 명확히 승인되거나, 기업의 구성원이 일반적으로 아무런 이의도 제기하기 아니한 채 당연한 것으로 받아들여 기업 내에서 사실상의 제도로 확립되어 있지 않으면 안 된다"[137]고 판단하고 있고 관행이 근로계약의 내용으로 인정된다 하더라도 근로계약 내지 관행이 법령에 위반하는 경우 무효이다. 통상임금의 강행규정성을 고려한다면 그 관행은 위법한 관행으로 무효이다.

나. 강행규정 입법취지 몰각

노사가 특정수당이나 상여금을 통상임금에서 제외시키는 노사합의를 하여 여러 사업장에서 통상임금의 범위를 자의적으로 축소하고 있어 결과적으로 연장근로 등에 대해 통상임금의 50% 이상을 할증하여 가산임금을 지급하도록 경제적 부담을 지움으로써 연장근로 등을 제한하려는 근로기준법의 입법취지가 몰각되고 있다.

최근 고용노동부가 기업체의 실태를 조사한 자료[138]를 토대로 기업체가 연장

---

137) 대법원 1993.1.26. 선고 92다11695 판결
138) 고용노동부, "임금구성 및 상여금 지급기준 실태(설문) 조사 결과", 2013.8.19.

근로를 하면서 추가로 부담하여야 할 실제의 비용 효과를 다시 분석해 보면, 노사 관계의 현실은 기업체에서 각종 수당 및 고정상여금을 통상임금에서 제외하여 연장근로 할증의 기준임금을 정함으로써 근로기준법이 통상임금의 150% 이상을 할증하여 가산임금을 지급하도록 하는 취지가 몰각되고 있음을 알 수 있다. 우리나라의 현행 근로기준법이 정한 50%인 할증률을 노사합의를 통해 사실상 낮춰온 사례들을 판결이 합법적이라고 수용한다면, 근로기준법상 규정된 50%의 할증률을 낮추는 노사의 자의적인 시도를 용인하는 것이 되어, 앞으로 근로시간을 제한하는 근로기준법의 취지의 몰각이 더욱 심화되는 문제점이 발생된다.

3. 통상임금 노사합의 무효

가. 기존 판례의 견해

대법원은 "통상임금은 실제 근로시간이나 실적에 따라 증감될 수 있는 평균임금의 최저한을 보장하고 근로기준법상 연장·야간·휴일근로에 대한 가산임금이나 해고예고수당 등의 산정근거가 되는 것인데 위 각 수당에는 가산율 또는 지급일수 이외에는 별도의 최저기준이 규정된 바 없으므로 노사 간의 합의 또는 중재재정에 따라 성질상 통상임금에 산입되어야 할 각종 수당을 통상임금에서 제외하기로 하는 합의의 효력을 인정한다면, 근로기준법이 연장·야간·휴일근로에 대하여 할증임금을 지급하고, 해고근로자에게 일정 기간 통상적으로 지급받을 급료를 지급하도록 규정한 취지는 몰각될 것이기 때문이므로 성질상 객관적으로 근로기준법 소정의 통상임금에 산입될 수당을 통상임금에서 제외하기로 노사합의 또는 중재재정이 성립되었다고 하더라도 이는 근로기준법 제15조 제1항 소정의 '근로기준법이 정한 기준에 달하지 못한 근로조건을 정한 것'으로서 무효이다. 이처럼 노사 간의 단체교섭단계에서부터 사용자 측은 고용노동부예규 제150호(통상임금산정지침 1988.1.20.)를 내세워 승무수당과 근속수당은 통상임금의 범위에서 제외되어야 한다고 주장해 온 반면에 노동조합 측은 위 각 수당을 통상임금의 범위에 포함시켜야 한다고 주장하여 다툼이 생기자 관할지방노동위원회는 이 사건 중재재정을 함에 있어 위 각 수당을 통상임금에서 제외시키려는 취지에서 단체협약 제19조 단서 제3항으로 '통상임금은 고용노동부의 유권해석에 따른다'는 조항을 삽입한 사실을 알 수 있는바, 근로자가 지급받는 각종 수당에 대하여 그것이 통상임금에 해당되는지 여부를 둘러싸고 다툼이 있는 경우에는 궁극적으로 재판절차를 통하여 확정되어야 할 것이지 이를 행정기관의 유권해석에 따르도록 함으로써 성질상 통상임금에 포함되어야 할 수당이 통상임금에서 제외되는 결과를 초래한다면 이는 근로기준법에 정한 기준에 달하지 못하는 근로조건을 정한 것으로서 무효라고 보아야 할 것이고, 확정된 중재재정이 단체협약과 동일한 효력을 갖는다고 하여 달리 볼 것은 아니다"[139]라고 판시하고 있다.

나. 전원합의체 판결에 의한 확인

근로기준법에서 정하는 근로조건은 최저기준이므로(근로기준법 제3조), 그 기준에 미치지 못하는 근로조건을 정한 근로계약은 그 부분에 한하여 무효로 되며, 이에 따라 무효로 된 부분은 근로기준법에서 정한 기준에 따른다(근로기준법 제15조). 통상임금은 위 근로조건의 기준을 마련하기 위하여 법이 정한 도구개념이므로, 사용자와 근로자가 통상임금의 의미나 범위 등에 관하여 단체협약 등에 의해 따로 합의할 수 있는 성질의 것이 아니다.

따라서 성질상 근로기준법상의 통상임금에 속하는 임금을 통상임금에서 제외하기로 노사 간에 합의하였다 하더라도 그 합의는 효력이 없다. 연장·야간·휴일근로에 대하여 통상임금의 50% 이상을 가산하여 지급하도록 한 근로기준법의 규정은 각 해당 근로에 대한 임금산정의 최저기준을 정한 것이므로, 통상임금의 성질을 가지는 임금을 일부 제외한 채 연장·야간·휴일근로에 대한 가산임금을 정한 위 기준에 미달할 때에는 그 미달하는 범위 내에서 노사합의는 무효라 할 것이고, 그 무효로 된 부분은 근로기준법이 정하는 기준에 따라야 할 것[140]이라고 판시하여 기존의 대법원 판결을 유지하고 있다.

---

139) 대법원 2006.2.23. 선고 2005다53996 판결; 대법원 1997.6.27. 선고 95누17380 판결; 대법원 1994.5.24. 선고 93다5697 판결; 대법원 1993.11.9. 선고 93다8658 판결; 대법원 1993.5.11. 선고 93다4816 판결
140) 대법원 2013.12.18. 선고 2012다89399 전원합의체 판결

제2절 신의성실의 원칙

1. 신의성실의 원칙의 의의

원래 법률관계라 함은 법률행위에 참여한 자들이 그들의 공동목적을 실현하기 위하여 공동기능을 수행하게 하는 것을 가능하게 하여주는 제도이므로 권리의 행사와 의무의 이행은 이러한 법률관계의 제도적 목적에 적합하게 행사하여야 한다. 또한, 권리라 함은 법에 의하여 보호되는 이익을 말하는 것이므로 권리의 행사가 이러한 이익을 추구하지 아니하고 법률관계의 제도적 의미에 배치되는 방법으로 행사되는 때에는 권리행사는 허용되지 않는다고 할 것이다.

그러므로 신의성실의 원칙(신의칙)이란 사회 공동생활의 일원으로서 서로 상대방의 신뢰를 헛되이 하지 않도록 성의있게 행동하여야 한다는 원칙을 말한다. 민법은 제2조 제1항에서 "권리의 행사와 의무의 이행은 신의에 좇아 성실히 하여야 한다"고 규정하여 이를 선언하고 있다. 신의칙은 권리자의 권리행사라 하더라도 이러한 권리행사가 상대방의 신뢰에 반하는 경우에는 이를 제한함으로써 상대방의 신뢰를 보호하여 준다. 신의성실의 원칙은 권리남용금지의 원칙과 더불어 직접적으로는 권리행사의 자유의 제한 내지 한계를 설정해 주고, 간접적으로는 권리의 사회성·공공성의 구체적 시인 내지 표현이기도 하다. 한편 신의칙은 구체적 사건에 있어 구체적 타당성을 발견하기 위하여 기존의 법을 구체화하고, 보충하며, 더 나아가 이를 보정하는 기능을 수행한다. 그리하여 신의칙은 오늘날 사회의 변천에 적합하도록 실정법의 경직성을 보완함으로써 살아있는 법으로서 지향할 수 있게 하는 중대한 기능과 사명이 부여되어 있다.

판례는 신의성실의 원칙을 다음과 같이 정의하고 있다. "민법상의 신의성실의 원칙이란 법률관계의 당사자는 상대방의 이익을 배려하여 형평에 어긋나거나 신뢰를 저버리는 내용 또는 방법으로 권리를 행사하거나 의무를 이행하여서는 아니된다는 추상적 규범을 말하는 것으로서, 신의성실의 원칙에 위배된다는 이유로 그 권리의 행사를 부정하기 위해서는 상대방에게 신의를 공여하였다거나 객관적으로 보아 상대방이 신의를 가짐이 정당한 상태에 이르러야 하고, 이와 같은 상대방의 신의에 반하여 권리를 행사하는 것이 정의관념에 비추어 용인될 수 없는 상태에 이르러야 한다"고 판시하고 있다.[141]

2. 신의성실의 원칙의 성격

신의나 성실이라는 개념은 사람의 행동이나 태도에 대한 윤리적·도덕적 평가를 나타내는 것이다. 신의칙은 이를 법적 평가의 한 내용으로 도입한 것이므로 윤리규범성을 띤다. 또한, 신의칙은 권리·의무를 그의 사회적 사명하에 관찰하여야 한다는 오늘날 사법이념의 일반적·추상적 내용을 선언한 것으로서 가치의 보충을 요하는 '일반조항'이다. 따라서 그 구체적인 내용은 개개의 재판을 통하여 실현된다. 한편 신의칙은 당사자가 이를 주장하지 않더라도 법원이 이를 직권으로 판단할 수 있는지가 문제되나, 판례도 "신의성실의 원칙에 반하는 것 또는 권리남용은 강행규정에 위배되는 것이므로, 당사자의 주장이 없더라도 법원은 직권으로 판단할 수 있다"고 판시하고 있다.[142]

3. 신의성실의 원칙의 기능

가. 구체화 기능

신의칙은 법의 취지 또는 계약상 당사자의 의사를 그 의미에 적합하도록 구체화하는 기능을 가진다. 권리와 의무의 내용을 구체화할 뿐만 아니라 계약상의 부수적 주의의무(배려, 보호, 안내, 설명, 고지의무 등)도 이 기능에서 인정될 수 있다. 계약상의 부수적 주의의무는 계약의 이행과정은 물론 계약의 교섭단계(소위 계약체결상의 과실책임문제), 더 나아가 계약의 종료 이후에도 발생할 수 있다.

---

141) 대법원 2006.5.26. 선고 2003다18401 판결; 대법원 2002.3.15. 선고 2001다67126 판결; 대법원 2001.7.13. 선고 2000다5909 판결; 대법원 1997.1.24. 선고 95다30314 판결; 대법원 1993.6.11. 선고 92다42330 판결
142) 대법원 1995.12.22. 선고 94다42129 판결; 대법원 1989.9.29. 선고 88다카17181 판결

나. 규제 또는 보충기능

신의칙은 불성실 내지 부당한 권리행사를 제한하는 기능을 가진다. 선행행위와 모순되는 행위의 금지의 원칙, 실효의 원칙, 곧 반환하여야 할 목적물의 청구 금지, 과잉금지의 원칙 등이 이 기능에 속한다. 또한, 급부의무가 부당하게 과다한 경우 신의칙을 근거로 감면하는 것은 이 기능에 속한다고 할 수 있다.

판례도 "근로자가 징계해고 후 6일 만에 다른 회사에 입사하였고, 회사에 복직하여 근무하는 것이 현실적으로 어려운 상황일 뿐 아니라 근로자에게 그러한 복직의 의사도 없으며, 새로 입사한 회사에서의 보수가 회사에서의 그것보다 현저하게 낮다고 볼 수도 없는 상태에서 징계해고 후 9개월이 넘어서야 무효를 주장하여 이 사건 소를 제기하는 것은 신의성실의 원칙 내지는 실효의 원칙에 비추어 허용될 수 없다"고 판단[143]하여 신의칙에 의한 권리행사를 제한하고 있고, 또한 "근로자들이 신설된 대한특수도장으로부터 해고당한 지 2년 8개월여의 기간이 경과된 후에 위 재취업 약정을 근거로 하여 원래 근무하던 대한조선공사와의 사이에 고용관계가 존재한다는 확인 내지 임금지급을 청구하는 이 사건 소를 제기하였지만, 이는 그동안 비슷한 처지에 놓인 다른 근로자들이 제기한 이 사건과 같은 취지의 관련 소송의 추이를 기다렸다가 그중 일부 근로자들이 승소판결을 얻자 비로소 이 사건 제소에 이르렀음이 분명하고, 아울러 근로자들이 위 재취업약정에 기하여 대한조선공사와의 사이에 새로운 고용관계가 형성되었음에도 불구하고 회사 측에서 그동안 전혀 근로의 기회를 제공하지 않은 사정을 감안하여 볼 때, 이러한 법률관계에 정통하지 못한 근로자들이 뒤늦게 이 사건 제소를 하였다고 하여 그 소제기에 의한 권리의 행사가 실효의 원칙 내지는 신의성실의 원칙에 비추어 허용될 수 없는 것이라고 말할 수 없다. 그리고 근로자들이 비록 그 사이 각기 다른 회사에 입사하여 고액의 급료를 얻고 있다고 하더라도, 이는 이 사건 소송의 승소 가능성에 대한 회의와 회사 측과의 사이에 생긴 법률관계에 대한 이해부족에서 연유된 것으로 보이므로 이 때문에 그 결론이 달라진다고 볼 수도 없을 것이다"고 판시[144]하여 신의칙에 반하지 않는 권리행사를 인정하고 있다.

---

143) 대법원 1993.4.13. 선고 92다49171 판결
144) 대법원 1994.9.30. 선고 94다9092 판결

다. 보정 기능

신의칙은 실정법 또는 계약내용을 보정하는 기능을 가진다. 신의칙의 이 기능은 그 한계문제와 관련하여 가장 논란이 많은 부분이다. 우리나라의 사정변경의 원칙은 이 기능에 포함될 수 있다.

라. 법률행위 해석의 표준

신의칙은 법률행위 해석의 표준으로 기능한다. 특히 법률행위의 해석 중 표시행위의 객관적 의미를 밝히는 규범적 해석과 당사자가 규율하지 못한 틈이 있을 때 이를 보충하는 보충적 해석에서 그 해석의 기준으로 신의칙이 강조된다. 독일 민법 제157조는 "계약은 거래관행을 고려하여 신의성실이 요구하는 바에 따라 해석하여야 한다"고 명문으로 규정하고 있다. 우리 민법은 이에 관하여 특별히 규정하고 있지는 않으나 당연한 것으로 보고 있다. 약관규제에 관한 법률은 신의성실의 원칙을 약관 해석의 기준으로 규정하고 있다.

마. 결론

신의칙은 권리·의무를 그의 사회적 사명 아래 관찰하여야 한다는 오늘날 사법이념의 일반적·추상적 내용을 선언한 것으로서 그 구체적인 내용은 재판을 통하여 실현되며 신의칙의 구체적 원칙은 판례의 유형화를 통하여 확립된다. 신의칙의 구체적 원칙에 관하여 우리 판례는 그동안 소극적인 태도를 보이다가 1980년대 특히 그 후반에 이르러 구체적 원칙의 적용에 적극성을 보이고 있다. 이는 신의칙의 일반조항적 성격에 비추어 신의칙을 구체화하는 작업이 필요하기 때문이다. 신의칙은 구체적 사건에 있어 구체적 타당성을 발견하기 위하여 기존의 법을 구체화하고, 보충하며, 더 나아가 이를 보정하는 기능을 수행한다. 그리하여 신의칙은 오늘날 사회의 변천에 적합하도록 실정법의 경직성을 보완함으로써 살아있는 법으로서 지향할 수 있게 하는 중대한 기능과 사명이 부여되어 있다.

그러나 신의칙의 자의적인 운용은 법적 안정성을 저해하므로 그 적용에는 신중을 기하여야 하며 '일반조항에의 도피'는 허용되지 않는다. 따라서 법률에 특별

규정이 있는 경우에는 신의칙을 적용할 여지가 없으며 또 계약의 해석을 통하여
충분히 해결될 수 있을 때에는 그 해석이 우선되어야 한다. 한편 신의칙의 구체적
원칙이 있는 경우에는 이를 우선 적용하여야 할 것이다. 여기서 권리자 또는 의무
자의 불성실한 태도만 문제가 되는 것이 아니라 오히려 이로 인한 상대방의 정당
한 신뢰보호가 강조되어야 한다.

특히 신의칙의 보정기능과 관련하여 신의칙의 한계문제가 제기된다. 신의칙은
법관에게 자의적인 법형성 권한을 부여한 것이 아니라 적극적 법발견의 사명을
부여할 따름이다. 따라서 법관은 법의 취지를 무시하여서는 안 될 뿐만 아니라 또
한 당사자의 의도에 어긋나는 결과를 강요하여서도 안 된다. 법적 안정을 저해하
지 않는 범위 내에서 구체적 타당성을 발견하기 위한 작업은 신의칙의 적용에 있
어 법관에게 시종일관 요구되고 있다.

4. 신의성실의 원칙의 적용범위와 한계

가. 적용범위

신의성실의 원칙은 민법의 분야(물권법·채권법) 및 상법 등 사법 모든 분야에
서도 적용될 뿐만 아니라 노동법[145]이나 기타 경제법 등 사회법 분야에 있어서도
그 적용이 많으며, 민사소송법·헌법·행정법·세법의 공법분야에 있어서도 적
용이 되고 있다. 특히 민사소송법 제1조 제2항은 당사자와 소송관계인은 신의에
따라 성실하게 소송을 수행하여야 한다고 규정하여 신의성실의 원칙을 명문화하
고 있다.

나. 적용요건

판례는 "민법상의 신의성실의 원칙은 법률관계의 당사자는 상대방의 이익을
배려하여 형평에 어긋나거나 신뢰를 저버리는 내용 또는 방법으로 권리를 행사하
거나 의무를 이행하여서는 아니 된다는 추상적 규범을 말하는 것이고 이를 구체

---

145) 대법원은 근로기준법상 부당해고와 관련하여 신의칙을 적용하여 왔다. 대법원 1992.1.21. 선고 91다30118 판결

적인 법률관계에 적용함에 있어서는 상대방의 이익의 내용, 행사하거나 이행하려는 권리 또는 의무와 상대방의 이익과의 상관관계 및 상대방의 신뢰의 타당성 등 모든 구체적인 사정을 고려하여 그 적용 여부를 결정하여야 한다"고 판시하고 있다.[146]

판례가 인정한 신의칙 개념에 따르면 어떤 사람의 권리의 행사가 신의칙에 어긋나서 그것을 부인하기 위해서는 단순히 권리의 행사가 공평이나 형평에 반하는 정도에 그쳐서는 안 되고 상대방의 신뢰를 배신하고 더 나아가 그 신뢰의 배신은 사회 전체의 관점에 비추어 정의관념에 어긋나기 때문에 허용할 수 없는 정도에 이르러야 한다. 그러므로 신의칙조항은 그 개념이 추상적, 유동적이고 관념적인 일반조항으로서 이와 같은 일반조항에 대하여는 자칫 확연한 이유를 대기 어려운 어떤 결론을 정당화하기 위한 편의적인 이론, 즉 "일반조항에의 도피" 현상으로 흐를 위험이 있음이 항상 지적되고 있다.[147]

다. 강행법규에 따른 제한

법률행위의 목적은 적법하여야 한다. 법률행위의 적법·부적법의 문제는 법률행위의 유·무효의 문제이다. 그러나 여기서 법률행위의 목적이 적법하여야 한다고 하는 것은 법률행위의 내용이 민법의 모든 규정이나 다른 법의 규정에 적합하여야 한다는 것을 의미하는 것은 아니다. 물론 법률행위가 이러한 모든 규정에 적합하다면 그야말로 이상적이겠지만 이에 위반한 법률행위라 하여 이를 모두 무효로 하는 것은 거래의 안전보호 등 여러 관점에서 반드시 민법의 이념에 부합한다고 할 수 없는 것이다.

특히 민법은 사적자치의 원칙을 인정하고 있으므로 당사자는 그 범위 내에서 민법의 규정과 다른 법률행위를 할 수 있다. 다만, 사적자치는 무제한한 것이 아니라 법질서의 테두리 내에서 인정되는 것이며, 그 테두리가 바로 선량한 풍속 기타 사회질서이다. 즉 민법은 선량한 풍속 기타 사회질서를 유지하기 위하여 흔히 사적자치의 제한규정을 두고 있는바, 선량한 풍속 기타 사회질서에 관한 규정을 강행법규라 하고 그렇지 아니한 규정을 임의법규라고 부른다. 따라서 민법 중 강

---

146) 대법원 1992.5.22. 선고 91다36642 판결
147) 대법원 2008.9.18. 선고 2007두2173 전원합의체 판결

행법규에 반하는 법률행위는 무효이나, 임의법규에 반하는 법률행위는 무효가 아니다. 다시 말하면 법률행위를 하는 당사자의 의사에 의하여 배제하거나 변경할 수 없는 법규가 강행법규이고, 배제하거나 변경할 수 있는 법규가 임의법규인 것이다. 그러므로 법률행위가 적법하다고 하는 것은 강행법규에 위반되지 않는, 즉 선량한 풍속 기타 사회질서에 적합하다는 것을 말하는 것이다.

그러나 신의칙은 기능상의 적용한계를 가질 뿐만 아니라 다른 규범과의 관계에 있어서도 적용상의 한계를 가지고 있다. 권리의 행사가 신의칙에 위배되더라도 신의칙보다 상위에 있는 강행법규 위반의 결과나 입법취지를 완전히 몰각시키는 결과를 가져오는 신의칙의 적용은 허용되지 않는다. 판례도 "법령에 위반되어 무효임을 알고서도 그 법률행위를 한 자가 강행법규 위반을 이유로 무효를 주장한다 하여 신의칙 또는 금반언의 원칙에 반하거나 권리남용에 해당한다고 볼 수는 없다"고 판시하고 있다.[148] 예컨대, '노동조합 및 노동관계조정법 제31조 제1항에서 정한 방식을 갖추지 아니한 단체협약의 무효를 주장하는 것이 신의칙에 위배되는 권리의 행사라는 이유로 이를 배척한다면 입법취지를 완전히 몰각시키는 결과가 될 것이므로 특별한 사정이 없는 한 그러한 주장이 신의칙에 위반된다고 볼 수 없다고 보아야 할 것이다'라고 하여 신의칙 적용을 배제하고 있다.[149]

이처럼 강행법규를 위반한 자가 스스로 그 법률행위의 무효를 주장하는 것이 신의칙 위반으로 인정되지 않는 것은 이를 신의칙 위반이라 하여 무효로 한다면 결과적으로 강행법규의 입법취지를 몰각하게 하는 경우에 한하는 것이므로 결과에 있어서 그렇지 않은 때에는 예외가 인정된다.

따라서 이러한 경우에는 신의칙에 위반되어 무효를 주장할 수 없게 된다. 예컨대, 쌍방 모두에게 주관적인 귀책사유가 있거나[150] 실제로는 강행법규 위반에 해당하지 않는 경우에는 신의칙[151]에 위반된다.[152]

---

148) 대법원 2004.10.28. 선고 2004다5563 판결; 대법원 2001.5.15. 선고 99다53490 판결
149) 대법원 2001.5.29. 선고 2001다15422.15439 판결
150) 대법원 2000.8.22. 선고 99다162609.62616 판결
151) 대법원 2000.6.9. 선고 99다70860 판결
152) 대법원 2002.9.27. 선고 2002다29152 판결

라. 신의칙의 구체적인 원칙

신의칙은 권리자의 권리행사라 하더라도 이러한 권리행사가 상대방의 신뢰에 반하는 경우에는 이를 제한함으로써 상대방의 신뢰를 보호하여 준다. 신의칙의 구체적인 원칙인 "선행행위와 모순되는 행위의 금지의 원칙"이나 "실효의 원칙" 및 "사정변경의 원칙" 등이 그 대표적인 예이다.

(1) 선행행위와 모순되는 행위의 금지원칙

"선행행위와 모순되는 행위의 금지원칙"이란 권리자의 권리행사가 그것에 선행하는 행위와 모순되는 것이어서 그러한 후행행위대로 법률효과를 인정하게 되면 선행행위로 인하여 야기된 상대방의 신뢰를 해치는 경우에 권리자의 그와 같은 권리행사를 제한하는 원칙을 말한다. 이 원칙은 선행행위와 모순되는 행위 전체에 비추어 특히 상대방 신뢰보호의 필요성이 제기될 때 문제가 된다. 이는 영미법상의 금반언(Estoppel)의 법리와 유사한 원칙이다.[153] 판례는 선행행위와 모순되는 행위의 금지의 원칙보다 "금반언의 원칙"이라는 표현을 쓰고 있다.

이 원칙을 적용하기 위해서는 첫째, 행위자에게 주관적인 귀책가능성이 존재하여야 한다. 여기서 말하는 귀책가능성은 행위자의 불성실한 의도 또는 귀책사유의 존재를 반드시 필요로 하지 않는 넓은 의미로서 행위자가 선행행위로 인하여 상대방의 신뢰를 야기하였는데 이와 모순되는 행위를 하는 점에 대한 비난가능성을 말한다. 둘째, 상대방의 신뢰가 보호할 가치가 있어야 한다. 즉, 선행행위의 정당성 또는 존속성에 대한 행위자의 신뢰가 보호받을 가치가 존재하여야 한다.

한편 강행법규를 위반한 자가 사후에 스스로 무효나 취소를 주장하는 경우 이를 신의칙, 구체적으로 선행행위와 모순되는 행위의 금지의 원칙에 위반되어 그 무효나 취소 주장을 배척할 것인가가 문제가 된다. 판례는 다양하게 전개되나 이는 신의칙 위반을 이유로 무효나 취소 주장을 봉쇄하면 오히려 강행법규의 취지가 몰각될 수 있느냐에 따라 판단하고 있다.[154]

---

153) common law상의 원칙으로서 어떠한 자가 사실을 표시하여 타인이 그것을 신뢰하고 자신의 이해관계를 변경한 경우에는 그 표시에 모순되는 주장을 할 수 없다는 원칙이다.
154) 대법원 2007.11.16. 선고 2005다71659, 71666, 71673 판결

(2) 실효의 원칙

"실효의 원칙"이란 권리자가 장기간 권리행사를 하지 않았고 그로 인해 상대방은 권리자가 권리를 행사하지 않으리라고 신뢰하고 있었는데, 후에 권리자가 새삼 권리를 행사하는 것이 상대방의 이러한 신뢰를 해치는 경우 권리자의 그와 같은 권리행사를 제한하는 원칙을 말한다. 이 원칙은 선행행위와 모순되는 행위의 금지원칙의 특칙으로 일반적으로 이해되고 있다.

실효의 원칙이 적용되기 위해서는 단순히 권리의 장기간 불행사라는 사실의 존재만으로는 부족하고 오히려 중요한 것은 그 후의 지체된 권리행사가 불성실한 권리행사로 간주될 특별한 사정이 존재하여야 한다. 즉, 상대방이 권리자의 행위로부터 그 자가 더 이상 권리를 행사하지 않을 것을 기대할 수 있었고, 또한 상대방이 이를 실제로 신뢰하였을 때 실효의 원칙이 고려된다.

실효의 효과로서 권리 그 자체가 소멸하는 것인지 또는 권리 그 자체는 소멸되지 않고 권리의 행사가 허용되지 않을 뿐인지가 문제가 된다. 대법원[155]은 해고무효확인 소송에서 "실효의 원칙이 적용되기 위하여 필요한 요건으로서의 실효기간(권리를 행사하지 아니한 기간)의 길이와 의무자인 상대방이 권리가 행사되지 아니하리라고 신뢰할 만한 정당한 사유가 있었는지 여부는 일률적으로 판단할 수 있는 것이 아니라, 구체적인 경우마다 권리를 행사하지 아니한 기간의 장단과 함께 권리자 측과 상대방 측 쌍방의 사정 등을 모두 고려하여 사회통념에 따라 합리적으로 판단하여야 할 것이고, 징계해임처분의 효력을 다투는 분쟁에 있어서는 징계사유와 그 징계처분의 근로자가 그 처분의 효력을 다투지 아니할 것으로 사용자가 신뢰할 만한 다른 사정(예: 근로자가 퇴직금이나 해고수당 등을 수령하고 오랫동안 해고에 대하여 이의를 하지 않았다든지 해고된 후 곧 다른 직장을 얻어 근무하였다는 등의 사정), 사용자가 다른 근로자를 대신 채용하는 등 새로운 인사체제를 구축하여 기업을 경영하고 있는지의 여부 등을 모두 참작하여 그 근로자가 새삼스럽게 징계해임처분의 효력을 다투는 것이 신의성실의 원칙에 위반하는 결과가 되는지의 여부를 가려야 할 것이다. 근로자에 대한 의원면직처분의

---

155) 대법원 1992.1.21. 선고 91다30118 판결

기초가 된 조건부 징계해임처분의 사유는 근로자가 수용가로부터 금품을 받았다는 것이고, 위 징계해임처분의 무효사유는 회사가 인사위원회의 심리기일에 결석한 근로자에 대하여 심리기일을 1회 연기하지 아니하고 곧바로 징계결의를 하였다는 것인바, 이러한 사정들과 근로자가 의원면직처분이 무효인 것임을 알고서도 2년 4개월 남짓한 동안이나 그 처분이 무효인 것이라고 주장하여 자신의 권리를 행사한 바 없다는 점을 함께 고려하여 보면, 근로자가 의원면직처분으로 면직된 때로부터 12년 이상이 경과된 후에 새삼스럽게 그 처분의 무효를 이유로 회사와의 사이에 고용관계가 있다고 주장하여 이 사건과 같은 소를 제기하는 것은, 앞에서 본 바와 같은 노동분쟁의 신속한 해결이라는 요청과 신의성실의 원칙 및 실효의 원칙에 비추어 허용될 수 없는 것이라고 볼 여지가 없지 아니하다"라고 하면서 실효의 원칙을 인정하고 실효의 효과로서 권리행사를 허용하지 않고 있다.

  (3) 사정변경의 원칙

  일반적으로 "사정변경의 원칙"이라 함은 법률행위, 특히 쌍무계약의 성립 당시에 있었던 환경 또는 그 기초가 되는 사정이 그 후 현저하게 변경되어, 당초에 정하였던 행위의 효과 내지 계약의 내용을 그대로 유지하고 강제하는 것이 신의칙과 공평의 원리에 반하는 결과가 되는 경우에, 당사자가 그 법률행위의 효과를 신의·공평에 맞게 변경하거나 해소할 수 있다는 원칙을 말한다. 사정변경의 원칙은 신의칙에서 나오는 하나의 파생원칙으로 파악되고 있다.

  사정변경의 원칙을 적용하는 데 필요한 요건에 관하여 대체로 다음과 같은 것을 들고 있다. 즉 법률행위 성립 당시 그 환경이었던 사정이 변경하였을 것, 사정의 변경이 법률행위의 성립 후에 그리고 그 소멸 이전에 발생하였을 것, 사정의 변경이 당사자가 예견할 수 없었거나 예견할 수 없을 정도의 현저한 것일 것, 사정의 변경이 당사자의 귀책사유로 인한 것이 아닐 것, 당초의 계약 내용대로의 구속력을 인정한다면 신의칙 내지 공평에 반하는 결과가 될 것이 그것이다. 또한, 사정변경에 따른 법률효과 면에서 계약의 해소를 중시하여 사정변경의 원칙을 해제권 또는 해지권의 발생문제와 결부 지어 다루고 있다. 그러나 대법원은 사정변

경의 원칙의 적용에 대하여 소극적인 태도를 취하고 있다.[156)

대법원도 고용안정협약 체결 후 정리해고의 정당성과 관련하여 "정리해고나 사업조직 통폐합 등 기업이 구조조정을 실시할지 여부는 경영주체에 의한 고도의 경영상 결단에 속하는 사항으로서 이는 원칙적으로 단체교섭 대상이 되지 아니한다(대법원 2002.2.26. 선고 99도5380 판결 참조). 그러나 단체협약은 사용자와 노동조합 사이에 이루어진 단체교섭 결과 성립된 합의사항을 문서화한 것으로 강행법규나 공서양속에 위반되지 않는 한 그 내용에 대한 법적 제한은 없다. 앞서 살펴본 인정사실에 의하면, '특별단체교섭 합의서' 중 인수 후 인위적인 구조조정을 실시하지 않는다는 조항은 회사 인수예정자였던 한국주철관공업이 회사를 인수하여 사용자가 되는 것을 전제로 스스로 경영상 결단에 의하여 회사 소속 근로자들에 대한 정리해고를 제한하기로 한 것이다. 이는 이른바 고용안정협약으로 근로조건 기타 근로자에 대한 대우에 관하여 정한 부분이므로 규범적 부분에 해당한다. 그러므로 회사 인수 후 기업 자체가 존폐위기에 처할 심각한 재정적 위기가 도래하였다거나 예상하지 못했던 급격한 경영상 변화가 있는 경우 등 협약체결 당시 예상하지 못하였던 사정변경이 있어 협약의 효력을 유지하는 것이 객관적으로 보아 부당한 경우와 같은 특별한 사정이 없는 한 위 협약은 유효하다. 이 사건 정리해고 당시 국내 철강 수요 감소가 예상되고, 실제로 2008.1.1.부터 2008.12.31. 까지 회사에 당기 순손실이 2,716,000,000원 발생하였으며, 유동부채가 유동자산을 초과하는 등 경영상 어려움이 있었다. 그러나 회사가 고용안정협약을 체결한 2007.7.16. 이후 2008년까지는 국내 강관 가격이 올라 강관업계는 사상 최대 수준인 매출실적을 올리고 있었는데도, 회사는 구조조정을 하지 않겠다고 약정한 후 채 1년도 지나지 아니한 2008.5.16. 제1차 정리해고를 하였고, 그 정리해고가 위법하다는 경북지방노동위원회의 판정이 있자, 2008.11.28. 다시 이 사건 정리해고를 한 점, 회사는 2007년에 적자가 51억 원 발생하였고, 이에 반하여 2008년도 당기 순손실은 그 2분의 1을 약간 상회하는 정도로 2008년에는 오히려 적자 폭이 대폭 줄어든 점, 고용안정협약 체결 당시에 비하여 급격한 매출감소가 일어나고 있다

---

156) 대법원 2007.3.29. 선고 2004다31302 판결; 대법원 1991.12.10. 선고 90다9728 판결

고 볼 자료는 없는 점 등에 비추어 볼 때, 회사가 협약 체결 당시 예상하지 못하였던 심각한 재정적 위기에 처하여 협약의 효력을 유지하는 것이 객관적으로 보아 부당한 상황에 이르렀기 때문에 이 사건 정리해고를 하였다고 보기 어렵다. 회사가 약속한 고용안정협약의 효력을 배제할 수 없는 이상 이를 어기고 근로자들을 정리해고한 것은 정당하지 않다"고 판시하여 사정변경의 원칙은 인정하지 아니하고 있다.[157]

5. 노사관계에서 신의성실의 원칙 적용

가. 개별적 근로관계에서 신의칙 적용

(1) 초과근로수당 청구와 신의칙

연장근로시간(시간외근로)에 대해 근로의 대가로 지급하는 임금을 연장근로수당이라 하며 연장근로수당은 통상임금의 50%를 가산하여 지급하여야 한다.

1일 24시간씩 격일제 또는 1일 2교대, 3교대 근무제와 같은 근무형태를 취하는 경우에도 노사 간에 1근무당 근로시간으로 정하여진 시간 수가 1일 기준근로시간인 8시간을 초과하는 경우에는 연장근로시간에 해당된다. 그리고 사용자의 연장근로수당지급의무는 강행규정이므로 근로자는 포기할 수 없다. 대법원은 "회사는 당초 현업부문의 교대근무 편제를 1일 8시간씩 3조 3교대 근무로 실시하다가 합리적인 인력관리 및 작업능률향상을 위하여 3조 2교대 근무로 변경하였는데 이에 따라 근로자 중 일부가 3조 2교대 근무를 하게 되고, 3조 2교대 근무자들을 제외한 나머지 근로자들은 토요일 격주 전일근무를 한 사실, 그 후 1987.11.28. 근로기준법이 개정되어 변형 근로시간제가 폐지되자, 회사는 3조 2교대 근무제를 3조 3교대 근무제로 변경하려고 하였으나, 3조 2교대 근무자들이 3조 3교대 근무 시 출·퇴근에 따른 간접시간 증가와 심야 연속근무에 따른 피로 누적을 이유로 이를 반대하여 실시하지 못한 사실, 근로자들이 1992.9.21. 회사가 시행하는 위 3조 2교대

---

157) 대법원 2011.5.26. 선고 2011두7526 판결

근무 또는 토요일 격주 전일근무에 따른 이 사건 연장근로수당청구의 소를 제기하자, 회사는 3조 3교대 근무를 실시하겠다면서 3조 2교대 근무자들에게 근무 교대시간으로 01:00, 09:00, 17:00를 제안하였으나, 3조 2교대 근무자들이 01:00 출·퇴근의 어려움을 이유로 이를 반대함으로써 회사는 3조 2교대 근무를 유지하였고, 다만 회사와 노동조합은 1992.12.30. 단체협약에서 회사는 현행 교대근무 형태를 점진적으로 정시근무 체계로 변경하기로 노력한다는 합의를 한 사실을 알 수 있다. 사실관계가 이와 같다면, 근로자 중 3조 2교대 근무자들은 회사가 제시하는 3조 3교대 근무에 따른 출·퇴근 시간 등의 어려움 때문에 3조 3교대 근무를 거부하였을 뿐이므로 이에 의하여 회사에 연장근로수당을 청구하지 않으리라는 신의를 공여하였다거나 객관적으로 보아 회사가 그러한 신의를 가짐이 정당한 상태에 이르렀다고 할 수 없을 뿐만 아니라, 가령 회사가 3조 2교대 근무형태를 유지하는 것이 3조 3교대 근무 형태로 변경하는 것보다 더 많은 비용이 소요된다고 하더라도 근로기준법 제46조의 규정이나 3조 2교대 근무를 계속하게 된 경위 등에 비추어 볼 때 근로자들이 연장근로수당을 청구하는 것이 정의관념에 반한다고 할 수도 없으므로, 근로자들의 연장근로수당의 청구가 신의성실의 원칙에 위배된다고 할 수 없다"고 판시하고 있다.158)

(2) 징계처분 취소 후 재징계처분과 신의칙

사용자의 근로자에 대한 징계처분은 근로자의 기업질서 위반행위에 대한 제재로서의 벌이고, 자체의 재심절차에서도 징계처분을 취소할 수 있으므로 사용자가 징계절차의 하자나 징계사유의 인정, 징계양정의 부당 등에 잘못이 있음을 스스로 인정한 때에는 노동위원회의 구제명령이나 법원의 무효확인 판결을 기다릴 것 없이 스스로 징계처분을 취소할 수 있고, 나아가 새로이 적법한 징계처분을 하는 것도 가능하다. 대법원은 "제1차 징계해고처분에 대하여 해고무효확인 판결이 확정되었다고 하더라도 그 후 새로이 징계절차를 밟아 제2차 징계처분을 할 수 있다. 제1차 징계해고처분이 절차상의 위법을 이유로 해고무효확인 판결을 받아 확

---

158) 대법원 1997.1.24. 선고 95다30314 판결

정되었을 경우, 그 확정 후 새로이 필요한 징계절차를 밟아 다시 제2차 징계해고 처분을 하면서 그 해고사유를 제1차 징계해고처분에서와 동일한 사유를 들었다고 하여 일사부재리 원칙이나 신의칙에 위배되거나 법원의 판결을 잠탈하는 것으로서 무효라고 할 수는 없다"[159]고 판시하여 신의칙에 위배되지 않는다고 판단하였다.

(3) 근로관계 합의해지 청약의 의사표시 철회와 신의칙

근로자가 사직의 의사표시를 하는 경우 사직서 제출의 법적 성격이 근로관계의 해지를 위한 일방적 의사표시(해약고지)인지 아니면 근로관계의 합의해지를 위한 청약의 의사 표시인지에 대한 실무상 다툼이 있다. 전자의 경우 근로자가 스스로 한 사직은 근로자의 일방적 의사표시에 의한 근로관계의 해지로서 사용자의 해고와 대칭되는 개념이다. 판례도 "근로자가 한 사직의 의사표시는 특별한 사정이 없는 한 당해 근로계약을 종료시키는 취지의 해약고지(해지)로 볼 것이다"고 하고 있다.[160] 따라서 사용자가 사표를 제출받은 날부터 1월이 경과하거나, 기간으로 보수를 정한 때에는 사용자가 사표를 제출받은 당기 후의 1기를 경과하면 근로계약 해지의 효력이 생긴다(민법 제660조 제2항, 3항). 그리고 이 경우 이처럼 근로계약의 해지를 통보하는 사직의 의사표시가 사용자에게 도달한 이상 근로자로서는 사용자의 동의 없이는 비록 민법 제660조 제2항, 3항 소정의 기간이 경과하기 이전이라 하여도 사직의 의사표시를 철회할 수 없다. 그러나 후자의 경우와 같이 근로자가 일방적으로 근로계약관계를 종료시키는 해약의 고지방법에 의하여 임의 사직하는 경우가 아니라, 근로자가 사직원의 제출방법에 의하여 근로계약관계의 합의해지를 청약하고 이에 대하여 사용자가 승낙함으로써 당해 근로관계를 종료시키게 되는 경우에 있어서는 사용자가 사직원을 수리하고 이를 근로자가 통지받은 시점에서 근로계약의 합의해지에 의한 퇴직의 효력이 발생한다. 판례는, "사용자가 사직원을 수리하여 근로자의 해지 청약에 대한 승낙의 의사표시를 하고 이러한 의사표시가 근로자에게 도달하기 이전에는 그 의사표시를 철회

---

159) 대법원 1998.6.12. 선고 97누16084 판결; 대법원 1995.12.5. 선고 95다36138 판결
160) 대법원 2006.2.24. 선고 2005두7914 판결; 대법원 2003.4.11. 선고 2002다60528 판결

할 수 있으나 그 이후에는 임의로 이를 철회할 수는 없다고 보아야 할 것이다. 다만 근로계약 종료의 효과발생 전이라고 하더라도 근로자가 사직의 의사표시를 철회하는 것이 사용자에게 예측할 수 없는 손해를 주는 등 신의칙에 반한다고 인정되는 특별한 사정이 있는 경우에 한하여는 그 철회가 허용되지 않는다고 해석함이 상당하다"[161]고 판시하여 신의칙에 근거하여 청약철회의 자유를 제한하고 있다.

(4) 해고소송과 신의칙(실효의 원칙)

사용자에 의하여 해고를 당한 근로자가 그 해고의 무효를 주장하면서 근로관계가 여전히 유효하게 존속하고 있음을 이유로 하여 해고무효의 확인을 구하고 해고기간 동안의 임금을 청구하는 등의 권리를 행사하는 경우에도 이러한 신의성실의 원칙이 지켜져야 하고 따라서 그 권리의 행사가 신의성실의 원칙에 위반되는 때에는 그 권리가 실효되는 것이다. 대법원은 "사용자로부터 해고된 근로자가 퇴직금 등을 수령하면서 아무런 이의의 유보나 조건을 제기하지 않았다면 해고의 효력을 인정하지 아니하고 이를 다투고 있었다고 볼 수 있는 객관적인 사정이 있다거나 그 외에 상당한 이유가 있는 상황하에서 이를 수령하는 등의 특별한 사정이 없는 한 그 해고의 효력을 인정하였다고 할 것이고, 따라서 그로부터 오랜 기간이 지난 후에 그 해고의 효력을 다투는 소를 제기하는 것은 신의칙이나 금반언의 원칙에 위배되어 허용될 수 없다"고 판시하여 신의칙을 적용함으로써 해고무효청구를 배척하였다.[162]

한편 "징계해고를 당한 근로자가 퇴직금 등을 수령한 경우라도 해고의 효력을 인정하지 않고 다투고 있다고 볼 수 있는 객관적인 사정이 있다거나 이에 준하는 상당한 이유가 있다고 보이는 상황에서는 퇴직금을 수령하면서 명시적인 이의를 유보함이 없었더라도 해고의 처분을 인정하였다고 할 수 없고, 해고 후 상당한 기간이 지났더라도 해고의 효력을 다투는 소를 제기한 것이 신의칙에 위배되지 않는다"고 판단하고 있다.[163]

---

161) 대법원 2000.9.5. 선고 97누16084 판결; 대법원 1995.12.5. 선고 95다36138 판결
162) 대법원 2000.4.25. 선고 99다34475 판결; 대법원 1996.3.8. 선고 95다51847 판결; 대법원 1992.1.21. 선고 91다30118 판결
163) 대법원 1993.2.12. 선고 92누10664 판결; 대법원 1992.4.14. 선고 92다1728 판결; 대법원 1991.5.14. 선고 91다2656 판결

(5) 호적정정에 따른 정년연장요구와 신의칙

행정관서 내지 기타 관계자의 착오 등으로 인하여 생년월일이 실제와는 다르게 호적에 기재되고, 입사시점에서도 그 잘못된 내용을 기준으로 하여 근로계약서 등을 작성한 경우에 있어, 실무상으로는 동 근로자가 정년퇴직을 얼마 남겨두지 않은 상황에서 행정관서를 상대로 호적 정정을 행한 후 이를 근거로 그 변경된 생년월일을 기준으로 하여 정년퇴직 시점을 정정하여 줄 것을 요구하는 경우가 종종 발생하고 있다.

대법원은 "지방공무원법 제6조 제3항 및 지방공무원임용령 제10조의 규정에 의하여 지방공무원의 인사기록과 인사사무처리에 관한 통일적인 서식과 절차를 규정하여 인사관리의 합리화를 기함을 목적으로 하는 지방공무원 인사기록 및 인사사무 처리규칙 제6조 제3항이 "공무원은 인사기록에 잘못 기재된 사항이나 누락된 사항이 있는지 또는 신상변동사항이 제대로 반영되어 있는지를 확인·정정하기 위하여 자신의 인사기록카드를 수시로 열람할 수 있다"고 규정하고 있고, 같은 조 제4항이 "공무원은 위 열람 결과 인사기록카드를 정정·변경 또는 추가 기재하여야 할 정당한 사유가 있는 때에는 공무원인사기록변경신청서에 이를 증명할 수 있는 증빙서류를 첨부하여 임용권자에게 제출하여야 하며, 임용권자는 인사기록변경신청을 받은 때에는 지체 없이 당해 공무원의 인사기록카드를 정리하여야 한다"고 규정하고 있는 점, 위 규칙 [별표 3]이 지방공무원의 정년퇴직 시 구비서류로 가족관계기록사항에 관한 증명서 중 기본증명서 1통을 요구하고 있는 점 등을 고려하면, 지방공무원법상의 정년은 지방공무원의 정년퇴직 시 구비서류로 요구되는 가족관계기록사항에 관한 증명서 중 기본증명서에 기재된 실제의 생년월일을 기준으로 산정해야 한다고 봄이 상당하다. 그러므로 해당 공무원이 지방공무원으로 신규임용된 이래 약 36년간 신규임용 당시 호적상 출생연월일이 기재된 공무원인사기록카드의 생년월일 기재에 대하여 전혀 이의를 제기하지 않다가 이를 기준으로 산정한 정년퇴직일을 약 1년 3개월 앞둔 시점에 이르러서야 호적상 출생연월일을 정정하고 호적정정 후의 출생연월일을 기준으로 하여 정년의 연장을 요구하더라도 신의성실의 원칙에 위반하였다고 볼 수 없다"고 판시

하고 있다.[164]

(6) 사용자의 소멸시효 항변권과 신의칙

① 채무자의 소멸시효 항변권(소멸시효 완성의 주장)이 신의칙 위반 및 권리남
용에 해당하여 허용되지 아니한다고 판단하고 있다. 대법원은 "근로자들이
이 사건 추가 퇴직금을 구하는 권리행사를 하지 아니한 것은 소외인 등이
제기한 소송의 대법원판결이 선고될 때까지는 법규범적 성격을 가지고 있
는 취업규칙의 부칙(퇴직금규정을 기존의 근로자들에게 불이익하게 변경하
면서, 다만 기존 근로자들의 기득이익을 보호하기 위하여 불리 개정 이전의
근속기간에 대하여는 개정 전의 퇴직금규정을, 그 이후는 개정 퇴직금규정
을 각 적용한다는 취지의 경과규정)이 정당하다고 신뢰했기 때문이라고 보
아야 할 것이고, 그와 같이 신뢰한 것에 어떠한 과실이 있다고도 보기 어렵
다 할 것이어서, 근로자들에게 부칙의 적용 범위에 관한 의심을 가지고 소
송을 제기하여 추가 퇴직금 청구권을 행사할 것을 기대하기는 어렵기 때문
에 근로자들에게는 객관적으로 이 사건 추가 퇴직금 청구권을 행사할 수 없
는 사실상의 장애사유가 있었다고 봄이 상당하고, 회사가 주장하는 소멸시
효 항변을 받아들이는 것은 근로자들에게 너무 가혹한 결과가 되어 신의성
실의 원칙에 반하여 허용될 수 없다"고 판시하여 신의칙 적용에 의한 소멸
시효 주장을 배척하였다.[165]

② 채무자의 소멸시효에 기한 항변권의 행사도 우리 민법의 대원칙인 신의성
실의 원칙과 권리남용금지의 원칙의 지배를 받는 것이어서, 채무자가 시효
완성 전에 채권자의 권리행사나 시효중단을 불가능 또는 현저히 곤란하게
하였거나, 그러한 조치가 불필요하다고 믿게 하는 행동을 하였거나, 객관적
으로 채권자가 권리를 행사할 수 없는 장애사유가 있었거나, 또는 일단 시
효완성 후에 채무자가 시효를 원용하지 아니할 것 같은 태도를 보여 권리자
로 하여금 그와 같이 신뢰하게 하였거나, 채권자 보호의 필요성이 크고, 같

---

164) 대법원 2009.3.26. 선고 2008두21300 판결
165) 대법원 2002.10.25. 선고 2002다32332 판결

은 조건의 다른 채권자가 채무의 변제를 수령하는 등의 사정이 있어 채무이행의 거절을 인정함이 현저히 부당하거나 불공평하게 되는 등의 특별한 사정이 있는 경우에는 채무자가 소멸시효의 완성을 주장하는 것이 신의성실의 원칙에 반하여 권리남용으로서 허용될 수 없다.

대법원은 "구 산업재해보상보험법(2010.5.20. 법률 제10305호로 개정되기 전의 것) 제36조 제2항(유족급여 및 장의비는 제62조 및 제71조에 따른 보험급여를 받을 수 있는 자의 청구에 따라 지급한다), 구 산업재해보상보험법 시행령(2010.11.15. 대통령령 제22492호로 개정되기 전의 것) 제21조 제1항(법 제36조 제2항에 따라 보험급여를 받으려는 사람은 근로복지공단에 각각의 보험급여에 대하여 신청하거나 청구하여야 한다), 제2항(근로복지공단은 제1항에 따른 보험급여의 신청 또는 청구를 받으면 보험급여의 지급 여부와 지급 내용 등을 결정하여 청구인에게 알려야 한다)에 비추어 살펴보면, 공단의 보상팀 직원 소외 3 등이 유족의 유족급여 및 장의비 청구서가 제출되지 않은 상태에서 소외 2가 제출한 중대재해발생신고서를 근거로 이 사건 재해가 업무상 재해에 해당하는지를 조사하였고, 특히 망인의 동생을 유족 자격으로 공단의 보상팀으로 불러서 조사하는 과정에서 그로부터 '산재보상 관계를 제외하고 합의하였다'는 답변을 듣고서도 그 무렵 유족급여 및 장의비 청구서를 별도로 제출받지 않았다면, 망인의 유족 측으로서는 유족급여 및 장의비 청구서를 제출하지 않더라도 공단이 이 사건 재해가 업무상 재해에 해당하는지를 조사하여 업무상 재해에 해당한다고 결정되면 유족급여 등을 지급하는 것으로 받아들였을 것으로 보여, 공단은 이 사건 유족급여 등 지급청구권의 시효완성 전에 유족 측에게, 이 사건 유족급여 등 지급청구권을 행사함에 있어서 유족급여 및 장의비 청구서의 제출이 불필요하다고 믿게 하는 행동을 하였다고 볼 여지가 충분하다고 할 것이므로, 공단이 소멸시효의 완성을 주장하여 이 사건 유족급여 및 장의비의 지급을 거절하는 것은 신의성실의 원칙에 반하여 권리남용으로서 허용될 수 없다. 나아가, 공단이 업무상 재해 결정을 한 이후에 대구외국인노동상담소장 또는 주

한베트남대사에게 위에서 본 바와 같은 내용의 서면을 보냈고, 망인의 부모가 자신들에게 유족보상 및 장의비를 지급해 달라는 취지가 기재된 서면을 제출한 적이 있다고 하여 이와 달리 볼 것도 아니다. 이 사건 유족급여 등 지급청구는 망인의 사망일 이후 3년이 경과한 시점에 제출되어 산업재해보상보험법에 의한 보험급여를 받을 권리의 소멸시효가 완성되었음을 이유로 한 공단의 이 사건 처분에 대하여, 이 사건 유족급여 등 지급청구권이 시효로 소멸하였다고 볼 수 없다는 이유로, 이 사건 처분은 위법하다"고 판단하였다.[166]

③ 또한, 대법원은 "사용자가 미지급임금채권을 피보전권리로 하여 근로자 등이 발령받은 가압류결정에 관한 집행해제신청 후에 근로자 등과 사이에 2회에 걸쳐 사용자가 근로자 등에게 부담하는 미지급 임금채무 등을 승인함과 아울러 그 당시 약정한 변제기에 이를 지급하기로 하는 내용의 채무변제계약 공정증서를 작성하고, 그와 같은 공정증서 작성 후에 근로자에게 미지급 상여금 등 중 일부를 지급까지 하는 등으로 근로자로 하여금 사용자가 이 사건 임금채무를 자진하여 변제할 것과 같은 태도를 보인 것이라고 할 것인데, 그렇다면 근로자로서는 이 사건 소 제기 이전까지 사용자 병원에 근무하면서 사용자가 자진하여 이 사건 임금채무를 변제할 것이라는 기대를 가지고 이 사건 임금에 대한 권리행사나 시효중단 조치를 별도로 취하지 않았던 것으로 봄이 상당하다. 따라서 이러한 경우에까지 이 사건 임금채무 중 일부에 관하여 사용자가 주장하는 소멸시효의 항변을 받아들이는 것은 근로자에게 가혹한 결과가 되어 신의성실의 원칙에 반하여 권리남용으로 허용될 수 없다고 할 것이다"고 판시[167]하여 신의칙에 의한 소멸시효 항변을 배척하고 있다.

---

166) 대법원 2011.11.24. 선고 2011두11013 판결
167) 대법원 2010.6.10. 선고 2010다8266 판결

나. 집단적 노사관계에서 신의칙 적용

(1) 조합가입승인과 신의칙

근로자는 단결의 자유를 가지므로 자유로이 노동조합을 조직하거나 이에 가입할 수 있다. 그 귀결로써 노동조합 역시 규약에 조직 대상과 범위를 자유롭게 정할 수 있다. 따라서 노동조합이 모든 근로자의 가입 청약을 승낙할 의무를 지는 것은 아니고, 조합 규약 등에 따라 그 청약을 거절할 수 있다.

이러한 노동조합의 권한은 일정한 한계를 가지고 있다. 가장 대표적인 예가 유니온 숍 협정이다. 노동조합이 당해 사업장에 종사하는 근로자의 3분의 2 이상을 대표하고 있을 때에는 근로자가 그 노동조합의 조합원이 될 것을 고용조건으로 하는 단체협약을 체결할 수 있고, 만약 근로자가 노동조합을 탈퇴한 후 새로운 노동조합을 조직하거나 다른 노동조합에 가입하지 않을 경우, 사용자는 해당 근로자를 해고할 수 있기 때문이다(노조법 제81조 제2호 단서). 대법원은 "조합이 조합원의 자격을 갖추고 있는 근로자의 조합 가입을 함부로 거부하는 것은 허용되지 아니하고, 특히 유니언 숍 협정에 의한 가입강제가 있는 경우에는 단체협약에 명문 규정이 없더라도 노동조합의 요구가 있으면 사용자는 노동조합에서 탈퇴한 근로자를 해고할 수 있기 때문에 조합 측에서 근로자의 조합 가입을 거부하게 되면 이는 곧바로 해고로 직결될 수 있으므로 조합은 노조 가입 신청인에게 제명에 해당하는 사유가 있다는 등의 특단의 사정이 없는 한 그 가입에 대하여 승인을 거부할 수 없고, 따라서 조합 가입에 조합원의 사전 동의를 받아야 한다거나 탈퇴 조합원이 재가입하려면 대의원대회와 조합원총회에서 각 3분의 2 이상의 찬성을 얻어야만 된다는 노동조합 주장의 조합 가입에 관한 제약은 그 자체가 위법부당하고, 또한 특별한 사정이 없는 경우에까지 위와 같은 제약을 가하는 것은 기존 조합원으로서의 권리남용 내지 신의칙 위반에 해당되므로 근로자들이 조합을 무력화시키려고 하는 탈퇴 당시의 기도를 포기하고 조합에 굴복하여 조합원 지위의 회복을 갈망하고 있다고 보이는 반면에, 조합 측에서 근로자들의 가입 승인을 거부할 특별한 사정이 있다고 인정할 만한 자료가 없으며, 더욱이 조합이 총 36명의 탈퇴자 가운데 8명만을 선별하여 조합원으로 받아들이고 근로자들을 비롯한 나머지 탈퇴자들에 대하여는 가입 승인을 끝까지 거부하는 것은 형평에도 반하는 처사라 하여 근로자들에 대한 조합의 가입 승인거부행위는 권리남용 내지 신의칙 위반에 해당한다"고 판단하였다.[168]

(2) 단체협약체결과 신의칙

단체협약은 서면으로 작성하여 당사자 쌍방이 서명 또는 날인하여야 한다. 따라서 단체협약이 유효하게 성립하려면 단체협약을 체결할 능력이 있는 노동조합과 사용자 또는 사용자단체가 근로관계에 관한 사항에 관하여 유효한 합의에 도달하여야 한다는 실질적 요건 이외에 서면작성 및 그 정당한 당사자 쌍방의 서명 또는 날인이라는 형식적 요건을 갖추어야 한다. 위와 같이 단체협약 성립의 요식성을 정하고 있는 법규정은 강행적 효력규정이므로 이를 위반한 경우 단체협약의 효력이 부인된다. 대법원은 "노동조합 및 노동관계조정법 제31조 제1항이 단체협약은 서면으로 작성하여 당사자 쌍방이 서명날인 하여야 한다고 규정하고 있는 취지는 단체협약의 내용을 명확히 함으로써 장래 그 내용을 둘러싼 분쟁을 방지하고 아울러 체결당사자 및 그의 최종적 의사를 확인함으로써 단체협약의 진정성을 확보하기 위한 것이므로, 그 방식을 갖추지 아니하는 경우 단체협약은 효력을 가질 수 없다고 할 것인바, 강행규정인 위 규정에 위반된 단체협약의 무효를 주장하는 것이 신의칙에 위배되는 권리의 행사라는 이유로 이를 배척한다면 위와 같은 입법취지를 완전히 몰각시키는 결과가 될 것이므로 특별한 사정이 없는 한 그러한 주장이 신의칙에 위반된다고 볼 수 없다고 보아야 할 것이다"라고 판시하고 있다.[169]

(3) 단체협약 평화의무와 신의칙

단체협약 내용 중 개별 조항에 당사자의 권리·의무를 규정한 채무적 부분을 정하였을 경우 그에 따라 협약당사자 사이의 법률관계가 정하여질 것이지만, 그 밖에도 협약당사자는 그들이 체결한 단체협약에 대한 실행의무와 평화의무를 부

---

168) 대법원 1996.10.29. 선고 96다28899 판결; 대법원 1995.2.28. 선고 94다15363 판결
169) 대법원 2001.1.19. 선고 99다72422 판결; 대법원 2000.6.23. 선고 2000다12761.12778 판결

담한다. 이는 단체협약이 체결되는 모든 경우에 공통하여 일반적으로 인정되는 채무적 효력이다.

실행의무라 함은 협약당사자가 단체협약의 내용 중 규범적 부분과 채무적 부분을 막론하고 이를 준수할 의무(협약준수의무)와 각 당사자의 구성원들로 하여금 단체협약을 위반하지 않도록 노력할 의무(영향의무)를 부담하는 것을 말한다.

평화의무라 함은 협약당사자가 단체협약에서 이미 정한 근로조건이나 기타 사항의 변경 개폐를 요구하는 쟁의행위를 단체협약의 유효기간 중에 하지 않을 의무를 말한다. 대법원은 "단체협약에서 이미 정한 근로조건이나 기타 사항의 변경·개폐를 요구하는 쟁의행위를 단체협약의 유효기간 중에 하여서는 아니 된다는 이른바 평화의무를 위반하여 이루어진 쟁의행위는 노사관계를 평화적·자주적으로 규율하기 위한 단체협약의 본질적 기능을 해치는 것일 뿐 아니라 노사관계에서 요구되는 신의성실의 원칙에도 반하는 것이므로 정당성이 없다고 하여야 할 것이다. 근로자들이 소속된 노동조합이 경영성과에 따른 특별상여금(단체협약 제53조 3항 소정의 인센티브)의 지급을 둘러싸고 그 교섭을 요구하다가 회사가 이를 거부하자 이른바 준법투쟁이라는 형태의 쟁의행위를 통하여 인센티브의 지급액을 노조 주장대로 관철시킬 목적으로 1989.10.7.부터 인센티브 쟁의행위를 하였다는 것이고, 한편 그 당시 유효하게 성립된 단체협약 제53조 제3항에서는 인센티브의 지급을 노사협의로 결정한다고 규정하고 있고, 제88조에서는 '본 협약에 규정된 사항에 대해서는 협약해석을 둘러싼 분쟁을 제외하고는 본 협약 유효기간 중 평화의무를 진다'고 규정하고 있으므로 회사의 경우 위 단체협약의 유효기간 중에는 인센티브의 지급 여부나 지급방법 등에 관한 근로조건은 노사협의사항으로 규정하여 이를 단체교섭대상에서 제외하는 노사 간의 협약이 이루어졌다 할 것이고, 따라서 단체협약에서 이미 노사협의사항으로 합의하여 단체교섭대상이 되지 아니하는 인센티브의 지급에 관하여 노동조합이 그 교섭을 요구하다가 그 요구가 받아들여지지 아니하자 그 요구를 관철하기 위하여 이루어진 위 쟁의행위는 그 요구사항이 단체교섭사항이 될 수 없는 것을 목적으로 한 것일 뿐 아니라, 위에서 본 평화의무에 반하는 것으로 정당성이 없다고 할 것이다"고 판시하고 있다.[170]

(4) 노동조합 사전합의권 행사와 신의칙

사용자가 노동조합의 임원이나 간부 등을 해고하고자 하는 경우 사전에 노동조합의 동의를 얻도록 요구하는 단체협약상의 조항을 흔히 "해고동의조항"이라고 부른다. 해고동의조항 관련 쟁점은 노동조합의 사전 동의 없이 이루어진 해고의 유효 여부이다. 판례는 이러한 해고의 유효성을 인정하는 논거로 노동조합의 동의권 남용이론을 확립하고 있다. 대법원은 "사용자가 인사처분을 함에 있어 노동조합의 사전 동의나 승낙을 얻어야 한다거나 노동조합과 인사처분에 관한 논의를 하여 의견의 합치를 보아 인사처분을 하도록 단체협약 등에 규정된 경우에는 그 절차를 거치지 아니한 인사처분은 원칙적으로 무효라고 보아야 할 것이나, 이는 사용자의 노동조합 간부에 대한 부당한 징계권 행사를 제한하자는 것이지 사용자의 본질적 권한에 속하는 피용자에 대한 인사권 내지 징계권의 행사 그 자체를 부정할 수는 없는 것이므로 노동조합의 간부인 피용자에게 징계사유가 있음이 발견된 경우에 어떠한 경우를 불문하고 노동조합 측의 적극적인 찬성이 있어야 그 징계권을 행사할 수 있다는 취지로 이해할 수는 없는 일이고, 노동조합의 사전 동의권은 어디까지나 신의성실의 원칙에 입각하여 합리적으로 행사되어야 할 것이므로 ① 노동조합 측에 중대한 배신행위가 있고 이로 인하여 사용자 측의 절차의 흠결이 초래된 경우이거나, 또는 ② 피징계자가 사용자인 회사에 대하여 중대한 위법행위를 하여 직접적으로 막대한 손해를 입히고 비위사실이 징계사유에 해당함이 객관적으로 명백하며 회사가 노동조합 측과 사전 합의를 위하여 성실하고 진지한 노력을 다하였음에도 불구하고 노동조합 측이 합리적 근거나 이유제시도 없이 무작정 징계에 반대함으로써 사전 합의에 이르지 못하였다고 인정되는 경우나 ③ 노동조합 측이 스스로 이러한 사전동의권의 행사를 포기하였다고 인정되는 경우에는 사용자가 이러한 합의 없이 한 해고도 유효하다고 보아야 한다.

이 사건에서 노동조합은 변론인을 인사위원회에 참석시켜 해고에 관한 조합의 사전 동의 여부를 충분히 표명할 수 있었음에도 별다른 이유 없이 인사위원회에 거듭 불참하였고, 이에 회사는 부득이하게 근로자 및 조합 측 변론인이 불참한 상

---

170) 대법원 1994.9.30. 선고 94다4042 판결

태에서 징계해고를 의결한 점, 조합이 그 후 이미 징계의결이 이루어진 상태에서는 동의할 수 없다고 다투는 것은 동의를 거부할 만한 정당한 사유라고 보기 어렵고, 회사는 근로자에게 징계 통보에 앞서 조합에 대하여 동의를 구하였던 점, 회사는 징계재심 의결 후에도 수차에 걸쳐 조합에게 동의를 구하는 등 사전 동의 절차를 다하기 위하여 나름대로 성실하고 진지한 노력을 한 점 등 제반 사정에 비추어 조합은 이 사건 해고에 있어 단체협약에 의거한 사전동의권의 행사를 신의칙과 합의거부권을 남용하였다고 판단한 후, 근로자가 1997.4.2. 신차발표행사장 앞에서의 집회를 주도한 점 및 1997.11.20. 출고 정지 결의를 한 점 등 근로자의 제반 비위사실을 종합하여 보면 근로자에게는 사회 통념상 회사와 사이의 근로계약관계를 계속시킬 수 없을 정도의 중대한 귀책사유가 있고, 정당한 해고사유가 있어 해고가 유효하다"고 판단하였다.[171]

제3절 신의성실의 원칙적용과 추가임금 청구

1. 통상임금 노사합의 무효에 따른 추가임금 청구

가. 원칙적 청구

전원합의체 판결은 "통상임금은 근로조건의 기준을 마련하기 위하여 법이 정한 도구개념이므로, 사용자와 근로자가 통상임금의 의미나 범위 등에 관하여 단체협약 등에 의해 따로 합의할 수 있는 성질의 것이 아니므로 성질상 근로기준법상의 통상임금에 속하는 임금을 통상임금에서 제외하기로 노사 간에 합의하였다 하더라도 그 합의는 효력이 없다. 연장·야간·휴일 근로에 대하여 통상임금의 50% 이상을 가산하여 지급하도록 한 근로기준법의 규정은 각 해당 근로에 대한 임금산정의 최저기준을 정한 것이므로, 통상임금의 성질을 가지는 임금을 일부 제외한 채 연장·야간·휴일 근로에 대한 가산임금을 산정하도록 노사 간에 합의

---

171) 대법원 2003.6.10. 선고 2001두3136 판결; 대법원 1993.9.28. 선고 91다30620 판결; 대법원 1993.8.24. 선고 92다34926 판결

한 경우 그 노사합의에 따라 계산한 금액이 근로기준법에서 정한 위 기준에 미달할 때에는 그 미달하는 범위 내에서 노사합의는 무효라 할 것이고, 그 무효로 된 부분은 근로기준법이 정하는 기준에 따라야 할 것이다"라고 판시하고 있어서 원칙적으로 법률상 통상임금에 해당하는 임금을 통상임금산정에 포함시켜 다시 계산한 추가임금을 청구할 수 있다. 여기서 노사합의로 계산된 금액과 근로기준법상의 계산 금액을 비교하여 추가청구할 수 있다는 의미이다. 법상의 통성임금에 '노사합의한 할증율을 곱하여' 계산하는 금액 또는 '법상의 통상임금 항목과 노사합의한 통상임금 항목을 합쳐서' 법상의 할증율(또는, 노사합의한 할증율)을 곱하여 계산한 금액 등과 법상의 추가수당금액을 비교한다는 의미가 아니다.

나. 신의칙 적용으로 추가임금청구 제한

그러나 전원합의체 판결에서 강행법규에 위반하는 노사합의의 무효를 확인하면서 예외적으로 무효를 이유로 추가임금 청구를 하는 것을 신의칙의 법리로 제한하고 있다. 즉, "단체협약 등 노사합의의 내용이 근로기준법의 강행규정을 위반하여 무효인 경우에 그 무효를 주장하는 것이 신의칙에 위배되는 권리의 행사라는 이유로 이를 배척한다면 강행규정으로 정한 입법취지를 몰각시키는 결과가 될 것이므로, 그러한 주장이 신의칙에 위배된다고 볼 수 없음이 원칙이다. 그러나 노사합의의 내용이 근로기준법의 강행규정을 위반한다고 하여 그 노사합의의 무효 주장에 대하여 예외 없이 신의칙의 적용이 배제되는 것은 아니다. 따라서 신의칙을 적용하기 위한 일반적인 요건을 갖춤은 물론 근로기준법의 강행규정성에도 불구하고 신의칙을 우선하여 적용하는 것을 수긍할만한 특별한 사정이 있는 예외적인 경우에 한하여 그 노사합의의 무효를 주장하는 것은 신의칙에 위배되어 허용될 수 없다"고 판시하여 신의칙 적용을 인정하고 있다.

2. 신의칙 적용요건

가. 일반요건

신의칙에 위배된다는 이유로 그 권리행사를 부정하기 위해서는 상대방에게 신의를 공여하였거나 객관적으로 보아 상대방이 신의를 가지는 것이 정당한 상태에 이르러야 하고 이와 같은 상대방의 신의에 반하여 권리를 행사하는 것이 정의관념에 비추어 용인될 수 없는 정도의 상태에 이르러야 한다.172) 즉, 신의칙이 적용되어 추가임금 청구가 배제되기 위해서는 다음과 같은 것이어야 한다.

(1) 정기상여금에 관한 청구일 것

정기상여금은 통상임금에서 제외하기로 하는 노사합의의 무효를 이유로 추가임금 청구에 관한 신의칙이 적용되기 위해서는 통상임금에 포함시키지 않는 정기상여금에 한정하고 있다. 따라서 그 밖의 임금은 신의칙이 적용되지 않는다. 따라서 정기상여금을 통상임금에서 제외한다는 노사합의가 없거나 노사합의가 있더라도 정기상여금이 아닌 기타수당에 관한 합의가 있는 경우에는 신의칙을 적용할수 없으며 추가임금을 제기할 수 있다. 또한, 전원합의체 판결 이후의 노사합의에는 신의칙이 적용되지 않는다.

(2) 정기상여금이 통상임금에 해당하지 않는다는 신뢰상태가 존재할 것

정기상여금을 통상임금에서 제외하는 노사합의가 무효임이 명백히 선언되기 이전에 노사가 정기상여금이 통상임금에 해당하지 않는다고 신뢰한 상태에서 이를 통상임금에서 제외한다는 노사 간 합의를 하고 이를 토대로 임금인상 등 근로조건을 결정했어야 한다. 이와 같은 합의에는 단체협약 등 명시적인 합의 이외에도 묵시적 합의나 근로관행도 포함된다. (전원합의체) 판결에서는 생산직 노동조합과 체결한 단체협약이 있는 상태에서 이 단체협약에 의한 노사합의를 관리직에도 적용하는 것에 대한 묵시적 합의나 관행을 인정하고 있는 경우이다.

---

172) 대법원 1991.12.10. 선고 91다3802 판결; 대법원 2006.5.26. 선고 2003다18401 판결

(3) 추가임금청구로 기업에 중대한 경영상의 어려움을 초래하거나 기업의 존립
　　이 위태롭게 될 수 있는 사정이 존재할 것

근로자가 합의의 무효를 주장하여 추가임금을 청구할 경우 예측하지 못한 새
로운 재정적 부담을 떠안을 기업에게 중대한 경영상 어려움을 초래하거나 기업의
존립이 위태롭게 될 사정이 인정되어야 한다. 만일 추가적인 재정적 부담이 그 정
도에 이르지 아니하는 경우에는 신의칙 적용이 인정되지 아니한다.

이처럼 노사 모두가 임금협상을 할 당시에는 전혀 생각하지 못한 사유를 내세
워 근로자 측이 추가 법정수당을 청구하여 예상외의 이익을 얻으려 하다가, 기업
으로 하여금 기업의 한정된 수익을 기초로 노사가 합의한 임금총액의 범위를 훨
씬 초과하는 예상치 못한 새로운 재정적 부담을 지게 하여 중대한 경영상의 어려
움을 초래하거나 기업의 존립을 위태롭게 할 수 있는 사정이 존재하여야 한다.

나. 결론

법률상 통상임금에 해당하는 정기상여금 등을 통상임금 산정에서 제외하기로
하는 노사합의는 근로기준법에 위반되어 무효이지만, 정기상여금에 있어서 노사
가 그간의 사회적 인식과 근로관행에 따라 통상임금에 해당하지 않는다고 신뢰하
여 이를 통상임금 산정에서 제외하기로 합의하고 이를 토대로 임금총액 및 다른
근로조건을 정한 경우에, ① 기업의 한정된 수익 범위 내에서 세부항목별이 아닌
총액을 기준으로 임금 등을 정하는 것이 일반적이므로, 노사는 정기상여금이 통
상임금에 포함됨을 알았다면 다른 조건을 변경하여 합의된 종전 총액과 차이가
없도록 조정하였을 것이고, ② 만약 정기상여금이 통상임금 산정에서 제외된 부
분만을 무효로 주장하며 근로자가 추가임금을 청구할 수 있다면, 노사합의에 따
른 임금은 모두 지급받으면서 다른 한편으로는 그 합의된 조건이 무효라며 기업
의 한정된 수익을 넘는 추가임금을 지급받게 되는 결과가 되므로, 근로자의 추가
임금 청구로 인해 예상외의 과도한 재정적 부담을 안게 된 기업에게 중대한 경영
상 어려움이 초래되는 것은 정의와 형평관념에 비추어 용인될 수 없는바, 이러한
경우에 한해서는 근로자의 추가임금 청구가 신의성실의 원칙에 위반되어 허용될

수 없다고 판시함으로써 정기상여금을 통상임금 산정에 포함시켜 다시 계산한 통상임금을 기초로 소급하여 추가임금의 차액청구를 제한하고 있다.

3. 신의칙 적용기한

가. 대법원 전원합의체 판결 선고(2013.12.18.) 이전 적용

(1) 선고 이전 노사합의 적용

전원합의체 판결은 판결선고 이전의 노사합의의 무효를 주장하며 과거분의 추가청구를 대상으로 신의칙을 적용하였다. 그러므로 이미 소송이 제기된 경우 법원은 신의칙에 따라 청구가 부인되는지를 판단할 것이며 아직 소송을 제기하지 않은 경우 기 발생 채권에 대해 신의칙이 적용되어 청구가 부인되는지 여부를 노사가 스스로 판단하기가 어렵다. 전원합의체 판결은 기 발생 채권에 대해 모든 경우까지 신의칙이 적용된다고까지 판시한 바가 없으므로 적어도 신의칙은 근로자의 추가임금을 청구로 인해 기업에게 중대한 경영상 어려움이 초래되거나 기업의 존립이 위태롭게 될 수 있다는 사정이 있어야 한다는 점에서 신의칙 적용이 쉽게 받아들여지지 않을 가능성도 있다.

(2) 일부 청구 적용 여부

한편 정기상여금을 통상임금에 포함한 추가임금 청구가 신의칙 위반이라면, 그 일부만 지급청구하면 무방한지 의문도 제기된다. 그러나 전원합의체 판결은 신의칙이 적용되는 경우에는 추가 청구권 자체를 부인하는 all or nothing의 판단을 하고 있다. 신의칙 위반에 대해 청구권은 인정하지만 청구액을 조정하는 방식은 법적으로 명문의 근거가 없어 그러하다. 나아가 전원합의체 판결은 정기상여금 사건이 관리직 1인이 근로자임에도 전체 관리직과 생산직 전체가 같은 기준을 가지고 있다는 점에서 전체적인 기업 부담의 증가를 평가하였다. 결국, 일부만 청구하더라도 신의칙을 벗어나기 어려울 것이다.

(3) 기타 수당 등의 적용 여부

신의칙이 정기상여금에만 적용되는지 의문을 제기한다. 전원합의체 판결은 600% 정기상여금을 대상으로 판단하였다. 정기상여금을 일정한 대상기간에 제공되는 근로에 대응하여 1개월을 초과하는 일정 기간마다 지급되는 상여금으로 개념 정의하면서, 설·추석상여금 각 50%는 판단에 포함하지 않고 있다. 따라서 정기상여금이 아닌 설·추석상여금이나 각종 수당에 대해서도 신의칙이 적용될 수 있는지가 불분명하나, 정기상여금 이외에 다른 임금에 관해 신의칙이 적용되지 않는다고 할 것이다.

전원합의체 판결이 신의칙을 정기상여금에 관해 적용하는 배경에는 단순히 노사협상에서 정기상여금을 배제하여 합의하는 관행이 있었다는 점만이 아니라, 고용노동부 예규가 계속 정기상여금을 통상임금에서 제외하였고, 2012년 금아리무진 판결 이전에 정기상여금이 통상임금에 해당할 수 있음을 명시적으로 인정한 대법원 판결은 없었다는 점 등이 주요 원인이 되어 노사 양측 모두 정기상여금은 통상임금에서 제외되는 것이라고 의심 없이 받아들여 왔다는 점을 인정하고 있고, 또한 각종 수당이 통상임금에 포함된다 하여도 그 결과 사용자 측에 중대한 경영상의 어려움 초래 또는 기업 존립 위태라는 측면을 충족하기 어렵지만, 정기상여금은 임금총액에서 차지하는 비중이 월등히 크므로 추가청구로 인하여 기업에 중대한 경영상의 어려움을 초래할 상황이 존재하므로 대법원은 신의칙이 정기상여금에 한정되고 그 밖의 임금은 적용할 여지가 없다고 하고 있다.

(4) 묵시적 합의 및 관행, 취업규칙의 노사합의 인정 여부

한편 노사합의가 있는 경우에만 신의칙이 적용되는지도 의문이 제기된다. 전원합의체 판결은 임금협상 과정을 거쳐 합의된 임금총액의 범위 내에서, 정기상여금을 통상임금에서 제외하는 전제 아래 법정수당의 규모 등을 정한 경우를 들고 있다. 임금협상의 과정을 통해 사용자에게 신의를 제공하거나 신의를 갖게 하였다는 점에 주목한다.

즉, 전원합의체 판결은 단협의 통상임금 제외 합의대로 관리직에게도 적용하는 것에 대해 관리직들의 명시적 또는 묵시적인 노사합의 내지 관행을 인정함으로써

신의칙 적용을 확대하고 있다. 또한, 취업규칙의 제정, 변경 시에 근로자집단의 의견청취 또는 동의과정을 거쳐서 정기상여금을 통상임금에서 제외시키는 것으로 규정하고 이를 적용하여 왔다면 묵시적 합의 및 관행이 있는 것으로 해석하여 신의칙이 적용된다 할 것이다.

나. 대법원 전원합의체 판결 선고 이후 노사합의 적용부인

(1) 선고 이후 노사합의에 적용부인

전원합의체 판결이 내려진 이후 노사는 전원합의체 판결에 따라 어떠한 임금이 통상임금에 포함되는지를 명확히 알 수 있게 되었으므로 정기상여금이 통상임금에 포함될 수 있다는 점은 명확하다. 전원합의체 판결 이후에 정기상여금을 제외하는 노사합의를 하더라도 전원합의체 판결의 취지를 무시하는 위법한 합의에 불과하므로 정당한 신의로 인정될 수 없으므로 신의칙이 적용되지 아니한다.

(2) 판결 이전 노사합의가 판결 이후 지속되는 경우의 적용 여부

한편 전원합의체 판결 이전에 이미 합의한 노사합의가 여전히 효력을 유지하는 경우 신의칙이 계속 적용될 수 있는지 의문이 제기되고 있다. 종전 임금협약의 유효기간 만료 시점이 전원합의체 판결일 이후일 경우에는 임·단협에서 임금총액을 기준으로 임금조정을 하고 노사합의의 관행이 있으므로 만료 시점 이후의 노사합의에는 적용되지 아니하며 묵시적 합의나 근로관행이 있는 경우에도 전원합의체 판결 이후를 기준으로 임금 등을 조정한 시기 이후에 적용되지 않는다.

(3) 임·단협 유효기간 중 신의제공을 철회하는 경우

정기상여금을 통상임금에서 제외하는 임금협약이 전원합의체 판결에서 무효라는 판단이 내려졌다는 이유로 근로자 측이 앞으로 정기상여금을 통상임금에서 제외하지 않도록 조치를 취할 것을 요구하였다면(노조의 교섭 요구나 근로자의 이의 제기 등) 이미 신의제공을 철회하는 중대한 사정변경이 있다고 판단될 가능성도 있으므로 신의칙 적용이 배제될 여지가 있고, 또한 ① 무효인 임금협약을 전원합의체 판결의 취지에 따라 조속히 고치자는 노동조합의 교섭 요구를 사용자가 단지 임금협약이 유효기간 중이라는 이유로 거부하는 경우, ② 무효인 임금협약에 대해 시정명령이 내려지거나, 무효인 취업규칙에 대해 변경 명령이 내려진 후에도 사용자가 기존의 임금협약 등을 고치지 않고 있는 경우, ③ 무효인 취업규칙을 사용자가 방치하는 경우 등에서 근로자의 추가수당 청구에 대해 신의칙 적용을 주장하는 것은 사용자의 신의성실한 태도가 아니라 권한을 남용하는 것이어서 신의칙 적용이 부인될 가능성도 있으나 최종적으로 법원의 판단으로 귀결될 것이다.

(4) 통상임금에 산입되지 아니한 임금을 산입하는 노사합의 효력 여부

이번 대법원 전원합의체 판결은 통상임금에 해당하는 임금을 통상임금으로 인정하지 아니하는 경우에 관한 판결이지 통상임금에 속하지 아니하는 임금을 통상임금으로 한 노사합의의 효력을 부정하는 판결이 아니며 근로기준법상 통상임금 판단기준을 정한 것이 이번 판결이다. 따라서 단체협약으로 그보다 상회하는 내용을 정하는 것이 얼마든지 가능하고 하기휴가비 등 이번 판결에서 통상임금에 속하지 아니한다고 본 임금이라도 통상임금에 포함되는 노사합의가 가능하고, 이러한 경우 노사합의의 효력이 인정된다.

4. 중대한 경영상의 어려움 등 판단기준과 입증책임

가. 중대한 경영상의 어려움 판단

(1) 중대한 경영상의 어려움의 정도

전원합의체 판결에서 추가법정수당 등의 청구를 신의칙위반으로 보기 위한 요건의 하나로서 "근로자가 그 합의의 무효를 주장하며 추가임금을 청구할 경우, 그로 인해 예측하지 못한 새로운 재정적 부담을 떠안게 될 기업에게 중대한 경영상 어려움을 초래하거나 기업의 존립 자체가 위태롭게 된다"는 것을 들면서 이러

한 사정이 인정된다면 추가임금 청구는 신의칙에 반하여 허용될 수 없다고 판시하고 있다. 이와 같이 기업의 중대한 경영상의 어려움을 신의칙 적용 요건 중의 하나로 제시한 것은, 근로자의 추가적인 법정수당 청구가 기업의 재정상태나 경영상태 등에 비추어 감당할 수 있는 정도인지를 기준으로 하여 현저히 형평에 반하는 결과가 발생하는 경우에만 신의칙을 적용하도록 함으로써 신의칙이 무한정 확대 적용되는 것을 방지하기 위함이다. 따라서 어떠한 경우가 중대한 경영상의 어려움을 초래하는지는 결국 개별 기업의 재정상태, 경영상태 등과 정기상여금을 통상임금에 포함시켜 법정수당을 산정할 경우 추가로 지급하여야 하는 법정수당의 규모 등 개별적·구체적인 사정을 종합적으로 고려하여 판단할 수밖에 없다.

(2) 대법원 전원합의체 판결의 판단기준

1) 대법원은 갑을오토텍 전원합의체 판결에서 회사의 직원 수는 관리직을 제외한 생산직 직원만 400여 명에 달하는데, 생산직 직원의 경우 연장·야간·휴일 근로 등 초과근로가 상시적으로 이루어지고, 짝수달에 지급되는 이 사건 상여금이 단체협약에서 정한 통상임금 산정 기초 임금의 연 600%를 넘는 규모인 점 등에 비추어 볼 때, 이 사건 상여금을 통상임금에 산입할 경우 회사가 추가로 부담하게 될 초과근로에 대한 가산임금은 임금협상 당시 노사가 협상의 자료로 삼은 가산임금의 범위를 현저히 초과하고, 근로자들이 추가 법정수당을 지급받게 될 경우 그들의 실질임금 인상률은 임금협상 당시 노사가 상호 양해한 임금인상률을 훨씬 초과하게 될 것으로 보인다. 한편 관리직 직원의 경우 생산직 직원처럼 상시적으로 초과근로를 하지는 않지만, 이 사건 상여금을 통상임금에 산입할 경우에는 간헐적인 초과근로에 대한 가산임금, 미사용 연차휴가수당 등의 증가를 가져오므로, 이 역시 전체적으로 회사에게 새로운 재정적 부담으로 작용할 것으로 보인다. 이와 같이 이 사건 상여금이 통상임금에 산입될 경우 근로자들은 당초 노사 간 임금협상 등을 통하여 받은 이익을 초과하는 예상 밖의 이익을 기대할 수 있게 되는 한편, 회사로서는 예측하지 못한 새로운 재정적 부담을 지게 되어 중대한 경

영상의 어려움을 초래한다고 볼 수 있는 사정이 상당히 드러나 있다고 설시하고 있다.

2) 구체적으로 갑을오토텍 사건에서 "중대한 경영상의 어려움"을 인정할 수 있는지에 관하여 살펴보면 회사는 2010.1.1. 현재 근속기간이 약 20년 8개월로서 회사 생산직 직원의 평균 근속기간에 근접한 근로자 1인을 기준으로 짝수달마다 지급되는 이 사건 상여금이 통상임금에 산입될 경우 2010년 한해 추가되는 회사의 재정적 부담을 계산하면, 시간급 통상임금은 2010년 임금협상에 따른 8,970원에서 15,246원으로 증액되어 69.9% 정도 상승하고 이에 따라 근로자 1인의 추가 연장근로수당을 비롯한 각종 법정수당도 11,048,393원 정도 증액되어, 2009년도 대비 근로자 1인의 실질임금 인상률은 2010년 임금협상에 따른 19.9%[(2010년 임금지급 총액 63,865,898원-2009년 임금지급 총액 53,254,158원) ÷ 53,254,158원]에서 40.6%[(2010년 임금지급 총액 63,865,898원 + 추가 법정수당액 11,048,393원-2009년 임금지급 총액 53,254,158원) ÷ 53,254,158원]로 2배 넘게 상승하고, 이러한 근로자 1인의 실질임금 증가액을 평균치로 보아 생산직근로자 401명에 적용하면, 2010년 당기순이익 4,435,313,273원의 99.8% 상당을 생산직 근로자들에게 추가 지급하여야 하는 상황에 처하게 되는 등 이 사건 상여금이 통상임금에 산입됨으로써 회사에 추가되는 재정적 부담은 회사에 중대한 경영상의 어려움을 초래한다고 보기에 충분하다고 판시하여 추가임금청구에 따른 중대한 경영상의 어려움을 초래하는지에 대한 판단기준을 제시하고 있다.

(3) 정리해고 요건인 긴박한 경영상의 필요성과 비교

신의성실의 원칙을 적용하기 위한 요건으로서 기업에 중대한 경영상의 어려움 초래의 정도와 관련하여 경영상 해고요건인 긴박한 경영상의 필요성보다 더 강화되거나 완화된 정도를 의미하는지 여부에 대하여 논란이 되고 있다.

해고가 불가피한 경영상 필요성은 기업이 일정수의 근로자를 감원하지 않으면 안 될 경영악화 또는 기업재정상의 어려움이 계속적으로 누적되어 왔고 장래에도 쉽사리 해소될 가능성이 없을 정도의 경영위기 상태를 의미한다고 할 수 있고 대법원이 해당 사안에서 이 사건 상여금(짝수달에 지급되는 상여금)은 연 600%이고 회사의 직원 수는 생산직만 400여 명으로서, 이 사건 상여금이 통상임금에 산입될 경우 근로자들은 당초 노사 간 임금협상 등을 통하여 받은 이익을 초과하는 예상외의 이익을 기대할 수 있게 되는 한편(회사 측에서는 이 사건 상여금이 통상임금으로 산입될 경우, 전년도 대비 근로자 1인의 실질임금인상률이 2배 넘게 상승하고, 2010년도 당기순이익의 99.8% 상당을 생산직 근로자들에게 추가로 지급해야 한다고 주장함), 회사로서는 예측하지 못한 새로운 재정적 부담을 지게 되어 중대한 경영상의 어려움을 초래한다고 볼 수 있는 사정이 존재한다고 판단하는 바와 같이 추가임금청구에 따른 부담이 기업의 한해 순이익의 거의 전부 소진될 정도의 사정이 있으면 중대한 경영상의 어려움이 초래된다고 인정하고 있다. 따라서 중대한 경영상의 어려움이란 정리해고 요건인 긴박한 경영상 필요성보다 완화된 정도로서 당사자와 합의된 임금총액 보다 현저히 벗어나서 회사가 추가로 부담하는 정도가 상당한 경우에 해당된다고 할 것이다.

나. 중대한 경영상의 어려움 입증책임

(1) 입증책임의 의의

인간은 사회를 구성하여 공동생활을 하고 있으므로 인간사회에는 여러 모습의 분쟁이 끊임없이 발생하고 있다. 수많은 분쟁 중에서도 사회구성원들 간의 사법상의 권리 또는 법률관계를 둘러싸고 발생하는 분쟁을 '민사분쟁'이라 하며 이를 처리, 해결하는 절차가 바로 '소송'이다. 소송은 법원이 사회에서 일어난 이해의 충돌을 공정하게 처리하기 위하여 서로 대립되는 이해관계인을 당사자로 관여시켜 심판하는 절차를 말한다.

민사재판은 사실을 확정하여 법률을 적용함으로써 분쟁을 해결하는 것이므로 그 재판의 쟁점이 되는 것은 사실의 인정에 관한 것이며 소송은 당사자 간에 다툼이 되는 사실관계가 어떻게 인정을 받느냐에 따라서 승패가 결정되는 것이 대부분이다.

소송절차에서 사실의 인정은 증거에 의하여야 한다. 그것은 인간인 법관이 사실을 확정하여야 하는 까닭에 그 객관성을 담보하려는 취지에서 나온 것이다. 그리하여 현대의 재판을 증거재판이라고 하고, 당사자의 법정활동에 있어서 입증이 가장 중요한 업무라고 말할 수 있다.

변론주의가 지배하는 현행 민사소송법 아래서는 다툼이 있는 사실에 대하여 당사자가 법원에 증거자료를 제출하여야 할 입증책임을 부담하는 것이고, 법원이 능동적으로 나서서 사실관계를 탐지하여야 하는 것은 아니다. '당사자가 제출한 증거자료에 의하여 법원이 다툼이 되고 있는 사실관계의 존부에 대하여 심증을 얻었을 경우에는 사실을 확정 지을 수 있고 이에 따라 판결을 할 수 있다. 그러나 그 존부 중 어느 쪽인지 심증을 얻을 수 없는 경우에는 우선 사실관계를 확정 지을 수 없는 까닭에 그 상태로는 판결을 할 수 없는 것이다. 그렇다고 하여 법원이 사실관계가 불분명하다는 구실로 재판을 거부할 수는 없는 것이므로, 이러한 경우에는 입증책임분배의 원칙에 의하여 사실을 확정하게 된다.

이처럼 입증책임을 소송상 주요사실(요건사실)의 존부가 불분명한 경우에 당해사실이 존재하지 않는 것으로 취급되어 법률판단을 받게 되는 당사자 일방의 위험 또는 불이익으로서 증거 없을 때의 패소위험을 뜻한다. 따라서 입증책임은 이러한 진위불명의 사태에 대처하여 당사자 어느 일방에 대해 그에게 유리한 법규부적용의 불이익을 부담시켜서 판결을 가능하게 하는 것이므로 입증책임 부담자는 패소를 면하기 위하여 증거를 제출하여 입증활동을 하여야 하는 필요에 직면하게 된다.

(2) 노사당사자에 입증책임 분배

근로자 개개인과 사용자 사이의 근로관계에서 근로조건에 관한 권리의 행사 또는 의무의 이행을 둘러싸고 발생하는 법적 분쟁은 당사자 간 합의를 통하여 해결하는 것이 가장 바람직한 것이지만, 만일 당사자 간에 합의가 성립되지 아니한 경우에는 불가피하게 노사분쟁은 법원에 민사소송을 제기하여 그 재판절차를 통하여 해결하는 수밖에 없다. 이러한 민사소송은 근로자 개인이 근로자가 되어 사용자를 회사로 하여 일정한 청구를 하거나 권리관계의 확인을 구하는 것이 보통이다. 그리고 개별적 근로관계에 관한 분쟁의 소송에 있어서도 일정한 사실에 법규를 적용하는 법률적 절차이므로 소송상 요증사실의 존부가 불명한 경우 불이익한 법률판단을 받을 당사자의 일방이 부담하는 입증책임의 문제가 발생하므로 임금의 지급을 구하는 소송에서는 근로자는 근로계약의 체결사실과 임금액을 입증하여야 하고 사용자는 그 지급을 면하기 위하여 권리장애 또는 소멸사유를 입증하여야 한다.

신의칙 적용요건의 하나인 중대한 경영상의 어려움이나 기업의 존립이 위태롭게 될 것이라는 사정의 기준은 매우 모호하고 불명확한 내용으로서 도대체 추가부담액이 어느 정도가 되어야 그러한 요건을 충족한다는 것인지를 명확하게 알기가 어렵다.

결국, 임금 등의 청구가 신의칙위반으로 허용되지 않는지 여부는 회사의 경영상태에 대한 사실인정 여부로 귀결될 수밖에 없고 소송제기를 통하여 알 수 있을 뿐이므로 사용자는 근로자들의 추가임금청구로 인하여 기업의 중대한 경영상의 어려움을 초래하는 사실을 구체적으로 입증할 책임을 부담한다.

추가임금청구에 따른 중대한 경영상의 어려움의 초래 여부는 기업의 재정이나 경영상태를 나타내는 경영분석 자료나 지표들을 통하여 파악할 수밖에 없다. 이처럼 기업은 기업경영분석에서 기업에 대한 일정 기간의 경영실적과 일정 시점에서의 재무상태를 나타내는 자료인 재무제표(대차대조표, 손익계산서, 현금흐름표 및 이익잉여금처분계산서와 부속자료로서 제조원가명세서 등)를 파악하고 추가로 지급되는 임금이 차지하는 규모 등을 고려하여 중대한 경영상의 어려움이 초래된다는 것을 최대한 입증하여야 한다.

한편 근로자 측에서는 각종 경영지표를 찾아서 추가수당을 지급하더라도 기업에 중대한 경영상의 어려움이 초래하지 않는다는 방향으로 총력을 기울일 것이다.

(3) 입증활동

소송절차에서 노사가 구체적으로 입증노력을 기울임에 있어서는 그에 앞서 자기 쪽의 주장에 대하여 상대방이 어디까지 시인하고 또 어디까지 다투는 것인지를 확인할 필요가 있다. 간접사실을 포함한 사실 주장을 소송의 초기 단계에서 제출한 다음 이에 대한 상대방의 상세한 인부를 구한 위에 입증방침을 정하는 방식은 복잡한 사안의 사건에 있어서는 시간과 노력의 절감에 말할 수 없는 정도의 기여를 해준다.

입증활동은 권리 또는 법률관계의 존재를 주장하는 당사자가 그와 같은 법률효과를 발생하는 사실을 입증하고, 상대방은 그 부존재를 입증하는 형태로 이루어지게 되는데, 자기가 입증책임을 부담하는 사실(청구원인사실, 항변사실, 재항변사실)을 입증하기 위하여 제출하는 증거는 본증이 되고, 그 사실의 존재를 부정하기 위하여 상대방이 제출하는 증거는 반증이 된다. 중요한 쟁점에 관하여는 그 존재를 부인하는 진술을 하는 것만으로는 부족하고 반증을 제출하여야 한다.

이처럼 본증과 반증의 구별은 당사자의 소송상의 지위와는 아무런 관계가 없는 것이므로 청구원인사실에 관하여는 근로자 측의 증거가 본증이 되고, 회사 측의 증거가 반증이 되며, 항변에 관하여는 회사 측이 본증, 근로자 측이 반증이 된다. 또 본증과 반증은 그 제출순서에 제한이 없으므로 본증이 제출되기 전에도 반증을 제출할 수 있다. 그러나 일반적으로는 본증이 주효한 다음에 반증을 제출하는 것이 현명한 방법이 될 것이다.

한편 본증은 입증책임이 따르는 주요사실을 입증하기 위한 것으로서 주요사실에 관하여 법관의 확신을 얻지 못하면 그 목적을 달할 수 없는 것이므로 법관에게 확신을 일으키는 정도의 것이 되지 않으면 아무런 소용이 없으나, 반증은 주요사실의 부존재에 관하여 법관에게 확신을 일으킬 필요는 없고 주요사실에 관한 법관의 심증에 의문을 일으키는 정도면 충분하다.

이것은 민사소송법상 주요사실의 인정에 있어서는 증명이 요구되므로 본증은 법관으로 하여금 주요사실에 관한 확신을 품게 하는 것이어야만 하나, 반증은 법관이 본증에 기하여 확신을 얻는 것을 방해하거나 본증에 기하여 이미 얻은 확신을 흔들리게 하여 주요사실이 존부불명(non liquet)의 상태에 빠지게만 하면 충분한 것이기 때문이다.

따라서 증인에 의한 본증에 대하여는 그 증언의 신빙성을 깨뜨릴 수 있는 증거로서 충분히 반증의 목적을 달할 수 있는 것이 된다. 그러나 본증이 복수이고, 또한 유력한 보조사실에 의하여 강력하게 뒷받침되고 있을 때에는 반증 역시 이에 응하여 강력한 것이 되지 않으면 본증에 의하여 형성된 심증을 동요시킬 수 없다.

이러한 입증활동은 상대방의 반증활동과 밀접한 상관관계가 있는 것이며, 그 폭은 오로지 상대방의 반증활동 여하에 따라 결정된다고도 말할 수 있다. 상대방이 명백히 다투지 않는 사실에 관하여는 입증의 필요를 느끼지 않게 되고, 또 상대방이 형식적으로 다투고 있을 뿐인 사실에 관하여는 일응의 증명에 의해서도 충분하고, 또는 서증의 성립에 관한 판단에서 흔히 보는 것처럼 변론의 전취지에 의하여 이를 인정받을 수도 있겠다. 그러나 상대방이 적극적으로 반대사실의 입증을 꾀하는 등 강력하게 반증활동을 할 때에는 이를 격파하고 주요사실의 존재를 인정받고도 남을 강력한 본증활동이 필요하게 된다.

기업의
임금관리대책

통상임금 문제는 통상임금에 해당함에도 불구하고 이를 통상임금에 포함하지 않아 통상임금에 기한 가산수당 등의 산정오류에 따른 임금소급 문제와 향후 통상임금 증가에 따른 기업의 부담을 고려하여 통상임금 자체를 어떻게 회피하느냐의 문제로 생각해 볼 수 있다. 따라서 본 장에서는 통상임금문제의 대책을 통상임금 산정오류에 따른 임금소급청구에 따른 대책과 향후 통상임금문제를 회피하기 위한 대책으로 구분하여 설명하고자 한다.

제1절 추가임금소급청구에 대한 대책

1. 임금소급청구의 내용

현재 적용되고 있는 통상임금산정 방법과 관련하여 2013.12.18. 자 대법원 전원합의체 판결의 법리에 비추어 통상임금 산입범위에 해당됨에도 불구하고 통상임금에 산입시키지 아니한 경우라면, 재직 중인 근로자들은 초과근로(연장·야간·휴일근로)에 따른 법정수당과 연차유급휴가 미사용에 따른 연차휴가수당 등의 차액에 대해서, 퇴직 근로자들은 역시 초과근로에 따른 법정수당과 연차유급휴가의 미사용에 따른 연차휴가수당 및 퇴직금 등의 차액에 대해서 소급하여 지급해줄 것을 직접 청구하거나 고용노동부에 진정이나 법원에 민사소송을 제기할 수가 있다.

가. 대상임금

통상임금 산정오류에 따라 추가로 임금청구가 가능한 임금은 통상임금에 기초하여 산정되는 모든 임금이라 할 것이다. 따라서 아래와 같은 임금이 통상임금 산정오류에 따라 추가로 임금소급청구가 가능한 임금이라 할 것이다.

① 연장·야간·휴일근로에 따른 가산임금
② 연차휴가 미사용수당
③ 퇴직금 및 중간정산 퇴직금(퇴직금은 퇴직자에 해당)
④ 퇴직연금 중 확정기여형(DC) 불입액
⑤ 기타 통상임금이나 평균임금에 기초하여 지급하는 각종 임금(단, 평균임금은 통상임금 변화에 따라 평균임금이 증가되는 경우에 한함)

나. 대상기간

근로기준법 제49조에 "이 법에 따른 임금채권은 3년간 행사하지 아니하면 시효로 소멸한다"라고 규정하고 있다. 따라서 통상임금 산정오류에 따라 추가로 임금청구가 가능한 기간은 3년 이내의 미지급임금이다.

그러나 민법 제168조에서 "청구, 압류 또는 가압류, 가처분, 승인"의 경우를 시효중단의 사유로 규정하고 있기에 임금채권을 가지고 있는 근로자가 회사에 대하여 미지급임금청구를 하는 경우에는 시효가 중단된다. 다만, 제174조 "최고[173]는 6월 내에 재판상의 청구, 파산절차참가, 화해를 위한 소환, 임의출석, 압류 또는 가압류, 가처분을 하지 아니하면 시효중단의 효력이 없다"는 규정에 의거 회사에 미지급임금 최고를 하였다면 6개월 이내에 소송제기 등을 하여야만 시효중단의 효력이 지속되는 것이다.

예로, 2014.1.1.에 회사에 통상임금에 기한 추가임금 지급을 청구하였으나 회사가 이에 응하지 않아 2014.6.30.에 민사소송을 제기하였고, 1심-2심-3심을 거쳐 2016.6.30.에 근로자가 최종 승소였다 하더라도 근로자는 회사에 청구한 시점부터 3년 전인 2011년 1월부터 임금을 소급하여 지급받을 수 있는 것이므로 실제로는 최종 판결일로 보면 5년 6개월이 되는 것이다(물론, 재판기간 중 회사에서 통상임

---

173) 최고란 일정한 행위를 하도록 상대방에게 촉구하는 의사의 통지

금 문제를 임금체계 개편 등으로 해결하여 더 이상 통상임금 산정의 오류가 없게 된 경우에는 동 임금체계 개편 적용시점 전까지 임금소급청구 기간임).

다. 임금소급청구와 지연이자

근로기준법 제36조에서 "사용자는 근로자가 사망 또는 퇴직한 경우에는 그 지급사유가 발생한 때부터 14일 이내에 임금, 보상금, 그밖에 일체의 금품을 지급하여야 한다. 다만, 특별한 사정이 있을 경우에는 당사자 사이에 합의에 의하여 기일을 연장할 수 있다"고 규정하고 있다. 한편 근로기준법 제37조 및 동법 시행령 제17조에서는 아래와 같이 20%의 지연이자에 관한 규정을 두고 있다. 따라서 통상임금 산정 오류에 따른 3년분의 임금을 소급 청구함에 있어서 소급임금에 더하여 지연이자까지 청구할 수 있는 것이다. 다만, 동법 시행령 제8조에 의거 파산선고, 회생절차개시 결정, 도산사실 인정 등의 경우에는 그 사유가 존속하는 기간에 대하여는 지연이자 적용이 배제된다.

- **근로기준법 제37조(미지급 임금에 대한 지연이자)** ① 사용자는 제36조에 따라 지급하여야 하는 임금 및 「근로자퇴직급여 보장법」 제2조 제5호에 따른 급여(일시금만 해당된다)의 전부 또는 일부를 그 지급 사유가 발생한 날부터 14일 이내에 지급하지 아니한 경우 그 다음 날부터 지급하는 날까지의 지연 일수에 대하여 연 100분의 40 이내의 범위에서 「은행법」에 따른 은행이 적용하는 연체금리 등 경제 여건을 고려하여 대통령령으로 정하는 이율에 따른 지연이자를 지급하여야 한다.
  ② 제1항은 사용자가 천재·사변, 그밖에 대통령령으로 정하는 사유에 따라 임금 지급을 지연하는 경우 그 사유가 존속하는 기간에 대하여는 적용하지 아니한다.
- **근로기준법 시행령 제17조(미지급 임금에 대한 지연이자의 이율)** 법 제37조 제1항에서 "대통령령으로 정하는 이율"이란 연 100분의 20을 말한다.
- **제18조(지연이자의 적용제외 사유)** 법 제37조 제2항에서 "그밖에 대통령령으로 정하는 사유"란 다음 각 호의 어느 하나에 해당하는 경우를 말한다.
  1. 「임금채권보장법 시행령」 제4조 각 호의 어느 하나에 해당하는 경우
  2. 「채무자 회생 및 파산에 관한 법률」, 「국가재정법」, 「지방자치법」 등 법령상의 제약에 따라 임금 및 퇴직금을 지급할 자금을 확보하기 어려운 경우
  3. 지급이 지연되고 있는 임금 및 퇴직금의 전부 또는 일부의 존부(存否)를 법원이나 노동위원회에서 다투는 것이 적절하다고 인정되는 경우
  4. 그밖에 제1호부터 제3호까지의 규정에 준하는 사유가 있는 경우

그러나 근로기준법 제37조 및 동법 시행령에서 규정한 지연이자는 근로관계가 종료된 자에 한한다. 즉 근로기준법 제37조는 '근로기준법 제36조[174] 및 근로자 퇴직급여보장법 제2조 제5호에 따른 급여를 14일 이내에 지급하지 아니한 경우 그 다음 날부터 지급하는 날까지의 지연일수에 대하여 지연이자를 지급해야 한다'고 규정하고 있어 근로관계가 종료되지 아니한 근로자에게는 적용되지 않는다. 따라서 재직 중인 근로자에게는 근로기준법 제43조 제2항 "임금은 매월 1회 이상 일정한 날짜를 정하여 지급하여야 한다"에 의거 미지급임금을 청구하되, 지연이자는 민법 제379조에 의거 지급기일 다음날부터 소장부본 송달일까지는 연 5%, 그리고 소장부본이 회사에 송달된 날의 다음날부터 완제일까지는 소송촉진 등에 관한 특례법 제3조에 의거 20%의 이자를 청구할 수 있는 것이다.

그렇다면 위와 같이 통상임금 산정오류에 따른 임금소급청구에 대한 해결방안은 무엇일까? 이에 대해서는 우선 노사 간 자율적인 해결방법이 있을 수 있고, 노사 간에 자율적인 해결이 되지 않을 경우에는 고용노동청 진정/고소 등을 통한 해결방법과 법원에 임금 지급청구의 소 제기를 통한 해결방법 등이 있다. 아래에서는 이를 상세히 설명하고자 한다.

2. 노사 간 자율적 해결

통상임금산정과 임금지급에 있어서 잘못되어 온 것이 분명한 사실이라면, 이에 따라 사용자 측에서 부담해야 하는 금액을 법정수당과 퇴직금 차액 등으로 구분하여 산출하고 그 범위 내에서 노동조합이 있다면 그 노동조합, 노동조합이 없다면 노사협의회 또는 근로자대표 측과 협의를 통하여 자율적인 해결방안을 찾는 것이 바람직하다고 본다.

우선, 통상임금 산정오류에 따른 과거 3년간의 임금차액을 소급하여 지급하는 방안이다. 이는 과거 3년분의 임금차액이 크지 않던가, 또는 기업의 경영상태가

---

174) 근로기준법 제36조에서는 "사용자는 근로자가 사망 또는 퇴직한 경우에는 그 지급사유가 발생한 때로부터 14일 이내에 임금, 보상금, 그밖에 일체의 금품을 지급하여야 한다. 다만, 특별한 사정이 있을 경우에는 당사자 사이의 합의에 의하여 기일을 연장할 수 있다"고 규정하여 근로관계가 종료된 경우에 14일 이내에 금품을 지급하도록 규정하고 있다.

좋아 3년분의 임금을 지급하더라도 기업경영에 큰 영향을 미치지 않는 경우에 택할 수 있는 방법이다. 3년분의 임금을 지급함에 있어서는 일시금으로 지급하거나 이를 분할하여 지급하는 방법이 있을 수 있겠다. 특히 이 같은 방법을 임금인상과 연계하여 실시한다면 임금인상을 동결하거나 최소로 할 수도 있는 것이다.

둘째, 과거 3년분의 임금을 근로자가 포기하는 방법이다. 기업이 과거 3년분의 임금을 지급할 능력이 없다든가, 아니면 근로자가 기업을 신뢰하여 기왕에 발생한 통상임금 산정오류에 의한 소급분을 포기하는 방법이다. 그러나 "기왕의 근로에 대하여 이미 발생된 임금채권의 반납은 개별 근로자의 자유의사에 기초할 때 유효하므로 개별 근로자의 동의를 받는 것이 원칙이며, 동의는 명시적이든 묵시적이든 상관없으나 반납의 의사가 사용자에게 수용된 뒤에는 철회하더라도 그 법적 효력이 인정되지 않(는다)."[175] 따라서 임금 소급문제에 대한 노사 간 합의에도 불구하고 노사 간 합의에 반발한 근로자의 기 발생한 임금소급분 청구는 가능한 것이다. 한편 반납동의서에 개별 근로자들이 서명한 이후에 철회한 경우에도 이는 근로자의 반납의사가 회사에 의하여 수용된 것이므로 철회하더라도 그 법적 효력이 인정되지 않는다. 따라서 노사 간에 통상임금문제에 대한 합의를 하였다면 이에 대하여 해당 근로자들로부터 반납동의서 징구 등을 통해 노사 간 합의의 효력을 담보하는 조치가 필요하다. 삼성전자와 LG전자의 경우 정기상여금 600%를 통상임금에 산입하고, 과거분의 통상임금 문제는 포기하며 당해 연도 임금인상은 동결하거나 최소화하는 것으로 노사 간 자율적으로 합의한 것으로 알려지고 있다.

---

175) 근기68207-871, 2000.3.23.

기왕의 근로에 대하여 이미 발생된 임금채권의 반납은 개별 근로자의 자유의사에 기초할 때 유효하므로 개별 근로자의 동의를 받는 것이 원칙이며, 동의는 명시적이든 묵시적이든 상관없으나 반납의 의사가 사용자에게 수용된 뒤에는 철회하더라도 그 법적 효력이 인정되지 않는다(근기68207-871, 2000.3.23.).

1. 1998.3.31. 1차 합의사항 중 기왕의 근로에 대하여 이미 발생된 임금채권의 경우
   - 기왕의 근로에 대하여 이미 발생된 임금채권의 반납은 개별 근로자의 자유의사에 기초할 때 유효하므로 개별 근로자의 동의를 받는 것이 원칙이며, 동의는 명시적이든 묵시적이든 상관없으나 반납의 의사가 사용자에게 수용된 뒤에는 철회하더라도 그 법적 효력이 인정되지 않음. 다만, 회사 경영형편이 어려워진 사실을 노사(조합원 포함) 모두 인식하고 있었고, 개별조합원이 이미 발생된 임금채권의 반납 등이 불가피하다는 것과 이에 대해 노사대표가 수차의 교섭을 하는 것과 노동조합이 반납에 동의하게 되리라는 것을 알고 있었으며, 노사대표가 합의한 사실을 공고 등에 의하여 알 수 있었음에도 그 합의내용에 대하여 조합원이 상당기간 이의제기(노조합의에 반대한다는 의사표시 또는 노조가 반납한 금품 등에 대한 지급청구 등)를 하지 않았다면 묵시적 동의가 있었다고 보아야 할 것임. 따라서 1차 합의내용 중 전액 반납하기로 합의한 연차유급휴가근로수당과 1998 상반기 중 반납하기로 한 상여금 300% 중 1998.3.31. 이전에 이미 발생된 연차유급휴가근로수당 및 상여금이 있는 경우에는 위 기준에 따라 판단하기 바람.
2. 1998.3.31. 1차 합의사항 중 앞으로 채권이 발생하면 그중 일부를 반납하기로 한 경우
   - 앞으로 채권이 발생하면 그중 일부를 반납하기로 한 노사합의서가 단체협약의 보충협약으로서의 효력이 인정될 수 있다면, 즉 근로자들을 대신하여 단체협약을 체결할 권한을 포괄적으로 위임받은 노동조합의 동의가 있는 이상 근로자들 개개인의 동의를 얻을 필요는 없다고 사료됨. 따라서 1차 합의사항 중 앞으로 채권이 발생하면 그중 일부를 반납키로 합의한 사항에 대하여는 그 지급사유가 발생하지 아니한다고 사료됨.

셋째, 통상임금 산정오류에 따른 소급분은 일부만 보상해주고 향후 임금인상 시에 일정 부분 보전해주는 방법이다. 회사의 지불능력에 차이가 있을 수 있지만, 현실적으로 3년분의 소급분을 지급하는 것은 기업에 막대한 재정적인 부담으로 작용할 수 있기에 일정 부분을 격려금이나 소급분 등으로 보전해주고, 임금인상을 평소보다 좀 더 높여주는 방식이다. 그러나 이러한 방법도 두 번째 방법과 마찬가지로 노동조합과의 합의만으로는 부족하고 소급청구권이 있는 해당 근로자의 동의서를 징구하여야만 노사 간 합의를 담보할 수 있는 것이다.

3. 고용노동부 진정(고소)제기를 통한 해결

가. 진정서 작성

사용자는 근로자에 대하여 매월 1회 이상 일정한 날짜를 정하여 임금을 전액 지급하여야 하고, 또한 근로자가 퇴직하는 경우에는 그 지급사유가 발생한 때부터 14일 이내에 임금과 퇴직금 등 일체의 금품을 지급하여야 한다. 따라서 노사 간 통상임금 오류로 인한 임금소급분에 대하여 자율적으로 해결하지 못할 경우 근로자 측은 사용자를 상대로 해당 사업장의 소재지를 관할하는 고용노동부 지방노동청에 체불금품 진정 또는 고소를 제기[176]할 수 있다. 고용노동부도 2014.1.23. 노사지도지침을 통해 2013.12.18.자 대법원 전원합의체 판결을 존중하겠다고 한 바 있기에 근로자나 노동조합이 통상임금 산정오류를 이유로 고용노동부 지방노동청에 문제를 제기할 경우 주무부서인 지방노동청은 적극적으로 해당 문제를 해결하려고 할 것으로 보인다.

고용노동부 지방노동청에 진정을 제기함에 있어서는 특별한 형식을 요하지 아니하므로, 문서나 구두 또는 전화로도 가능하다. 또한, 법원에 소송을 제기할 경우와는 달리 인지세라든가 송달료 등과 같은 비용이 전혀 들지 않는다. 그러나 현실적으로 진정당사자를 표시하고 미지급 임금이 존재한다는 내용을 서면으로 기록한 진정서를 작성하여 제출하는 것이 문제해결을 위한 적절한 방법이다. 특히 진정당사자의 인적사항(소속사업장 명칭, 주소, 전화번호, 대표자의 성명과 진정인의 주소, 성명, 연락처 등)과 진정내용(미지급된 임금이 있다고 주장하는 내용)을 기록하여야 담당감독관이 진정당사자에게 연락하여 사실관계를 조사할 수 있는 것이다.

나. 담당감독관의 조사와 지급지시

아래의 <그림 1>과 같이, 진정서가 접수되면 담당 근로감독관은 당사자를 출석시켜 사실관계를 조사한다. 사실관계에 대한 조사결과 체불임금이 존재한다고 판

---

176) 진정이란 밀린 임금과 퇴직금을 지급받을 수 있도록 조치해 달라는 요구로서 문제를 시정하는 데 목적이 있고, 고소란 사용자를 근로기준법 위반으로 처벌해 달하는 요구로서 사용자를 처벌하는 데 목적이 있음.

단되면 지급지시를 하고, 이를 사용자가 지급하면 진정취하 등의 방법으로 사건을 종결한다. 반면, 지급지시에도 불구하고 지급하지 않은 경우에는 입건수사하여 수사결과를 검찰에 송치하여 사용자를 처벌하게 한다. 물론, 회사는 형사소송을 통해 무죄 여부를 다툴 수 있다.

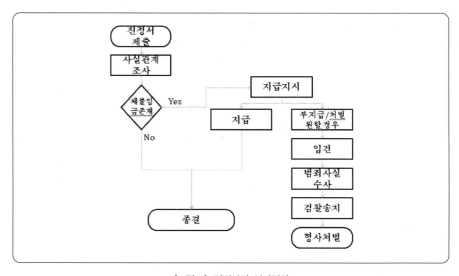

〈그림 1〉 진정사건 처리절차

근로자나 노동조합이 통상임금 오류에 따른 추가임금소급청구와 관련한 진정서를 접수한 경우, 회사는 근로감독관의 조사에 대비하여 과연 근로자 측이 주장한 통상임금이 대법원 전원합의체 판결에서 정한 요건에 부합하는지를 판단하여야 하고, 해당 요건에 부합하는 적법한 통상임금이라면 정기상여금의 경우에 신의칙 적용 여부 가능성을 모색하여야 한다. 여기서 신의성실의 원칙(신의칙)에 기하여 추가임금소급청구가 금지되는 요건은 "① 정기상여금일 것, ② 정기상여금을 통상임금에서 제외하기로 노사가 합의하였을 것, ③ 정기상여금을 통상임금에 포함하여 임금을 추가청구함으로 인하여 기업에 중대한 경영상의 어려움을 초래할 것 등"이다. 따라서 회사는 근로자 측의 주장사항에 대응하여 답변을 모색하고 소명하기 위한 입증자료를 준비하여야 함은 물론, 필요하다면 고용노동청 출석에 대비하여 답변하고자 하는 사항을 일목요연하게 문서화하여 준비하는 등 그 대응책을 강구하여야 할 것이다. 특히 통상임금 산입 여부가 문제가 되고 있는 정기상여금에 대하여 과거 노사 간에 통상임금에서 제외하기로 한 서면합의가 있다면 중대한 경영상의 어려움 입증을 통해 추가 임금청구는 신의칙 위반이므로 이유없다고 주장하고, 통상임금에 관한 서면합의가 없다면 정기상여금을 통상임금에서 제외해 온 관행과 중대한 경영상의 어려움 입증 및 이를 통한 신의칙 위반을 통해 대응해야 할 것이다.

한편 정기상여금 등을 지급함에 있어서 재직자 조건이나 출근율 조건, 기타 추가적인 조건 등이 부과되어 있다면 이를 통해 통상임금에 해당되지 않음을 주장할 수 있으며, 이러한 내용이 반드시 취업규칙이나 단체협약으로 명확히 서면화되어 있지 않다고 하더라도 관행으로 정착되어 있다면 이 또한 해당조건을 인정받아 통상임금에서 제외할 수 있는 것이다. 실제로 2013.12.18. 대법원 전원합의체 판결에서는 갑을오토텍과 갑을오토텍노동조합이 체결한 단체협약에 짝수달에 100%, 설·추석에 각각 50% 등 총 700%의 상여금을 지급하기로 하면서 퇴직자에 대해서는 일할계산하도록 규정하였음에도 불구하고, 실제로 설과 추석상여금의 경우 퇴직자에게 일할계산해주지 않는데, 이에 대하여 노동조합이 문제를 제기하지 않았던 관행을 인정하여 재판부는 설상여금과 추석상여금에 대해서는 지급일 현재 재직 중인 자에 한하여 지급하고 있다고 판단하여 통상임금에서 제외한 바 있다.

다. 공소시효 문제와 반의사 불벌죄

한편 근로기준법 제49조에 의거 임금의 시효는 3년이기에 임금소급지급을 주장하는 근로자는 3년의 시효 내에서 임금소급청구를 할 수 있으나, 임금체불의 문제는 근로기준법 제109조에 의거 "3년 이하의 징역 또는 2천만 원 이하의 벌금"에 처해지는 형사문제이고, 형사소송법 제249조 제1항 제5호에 의거 공소시효가 5년이므로, 비록 민사시효 3년이 도과하였다고 하더라도 형사상 공소시효가 5년이기 때문에 형사처벌을 받을 수도 있다는 점을 염두에 두어야 한다. 다만, 근로기준법상의 임금체불에 대한 법위반은 근로기준법 제109조 제2항에 의거 피해자의 명시적인 의사와 다르게 공소를 제기할 수 없다는 소위 반의사 불벌죄에 해당하므로 해당 근로자의 처벌의사의 없다면 공소시효가 남아 있다고 하더라도 처벌되지 않는다.

따라서 통상임금문제에 대하여 근로자 등이 고용노동부 지방노동청에 진정을 제기한 경우, 근로감독관의 조사결과 체불임금이 인정되고 근로감독관의 지급지시에 따라 사업주가 체불임금을 지급하였다고 하더라도 진정인이 처벌의사를 표시하는 경우에는 <그림 1> 진정사건 처리절차에서 근로감독관의 지급지시에도 이를 부지급하는 경우와 같이 형사입건 처리된다. 그러므로 근로감독관의 지급지시에 따라 임금을 지급하기로 하였다면 진정인으로부터 처벌을 원치 않는다는 처벌불원 의사표시를 서면으로 받아 고용노동부에 제출하여 형사처벌을 면하는 것이 바람직하다.

4. 법원에 임금청구의 소 제기를 통한 해결[177)

가. 소장작성

근로자는 법원에 소제기를 통해 임금소급청구를 할 수 있다. 통상임금 산정오류에 따라 3년분을 소급하여 청구하는 소송이므로 이는 임금지급청구의 소로 소장을 작성하여 회사를 피고로 하여 피고의 소재지를 관할하는 법원에 소송을 제기하면 된다.

소장을 작성 시에는 아래의 중요한 기재사항을 작성한 후 피고의 수만큼 부본을 첨부하여 제출하여야 한다.

① 원·피고 당사자의 성명, 명칭 또는 상호와 주소, 주민등록번호

② 대리인이 있는 경우 대리인의 성명과 주소

③ 일과 중 연락 가능한 전화번호, 팩스번호, E-Mail 주소

④ 청구취지(청구를 구하는 내용·범위 등을 간결하게 표시)

⑤ 청구원인(권리 또는 법률관계의 성립원인 사실을 기재)

⑥ 부속서류의 표시(소장에 첨부하는 증거서류 등)

---

177) 아래의 내용들은 주로 서울중앙지방법원 http://help.scourt.go.kr/nm/min_1/min_1_1/min_1_1_1/index.html에서 인용하였음을 밝혀 둔다.

⑦ 작성 연월일

⑧ 법원의 표시

⑨ 작성자의 기명날인 및 간인

한편 소송가액이 2,000만 원을 초과하지 않는 경우는 소액심판청구사건으로 간단하게 소송을 진행할 수 있는 것으로, 소액사건은 사건의 신속한 처리를 위하여 소장이 접수되면 즉시 변론기일을 지정하여 1회의 변론기일로 심리를 마치고 즉시 선고할 수 있도록 하고 있다. 다만, 법원이 이행권고결정을 하는 경우에는 즉시 변론기일을 지정하지 않고, 일단 피고에게 이행권고결정등본을 송달한 후 이의가 있을 경우에만 변론기일을 즉시 지정하여 재판을 진행하게 된다. 특히 당사자의 배우자, 직계혈족, 형제자매는 법원의 허가 없이도 소송대리인이 될 수 있다. 이 경우 신분관계를 증명할 수 있는 가족관계기록사항에 관한 증명서 또는 주민등록등본 등으로 신분관계를 증명하고, 소송위임장으로 수권관계를 증명하여야 한다. 반면, 법인 자체가 소송의 당사자인 경우 소속직원은 법관의 허가를 받아 대리인이 될 수 있는 바, 이 경우 재직증명서, 위임받은 소속직원의 신분증 그리고 위임장을 첨부하면 된다.

나. 인지세와 송달료 납부

소장을 작성하였다면 인지세와 송달료를 납부하여야 한다. 인지세는 소송가액에 따라 아래와 같다. 다만, 산출된 인지액이 1,000원 미만인 때에는 이를 1,000원으로 하고, 1,000원 이상인 경우에 100원 미만의 단수가 있는 때에는 그 단수는 계산하지 않으며, 항소장에는 아래의 규정액의 1.5배, 상고장에는 2배의 인지를 붙여야 한다.

<표 1> 인지세 기준

소송가액	인지세 기준
1,000만 원 미만	소송목적의 값 × 10,000분의 50
1,000만 원 이상 ~ 1억 원 미만	소송목적의 값 × 10,000분의 45 + 5,000원
1억 원 이상 ~ 10억 원 미만	소송목적의 값 × 10,000분의 40 + 55,000원
10억 원 이상	소송목적의 값 × 10,000분의 35 + 555,000원

주) 재산권상의 소로서 그 소송목적의 값을 산출할 수 없는 것과 비재산권을 목적으로 하는 소송의 소송목적의 값은 2,000만 100원으로 한다.

한편 소장을 제출할 때는 당사자 수에 따른 계산방식에 의한 송달료를 송달료 수납은행(대부분 법원 구내 은행)에 납부하고 그 은행으로부터 교부받은 송달료 납부서를 소장에 첨부하여야 하는데 각 사건의 송달료 계산방식은 다음과 같다.

<표 2> 송달료 기준

사건	송달료 계산법 사건 송달료 계산법(송달료 1회분=3,550원, 2013.8.1.부터)
민사 제1심 소액사건	당사자 수 × 송달료 10회분
민사 제1심 단독사건	당사자 수 × 송달료 15회분
민사 제1심 합의사건	당사자 수 × 송달료 15회분
민사항소사건	당사자 수 × 송달료 12회분
민사상고사건(다)	당사자 수 × 송달료 8회분

다. 소장심사 및 변론

소장이 접수되면, 간단한 심사를 하여 특별한 형식적 하자가 없는 한 그 부본을 즉시 상대방에게 송달하고 30일 이내에 답변서를 제출하도록 최고한다. 그 단계에서 소장이 송달불능이 되면 주소보정명령을 하고 결국 공시송달로 처리될 사건은 공시송달 신청, 공시송달의 실행 및 관련 증거신청을 기일 전에 모두 마치도록 한 다음 곧바로 제1회 변론기일을 지정하여 변론종결이 되도록 운영한다. 피고에게 소장이 송달된 경우에는, 답변서 제출기한이 만료된 직후 재판장이 사건기록을 검토하여 처리방향을 결정하게 되는데, 그때까지 답변서가 제출되었는지 여부에 따라 절차진행은 전혀 다른 궤도를 따라가게 된다.

먼저 기한 내에 답변서가 제출되지 않았거나 자백 취지의 답변서가 제출된 경우에는 일단 무변론판결 대상 사건으로 분류된다. 다음, 피고가 기한 내에 부인하는 취지의 답변서를 제출하여 원고청구를 다투는 경우에는, 재판장은 바로 기록을 검토하고 사건을 분류하여 심리방향을 결정하는데, 원칙적으로 재판장은 가능한 최단기간 내에 제1회 변론기일을 지정하여 양쪽 당사자가 법관을 조기에 대면할 수 있도록 한다. 제1회 변론기일은 쌍방 당사자 본인이 법관 면전에서 사건의 쟁점을 확인하고 상호 반박하는 기회를 가짐으로써 구술주의의 정신을 구현하는 절차이다. 이를 통하여 양쪽 당사자 본인의 주장과 호소를 할 만큼 하게 하고, 재판부도 공개된 법정에서의 구술심리 과정을 통하여 투명하게 심증을 형성함으로써, 재판에 대한 신뢰와 만족도를 높이는 방향으로 운영하고자 하는 것이다. 이처럼 제1회 변론기일을 통하여 양쪽 당사자가 서로 다투는 점이 무엇인지 미리 분명하게 밝혀지면, 그 이후의 증거신청과 조사는 그와 같이 확인된 쟁점에 한정하여 집중적으로 이루어질 수 있게 된다.

한편 재판장은 사건분류의 단계 또는 제1회 변론기일 이후의 단계에서, 당해 사건을 준비절차에 회부할 수 있다. 이는 양쪽 당사자의 주장내용이나 증거관계가 매우 복잡하여, 별도의 준비절차를 통하여 주장과 증거를 정리하고 앞으로의 심리계획을 수립하는 것이 필요하다고 판단하는 경우에 이루어진다. 준비절차는 양쪽 당사자가 서로 준비서면을 주고받거나(서면에 의한 준비절차), 법원에서 만나 주장과 증거를 정리하는 방법(준비기일에 의한 준비절차)으로 진행된다.

앞서 본 변론기일 등의 절차가 진행되는 과정에서 쌍방 당사자는 준비서면에 의한 주장의 제출과 더불어 그 주장을 뒷받침하는 증거신청 및 증거의 현출을 모두 마쳐야 한다. 따라서 관련 서증은 원칙적으로 준비서면에 첨부하여 제출하여야 하고, 문서송부촉탁, 사실조회, 검증·감정신청과 그 촉탁은 물론 증인신청까지도 모두 이 단계에서 마치는 것을 원칙으로 한다.

증거조사기일에는 원칙적으로 사건에 관련된 쌍방의 증인 및 당사자신문 대상자 전원을 한꺼번에 집중적으로 신문하고, 신문을 마친 사건은 그로부터 단기간 내에 판결을 선고하는 구조로 운영한다. 그리고 당사자 쌍방이 다투는 사건에 대해서는 위와 같은 절차진행의 과정 중 어느 단계에서든 화해권고결정이나 조정제도를 활용하여 분쟁의 화해적 해결을 시도하는 것을 지향한다.

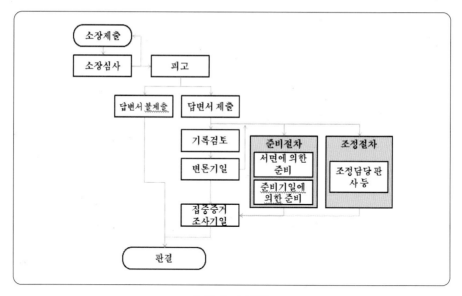

〈그림 2〉 소송절차

라. 판결 선고와 불복

일반 민사사건의 경우에는 변론이 종결된 날로부터 2~3주 후에 판결을 선고하는 것이 보통이지만 소액사건의 경우에는 변론을 종결하면서 즉시 판결을 선고하기도 한다. 판결 후 판결서는 판결이 선고된 날로부터 10일 정도 지난 후에 도착하는 것이 보통이다. 판결서를 송달받으면, 승소한 원고는 통상 붙여지는 가집행 선고에 근거하여 가집행을 할 수 있으며, 가집행을 하려면, 법원에서 판결송달증명원과 집행문을 발급받아 집행신청을 하면 된다. 1심 판결에 불복이 있는 당사자는 민사사건의 경우 송달받은 날로부터 2주 이내에 상급심에 항소할 수 있으며, 제1심에서 승소하더라도 상대방이 항소를 한다면 판결이 확정되지는 않고 최종 대법원 판결이 선고되거나(항소 후 대법원에 상고한 경우), 항소나 상고하였다가 취하하거나, 항소권이나 상고권을 포기한 때에도 판결이 확정된다.

제2절 임금체계 개편 등을 통한 대응

정기상여금 등이 통상임금에 해당된다고 판단된 상태에서 더욱이 2013.12.18. 대법원 전원합의체의 판결 이후의 통상임금 배제 합의에는 더 이상 신의칙이 적용될 여지가 없으므로 정기상여금 등을 통상임금에서 제외시키기 위해서는 임금체계 개편 등 근본적인 대책을 강구하여야 할 것이다. 따라서 아래에서는 어떠한 방법으로 통상임금 문제를 회피할 수 있는지 알아본다.

1. 임금지급조건 변경을 통한 대응

가. 재직 요건 신설

이번 대법원 전원합의체 판결에서 정기상여금에 대해서는 퇴직자에게도 일할계산하여 지급한다는 이유로 통상임금이라고 판단하였음에 반해, 설·추석상여금과 기타 각종 복리후생성 급여에 대해서는 지급일 기타 특정시점에 재직 중인 근로자에게만 지급하기로 정해져 있는 임금으로 '소정근로의 대가성'이 없을 뿐만 아니라 '고정성'도 부정된다며 통상임금이 아니라고 판시하고 있다. 따라서 정기상여금이나 각종 수당의 지급조건을 지급일 기타 특정시점에 재직하는 근로자에게만 지급하는 것으로 지급조건을 변경한다면 해당 임금은 통상임금에 해당되지 아니한다.

> 근로자가 소정근로를 했는지 여부와는 관계없이 지급일 기타 특정시점에 재직 중인 근로자에게만 지급하기로 정해져 있는 임금은 소정근로에 대한 대가성도 없고 고정성도 없다(대법원 2013.12.18. 선고 2012다94643 전원합의체 판결).
>
> 고정적인 임금이라 함은 '임금의 명칭 여하를 불문하고 임의의 날에 소정근로시간을 근무한 근로자가 그 다음 날 퇴직한다 하더라도 그 하루의 근로에 대한 대가로 당연하고도 확정적으로 지급받게 되는 최소한의 임금'을 말하므로, <중략> 근로자가 소정근로를 했는지 여부와는 관계없이 지급일 기타 특정시점에 재직 중인 근로자에게만 지급하기로 정해져 있는 임금은 그 특정시점에 재직 중일 것이 임금을 지급받을 수 있는 자격요건이 된다. 그러한 임금은 기왕에 근로를 제공했던 사람이라도 특정시점에 재직하지 않는 사람에게는 지급하지 아니하는 반면, 그 특정시점에 재직하는 사람에게는 기왕의 근로 제공 내용을 묻지 아니하고 모두 이를 지급하는 것이 일반적이다. 그와 같은 조건

으로 지급되는 임금이라면, 그 임금은 이른바 '소정근로'에 대한 대가의 성질을 가지는 것이라고 보기 어려울 뿐 아니라 근로자가 임의의 날에 근로를 제공하더라도 그 특정 시점이 도래하기 전에 퇴직하면 당해 임금을 전혀 지급받지 못하여 근로자가 임의의 날에 연장·야간·휴일 근로를 제공하는 시점에서 그 지급조건이 성취될지 여부는 불확실하므로, 고정성도 결여한 것으로 보아야 한다.[178]

이처럼 특정시점의 재직요건 추가를 통해 통상임금에서 제외시킬 수 있는 임금은 소정근로의 대가나 초과근로에 대한 대가로 지급되는 임금 외의 임금이 대상이라 할 것이다. 즉, 정기상여금이나 명절상여금은 물론, 식대, 교통비, 하기휴가비, 선물비, 생일자지원금, 개인연금지원금, 단체보험료 등과 같은 복리후생성 급여도 특정 시점 재직자 요건을 추가하여 통상임금에서 제외할 수 있는 것이다.[179]

〈적용 사례 1〉

- 제O조(상여금) 상여금은 2, 4, 6, 8, 10, 12월에 각각 기본급의 100%를 지급한다.
  → 제O조(상여금) 상여금은 2, 4, 6, 8, 10, 12월에 각각 기본급의 100%를 지급한다. 단, 지급일 현재 재직 중인 자에 한한다.
- 제O조(하기휴가비) 회사는 하기휴가비로 50만 원을 지급한다.
  → 제O조(하기휴가비) 회사는 하기휴가비로 50만 원을 지급한다. 단, 지급일 현재 재직 중인 자에 한한다.

그러나 이 같은 재직요건 신설은 단체협약의 경우에 노사 간 합의를 통해 해당 요건을 추가/변경해야 함은 물론, 단체협약에 해당 기준이 없어 취업규칙을 개정하는 경우라고 하더라도 이는 취업규칙의 불이익변경에 해당한다. 고용노동부도 통상임금 노사지도지침 44쪽에서 "특정임금항목에 지급일 기타 특정시점 재직요건 등을 추가할 경우 통상임금에 해당하던 금품이 통상임금에 해당하지 않게 되므로 불이익변경에 해당(한다). 따라서 이 경우에는 근로기준법 제94조 제1항에

---

178) 대법원 2013.12.18. 선고 2012다94643 전원합의체 판결
179) 이에 대하여 김홍영 교수는 재직자 요건 등 추가조건은 극히 제한적으로 해석되어야 한다고 주장하고 있으며(임금 체계 개편 대토론회 자료집, 2014.1.23. 노사정위원회), 이철수 교수는 재직자 요건은 상여금이나 수당을 지급하기 전에 미리 퇴사한 자를 대상으로 적용되는 것으로 현재 재직 중인 근로자에게는 아무런 상관이 없다는 이유로 재직요건으로 인해 고정성이 부인된다는 대법원전원합의체 판결에 반대하고 있다(2014년 한국노동법학회 학술대회 자료집, 2014.1.10. 한국노동법학회).

따라 취업규칙 불이익변경절차를 거쳐야 (한다)"고 규정하고 있다.180) 따라서 취업규칙에 재직요건을 추가하거나 변경하는 경우에 근로자 과반수의 동의를 받아야 하는 것이다. 그러나 노동조합이 조직되어 있는 사업장에서 노동조합이 근로자 과반수를 대표한다면 취업규칙 불이익변경의 동의주체는 노동조합이다.

한편 노조가 거부하여 단체협약에서는 재직자에 한하여 지급하도록 하는 요건 신설에 실패하였으나, 취업규칙에는 해당 요건을 신설하여 근로자의 과반수 동의를 얻었다 하더라도, 단체협약과 취업규칙 간 규범의 충돌문제가 발생하고 따라서 이 경우 유리조건 우선의 원칙에 의거 유리한 조건이 우선 적용되므로 취업규칙 변경만으로는 통상임금에서 배제하기는 어렵다 할 것이다. 그러나 단체협약의 효력을 비조합원에게 확대적용하고 있지 않는 한 단체협약은 조합원에게만 적용되는 것이므로 단체협약이 적용되지 않는 비조합원에게는 취업규칙만 적용될 뿐이므로 규범충돌의 문제는 발생하지 않는다. 따라서 비조합원에게는 불리하게 개정된 취업규칙이 유효하게 적용되어 통상임금문제를 해결할 수 있는 것이다.

나. 추가적 충족요건 신설

이번 대법원 전원합의체 판결은 통상임금의 요건으로 소정근로대가성, 정기성, 일률성, 고정성이라는 통상임금의 요건을 명확히 하였는바, 고정성이란 초과근로를 제공할 당시에 그 지급 여부가 업적, 성과 기타의 추가적인 조건과 관계없이 당연히 지급될 것이 확정되어 있는 것이라고 판단하고 있다. 그렇다면 초과근로를 제공할 당시에 '추가적인 조건'에 의해 지급 여부가 확정되어 있지 않게 된다면 이는 고정성이 없어 통상임금에 해당되지 않게 된다. 따라서 임금지급조건에 이와 같은 '추가적인 충족요건'을 추가함으로써 통상임금에서 제외시킬 수 있는 것이다.

---

180) 고용노동부, "통상임금 노사지도지침", 2014.1.23.

고정적인 임금이란 추가적인 조건의 충족 여부와 관계없이 당연히 지급될 것이 예정되어 지급 여부나 지급액이 사전에 확정된 임금이다(대법원 2013.12.18. 선고 2012다94643 전원합의체 판결).

고정적인 임금이라 함은 '임금의 명칭 여하를 불문하고 임의의 날에 소정근로시간을 근무한 근로자가 그 다음 날 퇴직한다 하더라도 그 하루의 근로에 대한 대가로 당연하고도 확정적으로 지급받게 되는 최소한의 임금'을 말하므로, 근로자가 임의의 날에 소정근로를 제공하면 추가적인 조건의 충족 여부와 관계없이 당연히 지급될 것이 예정되어 지급 여부나 지급액이 사전에 확정된 임금은 고정성을 갖춘 것으로 볼 수 있다. 여기서 말하는 조건은 근로자가 임의의 날에 연장·야간·휴일 근로를 제공하는 시점에 그 성취 여부가 아직 확정되어 있지 않은 조건을 말하므로, 특정 경력을 구비하거나 일정 근속기간에 이를 것 등과 같이 위 시점에 그 성취 여부가 이미 확정되어 있는 기왕의 사실관계를 조건으로 부가하고 있는 경우에는 고정성 인정에 장애가 되지 않(는다).[181]

그러나 이 같은 추가적인 충족요건 신설 또한 취업규칙의 불이익변경에 해당되므로 근로자 과반수의 동의를 통해 해당 요건을 신설하거나 변경하여야 함은 물론, 근로자 과반수의 동의를 얻어 취업규칙 변경을 하였다 하더라도 단체협약이나 근로계약 등에 취업규칙 변경내용보다 유리한 조건이 존재하는 경우에는 유리한 조건이 우선 적용되므로 여타의 단체협약이나 근로계약서도 정비하여 규범 충돌의 문제를 해결하여야 한다.

이처럼 추가적인 충족요건을 통해 통상임금에서 제외시킬 수 있는 경우는 아래와 같다.

(1) 근무실적 충족 요건

아래의 <적용사례 2>에서와 같이, 특정한 업적이나 성과를 달성케 하면 일정한 임금을 지급하고, 이를 달성하지 못하면 수당을 지급하지 않도록 한다면 통상임금에서 제외된다. 이는 상여금, 성과급, 실적급, 업적급과 같이 근로자의 성과나 근무실적을 평가하고 이에 따라 지급하는 형태의 임금에 적정하다.

---

181) 대법원 2013.12.18. 선고 2012다94643 전원합의체 판결

〈적용 사례 2〉

- 근무실적을 S, A, B, C, D로 평가하여 S는 기본급의 200%, A는 150%, B는 100%, C는 50%, D는 0%와 같이 규정
  단, 최하등급을 받더라도 최소한의 일정금액이 보장되는 경우라면 그 최소한도의 금액은 통상임금에 해당되므로 최소한도 보장되지 않도록 하여야 함
- 근로자 개인의 작업목표를 100% 달성 시 생산장려수당 20만 원을 지급하고, 이를 달성치 못한 경우에는 미지급함

(2) 출근율 충족 요건

아래의 〈적용사례 3〉에서와 같이, 일정한 근무일수를 달성하면 일정금액을 지급하고, 달성치 못하면 지급하지 않는 것으로 조건화한다면 통상임금에서 제외된다. 이는 개근수당, 만근수당, 정근수당, 근속수당 등과 같이 출근일수에 따른 특정조건을 부과하여 지급하는 임금형태에 적합하며, 심지어는 식대, 교통비, 상여금의 경우에도 출근일수 충족조건을 부과한다면 통상임금에서 제외시킬 수 있다.

〈적용 사례 3〉

- 월 소정근로일수를 개근하면 10만 원을 지급하고, 개근하지 못하면 지급하지 못하도록 규정
- 회사는 분기별 기본급의 100%를 상여금으로 지급한다. 단, 소정근로일수 개근자에 한한다라고 규정
- 회사는 1년 이상 근속한 직원에 대하여 5만 원의 근속수당을 지급한다. 단, 소정근로일수 개근자에 한한다라고 규정

(3) 기타 추가적인 조건화

그 외에도 교육이수요건, 사회봉사요건 등 다양한 형태의 충족요건을 설정한다면 해당 임금은 통상임금에서 제외된다.

〈적용 사례 4〉

- 회사는 월 30만 원의 자기개발수당을 지급한다. 단, 월 20시간 이상의 교육을 이수한 직원에 한한다.
- 회사는 분기별 100만 원의 체력단련비를 지급한다. 단, 회사가 실시하는 건강증진프로그램에 참여하는 자에 한한다.
- 회사는 연 기본급의 100%의 격려금을 지급한다. 단, 연간 20시간 이상의 사회봉사활동을 한 자에 한한다.

다. 지급액수 미확정화

이번 대법원 전원합의체 판결에서 지급액수가 확정되지 않았다는 이유로 김장 보너스는 통상임금에 해당되지 아니한다고 판시하고 있다. 즉, 동 사건에서 갑을 오토텍 노사는 단체협약으로 "김장철에 김장보너스를 지급하며, 지급금액은 노사 협의하여 지급한다"고 규정하면서 실제로 2007~2009년까지는 22만 원, 2010년에 는 24만 원으로 노사협의를 통해 김장보너스를 지급하였는데, 대법원 전원합의체 는 해당 김장보너스는 지급액이 사전에 확정되어 있지 않음으로 고정성이 없다며 통상임금에 해당되지 않는다고 판시하였다. 따라서 특정한 임금을 사전에 확정하 지 않고 지급한다면 통상임금성을 회피할 수 있는 것이다.

이처럼 특정한 임금을 지급 시 노사협의를 통해 결정한다고 규정하는 경우와 같이 그 지급액수를 차후에 확정하도록 하는 내용으로 임금의 지급조건을 변경할 수 있는바, 이는 1년에 1~2번 지급하는 임금이 이러한 조건에 적합하다.

〈적용 사례 5〉

- 제O조(상여금) 회사는 설과 추석에 상여금을 지급하되, 지급액수는 노사협의로 정한다.
- 제O조(김장보너스) 회사는 김장보너스를 지급하되, 물가상황 등을 감안하여 지급액 수는 노사협의로 정한다.
- 제O조(상여금) 회사는 경영성과에 따라 상여금을 지급할 수 있다.

그러나 이 같은 지급액수 미확정을 내용으로 하는 취업규칙 변경은 취업규칙 의 불이익변경에 해당되므로 근로자 과반수의 동의를 통해 해당 요건을 신설하거나 변경하여야 함은 물론, 근로자의 과반수 동의를 얻어 취업규칙 변경을 하였다 하더라도 단체협약이나 근로계약 등에 취업규칙이 변경된 내용보다 유리한 조건이 존재하는 경우에는 유리한 조건이 우선 적용되므로 여타의 단체협약이나 근로계약서도 정비하여야 한다.

2. 임금체계 개편을 통한 대응

통상임금 문제는 근본적으로 임금체계 개편을 통해서 해결하는 것이 바람직하다. 임금체계란 광의로 보면 임금의 구성항목을 의미하는 것으로 개별기업마다 다양한 임금구성항목이 있지만, 일반적으로 기본급, 각종 수당, 상여금 등과 같이 구성되어 있다. 반면, 협의의 임금체계란 임금결정의 기준, 특히 기본급 결정의 기준을 말하는 것으로 임금이 나이나 학력 및 근속 연수 등에 따라 결정되는 연공급체계, 직무의 상대적 가치에 따라 임금이 결정되는 직무급체계, 직무수행 능력에 따라 임금이 결정되는 직능급체계 등을 말한다. 따라서 이번 대법원 전원합의체의 판결기준에 따라 임금을 소정근로대가성, 정기성, 일률성, 고정성이 없도록 근본적으로 임금체계를 개편하여 통상임금을 둘러싼 노사 간의 갈등요소를 해결하는 것이 바람직하다. 아래에서는 몇 가지 방안을 살펴본다.

가. 기본급화 등 임금구성항목 단순화

현재, 우리나라 기업의 임금구성항목은 대체로 기본급, 각종 수당, 상여금 등으로 구성되어 있는데, 특히 각종 수당의 경우 법정수당 외에도 근속수당, 김장수당, 자격수당, 교통수당, 승무수당, 출근수당, 만근수당, 주택수당, 직책수당, 직무수당 등 실로 복잡다기한 상태이다. 이는 임금협상 과정에서 기본급을 인상함에 따라 이에 연동하는 법정수당이나 상여금 등이 인상되기 때문에 기본급 인상을 자제하고 대신 수당신설 등을 통해 임금인상을 하였던 관행에서 기인한다. 고용노동부가 100인 이상 사업장 978개소를 대상으로 실태조사를 한 바에 의하면 임금총액(100%) 중 기본급 비율은 57.3%, 통상적 수당 9.8%, 기타수당 6.6%, 초과급여 8.7%, 고정상여 11.8%, 변동상여 5.8%로 나타나 기본급비율이 절반 정도밖에 안 되는 것으로 나타나고 있다[182].

이렇게 복잡한 임금체계는 임금계산을 어렵게 하고, 어떤 임금이 통상임금에 포함되는지를 둘러싸고 노사 간 갈등을 유발할 수 있는 등 임금관리를 어렵게 한다. 따라서 이렇게 복잡한 통상임금성 수당을 기본급으로 전환하는 등의 방법으로 임금구성항목을 단순화하는 것이 필요하다.

아래의 <그림 3>과 같이 기본급과 정근수당, 자격수당, 상여금, 개발기능수당, 연구개발수당, 연장·야간·휴일 등 법정 제 수당, 직책수당, 교통수당, 능력개발비, 경로수당 등으로 임금이 구성되어 있다면, 이를 기본급과 성과급 및 법정 제 수당과 같이 임금구성항목을 단순화하는 것이다. 이는 임금관리의 합리성과 편리성을 부여할 수 있다는 장점도 있고, 노사 간 임금에 대한 이해를 쉽게 한다는 장점도 있다. 특히 현재 기업에서는 통상임금에 포함하고 있지 않지만 대법원 전원합의체 판결에 의거 통상임금으로 해석되는 임금인 자격수당, 직책수당, 능력개발비, 교통수당, 연구개발수당 등을 기본급과 성과급 등으로 변경함으로써 법 위반의 문제를 해결할 수 있는 것이다. 회사의 지불능력이나 경쟁사의 임금 등 시장임금과 비교를 통해서 해당 임금을 모두 통상임금으로 보아 기본급화하든지 아니면 일부는 기본급으로 일부는 성과급으로 할 것인지는 기업의 실정에 따라서 정하면 된다. 물론, 아래에서 설명하겠지만, 해당 임금을 성과급화한다고 하더라도 최소한도가 보장된다면 최소한도의 금액 내에서는 통상임금에 해당된다는 점을 염두에 두고 임금체계를 개편하여야 할 것이다.

---

182) 고용노동부(2014), "통상임금 노사지도지침", 47쪽에서 재인용.

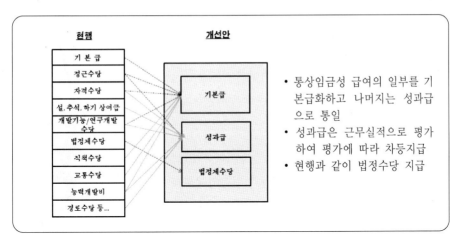

〈그림 3〉 임금구성 항목 단순화의 예

특히 2016년부터 300인 이상의 기업에 있어서 정년이 60세로 의무화되기 때문에 현재와 같은 임금체계를 가지고 갈 경우에는 기업에 막대한 인건비 부담이 초래되고, 따라서 기업에서는 임금피크제 등을 포함한 임금체계 개편이 시급한 상황이다. 따라서 기업에서는 이번 정기상여금 등의 통상임금 이슈에 더하여 정년연장에 대비한 임금체계개편을 서둘러야 할 상황이며, 이를 소홀히 할 경우 매년 호봉상승 등에 따라 인건비 부담은 기업의 경쟁력을 저해하는 심각한 요인으로 작용할 것이다.

한편 위와 같이 임금구성항목을 단순화함에 있어서 연장근무수당 등 가산수당의 경우 실제의 연장·야간·휴일근로 시간 수를 산정하여 수당으로 지급하는 것이 바람직하나, 연장·야간·휴일근로가 일정 시간 정형화되어 있다면 이를 고정OT수당 등으로 고정화하여 지급할 수 있는 것이며, 이 경우 고정OT수당을 매월 고정적으로 지급한다 하여 통상임금에 해당하는 것은 아니다.[183] 한편 고정OT수당을 지급한다고 하더라도 고정연장근무 시간을 초과하는 연장근무에 대해서는 추가로 연장근무수당을 지급하여야 하는 것이다.

이 같은 임금항목의 단순화로 취업규칙을 변경하는 경우에도 이로 인해 기존의

---

183) 연장근로수당은 실제 근로를 제공한 시간에 따라 지급하는 것이 원칙이나, 노사합의 등으로 일 또는 월 단위의 고정적인 수당으로 지급하는 것도 가능함. 다만, 이 정액수당이 실제 제공된 근로시간에 따라 산정된 법정 수당보다 부족할 경우에는 그 차액을 지급하여야 할 것임(1994.9.1. 근기68207-1377).

법정 통상임금보다 통상임금이 적어지는 경우에는 취업규칙의 불이익변경에 해당하므로 근로자 과반수의 동의를 득해야 하고, 유리조건 우선원칙으로 인해 여타의 단체협약이나 근로계약서도 정비하여 규범충돌의 문제를 해결하여야 한다.

나. 성과급 체계로의 개편

정기상여금은 일반적으로 2개월 단위, 분기단위 등과 같이 지급시기를 사전에 정하여 지급하고 있고, 이번 대법원 전원합의체 판결은 정기상여금이 통상임금에 해당된다는 점을 명확히 하고 있다. 특히 정기상여금은 일반적으로 평가에 따라 지급하는 것이 아니라 연 기본급의 800%를 2월, 4월, 6월, 8월, 10월, 12월 및 설, 추석 각각 100%씩 지급과 같이 일정액을 고정적으로 지급하고 있는 것이 일반적이므로 이에 대한 근본적인 해결책으로 성과급체계로의 개편을 생각해 볼 수 있다. 즉, 근로자의 근무실적으로 평가하여 이에 따라 성과급을 차등지급하는 방법이다.

우선, 그동안 일정액을 일률적으로 지급하던 정기상여금을 근무실적 평가를 통해 그 지급률을 달리하는 방법을 생각해 볼 수 있다. 근무실적으로 S, A, B, C, D 등 5등급으로 평가하여 S는 100%, A는 80%, B는 60%, C는 40%, D는 20% 등과 같이 변경하는 것이다. 물론, 이번 대법원 전원합의체 판결은 근무실적에 따라 지급하는 임금이라 하더라도 최하등급을 받더라도 최소한도의 지급이 보장되어 있다면 그 최소한도의 금액은 고정적이어서 통상임금에 해당된다고 보고 있기 때문에 위의 경우 D등급을 받은 직원에게 20%를 지급한다면 20%는 통상임금에 해당된다. 따라서 이마저도 통상임금에서 제외시키고자 한다면 등급수 E를 추가한다든가 하여 최하등급을 0%로 하는 것이 필요하다.

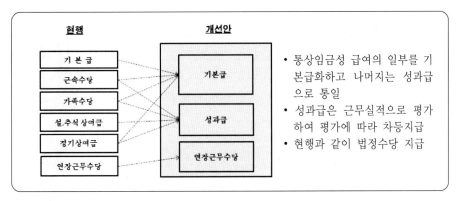

〈그림 4〉 성과급 임금체계 개편의 예

위의 <그림 4>는 연공급성 임금체계를 성과급성 임금체계로 개편한 간단한 예를 나타내고 있다. 여기서 기본급과 성과급의 비율을 어느 정도로 할 것인지, 그리고 고과등급 간의 성과급 차이는 어느 정도 할 것인지는 개별회사의 실정에 따라 정할 수 있는 것이나, 성과급제를 최초로 도입하는 경우라면 성과급비율을 10%나 20% 정도로 도입하여 근로자의 수용성을 증대시키고 성과주의 문화를 확산시킨 후에 성과급 비중을 높이는 것이 바람직하다 생각된다. 특히 호봉제와 같은 연공급제 임금체계의 경우 근속 연수에 따라 매년 호봉승급분만큼 임금이 상승하기에 성과급제 도입을 통해 고정급의 비중을 줄이는 것은 임금관리의 합리성을 위해서도 반드시 필요한 것이다. 즉 근속 연수가 증가함에 따라 일정 연령 이후에는 생산성이 이를 뒷받침하지 못하므로 호봉제 임금의 경우에는 근로자의 성과기여분에 비하여 임금을 과지급하게 되는 결과를 초래하기 때문이다.[184]

다음으로, 출근율에 따른 성과급 차등지급화를 들 수 있다. 즉, 매 2개월 단위로 성과급을 100%씩 지급하는 경우에 만근 시는 100%, 95% 이상 출근 시 90%, 90%

---

184) 600개 기업체를 대상으로 설문조사한 바에 의하면(김정한, "고령자 고용에 관한 단체협약 등 실태조사 및 개산방안 연구", 2008) 임금과 생산성 간의 관계는 아래와 같음.

(단위: %)

구분	입사 시	30세	35세	40세	45세	50세	55세
임금 > 생산성	41.3	12.3	5.5	7.2	14.3	30.8	45.8
임금 = 생산성	35.8	53.3	50.4	51.5	54.9	53.8	40.6
임금 < 생산성	22.9	34.4	44.1	41.3	30.8	15.4	13.6

이상 출근 시 80%, 90% 미만 시 0% 등과 같이 하거나, 아니면 90% 이상 출근 시 100% 지급, 90% 미만 출근 시 0%와 같이 변경하는 것이다. 이는 근무실적 평가가 용이한 직종에 적합한 것으로 이 경우에도 위에서 언급한 바와 같이 출근율에 따라 최소한도의 지급이 확정되어 있다면 그 한도 내에서는 통상임금에 해당된다.

이 같은 성과급체계로의 임금체계 개편으로 인해 기존의 법정 통상임금보다 통상임금이 적어지는 경우에는 취업규칙의 불이익변경에 해당되므로 근로자 과반수의 동의를 득해야 하고, 유리조건 우선원칙으로 인해 여타의 단체협약이나 근로계약서도 정비하여 규범충돌의 문제를 해결하여야 한다.

다. 경영성과급으로의 개편

통상임금에 해당되나 현재 통상임금에 포함시키지 않고 있는 상여금 등을 경영성과급으로 바꾸는 방법이다. 근로자의 업무성과를 평가하여 이를 성과급이나 업적급 형태로 지급하면 적어도 최소한도 지급이 보장되는 금액은 통상임금에 해당되나,[185] 개인에 대한 업무성과를 평가한 것이 아닌 회사의 경영성과에 따라 지급하는 경영성과급이나 인센티브, PS(Profit Sharing) 등은 통상임금도 아니며 심지어는 임금도 아니다. 대법원 판례도 "상여금이라 하더라도 계속적·정기적으로 지급되고 지급대상, 지급조건 등이 확정되어 있다면 이는 근로의 대가로 지급되는 임금의 성질을 가지나, 그 지급사유의 발생이 불확정적이고 지급조건이 경영성과나 노사관계의 안정 등과 같이 근로자 개인의 업무실적 및 근로의 제공과는 직접적인 관련이 없는 요소에 의하여 결정되도록 되어 있어 그 지급 여부 및 대상자 등이 유동적인 경우에는 이를 임금이라고 볼 수 없다"[186]라고 판시하고 있다. 따라서 통상임금에 해당하는 임금을 경영성과급으로 개편하는 방법으로 통상임금 문제를 해결할 수도 있다.

경영성과급은 경영성과목표를 정하고 이를 달성한 경우에 이에 따라 산정된 금액을 경영성과급으로 지급하는 것인데, 이러한 방식으로는 경제적 부가가치인

---

185) 물론, 업무성과를 평가하여 최하등급에 대하여는 지급하지 않는다면 이는 통상임금에 포함되지 않으나, 현실적으로 최하등급에게도 일정부분 지급할 수밖에 없는 상황이라면 이 부분에 한하여 통상임금에 해당됨.
186) 대법원 2013.4.11. 선고 2012다48077 판결.

EVA[187]방식, 영업이익방식, 기타 매출액이나 생산량방식 등 다양한 방법으로 정할 수 있다. 즉 어느 정도의 EVA를 달성하면 몇 %의 인센티브를 주겠다. 어느 정도의 영업이익을 달성하면 몇 %의 인센티브를 주겠다 등과 같이 회사의 경영목표 등을 감안하여 경영성과급을 설정하면 되는 것으로 삼성전자와 SK하이닉스의 경우에는 EVA방식으로 경영성과급제를 실시하고 있다.

이 같은 경영성과급제로의 변경에 따라 기존의 법정 통상임금보다 통상임금이 적어지는 경우에는 취업규칙의 불이익변경에 해당되므로 근로자 과반수의 동의를 득해야 하고, 유리조건 우선원칙으로 인해 여타의 단체협약이나 근로계약서도 정비하여 규범충돌의 문제를 해결해야 한다.

라. 업적급 변동화로 개편

연봉제를 채택하고 있는 기업에서 연봉의 구성형태로 기본연봉, 업적연봉으로 구성되는 경우가 일반적이다. 이 경우 각종 가산수당은 기본연봉을 기준으로 산정하고, 업적급은 전년도의 근무실적을 평가(업적평가)하여 이를 S, A, B, C, D 등과 같이 등급화하여 이를 당해 연도의 업적연봉으로 책정한다. 예로, 업적급을 월 기본급 기준 평균 800%로 책정한 경우 S는 1,000%, A는 900%, B는 800%, C는 700%, D는 600% 등과 같이 지급하는 경우, 2013년도 업적평가를 S등급을 받았다면 2014년도의 연봉책정 시 기본연봉 + 업적급 1,000%를 합한 금액이 책정연봉이 되는 것이다.

이 같은 성과형 연봉제를 실시하는 경우에 기업에서는 업적급을 제외한 기본연봉을 통상임금으로 보아 가산수당 등을 산정하였지만, 이번 대법원 전원합의체의 판결에 의하면 업적급도 통상임금에 포함된다는 것이다. 즉 "근로자의 전년도

---

187) 경제적 부가가치 EVA(Economic Value Added)란 기업이 영업활동을 통하여 얻은 영업이익에서 법인세, 금융, 자본비용 등을 제외한 금액을 말한다. 투자된 자본을 빼고 실제로 얼마나 이익을 냈는가를 보여주는 경영지표로서, 모든 경영활동의 목표를 현금흐름의 유입을 기준으로 기존사업의 구조조정과 신규사업의 선택, 그리고 업무의 흐름을 재구축시켜 기업의 가치를 극대화하는 경영기법이다. 회계상 공포된 세후영업이익에서 자본비용을 차감한 잔액인 EVA는 현금흐름의 현재가치에 의한 투자수익이 자본비용을 초과하는 크기의 합계로 계산된다. 이때 자본비용이란 주주, 채권자 등 투자자가 제공한 자본에 대한 비용이며, 외부차입에 의한 타인 자본비용과 주주 등의 이해관계자가 제공한 자기 자본비용의 가중평균값을 말한다. 1980년대 후반 미국에서 도입되었으며, 선진국에서는 기업의 재무적 가치와 경영자의 업적을 평가하는 데 있어 순이익이나 경상이익보다 많이 활용되고 있다. 이는 또한 새로운 투자에 대한 사전검증은 물론 사후평가까지 할 수 있다는 점에서 기업의 투자나 경영성과를 보다 근본적으로 파악할 수 있는 유용한 판단기준을 제공해준다. 그러나 자본비용 중에서 자기 자본비용은 기회비용의 성격으로 실제로 소요되는 비용이 아니기 때문에 객관적인 산출이 어렵고, EVA가 단순히 재무상태를 정확하게 나타내 줄 뿐 고객만족도나 내부평가, 성장성에 대해서는 알 수 없다는 단점이 있다(출처: http://terms.naver.com/entry.nhn?docId=411&cid=509&categoryId=509).

근무실적에 따라 당해 연도에 특정 임금의 지급 여부나 지급액을 정하는 경우, 당해 연도에는 그 임금의 지급 여부나 지급액이 확정적이므로 당해 연도에 있어 그 임금은 고정적인 임금에 해당하는 것으로 보아야 한다. 그러나 보통 전년도에 지급할 것을 그 지급시기만 늦춘 것에 불과하다고 볼만한 특별한 사정이 있는 경우에는 고정성을 인정할 수 없다"고 판시하고 있다.[188]

이처럼 전년도 근무실적을 평가하여 당해 연도에 지급하는 업적급은 그 지급 여부나 지급액이 확정되어 있기 때문에 통상임금이라 할 것인바, 이러한 문제를 해결하기 위해서는 아래와 같은 방법을 생각해 볼 수 있다.

첫째, 업적급을 포함하여 통상임금을 계산하는 방법이다. 이는 업적급이 통상임금에 해당되기 때문에 적법한 방법이라 할 것이나, 업적급이 연봉에서 차지하는 비중이 크기에 대폭적인 인건비 증가가 수반될 수 있으므로 도입이 쉽지 않다. 그러나 연장근무, 야간근무, 휴일근무를 실시하지 않는 사무직 근로자에 대해서는 도입을 고려해 볼 수 있는 방법이라 할 것이다.

둘째, 아래의 <표 3>과 같이, 업적급을 정기상여금과 같이 1임금지급기를 초과하여 지급하는 방법으로 임금체계를 개편하고 재직자 요건 등 추가적인 요건을 신설하는 방식이다. 이는 사무직 위주의 기준급 + 업적급 형태의 연봉제에 있어서 업적급은 과거 정기적인 상여금을 연봉제로 바꾸면서 성과에 따라 차등지급하는 업적급 형태로 바꾼 것이고, 이를 격월 또는 분기별도 지급하던 상여금을 매월 지급하는 것으로 바꾼 것이라는 점에서 보면 과거의 형태로 회귀하는 방식과 유사하다. 지급방식과 지급시기가 과거 상여금 시기와 유사하다고 하더라도 해당 상여금을 전년도 업적평가에 따라 지급한다는 면에서는 차이가 있는 것이라 할 것이다. 2014년 4월 한국GM노사는 사무직 직원에게 실시하던 성과형 연봉제를 연공급제(호봉제)로 개편하기로 합의하였는데, 이는 직원 간 경쟁격화로 인한 부정적인 조직문화를 개선하는 데도 그 목적이 있다고 하지만, 기존의 성과형 연봉제에서의 업적급이 통상임금에 해당되기 때문에 이러한 문제를 해결하기 위한 필요에서 연공급제 형태의 임금체계로 회귀한 면도 있다 생각된다.[189]

---

188) 대법원 2013.12.18. 선고 2012다89399 전원합의체 판결
189) 성과형 연봉제를 연공급제로 변경하기로 한 내용에 대하여 정확히 알려진 바는 없으나, 사무직 근로자들이 업적급

<표 3> 업적급 변경의 예

구분	현행	변경	비고
기본급	매월 분할지급	좌동	
업적급	• 업적평가에 따라 차등지급 • 산정된 업적급을 매월 분할 지급	• 업적평가에 따라 차등지급 • 산정된 업적급을 일정 기간마다 지급 • 재직요건 또는 출근율 요건 등 추가적 요건 추가	• 좌동 • 격월/분기 등으로 변경 • 추가적 요건 신설
법정수당	매월 법정수당 지급	좌동	

셋째, 전년도의 업무실적을 평가하고 이를 전년도에 지급한다거나 경영성과급 등으로 임금체계를 개편하여 지급하는 방법이 있을 수 있다. 물론, 전년도 업무실적으로 평가하고 이를 전년도에 지급한다고 하더라도 이는 위에서 언급한 바와 같이 최소한도가 보장된다면 보장되는 최소한도는 통상임금에 해당된다는 점을 간과하면 안 된다.

이 같은 업적급 변동화로의 임금체계 개편은 취업규칙의 불이익변경에 해당되므로 근로자 과반수의 동의를 득해야 하고, 유리조건 우선의 원칙으로 인해 여타의 단체협약이나 근로계약서도 정비하여 규범충돌의 문제를 해결하여야 한다.

마. 연공급제(호봉제) 임금체계 개편

임금체계는 연공에 따른 연공급제, 직무의 상대적 가치에 따라 임금을 지급하는 직무급제, 직무수행능력에 따라 임금을 지급하는 직능급제 등으로 구분할 수 있는바, 이를 간략히 요약하면 아래의 <표 4>와 같다.

에 대하여 통상임금에 해당한다고 소송을 제기한 상태에서, 2013.12.18. 대법원 전원합의체의 판결은 전년도 근무실적에 따라 확정적으로 지급하는 업적급은 통상임금이라고 판시하고 있으므로, 연공급제로 전환하면서 업적급을 생산직과 같이 격월에 지급하기로 하고, 지급일 현재 재직 중인 자에게 지급하는 것으로 합의하는 등 통상임금에서 배제했을 가능성이 있음.

<표 4> 임금체계의 비교

구분	연공급	직무급	직능급
개요	학력, 근속 연수 등의 연공에 기초해서 임금을 지불하는 제도. 일반적으로는 연공요소를 주로 하고 직무수행능력, 업적, 직무 가치 등의 요소를 부가하여 평가기준으로 삼고 있음.	담당 직무의 상대적 가치에 따라 일정급여액을 정하고 동일한 직무를 수행하는 경우 동일한 임금을 지급하는 제도	직무수행능력(현재능력,잠재능력)을 고려하여 동일한 직무를 수행하더라도 개인의 직무수행능력을 판단하여 임금을 처리하는 제도

유형	• 연령급: 연공요소 중 종업원의 연령이 주요 평가기준이 되는 것으로 생활급적 형태가 강한 임금형태
	• 근속급: 당해 조직에 얼마나 오래 근무하였느냐 하는 근속 연수 기준에 따라 임금을 지불하는 형태(호봉제급여)
		• 평점별 단순직무급: 직무평가 결과 평점마다 그 직무의 급여액을 결정하는 형식으로 한 직무에 한 급여액을 적용
		• 직급별 직무급: 직무평가에 따라 직무를 등급화함
		  - 직급별 단일직무급: 직무평가의 평점이 비슷한 몇 개의 직무를 일괄해서 직급을 만들고 직급마다 단일급여액 결정
		  - 직급별 범위직무급: 동일 직급에 대한 급여액에 폭을 갖게 하고, 그 폭 중에서 승급을 인정하는 형태
			• 임금항목의 구성형태에 따른 구분
			  - 순수형 직능급
			  - 병존형 직능급
			• 직능급 결정방법에 따른 구분
			  - 직능등급법 직능급
			  - 능력평정법 직능급
			• 실시절차
			  - 직능분류
			  - 직능등급 구분 설정
			  - 개인등급 부여
			  - 직능체계에 따른 급여 설계 설정
			  - 인사고과, 업적평가와의 연계

특징	• 조직의 안정화와 생활안정, 위계질서의 확립, 실시가 용이하다는 장점이 있음. • 전문기술인력의 확보 곤란, 인건비 부담의 가중, 소극적이고 종속적인 근무태도의 야기, 능력 있는 젊은 층의 사기 저하라는 부정적 측면이 있음.	• 직무에 상응하는 급여지급, 개인별 임금차 불만의 해소, 동일노동에 동일임금의 원칙에 충실하다는 장점이 있음. • 직무내용의 명확, 직무의 안정, 고임금수준, 적정한 직무평가 방법 등이 직무급 실시의 전제조건이나 대부분이 이러한 조건을 충족시키기 어려움. • 직무와 능력의 결합이 잘 되지 않는다는 점이 중요한 단점임. • 특히 장기근속자에게 불리한 임금임. • 이동(순환배치)과 다능화 요구를 충족시킬 수 없음.	• 직능구분의 명확화, 능력개발·능력평가를 어떻게 할 것인가 하는 점이 선결요건이고 계획 전에 교육훈련, 적정배치가 뒤따라야 함. • 직위승진을 보상받는 계층과 직능급의 승진(급여보상)을 보상받는 계층으로 구분되어 보상의 기회가 확대되는 효과가 있음. • 학력이나 화이트칼라, 블루칼라 구분 없이, 근속에 따라 동일한 직능자격등급을 부여받을 수 있는 기회가 확대되므로 노사공동체 형성에 기여할 수 있음.

출처: 최종태, 『현대임금관리론』, 1992, 박영사, 169쪽.

현재 호봉제와 같은 연공급제 임금체계는 근속 연수가 증가함에 따라 호봉이 상승되어 지속적으로 임금이 상승되는 구조이다. 고용노동부의 2013년 사업체노동력조사에서 볼 때 100인 이상 사업체의 71.9%가 호봉급제를 운영하고 있으며, 이는 규모가 클수록 호봉급 도입비율이 높은 것으로 나타나고 있다(100인 미만 36.0%, 300인 이상 79.6%). 또한, 연봉제는 확산되고 있으나 무늬만 연봉제를 운영하고 있으며, 직능급도 근속중심으로 승격이 이루어지고, 직무급도 호봉급을 유지하면서 직무수당 형태로 운영하고 있는 실정이다.[190] 이 같은 임금체계에서는 근속 연수에 따라 지속적으로 임금이 상승하고 임금이 생산성을 초과하게 되어 보상의 합리성이 떨어지고 기업에 막대한 인건비 부담으로 작용하게 된다. 따라서 연공급제 임금체계를 직무중심(직무급), 능력중심(직능급), 성과중심(성과급), 또는 이들을 혼합한 형태(예로 직무성과급 등)와 같은 임금체계로의 개편이 반드시 필요하게 되고, 그렇지 않다면 적어도 연공성을 완화하여 임금의 생산성 역전현상을 방지하는 조치가 필요하다.

호봉제(연공급제)라고 하여 무조건 나쁜 제도라고 인식하는 것은 잘못된 시각이다. 우리나라가 과거 수십 년 동안 연공급제 형태의 임금체계를 운영하면서 발전해 왔던 점을 볼 때 나름대로 합리적인 제도였다고 할 수 있다. 그러나 무한경쟁의 시대로 기업의 환경이 바뀌면서 연공급제의 합리성이 떨어졌을 뿐이나 아직도 안정적인 상태에서 장기근속이 요구되는 기업에 있어서는 연공급제가 적합하다 할 것이다. 그렇다 하더라도 생산성에 부합하도록 임금에 대한 합리적인 조정을 통해 아래의 <그림 5>와 같이 나이가 많아질수록 호봉인상액(임금피치)를 완화하여 연공성을 완화하는 조치가 필요하다고 할 수 있다.

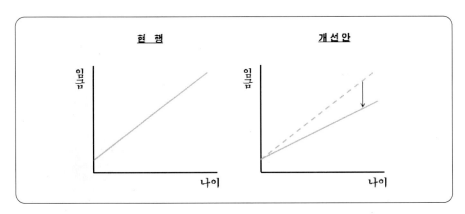

〈그림 5〉 임금기울기 조정을 통한 연공성 개선

---

190) 고용노동부, "통상임금 노사지도지침", 20014, 49쪽에서 재인용.

연공성을 완화하는 방향의 호봉제 개편은 현 호봉표 분석 → 호봉상승 방식 결정 → 호봉표 재설계의 단계로 진행하면 된다. 특히 호봉제를 개편하면서 평가를 통해 고성과자는 2호봉 상승, 보통은 1호봉 상승, 저성과자는 호봉상승 없음과 같이 설계한다면 연공성을 완화하고 성과형을 가미한 성과형 연공급제(호봉제)가 되는 것이다.

호봉표 분석		호봉상승 방식 결정		호봉표 재설계
• 호봉분포 및 호봉 간 차액 분석 • 생산성 분석 • 호봉상승에 따른 임금인상과 생산성 증가를 비교	→	• 호봉차액과 생산성 증가에 따른 호봉 간 차액 결정 • 성과반영 여부 결정	→	• 호봉표 재설계. • 이 경우 생계비, 지불능력, 시장임금 등을 반영하여 호봉표 재설계

출처: 고용노동부, "새로운 미래를 여는 합리적 임금체계 개편 매뉴얼", 2014에서 수정 인용.

이같이 연공성을 완화하거나 또는 성과를 가미한 연공급제로의 변경은 취업규칙의 불이익변경에 해당하므로 근로자 과반수의 동의를 득해야 하고, 유리조건 우선의 원칙으로 인해 여타의 단체협약이나 근로계약서도 정비하여 규범충돌의 문제를 해결해야 한다.

바. 직무급 임금체계로 개편

직무급이란 직무의 상대적 가치에 따라 임금을 결정하는 방식을 말한다. 따라서 직무급제하에서는 근속 연수나 학력 등과 무관하게 해당 직무를 수행하면 동일한 임금을 지급하는 것이다. 따라서 직무급하에서는 임금과 생산성과의 역전현상 이슈는 문제가 되지 않는다. 즉, 근속 연수가 증가한다고 하더라도 직무가 변동되지 않는 한 임금의 변화는 없으므로[191] 장기근속에 따른 고임금화 현상을 억제할 수 있고, 동일한 직무에는 동일한 임금을 지급하므로 근로자별 임금에 있어서 차별문제가 발생하지 않는다. 그러나 직무급은 직무평가라는 복잡한 과정이 전제되어야 하고, 직무평가에 상당한 시간과 비용이 소요되는 단점이 있을 수 있으며, 또한 직무가 바뀌면 임금도 바뀌므로 직무이동이 원활하지 않기에 다기능공을 양성하는 데 적절하지 못하다.

---

191) 직무급이라고 하더라도 임금인상(Base-up)에 따라 실질적으로 임금이 인상되며, 또한 상위직무로의 이동(승진, Step-up)에 따라 임금이 인상됨.

한편 직무급제 개편의 경우, 직무의 상대적 가치에 따라 임금이 결정되어 합리성이 있기는 하지만, 동일한 직무를 수행하는 사람 간의 임금격차가 없어 동기유발이 어려운 단점이 있을 수 있다. 따라서 단일직무급이 아닌 범위직무급, 즉 브로드밴딩(broad banding)을 통해 직무급을 기반으로 하면서 성과급적 요소를 가미한 직무성과급은 좋은 대안이 될 수 있다. 아래에서는 직무급 도입절차를 자세히 설명해보고자 한다.

우선, 직무급을 도입하기 위해서는 직무분석이 우선되어야 한다. 직무분석이란 직무에 대한 정보를 수집하고 이를 분석하는 것을 말하는 것으로 직무분석의 결과로 직무기술서와 직무명세서를 작성한다. 직무기술서는 직무수행과 관련된 정보를 기술한 문서이고, 직무명세서는 해당 직무를 수행하는 데 필요한 자격요건을 기술한 문서이다. 그러나 최근에는 직무기술서와 직무명세서를 통합하여 사용하는 것이 일반적이다. 아래의 <표 5>는 직무기술서와 직무명세서를 비교한 표이다.

〈표 5〉 직무기술서와 직무명세서

구분	직무기술서	직무명세서
개요	• 직무수행과 관련된 과업 및 직무행동을 중심으로 기술한 양식(직무특성을 기술) • 직무기술서의 내용은 특정 직무의 내용을 조직 전체와 연계하여 기술	특정 직무를 수행하기 위해 요구되는 지식, 기능, 육체적·정신적 능력 등 인적 요건을 중심으로 기술한 양식
포함 내용	• 직무명칭, 직무코드 • 직무의 소속 직군·직렬 • 직급(직무등급) • 직무개요(Job summary) • 미션(Mission) • 직무를 이루고 있는 구체적인 과업의 종류 및 내용 • 직무의 책임과 권한 • 직무수행 방법 및 절차 • 보고 채널 및 다른 직무와의 관계 • 직무수행 시 사용되는 재료, 장비, 도구 • 직무의 투입물, 산출물 • 작업조건 • 업무상 대인관계, 대내외 접촉기관 • 직무수행자의 수	• 직무명칭, 직무코드 • 직무의 소속 직군·직렬·직종 • 요구되는 교육수준 • 요구되는 지식 • 요구되는 역량 • 요구되는 기능·기술 • 요구되는 정신적·육체적 능력 • 요구되는 경험 • 인성·적성 • 가치 • 태도 • 성별 • 적정 연령 • 자격·면허

일반적 요건	• 명확성: 직무를 잘 모르는 사람도 쉽게 이해할 수 있도록 정확하게 작성 • 단순성: 읽는 사람으로 하여금 시간 낭비가 되지 않도록 간략하게 작성 • 완전성: 특정 직무에 관한 모든 중요한 정보나 내용을 빠짐없이 포함 • 일관성: 상호 모순된 내용, 의미, 용어를 일관성 있게 기술

출처: 이홍민, 『강한조직 만들기』, 중앙경제, 2008.

둘째, 직무기술서와 직무명세서를 바탕으로 직무평가를 실시한다. 직무평가란 직무의 상대적 가치를 평가하는 것으로 이는 직무급 도입의 기초가 된다. 직무평가는 우선 무엇을 평가할 것인지를 결정하여야 한다. 평가기관 등에 따라 다양한 요소를 직무평가 요소로 사용하고 있지만, 일반적으로 숙련(Skill), 노력(Effort), 책임(Responsibility), 직무조건(Job Condition)의 4가지 범주로 구분하고 있으며, 컨설팅사들은 아래의 <표 6>과 같이 평가요소를 Imput-Throughput-Output으로 구분하여 평가항목을 정하고 있다.

〈표 6〉 주요 컨설팅사의 직무평가요소

구분	Input	Throughput	Output
Hay consulting	• 기술적 노하우 • 관리적 노하우 • 대인관계 기술 (28%)	• 사고의 환경 • 사고의 도전도 (24%)	• 직무의 규모 • 행동의 자유도 • 영향력의 특징 (48%)
Watson Wyatt	• 교육 • 경험 • 대인관계기술 (75%)	• 적성(Mental-aptitude) • 기량(physical-skill) (25%)	-
Mercer consulting	• 지식 (27.5%)	• 의사소통 • 혁신 (25.9%)	• Impact (46.6%)
Towers Perrin	• 자격 • 경험 • 전문성의 넓이 • 전문성의 깊이 (25%)	• 내부의사소통 • 외부의사소통 (25%)	• 비즈니스 goal 달성 • 의사결정 • 지원관리(인력, 자금) (50%)
미국인사관리처 (OPM)	• 요구지식 • 대인관계 • 대인관계의 목적 (49%)	• 지침 • 복잡성 • 직무환경 • 신체요건 (27%)	• 범위와 효과 • 감독 및 통제 (24%)
영국고위공무원단 (JESP)	• 전문성 • 직원관리 (32%)	• 판단력 (23%)	• 영향력 • 책임성 (45%)

출처: 정해열, 『아무도 가르쳐 주지 않는 직무성과급』, 교보문고, 2011.

한편 직무평가 시에 어떠한 방법으로 평가할 것인지를 선택해야 한다. 직무평가의 방법으로는 서열법, 분류법, 요소비교법, 점수법 등 다양한 방법이 있지만, 일반적으로 점수법과 서열법이 많이 활용되는데, 각 방법의 특징은 아래의 표와 같다.

〈표 7〉 직무평가 방법 비교

구분	비계량적/종합적		계량적/분석적	
	서열법	분류법	점수법	요소비교법
정의	직무의 중요도와 장점에 따라 서로 간에 순위를 정하는 방법	기준에 따라 설정된 등급을 통하여 직무의 중요도를 평가	평가요소별 점수를 부여한 후 총 점수를 산출하여 평가	대표직무를 선정한 후 점수를 평가하고 타 직무와 비교하여 평가
사용빈도	가장 적음	중간	가장 많음	중간
척도형태	서열	등급	점수	점수, 대표직무
비교방법	직무와 직무	직무와 기준	직무와 기준	직무와 직무
요소의 수	없음	없음	11~12개	7개 이하
장점	• 간단명료 • 서열구분이 용이 • 직무를 전체적인 관점에서 평가	• 간단명료 • 평가기준을 이해하기 쉬움.	• 평가척도 산정이 용이 • 다양한 항목 평가 가능 • 상대적 가치판단이 용이 • 결과의 신뢰성이 높음.	• 직무별 객관적인 평가 가능 • 평가척도를 각 항목에 공통 사용 • 기업의 특수직무에 적합하도록 설계 가능
단점	• 평가자의 주관 개입 가능성 • 일정한 표준이 없음 • 직무 수가 많으면 서열 구분이 어려움 • 팀 간 계측 간 상대평가가 곤란.	• 각 단계의 수준을 정의하기 어려움. • 한 직무가 팀에 따라 여러 등급기준에 적용될 수 있음. • 직무 수가 많으면 등급분류가 어려움.	• 평가척도 구분이 어려움. • 직무단위별 점수배점이 어려움. • 시간과 비용이 많이 소요	• 대상직무 선정이 어려움. • 등급기준이 주관적일 수 있음. • 시간과 비용이 많이 소요 • 척도 구성이 복잡하여 이해하기 어려움.

출처: 이홍민, 『강한 조직만들기』, 중앙경제, 2008, 85쪽.

셋째, 직무평가가 이루어졌다면 다음으로는 직무등급을 확정하여야 한다. 직무등급을 구분하는 방법은 등대간격법, 증대간격법 등이 있으나, 일반적으로 아래의 <그림 6>과 같이, 직무평가 결과 산출된 각각의 직무값을 나열하면 점수격차에 따라 몇 개의 직무등급으로 나열할 수 있으므로 이러한 방법을 통해서 직무등급을 결정할 수 있다.

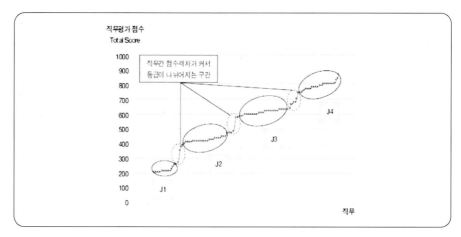

출처: 고용노동부(2007), 직무분석 및 직무평가 가이드북

〈그림 6〉 직무등급 구분

　　한편 몇 개의 직무등급을 구분할 것인지를 결정해야 한다. 과거 미국기업들도
20~30개에 달하던 직무등급을 최근에 브로드밴드(Broadband)화하여 10개 이내
심지어는 5개 이내로 단순화시키고 있고, 국내에서도 대체로 4~7개의 직무등급
으로 하고 있다. 따라서 직무값 간의 차이나 개별기업의 인사정책 등을 고려하여
직무등급의 수를 결정하여야 한다. 아래의 〈그림 7〉은 GE사의 사례로 14개에 달
하던 등급을 4개의 브로드밴드로 축소한 경우이다.

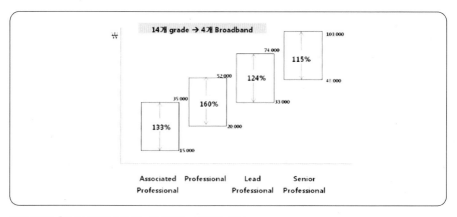

출처: 정해열, 『아무도 가르쳐 주지 않는 직무성과급』, 교보문고, 2011.

〈그림 7〉 GE의 직무등급 수 사례

넷째, 직무등급이 결정되었다면, 각 직무등급에 따른 임금을 결정하여야 한다. 이러한 임금을 결정함에 있어서는 생계비, 기업의 지불능력, 시장임금, 노사 간 협상력 등을 감안하여 결정하나, 일반적으로 생계비보장을 임금의 최저한도로 하고 기업의 지불능력을 상한으로 하여 경쟁사나 동종사 등의 시장임금수준을 반영하고 노동조합이 있는 경우에는 노사 간 교섭에 따라 임금을 결정하게 된다. 한편 직무급의 경우에도 단일직무급은 저성과자와 고성과자 간의 임금차이가 발생하지 않기에 동기유발기능이 미비하여 고성과자가 이직하는 등 불만이 제기될 수 있고, 저성과자의 경우에는 노동가치에 비하여 임금을 높게 받는 무임승차의 역기능이 나타날 수도 있다. 따라서 평가를 통해 임금에 차등을 두는 직무성과급제를 가미할 수 있는 것이고, 이는 합리적인 임금관리방안이라 할 것이다. 아래의 <그림 8>은 직무성과급제의 예로 직무등급을 GⅠ, GⅡ, GⅢ, GⅣ와 같이 4개의 직무등급으로 구분한 경우로 근로자 개인에 대한 성과평가를 통해 S, A, B, C, D의 5개 등급으로 구분한 후 각 직무등급에 근로자 개인의 평가등급을 반영하여 임금을 결정하는 방식이다. 여기서 각 직무등급은 한국의 전통적인 직급체계 (Korean Tittle) 기준으로 볼 때 GⅠ은 사원, GⅡ는 대리, GⅢ은 과장－차장, GⅣ는 부장급 정도 된다고 보면 되나, 이 같은 직급은 외형상 호칭의 문제일 뿐 임금은 각 직무등급에 의해 결정되는 것이다.

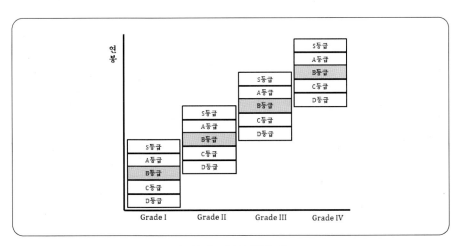

〈그림 8〉 직무성과급의 예

평가에 따라 임금의 차이를 두는 직무성과급의 경우에는 직무등급이 결정된 이후 성과에 따라 어느 정도 임금을 인상할지를 결정하여야 한다. 일반적으로 직무등급 내의 급여수준을 3단계(상, 중, 하)나 5단계(S, A, B, C, D) 등으로 분류하여 각 등급 내 급여수준과 평가(성과) 등급에 따른 차등인상기준(Merit Matrix)을 설정한 후 임금인상 시 이러한 Matrix를 기준으로 차등 임금인상(Merit Increase)시키는 것이다.

아래의 <표 8>은 Q1, Q2, Q3, Q4는 각 직무등급의 임금(최저임금~최고임금)을 4등분 한 Merit Matrix로 1st Quartile(Q1)은 하위 25%, 2nd Quartile(Q2)은 26%~50%, 3rd Quartile(Q3)은 51%~75%, 4th Quartile(Q4)은 76%~100%를 말하는 것이다. 즉, Q1에서 Q2, Q3, Q4로 올라갈수록 특정근로자의 임금이 해당 직무등급 내에서 상위에 위치하고 있음을 나타내주고 있다. 따라서 일반적으로 성과평가결과 같은 평가등급을 받는다 하더라도 직무등급 내의 급여 수준이 높은 근로자보다는 낮은 근로자에 대하여 임금인상을 더 높게 해주게 되는 것이다. 예로, 임금교섭 등으로 임금인상률(X)을 5% 인상키로 했다면, S등급을 받아 Q1에 속한 직원 갑(甲)은 임금인상(Base-up) 5% 외에 추가로 3%를 합한 8%의 임금인상이 되지만, S등급을 받아 Q4에 속한 직원 을(乙)은 5%만 인상하게 되는 것이다.

〈표 8〉 차등인상 기준(merit matrix) 예

평가등급	직무등급 내의 급여 수준			
	Q1	Q2	Q3	Q4
S	X+3%	X+2%	X+1%	X+0%
A	X+2%	X+1%	X+0%	X-1%
B	X+1%	X+0%	X-1%	X-2%
C	X+0%	X-1%	X-2%	X-3%
D	X-1%	X-2%	X-3%	X-4%

한편 근로계약은 당사자 간 합의에 의하여 결정되는 것이고, 임금은 근로계약의 중요한 사항이므로, 위와 같은 임금인상 기준에도 불구하고, 당사자의 동의 없이는 전년도 임금보다 삭감하기는 곤란하고, 따라서 위 Matrix의 기준에 의거 상위 Quartile에 속한 저성과자라고 하더라도 전년 임금보다 삭감하기는 현실적으로

어렵다. 그러나 연봉이 기준급 + 업적급(성과급)으로 명확히 구분되어 있는 상태에서 아래의 <표 9>와 같이 업적평가에 따라 업적급이 결정되는 구조라면 근로자의 동의 없이도 연봉삭감은 가능하다. 즉, 기준급이 줄어들지 않는 한도 내에서 전년도 업적평가 S등급에 따라 1,000%의 업적급을 받았다가 당해 연도 업적평가 결과 D등급에 따라 600%의 업적급을 받게 되어 기준급과 업적급을 합한 연봉이 전년도에 비하여 줄어들게 된다 하더라도 이는 가능한 것이다.

〈표 9〉 업적급 지급율 예

평가 등급	S등급	A등급	B등급	C등급	D등급
업적급지급율	1,000%	900%	800%	700%	600%

이 같은 직무성과급제로의 임금체계 개편은 취업규칙의 불이익변경에 해당되므로 근로자 과반수의 동의를 득해야 하고, 유리조건 우선원칙으로 인해 여타의 단체협약이나 근로계약서도 정비하여야 규범충돌의 문제를 해결할 수 있다.

사. 직능급 임금체계로 개편

직능급이란 근로자의 직무수행능력에 따라 임금이 결정되는 제도를 말한다. 즉, 직무를 수행하기 위해서 필요한 특정의 지식이나 기술 혹은 역량을 평가하여 임금을 결정하는 것을 말한다. 여기서 직무수행능력이라 함은 현재적인 능력만이 아니라 잠재능력까지도 포함하는 종합적인 능력을 말하는 것이다.[192] 직능급은 연공급과 유사점이 있고, 큰 변화 없이 도입될 수 있다는 점에서 기존 연공급제 임금체계나 인사관리 관행과 친화적이며, 개인의 능력 수준을 평가한 성적에 따라 차등적으로 임금을 인상하기 때문에 근로자의 직무수행능력 향상을 촉진하며 개인 간 경쟁을 유발하는 장점이 있다. 반면, 직급이 높은 근로자의 고임금화 현상을 유발하여 임금부담이 증가하고, 능력평가가 형식적으로 이루어질 경우 연공급과 다를 바 없게 되는 단점이 있다. 이 같은 직능급은 성장이 정체되고 승진정체가 발생하기 시작한 기업 또는 개인의 능력향상과 생산성 향상이 필요한 기업

---

192) 양병무 외, 『직능급의 이론과 실무: 능력주의 임금관리의 모색』, 노동경제연구원, 1993.

등에 적절하다.

한편 직능급과 유사한 숙련급이 있다. 숙련급도 학력, 경력, 근속, 자격 등 직무수행능력을 반영하여 숙련등급을 정하고 숙련등급에 따라 임금을 결정하는 임금체계라는 면에서는 직능급과 유사하다. 그러나 숙련급은 해당 직무수행능력만을 평가함에 비해, 직능급은 해당 직무수행능력뿐만이 아니라 일반적인 직무수행능력도 평가한다는 점에서 다르다. 이러한 숙련급은 숙련도에 따라 성과가 향상되는 업무에 적합하므로 사무직보다는 생산직에 적합한 임금체계라 할 것이다. 또한, 역할급은 근로자가 수행하는 역할에 따라 임금을 지급하는 임금체계이다. 이는 직능급에 비하여 임금의 연공성 억제가 가능하고 직무분석과 직무평가를 실시하지 않고 간편하게 실시할 수 있다는 장점이 있는 반면, 능력개발의 동기부여 기능이 약하고 역할 범위를 벗어나는 협력촉진이 곤란하다는 단점이 있다.[193]

직능급의 종류로는 아래의 <표 10>과 같이 연공적 자격제도를 기초로 한 직능급, 능력적 자격제도를 기초로 한 직능급, 직능자격제도를 기초로 한 직능급 등이 있다.

〈표 10〉 직능급의 종류

구분	내용
연공자격제도 기반의 직능급	근로자의 능력을 평가하여 자격을 부여하는 직능자격기준이 연공요소를 중심으로 설정된 경우를 말하며, 직능자격기준은 학력, 연령, 근속 연수 등이 대표적임.
능력자격제도 기반의 직능급	근로자의 능력을 평가하여 자격을 부여하는 직능자격기준이 능력요소를 기준으로 설정된 경우를 말하며, 능력단계별 자격기준을 설정하고 각 단계에 따라 임금을 책정하는 제도
직능자격제도 기반의 직능급	근로자의 직무수행능력을 평가하여 자격을 부여하는 직능자격기준에 의거 임금을 책정하는 제도

현 임금체계를 직능급으로 개편하기 위해서는 직능분류 → 직능자격등급 설계 → 직능급 임금표 설계 방식으로 진행된다.

직능분류	→	직능자격등급 설계	→	직능급 임금표 설계

---

193) 안종태 외 8인, 『정년 60세 시대 인사관리 이렇게 하자』, 호두나무, 2013, 444~445쪽.

첫째, 직능급을 도입하기 위해서는 우선 직능을 분류해야 한다. 이는 각 직능의 회사 내 위치를 개괄적으로 규정하는 것으로, 일반적으로 아래의 <표 11>과 같이 관리층, 감독층, 실무층으로 분류하고 개념정의를 하는 것이다.

<표 11> 직능분류의 예

직능구분	정의	업무
관리층	해당 부문에서의 업무를 총괄하는 책임과 권한을 가지고 부문을 효율적으로 관리하기 위하여 의사결정을 행하고 그것을 실천하기 위하여 조직과 부하를 지휘통설 및 지도·육성하는 자	관리 업무
감독층	일정한 범위의 라인업무 및 그 보조업무에 대하여 부하를 지도 감독하고 또 직접 수행하는 자	숙련 업무
실무층	전문지식 및 실무지식을 바탕으로 기획, 조정, 연구, 조사, 지도 등의 사무적 업무를 실시하거나 필요한 보조업무를 실시하는 자	단순 업무

출처: 최종태, 『현대임금관리론』, 박영사, 1992, 195쪽에서 수정 인용.

둘째, 직능자격등급을 설계하여야 한다. 직능자격제도란 기업이 기대하는 직무수행능력(직능)을 직종별·등급별로 분류하고 이를 바탕으로 육성, 평가, 보상하는 제도를 말한다. 따라서 직능자격제도에서는 무엇보다도 직능자격 등급의 설계가 중요한 것이다. <표 12>와 같이, 일반적으로 일반직능, 감독직능, 관리직능 등과 같이 분류된 직능을 세분하고, 직능등급 수를 정한다. 자격등급 수는 정해진 등급 수가 있는 것이 아니라 회사의 규모 등 상황을 고려하여 결정하면 된다. 또한, 초임등급을 결정하여야 하는데, 일반적으로 고졸은 J-1급, 전문대졸은 J-2급, 대졸은 J-3급 등으로 정하는 것이 그 예이다. 초임등급이 결정되고 나면 승격연수를 설정하여야 하는데 일본의 경우에는 전혀 승격연수를 정하지 않는 회사, 표준승격연수만을 표시한 회사, 최단 승격연수만을 명시한 회사, 최장 승격연수만을 명시한 회사, 최단·최장·표준연수를 모두 명시해 둔 회사 등 다양하므로 회사의 형편에 따라 정하면 된다.

<表 12> 직능등급 및 정의

직능자격		등급 정의
관리 직능	M-9급	통솔업무, 고도전문업무
	M-8급	상급관리업무, 상급전문업무
	M-7급	관리업무, 기획, 조사, 연구, 개별 등 전문업무
감독 직능	S-6급	지도감독업무, 입안업무, 관리보좌 업무
	S-5급	지도업무, 입안보조업무
	S-4급	판단업무, 하위지도업무
일반 직능	J-3급	판단정형 업무
	J-2급	숙련정형업무
	J-1급	단순정형업무, 보조업무

출처: 양병무·안희탁, 『직능급의 이론과 실무』, 노동경제연구원, 1993.

직능자격등급이 설계되면 아래의 <표 13>과 같이 직능요건서를 마련하여야 한다. 이는 자격등급별로 어떤 일을 어느 정도 처리하여야 하는가에 대한 기대와 요구, 기능·지식·태도 등을 어느 정도 갖추어야 하는가에 대한 능력요건 등을 매뉴얼화한 것이다. 이처럼 직능자격등급별로 그에 따른 직능요건이 설정되면 이를 목표로 직원들 각자의 경력개발관리를 할 수 있고, 조직은 적절한 교육훈련을 설계할 수 있게 된다.[194]

<표 13> 직능요건서

등급	기준

M-9급	• 기업의 전력적 의사결정에 입각하여 관리적 의사결정을 담당하는 자로서 회사의 기본 정책 및 전반적 전략을 파악하고 이의 효율적인 수행을 위하여 해당 부서의 정책과 전략을 결정하며 이를 실행하는 데 책임을 지는 직능
	• 필요기능
	  - 기업경영 전반의 전략에 대한 지식과 판단력
	  - 담당 부서의 정책 및 전략 결정 능력
	  - 기업 전체 정책 및 전략과 해당 부서의 정책 및 전략과의 연계 및 통합 능력
	  - 담당 부서의 조직관리 및 부하직원 통솔
	  - 회사의 기본정책·전략수립에 필요한 해당 부서 기능 및 역할에 대한 정보 제공 능력
	  - 타부서와의 협력 능력

M-8급	• 기업의 전략적 의사결정에 입각하여 관리적 의사결정을 담당하는 자로서 회사의 기본 정책 및 전반적 전략을 파악하고 이의 효율적 수행을 위하여 해당 부서의 정책과 전략 결정에 보조적 참여를 하며 상사를 보좌하는 직능 • 필요기능 - 기업경영 전반의 정책과 전략에 대한 이해능력

194) 양병무·안희탁, 『직능급의 이론과 실무』, 노동경제연구원, 1993, 84쪽.

M-8급	- 담당 부서의 정책 및 전략결정에의 참여능력 - 담당 부서의 조직·원가관리 능력 - 기업 외부 및 타부서에 대한 섭외 능력 - 담당 부서에서 지휘·통솔능력 및 부하 육성·지도 능력
M-7급	• 기업의 정책 및 해당 부서의 정책이나 방침에 의거하여 소부문(과) 또는 이에 준하는 조직업무에 대하여 자주적으로 기획·운영하며, 업무추진에 대한 실질적 책임을 지고 부하를 관리하는 동시에 상사를 보좌하는 직능 • 필요기능 - 해당 부문의 조직 및 원가관리능력 - 해당 부문의 구성원 간 이해조정능력 및 회사 내 관련 부서, 기업 외부에 대한 섭외능력 - 해당 부문에서의 지휘·통솔능력 및 부하 육성·지도능력 - 해당 부문 내 업무개선능력 - 부서 내 2개 이상 소부문의 실무능력
S-6급	• 해당 부서의 정책 및 방침에 의거하여 소부문(과) 또는 이에 준하는 조직업무에 대하여 자주적으로 기획 운영하며, 부하를 관리하는 동시에 상사를 보좌하는 직능 • 필요기능 - 소부문(과)의 조직 및 원가관리 능력 - 해당 부문 내에서의 이해 조정능력 및 사내 관련 부서에 대한 섭외 능력 - 해당 부문 내에서의 지휘·통솔능력 및 부하 육성·지도능력 - 해당 부문 제 업무개선 능력 - 소부문 내 실무능력
S-5급	• 해당 부문의 일반적인 관리지침에 의거하여 담당 분야의 세부에 걸친 전문적 지식과 다년간의 경험을 토대로 소집단(계) 또는 이에 준하는 조직의 업무를 기획·조직·운영하고 동시에 부하를 지도 감독하는 직능 • 필요능력 - 해당 소집단에서의 지휘 통솔력 및 부하 육성·지도능력 - 해당 부문 내 이해 조정 및 갈등해결 능력 - 해당 소부문 내 실무능력 및 개선 능력
S-4급	• 담당업무에 대한 지침에 의거하여 자신의 전문적 지식과 경험을 바탕으로 판단 및 창의로서 업무를 수행하며 부하를 육성·지도하는 직능 • 필요능력 - 부하의 지도·육성 및 지휘·통솔능력 - 해당 소부문 내 실무능력 - 해당 소부문 내 개선능력
J-3급	• 세부지식 및 일정 기준에 의거하여 비교적 고도의 기능·지식·경험을 토대로 일상의 정형적 업무를 수행하며 필요시에는 하급자를 지도하는 직능 • 필요능력 - 자신의 직무분야에서의 개선 능력 - 비교적 한정된 업무수행능력
J-2급	• 구체적인 지시 및 일정 순서에 따라 업무에 대한 실무지식·경험·기능을 토대로 일상의 정형적 업무를 단독으로 수행하는 직능 • 필요능력 - 비교적 한정된 업무의 수행능력 - 해당 부분의 한정된 업무의 개선능력
J-1급	• 상세하고 구체적인 작업지시 및 정해진 순서에 따라 특별한 경험 없이도 단순한 정형적 업무나 반복적 업무를 보조적으로 수행하는 직능 • 필요능력 - 해당 부문의 한정된 업무의 수행능력 - 문제인식 및 제기능력

출처: 양병무·안희탁(1993), 전게서에서 수정 인용.

셋째, 직능급 임금표를 설계하여야 한다. 직능급 임금표를 설계함에 있어서 순수한 100% 직능급으로 설계할 수도 있지만, 연공급 또는 직무급에 직능수당과 같이 직능급적 요소를 반영하여 설계하는 것도 가능하다. 또한, 각 직능자격에 따른 직능급임금을 설계하되, 각 직능자격등급을 호봉에 따라 상승시키거나 직능자격에 따른 범위직능급을 정한 후 평가에 따라 임금의 차등을 두는 것도 가능하다. 아래의 <표 14>는 직능급 호봉표의 예이다.

이 같은 직능급제로의 임금체계 개편은 취업규칙의 불이익변경에 해당하므로 근로자 과반수의 동의를 득해야 하고, 유리조건 우선의 원칙으로 인해 여타의 단체협약이나 근로계약서도 정비하여 규범충돌의 문제를 해결하여야 한다.

〈표 14〉 직능급 호봉표 예

구분	J-1	J-2	J-3	S-4	S-5	S-6	M-7	M-8	M-9
1호봉	1,500,000	1,800,000	2,100,000	2,600,000	2,900,000	3,200,000	3,800,000	3,900,000	4,000,000
2호봉	1,530,000	1,830,000	2,130,000	2,640,000	2,940,000	3,240,000	3,850,000	3,950,000	4,050,000
3호봉	1,560,000	1,860,000	2,160,000	2,680,000	2,980,000	3,280,000	3,900,000	4,000,000	4,100,000
4호봉	1,590,000	1,890,000	2,190,000	2,720,000	3,020,000	3,320,000	3,950,000	4,050,000	4,150,000
5호봉	1,620,000	1,920,000	2,220,000	2,760,000	3,060,000	3,360,000	4,000,000	4,100,000	4,200,000
6호봉	1,650,000	1,950,000	2,250,000	2,800,000	3,100,000	3,400,000	4,050,000	4,150,000	4,250,000
7호봉	1,680,000	1,980,000	2,280,000	2,840,000	3,140,000	3,440,000	4,100,000	4,200,000	4,300,000
8호봉	1,710,000	2,010,000	2,310,000	2,880,000	3,180,000	3,480,000	4,150,000	4,250,000	4,350,000
9호봉	1,740,000	2,040,000	2,340,000	2,920,000	3,220,000	3,520,000	4,200,000	4,300,000	4,400,000
10호봉	1,770,000	2,070,000	2,370,000	2,960,000	3,260,000	3,560,000	4,250,000	4,350,000	4,450,000
11호봉	1,800,000	2,100,000	2,400,000	3,000,000	3,300,000	3,600,000	4,300,000	4,400,000	4,500,000
12호봉	1,830,000	2,130,000	2,430,000	3,040,000	3,340,000	3,640,000	4,350,000	4,450,000	4,550,000
13호봉	1,860,000	2,160,000	2,460,000	3,080,000	3,380,000	3,680,000	4,400,000	4,500,000	4,600,000

아. 임금체계 개편 사례

위에서 언급한 바와 같이 다양한 방법으로 임금체계를 개편할 수 있는바, 이에 대한 사례를 간단히 언급하는 것이 독자들에게 도움이 될 것 같아 몇 가지 사례를 간략히 소개하고자 한다.[195]

---

195) 고용노동부(2014), 새로운 미래를 여는 합리적 임금체계 개편 매뉴얼의 사례를 인용하였음.

(1) 임금구성항목 단순화

1) 일반 현황

1966년 설립된 C사는 자본금 795억 원, 근로자 수 약 480명 수준(2006년 기준)
의 중견기업으로서 건설, 조선, 자동차, 가전 등의 제품생산에 필요한 핵심 소재
를 제조·공급하는 회사이다.

2) 개선 이전

C사의 임금은 호봉테이블에 따라 확정된 기본급과 14개의 각종 수당으로 구성
되어 있었다.

3) 개선 방법

명칭과 성격이 불분명한 복잡한 수당들을 최대한 기본급에 통합하면서 전체적
인 임금구성을 인센티브와 기본급 및 제 수당의 구조로 단순화함. 기본급은 개인의
성과와 역량평가 결과에 따라 S, A, B, C 등급을 부여하고 차등적으로 인상한다.
평균 기본급 인상률을 중심으로 ±3% 이내의 소폭 차등을 원칙으로 한다.

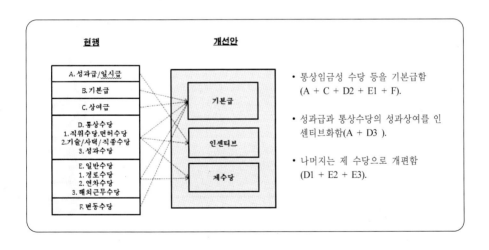

(2) 연공성 개선

1) 일반 현황

B사는 1980년 필름판매주식회사로 출범하여 현재 필름, 디카 현상 등 영상정보에 대한 종합 서비스를 제공하는 업체로 근로자 수가 300여 명, 매출액이 2,200억 원(2007년 기준)에 달한다.

2) 개선 이전

A사는 경쟁회사에 비해 전반적으로 임금수준이 높지 않으며, 근로자 중 1, 2급 간부급 근로자는 연봉제를 적용하고, 3급 이하의 사무직과 생산직은 1년에 2호봉이 승급하는 직급별 호봉제를 적용하고 있었다. 1, 2급에 적용하는 연봉제도 약간의 보너스를 차등 지급하는 수준의 형식적인 연봉제였다. A사의 임금은 직급별 호봉제 형태의 기본급과 제 수당, 그리고 기본급에 연동해서 정기적으로 지급하는 고정상여로 구성되어 있었다.

직급별 호봉제여서 직급 승격이 정체되면 임금수준도 정체되고, 성과에 대한 보상 장치가 미흡하였다. 또한, 상여가 성과와 무관하게 고정적으로 지급되어 동기유발 기능이 적었다.

구분	항목구성	인상방법	문제점
기본급	직급별 호봉	기본급인상(Base-up)+ 호봉승급(정기승급 2호봉, 특별승급 3호봉)	- 승격정체가 저임금으로 연결 - 고성과자가 성과에 따른 고임금을 받을 기회가 없음. - 저성과자에 대한 마땅한 자극이 없음.
상여	고정상여 (통상임금*800%)	통상임금 연동 인상	- 당기 업적, 성과를 반영할 수 없음. - 기본급과 연동되어 인상되므로 고정비용이 커짐. - 실적 우수 부서, 실적 부진 부서에 대한 차별적인 보상 가능성이 미흡

3) 개선 방법

직급별 호봉제에서 평가 성적 등급에 따라 3호봉(30%), 2호봉(40%), 1호봉(30%)씩 승급하는 고과호봉제로 개선함. 기존의 고정상여는 모두 인정하되, 매년 인상재원의 50%는 기본급에 반영하고, 나머지 반은 일시금 형태의 업적상여금으로 부서와 개인의 평가 성적 등급별로 차등지급한다.

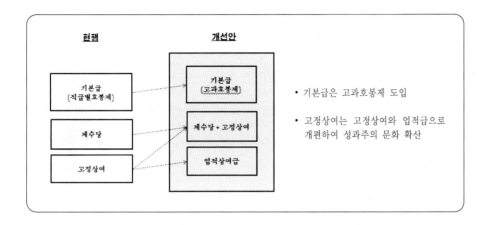

(3) 직무급으로 개편

1) 일반 현황

1965년 설립된 D사는 신문용지 및 중질지 제조업체임. '07년 말 기준으로 총자산 6,871억 원, 납입자본금 4,614억 원, 상시근로자 수가 750명이며 매출액이 6,100억 원에 달한다.

2) 개선 이전

성과와 연계되지 않은 연공급을 운영함. 고직급, 고연령 근로자가 증가함에 따라 인건비 상승에 대한 부담이 지속적으로 증가한다.

인당 인건비는 1999년 41.5백만 원에서 2003년 53.9백만 원으로 지속적으로 증가하는 등 인건비 비율이 매년 상승한다.

3) 개선 방법

연공이 아닌 직무에 따라 직급을 결정하고 직무의 가치를 반영하여 직무등급별 기본급 범위를 설계한다.

임금을 기본급과 성과급으로 구성하고, 평가에 따라 개별 근로자의 임금을 조정한다.

임금인상은 공통으로 적용되는 기본인상과 개인별 차등인상으로 구분한다.

평가결과 점수에 따라 임금등급이 결정되며, 차등적으로 인상한다.

평가는 수행 직무에 대한 역량평가, 직무의 결과인 성과평가 등으로 실시한다.

직무 · 역량평가 및 성과평가 산출 예시					
		수	우	미	양
직무 · 역량평가	점수		86.0		
성과평가		100	85	70	55

* 임금등급 S: 100~90점, A: 90~80점, B: 80~70점, C: 70~60점, D: 60~50점
* 직무 · 역량평가 x 40% + 성과평가 x 60%
* 직무 · 역량평가 86.0, 성과평가 70점을 받았다면
  직무 · 역량평가 86.0 x 40% + 성과평가 70 x 60% = 76.4점으로 B등급 부여함.

임금등급에 따른 차등인상 테이블					
구분	S	A	B	C(기준등급)	D
가(최고등급)	1.0α	0.7α	0.4α	0.1α	0
나	1.3α	1.0α	0.7α	0.4α	0.1α
다	1.6α	1.3α	1.0α	0.7α	0.4α
라(기준등급)	1.9α	1.6α	1.3α	1.0α	0.7α
마	2.2α	1.9α	1.6α	1.3α	1.0α
바(최하등급)	2.5α	2.2α	1.9α	1.6α	1.3α

임금등급 배분 비율				
S	A	B	C	D
A의 3% 이내	10%	20%	합계 70%	

(4) 업종별 임금체계 개편 모델

이장원(2014)[196]은 사례 및 실태조사 결과를 통해 은행사무직, 병원 간호사, 그리고 자동차부품제조사 생산직의 임금체계 개선모델을 제시하고 있는데, 이를 소개하면 아래와 같다.

---

196) 이장원, "정년연장과 임금체계 개편방향: 업종별 접근", 『임금체계 개편 대토론회 자료집』, 2014.

구분	은행 사무직	병원 간호사	자동차제조사 생산직
업종·직종 특성	· 정부의 은행업 독과점적 보호로 과다경쟁을 지양하고 상대적으로 안정성을 추구하는 조직문화가 존재 · 연공급형 임금체계, 높은 임금수준, 명예퇴직으로 인해 임금피크제가 유명무실	· 초임에 대한 시장임금이 형성되어 있음 · 직무배치 및 노동이동이 숙련도에 의해 결정 · 동일 직종 내 유사임금수준에 대한 관심과 수렴현상 · 정년 전 시장퇴장이 보편적이고 현재는 인력이 부족한 상태	· 기본급이 낮고 시간외수당이 많은 구조 · 완성차는 연공급형, 부품사는 직무급형의 이원적 임금체계와 상당한 임금격차 · 대기업은 임금피크제 없는 정년연장이 되는 상황이고, 중소기업은 정년보장이 힘든 상황
종합 개선 방안	· 단기적으로는 임금피크제를 활성화(직무개발 치중 및 감액조정) · 장기적으로 일반직형 역할중심 숙련급체계와 전문직형 직무급체계라는 dual ladder로 전환(약 40세 이후) · 40세까지는 숙련급형 임금체계로 연공급 부분 개선	· 단기적으로는 시장임금정보의 개선과 확산촉진 · 장기적으로는 광의의 직무(직종)급을 기반으로 하되 숙련급적 요소 혼합 · 노동력 공급 부족 상황을 고려해 중장년층의 단계적 직무확대 및 전환에 따른 전문직 임금체계 유도	· 단기적으로는 완성차에서 직무전환을 통한 추가적 정년연장과 임금피크제 간 교환 · 장기적으로 기존 연공급(완성차), 또는 직무급(부품사) 임금체계에 생산성을 반영한 숙련급으로 전환 운영하다가 생산성이 떨어지는 연령(40대 중반 이후)에서는 직무(직무난이도)에 따르는 직무급으로 전환되는 S자 형태
임금 수준 결정	· 기본급은 숙련급으로 가 다중반 이후 역할급과 직무급으로 분화 · 임금의 상승은 숙련급에서는 숙련상승, 역할급은 직급상승, 직무급은 직무 전환에 의하되 공히 직능적 요소와 성과차로 부분상승	· 기본급은 숙련기반 직종 급이고 중장년 이후는 직무급 체계 · 임금의 상승은 직종급에서는 실무에 의한 숙련향상, 자격취득 등의 직능적 요인, 직무급에서는 직무나 직급(역할)의 변화	· 기본급은 숙련급으로 하 되 완성차는 연공적 기존 체계개선, 부품사는 단일 직무급적 기존체계 개선에 초점을 두고, 40대 중반 이후에는 공히(숙련을 반영한) 직무급적 체계로 전환 · 임금의 상승은 숙련급에 서 숙련 향상, 직무급체계에서는 직무전환과 숙련 향상에 의하되 공히 성과 차이로 부분적 상승
성과 요소 반영	· 평사원(노조원)=집단 성과급 · 간부급=개별 성과급 · 임금구성비는 총액의 30% 내외	· 평간호사(노조원)=집단 성과급과 개별 성과급 · 중장년 이후=개별 성과급 · 임금구성비는 총액의 20% 내외	· 40대 중반 이전=집단 성과급 · 40대 후반 이후=개별 성과급 및 집단 성과급 · 임금구성비는 총액의 20% 내외

3. 근로시간 단축을 통한 대응

통상임금 문제의 핵심은 통상임금에 기초하여 가산되는 연장·야간·휴일근무수당이라 할 것이다. 물론, 통상임금에 따라서 산정되는 연차수당 등도 있으나, 기업이 통상임금문제로 어려움을 겪는 것은 위와 같이 50% 가산하여 지급하는 연장·야간·휴일근무수당이 그 핵심이라는 데는 누구도 부인하지 못한다.

그렇다면 근로시간을 단축해서 연장근무나 휴일근무를 실시하지 않도록 하는 방안을 생각해 볼 수 있는데, 이러한 방법으로는 아래와 같은 방법을 생각해볼 수 있다.

첫째, 추가적인 인원충원 없이 연장근무나 휴일근무를 단축하는 방법이다. 근무기강을 확립하여 근무시간에 업무집중도를 높이고 불가피하게 연장근무나 휴일근무를 하게 되는 경우라도 반드시 사전에 상사의 승인하에 시행토록 하여 임의적 연장근무 등을 통제하는 것이다. 아래의 행정해석과 같이 상사의 승인이 없는 연장근무에 대해서는 연장근무로 인정하지 않아도 되기 때문이다.

사용자의 근무지시 없이 근로자가 자발적으로 소정근로시간 이외에 근무한 경우에는 연장근무수당을 지급하지 않아도 된다(근기68207-1036, 1999.5.7 등).

근로기준법 제52조의 규정에 의한 연장근로의 제한은 1주간의 법정 기준근로시간 이외에 12시간을 초과하여 근무할 수 없다는 것으로서 휴일근로시간은 동조에서 정한 연장근로시간에는 포함되지 않는 것으로 보며, 사용자의 근무지시 없이 근로자가 자발적으로 소정근로시간 이외에 근무한 경우에는 근로기준법 제55조의 가산임금을 지급하지 않더라도 법 위반으로 볼 수는 없음. 한편 법정기준근로시간을 초과하여 근로하게 할 경우에는 근로기준법 제52조(연장근로의 제한)의 규정에 따라야 함.[197]

사용자와 근로자의 합의에 의하여 연장근로가 이루어진 것이 아니라, 사용자의 요구와 관계없이 근로자가 채권회수성과를 높여 성과수당을 더 받기 위하여 자기의 의사에 의하여 연장근로를 했을 뿐 아니라, 사용자의 채권회수 독려가 단순히 성과를 높이라는 독려일 뿐 명시적으로 근로자들에게 연장근로를 요구한 것은 아니라면, 달리 볼 사정이 없는 한 사용자가 법 제55조에 의한 연장근로가산수당을 지급할 의무는 없음.[198]

둘째, 추가인원 확충을 통해 연장근무 등을 단축하는 방법이다. 물론, 추가인원 확충에 따른 인건비가 증가하므로 경영여건이 양호한 기업에서 활용할 수 있는 방법이다. 그러나 추가인원을 투입함에 있어서 반드시 정규직 인력을 투입할 것이 아니라 단시간 근로자나 계약직 등을 투입하여 인력운용의 탄력성을 도모하며 추진한다면 비용문제의 부담을 줄일 수 있다. 현재 정부는 시간제 일자리를 창출하여 주간 15시간 이상 30시간 미만의 시간제 근로자를 고용하는 경우에 월 80만원 한도 내에서 지급임금의 50%를 1년간 한도로 지원하고 있으므로 정부의 지원금을 받을 수 있는 방법으로 추가인원을 채용한다면 인원증가에 따른 추가부담은 어느 정도 완화할 수 있는 것이다.

---

197) 근기68207-1036, 1999.5.7.
198) 근로기준과-4380, 2005.8.22.

〈표 15〉 시간제 일자리 창출 지원금 제도

1. 지원요건
• 고용창출지원사업 중 시간제 일자리 지원은 당해 연도 예산의 범위 내에서 지원하는 사업으로서 사업
  주로부터 사전에 사업계획을 공모받아 민간수탁기관 심사위원회의 심사를 거쳐 선정된 경우에만 지원
• 사업주가 직무의 분할, 근무체계 개편 또는 새로운 시간제직무 개발 등 시간제 일자리 마련을 위한 제
  도를 새로 도입하거나 확대

시간선택제일자리창출 유형	창출유형 내용
장시간 직무 분할	근로시간 단축을 통해 장시간 근로 해소 및 생산성 증대를 목적으로 시간선택제 근로자를 추가 고용
피크타임 해소	업무량이 집중되는 시간대에 추가로 시간선택제 근로자를 고용
우수인력 확보	일·가정 양립, 퇴직 준비 등의 사유로 시간선택제 일자리를 원하는 인재의 확보를 위해 시간선택제 일자리 창출
기타	

• 사업주가 근로계약기간의 정함이 없는 시간제근로자를 신규로 고용
  - 실업자를 고용보험 피보험자로 고용
  - 소정근로시간이 주 15시간 이상 30시간 이하(4주를 평균하여 1주 동안의 근로시간)이면서 기간의 정
    함이 없는 근로계약을 체결
  - 사업주는 시간선택제 근로자에 대해 「기간제 및 단시간근로자 보호 등에 관한 법률」 제8조에 따라
    임금 등 근로조건에 있어 통상근로자와 차별을 하여서는 아니 됨
• 지원대상 근로자의 실 고용유지 기간이 3개월 이상
• 다음 어느 하나에 해당하는 경우에는 지원 제외
  - 1개월 동안의 소정근로시간이 60시간 미만인 근로자(1주 소정근로시간이 15시간 미만인 자 포함)
  - 월 소정근로시간의 10%를 초과하여 연장근로를 한 경우(해당 월에만 지원금을 지급하지 아니함)
  - 지원 대상 근로자 고용 전 3개월부터 고용 후 12개월까지 지원대상 사업장 소속 근로자(지원대상 근
    로자보다 나중에 고용한 근로자는 제외한다)를 고용조정으로 이직시킨 경우(감원한 인원수의 2배수
    에 해당하는 인원수에 대해 지급하지 아니함)
  - 사업주의 배우자, 4촌 이내의 혈족·인척
  - 해당 사업장의 업무수행과 관계없는 사유로 지원 대상 기간 중 통합하여 30일 이상 국외에 체류한 자
  - 외국인 근로자

2. 지원수준 및 기간
• 근무일 및 기업규모별 한도

근무일	2012년	2013년	2014년
대규모기업	40만 원	60만 원	60만 원
우선지원대상기업	40만 원	60만 원	80만 원

• (2014년 이후) 새로 고용된 시간제근로자 1명당 월 80만 원(대규모 기업은 월 60만 원)을 한도로 하여
  사업주가 지급한 임금의 50%를 1년의 기간 내에서 지급
• 지원 대상 근로자 수는 사업계획서를 제출한 날이 속한 달의 마지막 날에 그 사업장에 소속된 피보험
  자 수의 15%(우선지원대상기업은 30%) 한도로 지원. 단, 최소 지원인원 한도는 소속 근로자 수와 관계
  없이 3명으로 함
• 시간선택제 근로자를 최초 3개월 고용유지한 경우 3개월분을 지급하고 이후에는 실 근속기간에 따라
  지원금을 지급(지급 단위기간은 3개월)

4. 보상휴가제 활용을 통한 대응

근로기준법 제57조에 "사용자는 근로자대표와 서면합의에 따라 제56조에 따른 연장근로, 야간근로 및 휴일근로에 대하여 임금을 지급하는 것을 갈음하여 휴가를 줄 수 있다"고 규정하고 있다. 이처럼 보상휴가제란 연장근로, 휴일근로, 및 야간근로에 대하여 임금으로 보상해주는 대신 휴가로서 보상해주는 제도를 말한다. 따라서 연장근무 등으로 추가적인 임금이 수반되는 경우 연장근무수당 지급에 갈음하여 휴가를 주는 것으로 통상임금 문제를 해결할 수도 있는 것이다.

여기서 연장근무에 갈음하여 휴가를 부여한다면 어느 정도 휴가를 주어야 하는지가 문제가 될 수 있는데, 연장·휴일·야간근무에 대하여 통상임금의 50% 이상을 가산하여 지급하도록 근로기준법 제56조는 규정하고 있으므로 보상휴가를 부여하고자 할 경우에는 실 연장·휴일·야간근무에 50%를 가산한 시간만큼 휴가를 부여하면 된다. 즉, 1일 4시간의 연장근무를 하였다면 '4시간×1.5=6시간'의 보상휴가를 부여해야 하는 것이다. 그러나 휴가는 1일 단위로 부여하는 것이 일반적이므로 매 연장·휴일·야간근무한 횟수마다 보상휴가를 부여하기보다는 이를 1주일이나 2주일 또는 1개월 단위로 적치하여 휴가를 부여하거나 8시간 단위로 적치하여 부여하는 것이 바람직하다고 할 것이다.

한편 보상휴가제는 회사의 일방적인 결정에 따라 실시하는 것이 아니라 근로자대표와의 서면합의를 통해 실시해야 하는 것이다. 따라서 회사에서 일방적으로 실시하는 것은 유효하지 아니하며, 근로자대표는 근로기준법 제24조 3항에 의거 과반수로 조직된 노동조합이 있는 경우에는 그 노동조합을 의미하고 과반수로 조직된 노동조합이 없는 경우에는 근로자 과반수를 대표하는 자를 말하며, 근로자 과반수를 대표하는 자는 근로자들의 자율적인 결정에 의하여 특정인을 근로자대표로 선정하면 된다.

5. 임금피크제 도입을 통한 대응

통상임금 문제는 임금피크제를 통해서 해결할 수도 있다. 300인 이상의 기업과 공공기관이 2016년 1월 1일부터 정년이 60세로 의무화[199])되는 상태에서 정기상여금 등이 통상임금에 포함될 시 임금이 생산성을 초과할 수 있고, 이는 결국 기업의 막대한 인건비 상승으로 이어져 기업의 경쟁력을 저하시키는 원인이 된다. 따라서 임금피크제 도입을 통해 임금과 생산성 역전문제를 해결한다면 이는 통상임금문제를 해결하는 하나의 대안이 될 수 있다.

가. 임금피크제의 개념

임금피크제란 근로자는 정해진 연령까지 고용을 보장받는 대신 특정연령을 정점으로 임금을 동결하거나 감액시키는 제도를 말한다. 즉, 근속 연수 증가에 따라 지속적으로 임금이 인상되는 임금체계를 일정한 연령 이후에는 생산성이나 업무성과에 비례하도록 기존의 임금을 줄이거나 임금인상을 정지시키는 방식으로 변경하고 대신 근로자의 정년을 보장하거나 연장하는 제도를 말하는 것이다. 이로 인해 근로자는 고용 불안 없이 정해진 기간까지 근무하게 되어 고용의 안정성이 증가되고, 기업은 생산성에 미치지 못하는 고령자의 인건비 절감을 통해 직무 내지는 성과에 기반한 임금을 지급하게 되어 임금관리의 합리성을 제고할 수 있으며, 더 나아가 절감된 인건비를 통해 신규인력을 확보할 수 있고, 정부는 인구 고령화에 따른 생산인력 부족문제를 해결하고, 비경제활동 노령인구에 대한 사회보장비용 부담을 완화할 수 있다

현재 우리나라의 경우 2003년 신용보증기금이 인사적체 등을 이유로 임금피크제를 도입한 이래 2014년 삼성전자에서도 도입하는 등 많은 기업이 도입하고 있다.

---

199) 고용상 연령차별금지 및 고령자 고용촉진에 관한 법률 제19조에서 정년 60세를 의무화하였으나, 부칙으로 상시 300명 이상의 근로자를 사용하는 사업 또는 사업장, 「공공기관의 운영에 관한 법률」 제4조에 따른 공공기관, 「지방공기업법」 제49조에 따른 지방공사 및 같은 법 제76조에 따른 지방공단은 2016년 1월 1일, 상시 300명 미만의 근로자를 사용하는 사업 또는 사업장, 국가 및 지방자치단체는 2017년 1월 1일부터 시행토록 하였음.

나. 임금피크제의 종류

임금피크제는 크게 정년보장형, 정년연장형, 고용보장형의 3가지 종류가 있는데, 2008년 고용노동부의 임금피크제 실태조사를 보면 조사대상 105개의 기업 중 정년연장형이 52개사(49.5%), 정년보장형이 31개사(29.5%), 고용연장형이 22개사(21%) 순으로 나타나고 있다. 아래에서는 임금피크제 유형을 좀 더 자세히 설명하고자 한다.

〈표 16〉 임금피크제 유형 도입실태

		사례 수	특정직급 이상		전 직원	
전체		105	44	41.9	61	58.1
임금피크제 유형	정년보장형	31	18	58.1	13	41.9
	정년연장형	52	14	26.9	38	73.1
	고용연장형	22	12	54.5	10	45.5

출처: 고용노동부. "임금피크제 실태조사", 2008.

(1) 정년연장형

정년연장형 임금피크제란 기존의 정년을 연장하는 대신 특정시점부터 점진적으로 임금을 삭감하는 형태이다. 즉, 아래의 <그림 9>와 같이, 정년이 58세인 경우에 정년을 2년 연장하되, 2년 전부터 임금의 일부를 감액하는 방식을 말한다. 여기서 임금피크연령을 몇 세로 할 것인지 그리고 임금감액을 어느 정도 할 것인지에 관해서는 개별회사의 임금수준과 생산성 및 정년연장 기간 등을 종합적으로 분석하되, 감액되는 임금에 비하여 정년연장에 따른 향후 소득액이 많아야 근로자의 동의를 얻을 수 있다는 점을 유념해야 한다.

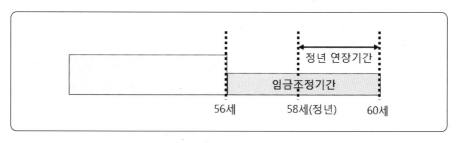

〈그림 9〉 정년연장형 예시

그러나 2016년부터 정년연장이 의무화되고 있으므로 정년연장형 임금피크제를 도입한다고 하더라도 기존의 일반적인 방식인 현 정년 이전부터 임금을 삭감하는 방식은 근로자의 동의를 받기 어려워 도입이 쉽지 않을 것으로 예상된다. 따라서 삼성전자의 예와 같이 현재의 정년까지는 기존의 임금을 보장하고, 현재의 정년보다 연장되는 기간 한도 내에서 일정한 비율에 의거 임금을 감액하는 방식이 향후 일반적인 방식일 것으로 생각된다. 정년연장형 임금피크제를 도입한 사례는 아래의 <표 17>과 같다.

〈표 17〉 정년연장형 도입사례

기업	내용	시기
LG전자	형태: 정년연장(만 55세→58세) 내용: 56세부터 10%씩 삭감	2007.3.
LG디스플레이	형태: 정년연장(만 55세→58세) 내용: 56세부터 10%씩 삭감	2006.12.
LG마이크론	형태: 정년연장(만 55세→58세) 내용: 56세부터 10%씩 삭감	2007.3.
LS전선	형태: 정년연장(만 58세→60세) 내용: 53세부터 임금인상 정지(호봉승급은 유지) 59세와 60세는 피크연령의 85% 지급	2008.1.
유한킴벌리	형태: 정년연장(만 55세→57세) 내용: 56세부터 신입기준 5년차 연봉	2007.1.
아세아제지	형태: 정년연장(만 55세→58세) 내용: 56세부터 1호봉에 임금에 10% 더한 금액	2006.1.
삼성전자	형태: 정년연장(만 55세→60세) 내용: 56세부터 전년 임금의 10% 감액한 금액	2014

출처: 임금피크제 매뉴얼(2009, 코원) 및 신문기사 참고로 작성.

(2) 정년보장형

정년보장형 임금피크제란 기존의 정년을 보장하는 대신 일정연령을 기준으로 이후의 임금을 일정수준 삭감하거나 동결하는 형태이다. 아래의 <그림 10>과 같이 58세인 정년을 보장하되, 정년 전인 56세부터 임금을 삭감하는 방식을 말한다.

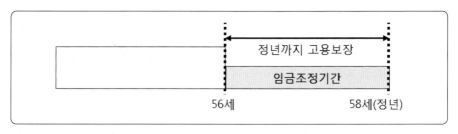

<그림 10> 정년보장형 예시

    이는 외형상 근로자들에게 별다른 혜택이 없는 것으로 보이나, 대다수 국내 기업이 명예퇴직, 희망퇴직 등을 실시하여 근로자들이 느끼는 체감정년이 40대를 넘지 않는다는 현실을 고려해 볼 때, 고용관계가 불안한 기업에 근무하는 근로자들에게는 실제로 10년 이상 근속을 연장하는 효과를 가져 올 수 있다.[200] 그러나 2016년 정년 60세가 의무화되고 있는 시점에서 60세 이전으로 정년을 규정하고 있는 기업에서 이 같은 정년보장형 임금피크제는 도입 필요성이 상실되었다. 다만, 60세를 초과하는 정년을 정한 기업에 있어서는 도입을 고려해 볼 만한 제도라 할 것이다. 특히 정년보장형 임금피크제도를 도입하면서 정년까지 고용을 보장하면서 임금은 일부 삭감하나, 학자금이나 의료비 등 복지제도는 동일하게 부여하는 경우라면 정년보장형 임금피크제는 회사에게는 인건비 부담을 줄일 수 있다는 장점이 있고, 근로자에게는 고용불안에서 해방되고 학자금 등 각종 복지혜택의 수혜를 정년까지 지속적으로 받을 수 있다는 장점이 있어 노사 양측에 수용성이 높은 제도라 할 것이다.

<표 18> 정년보장형 임금피크제 도입 예

기업	내용	시기
대한전선	형태: 정년보장 내용: 만 50세 이상은 정년(57세)까지 임금 동결	2003.11.
한국컨테이너 부두공단	형태: 정년보장 내용: 정년 3년 전 퇴직, 계약직으로 재채용하여 전문요원으로 근무 연봉은 1년차 75%, 2년차 55%, 3년차 35%	2004.1.
서울신문	형태: 정년보장(만 55세) 내용: 만 51세부터 90%, 85%, 80%, 75%, 75% 감액	2007.3.

---

200) 임금피크제 매뉴얼, 코윈, 2009, 31쪽.

대한주택공사	형태: 정년보장(58세) 내용: 1급 59세 4년 전부터 10%씩 감액, 2급 58세 3년 전부터 10%씩 감액	2005.
한국수자원공사	형태: 정년보장 내용: 정년 3년 전부터 10%씩 감액, 선택형제도	2004.7.
신용보증기금	형태: 정년보장 내용: 직무조정 및 임금조정(연차적으로 임금삭감 1년차 75%, 2년차 55%, 3년차 35%) 직무전환	2003.7.

출처: 임금피크제 매뉴얼(2009, 코원).

(3) 고용연장형

고용연장형 임금피크제란 정년연령에 도달한 경우 일단 정년퇴직시키되, 촉탁이나 기간제 형태 등으로 일정 기간 재고용하면서 임금을 조정하는 방식이다. 이 경우 임금을 조정하는 기간과 관련하여 <그림 11>과 같이 정년퇴직 후의 임금을 감액하는 방식과 <그림 12>와 같이 고용연장을 조건으로 정년 전 일정 기간부터 임금을 조정하는 방식이 있다.

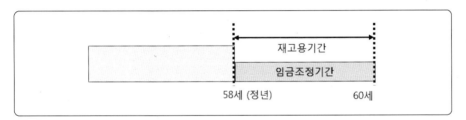

〈그림 11〉 고용연장형 예시(정년 후 고용연장방식)

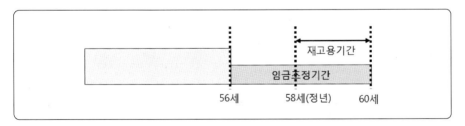

〈그림 12〉 고용연장형 예시(정년 후 고용연장방식)

이 같은 고용연장형 방식의 임금피크제 또한 정년 60세 의무화에 따라 상대적으로 도입 가능성이 낮은 제도이다. 다만, 정년 60세 이후에 추가로 고용을 연장하는 방식으로는 그 도입 가능성이 상대적으로 높을 것으로 보인다.

특히 이 같은 고용연장형 임금피크제의 경우 정년퇴직 후 재고용하면서 기존의 과도한 임금(생산성에 미치지 못하는 임금)을 생산성에 부합하도록 자유롭게 조정/감액할 수 있다는 장점이 있고, 또한 근속 연수가 새로이 기산되므로 인해서 연차수당이나 퇴직금 부담을 줄일 수 있다는 장점이 있다.

한편 기간제 및 단시간 근로자 보호 등에 관한 법률 제4조에 의거, 사용자는 2년을 초과하지 아니하는 범위 내에서 기간제 근로자를 사용할 수 있고, 이를 초과하여 사용한 경우에는 기간의 정함이 없는 근로계약을 체결한 것으로 보는 것이지만, 고령자와 근로계약을 체결하는 경우에는 동법상의 계약기간의 제약을 받지 않는다. 여기서 고령자란 고용상 연령차별금지 및 고령자고용촉진에 관한 법률 제2조 제1호 및 동법 시행령 제2조에 의거 55세 이상자를 말하는 것이다. 따라서 55세 이상자를 정년퇴직시킨 후 고용연장형 임금피크제에 따라 재고용한 경우 2년을 초과하더라도 이로 인한 무기계약직(기간의 정함이 없는 계약직)화 등 근로계약 기간에 따른 구애를 받지 않으므로, 자유로이 근로계약을 정할 수 있다.

〈표 19〉 고용연장형 임금피크제 도입 예

기업	내용	시기
한국산업은행	형태: 고용연장(만 55세→59세) 내용: 퇴직 후 계약직으로 재채용, 직무전환, 직전연봉의 80%, 70%, 60%, 50%	2005.1.
수출입은행	형태: 고용연장(만 58세→59세) 내용: 만 55.5세가 지난 전 근로자를 대상으로 매년 10～70%씩 삭감, 직무전환(연수원 교수, 컨설턴트, 연구조사위원)	2005.1.
한국감정원	형태: 고용연장(만 58세→59세) 내용: 정년 이후 별정직으로 채용, 조사 및 관리 업무 부여, 직전 56세부터 직전연봉의 80%, 70%, 50% 지급	2004.10.
우리은행	형태: 고용연장형(만 58세→59세) 내용: 만 55세 도래자 중 직무등급 M등급인 자를 대상으로 별정직으로 채용, 전직 지원 프로그램	2005.1.
광주은행	형태: 고용연장형(만 58세→59세) 내용: 정년 이후 별정직으로 전환, 56세부터 직전연봉의 70%, 60%, 40% 지급	2005.1.

출처: 임금피크제 매뉴얼(2009, 코윈).

다. 임금피크제의 도입절차

임금피크제는 인건비 및 인력구조 진단→모델설계→노사협의 및 규정정비의 순으로 진행된다.

우선, 임금피크제는 사전 인력구조나 인건비지급여력 등에 대한 진단을 통해 임금피크제에 대한 필요성을 인식하여야 하고, 이는 사전에 노사 간에 어느 정도 공감대를 형성하는 것이 필요하다. 노사 간에 공감대가 형성되지 않는 상태에서는 근로자의 동의를 얻을 수 없게 되고, 그렇다면 임금피크제 도입은 불가능하기 때문이다. 특히 2016년 정년연장이 의무화되는 상태에서 임금피크제 도입이 법적 강제화된 것은 아니기 때문에 근로자의 동의 없는 정년연장 및 임금피크제 도입은 근로조건의 불이익 변경에 해당하므로 근로자 과반수의 동의를 얻지 못하는 한 도입이 불가능하기 때문이다.[201] 따라서 매출액에서 차지하는 인건비 비율, 수익성 비율, 매출액 증가율 추이 등 회사의 경영상황과 향후 인건비 증가 추이, 타사와의 인건비 비교 등 인건비증가에 따른 기업의 부담 등에 대한 분석을 통해 정년연장에 따른 임금피크제 도입의 필요성을 근로자에게 설득시키고 어느 정도 공감대를 확보한 상태에서 진행하여야 한다. 그러기 위해서 노사 간 공동의 TFT를 구성하여 추진하는 것도 하나의 방법이라 할 것이다.

둘째, 임금피크제 모형을 설계하여야 한다. 2016년부터 정년 연장이 강제화되기 때문에 본서에서는 정년연장형 임금피크제 모형을 위주로 설명하고자 한다.[202]

모형을 설계함에 있어서, 우선 임금굴절점을 결정하여야 한다. 굴절점이란 우상향하는 임금곡선이 임금피크제 도입으로 하락하기 시작하는 시점을 의미한다. 임금굴절점의 설정기준으로는 직급, 호봉, 근속 연수, 연령 등을 사용할 수 있으나, 일반적으로 연령을 그 기준으로 사용하는 경우가 일반적이므로, 이를 '피크연령'으로 부르기도 한다. 임금굴절점을 찾는 방법으로는 특정연령대의 노동생산성을 분석하여 전체 노동생산성 중에 특정연령 노동생산성이 떨어지는 구간에서 임금굴절점을 찾을 수 있다. 임금피크제의 기본취지가 노동생산성 하락에 따른 임

---

201) 물론, 정년연장 의무화에 따른 임금체계 개편이 의무화되어 있기 때문에 정년연장에 따라 임금체계 개편의 일환으로 임금피크제를 도입할 경우 이는 합리적인 이유 있는 취업규칙 불이익변경에 해당되어 근로자 과반수의 동의를 받지 않더라도 유효하다고 해석될 가능성이 없는 것은 아니다. 자세한 내용은 본장 3절 1. 나.를 참고하기 바란다.
202) 아래에서는 고용노동부(2009), 임금피크제 매뉴얼상의 절차를 주로 요약정리한다.

금 조정이므로, 생산성의 정확한 측정을 통한 임금굴절점 결정이 가장 이상적인 방법이다.

그러나 생산성 측정방식은 생산성을 측정하기가 현실적으로 쉽지 않다는 점 등의 문제점으로 인해 실무적으로는 정년연장에 따라 기업이 부담하는 추가적인 인건비와 굴절점 이후 줄어드는 인건비를 비교함으로써 임금굴절점을 찾는 방법이 많이 이용되고 있다.

고용노동부의 조사를 보면 임금굴절형 연령은 55.6년이며, 정년연장형 임금피크제의 경우 55.7세인 것으로 나타나고 있으나, 정년 60세가 의무화된 상황에서 현 정년전부터 임금을 삭감하기는 현실적으로 어려우므로 현 정년을 임금굴절점으로 삼는 것이 적절할 것으로 보인다.

〈표 20〉 임금굴절 연령

(단위: 개소, 세)

		사례 수	평균
전체		105	55.6
임금피크제 유형	정년보장형	31	55.3
	정년연장형	52	55.7
	고용연장형	22	55.9

출처: 고용노동부. "임금피크제 실태조사", 2009.

또한, 임금 감액률을 결정하여야 한다. 임금굴절점이 결정되면 굴절점에서 정년시점까지 대상자의 임금을 조정하게 된다. 이때 연령에 따른 임금조정 추이를 그래프로 나타낼 수 있는데, 이를 임금피크제에서의 '임금곡선(임금커브)'이라고 한다. 임금곡선의 일반적인 유형은 아래와 같이 6가지 유형으로 나눌 수 있는데, 이는 해당 기업의 재무상태, 노동생산성, 임금수준 등 다양한 요소에 의해 결정하게 된다.

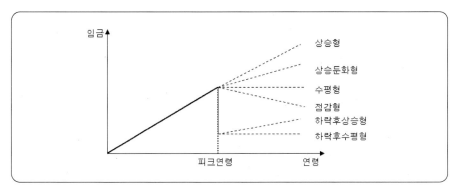

〈그림 13〉 임금곡선의 유형

　이 중 현실적으로 적용 가능성이 적은 상승형을 제외한 5가지 유형의 특성을
살펴보면 다음과 같다.

〈표 21〉 임금곡선의 종류

곡선유형	방식	특징
상승 둔화형	타 근로자에 비해 호봉인상률이나 정기임금 인상률을 낮추는 방식	근로자의 설득이 용이하나, 비용절감 효과가 미미함.
수평형	굴절점 이후 임금을 동결시키는 방식	단순한 유형으로 임금삭감에 대한 부정적 인식이 없음.
점감형	매년 임금 하락 폭을 증가시키는 방식, 우리나라에서 일반적인 방식	기업 측에서 일정한 비용절감 효과를 누리면서 초기 도입이 용이함.
하락 후 상승형	임금피크제 적용 후 성과평가 등 일정한 조건에 따라 임금을 재상승시킴.	기업 입장에서 초기 비용 절감효과가 크나, 제도 설계 및 실행이 다소 복잡함.
하락 후 수평형	일시에 임금 하락 후 그대로 동결	기업의 경영여건이 어려운 경우에 적용할 수 있으나, 근로자들이 쉽게 받아들이기 어려울 것으로 예상함.

　임금피크제 설계에 대해 근로자들이 가장 민감하게 반응하는 부분이 감액률인
데, 이는 감액률이 결정될 경우 대상자에게 임금 감소에 대한 영향이 바로 나타나
기 때문이다. 임금감액률은 기업의 경영여건이나, 임금수준 등의 영향도 받게 되
지만, 앞서 설계한 임금굴절점과 임금곡선 결정에 따라 직접적으로 영향을 받기
때문에 이들 요소를 총체적 관점에서 결정하여야 한다. 임금감액률을 결정할 때
일정한 공식은 존재하지 않지만, 최소한 임금피크제 실시로 증가하는 임금액(<그
림 14>의 ②)이 임금피크제 실시로 감소되는 임금액(<그림 14>의 ①)보다 적어서

는 안 될 것이고, 임금 감액률 결정 시 기업 측 현황 이외에 근로자 개인의 생활 보호 측면도 고려하는 것이 바람직하다. 관련된 항목으로는 연령대별 소비곡선, 최저생계비 수준, 국민연금 수급연령 등이 있다.

임금피크제 실태조사를 살펴보면, 임금피크제 실시에 대한 상대적 혜택이 비교적 적은 정년보장형을 도입한 기업이 정년연장형이나 고용연장형 기업에 비해 상대적으로 임금 감액률이 적은 편이고, 정년연장형 임금 감액률은 1차연도에 21.6%, 2차연도에 27.9%, 3차연도에 37.2%, 4차연도에 45.4%, 5차연도에 46.2%로 나타나고 있으나, 정년연장이 의무화된 현재에는 이 같은 대폭적인 감액률로 임금피크제를 도입하기는 현실적으로 어려워 보인다. 2014년에 도입한 삼성전자의 임금피크제는 정년 55세를 정년 60세로 연장하면서 현 정년을 기준으로 매년 10%씩 임금을 감액하였고, SKT도 2014년부터 기존의 58세 정년을 60세로 연장하면서 59세부터 임금을 10%씩 감액하는 것으로 합의하여 기존의 도입사례들과는 임금 감액률에 있어서 큰 차이를 보여주고 있다.

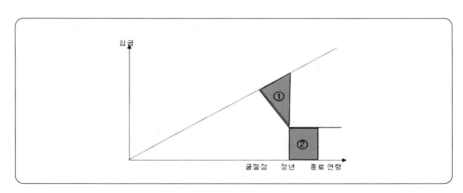

〈그림 14〉 임금감액분과 정년연장분 비교

〈표 22〉 피크임금대비 임금지급률

(단위: 개소, 세)

		사례 수	1차연도	2차연도	3차연도	4차연도	5차연도
전체		104	78.8	74.6	68.8	61.3	60.4
임금피크제 유형	정년보장형	31	84.6	81.1	75.5	76.0	75.0
	정년연장형	51	78.4	72.1	62.8	54.6	53.8
	고용연장형	22	71.4	68.9	67.2	53.5	52.0

출처: 고용노동부, "임금피크제 실태조사", 2008.

또, 임금굴절점과 임금감액률이 결정되면, 보상수준을 조정해야 한다. 즉, 임금감액률을 기본급에만 적용할지, 아니면 총액임금에 적용할지, 아니면 더 나아가 복리후생에도 적용할지를 결정하여야 한다. 일반적으로 임금과 상여금 등의 임금에는 감액률을 적용하고, 학자금 등과 같은 복리후생에는 감액을 적용하지 않는 것이 일반적이다.

한편 임금피크제를 도입하면 퇴직금이 줄어드는 문제가 생긴다. 퇴직급여보장법 제8조 제1항에 "퇴직금제도를 설정하려는 사용자는 계속근로기간 1년에 대하여 30일분 이상의 평균임금을 퇴직금으로 퇴직근로자에게 지급할 수 있는 제도를 설정하여야 한다"고 규정하고 있어 임금피크제를 도입한 경우에 퇴직금 중간정산을 하지 않는다면 퇴직 시의 평균임금이 임금피크제 도입 전의 임금에 비하여 적기 때문에 퇴직금이 줄어들게 된다. 따라서 이 문제를 해결하기 위해서는 임금피크제도를 도입하면서 퇴직금은 피크연령에 도달하는 시점에서 퇴직금 중간정산을 하여 퇴직금 손실문제를 해결할 수 있으며, 퇴직급여보장법 제8조 제2항 및 동법 시행령 제3조 제1항 제6호에도 임금피크제 실시에 따라 임금이 줄어드는 경우를 퇴직금 중간정산의 사유로 규정하고 있다. 또한, 임금피크연령 이후에도 매년 퇴직금 중간정산을 실시하거나 확정기여형(DC형) 퇴직연금제 도입을 통해 퇴직금 손실 문제를 해결할 수 있다.

셋째, 임금피크제 모형이 설계되었다면, 다음으로는 노사협의를 거쳐 후속규정을 정비해야 한다. 특히 임금피크제는 임금을 피크연령에 도달하면 임금을 삭감하는 제도이므로 이는 취업규칙의 불이익변경에 해당한다.[203] 따라서 노조가 과반수를 대표하고 있을 경우에는 노조의 동의를, 노조가 없거나 노조가 과반수를 대표하고 있지 못할 경우에는 근로자 과반수의 동의로 임금피크제를 도입하여야 한다. 도입의 방법은 단체협약에 임금피크제 관련 규정을 정하여 도입할 수도 있지만, 일반적으로 임금피크제규정과 같은 취업규칙으로 정하는 경우가 일반적이다. 또한, 근로조건에 관한 규범인 취업규칙, 근로계약서, 단체협약은 상위법 우선의 원칙은 물론 유리조건 우선의 원칙이 적용되므로 임금피크제 도입 시 관련 규범 간의 충돌이 발생하지 않도록 정비하여야 한다.

---

203) 물론, 정년연장 의무화에 따른 임금체계 개편이 의무화되어 있기 때문에 정년연장에 따라 임금체계 개편의 일환으로 임금피크제를 도입할 경우 이는 합리적인 이유 있는 취업규칙 불이익변경에 해당되어 근로자 과반수의 동의를 받지 않더라도 유효하다고 해석될 가능성이 없는 것은 아니다. 자세한 내용은 본장 3절 1. 나.를 참고하기 바란다.

라. 임금피크제 지원금

임금피크제를 도입하면 근로자는 실질적으로 임금이 삭감되게 되는바, 이에 따라 정부에서는 임금이 삭감된 근로자에게 지원금을 지급하고 있는바, 이러한 임금피크제 지원금을 활용하면 기업에서는 임금피크제 도입을 더 쉽게 할 수 있다. 따라서 아래에서는 임금피크제 지원금에 대하여 간략히 소개한다.

(1) 지원요건

지원요건은 정년연장형, 고용연장형(재고용형) 등으로 구분하여 정하고 있는바, 자세한 사항은 아래의 <표 23>과 같다.

〈표 23〉 임금피크제 지원금 지급요건

구분	요건
정년 연장형	• 근로자 대표의 동의를 받아 정년을 56세 이상으로 연장한 사업장에서 18개월 이상 근무하고, 50세 이후 일정 시점부터 임금이 감액된 근로자 　※ 임금감액률: 피크연도 대비 20% 이상 • 55세 이후 일정 시점부터 임금이 감액된 근로자[2014년 개정] 　※ 임금감액률: 1년차 → 피크연도 대비 10% 이상 　　　　　　　2년차 → 피크연도 대비 15% 이상 　　　　　　　3~5년차 → 피크연도 대비 20% 이상 • 상시근로자 수 300인 미만인 사업장은 연차 구분 없이 10% 이상
재고용형	• 근로자 대표의 동의를 받아 정년을 56세 이상으로 연장한 사업장에서 18개월 이상 근무하고, 50세 이후 일정 시점부터 소정근로시간이 50% 미만으로 감소한 근로자 　※ 임금감액률: 피크연도 대비 50% 이상 • 정년을 57세 이상으로 정한 사업장에서 18개월 이상 근무하고, 정년퇴직 후 계속 고용되거나 3개월 이내에 재고용되면서 소정근로시간이 50% 미만으로 감소한 근로자 　※ 임금감액률: 피크연도 대비 50% 이상 • 임금피크제를 도입한 날이 2013년 1월 25일 이후인 경우[2013년 개정] • 기타 요건은 동일하고 주당 소정근로시간을 15시간 이상 30시간 이하로 단축한 근로자 　※ 임금감액률: 피크연도 대비 30% 이상
근로시간 단축형	• 근로자 대표의 동의를 받아 정년을 56세 이상으로 연장한 사업장에서 18개월 이상 근무하고, 50세 이후 일정 시점부터 소정근로시간이 50% 미만으로 감소한 근로자 　※ 임금감액률: 피크연도 대비 50% 이상 • 정년을 57세 이상으로 정한 사업장에서 18개월 이상 근무하고, 정년퇴직 후 계속 고용되거나 3개월 이내에 재고용되면서 소정근로시간이 50% 미만으로 감소한 근로자 　※ 임금감액률: 피크연도 대비 50% 이상 • 임금피크제를 도입한 날이 2013년 1월 25일 이후인 경우[2013년 개정] • 기타 요건은 동일하고 주당 소정근로시간을 15시간 이상 30시간 이하로 단축한 근로자 　※ 임금감액률: 피크연도 대비 30% 이상

(2) 지원금액 및 기간

지원수준과 기간은 피크임금 대비 90% 이하로 감액되는 부분에 대하여 연간 최대 600만 원 한도 내에서 최대 10년간 지원되는바, 자세한 사항은 <표 24>와 같다.

<표 24> 임금피크제 지원금액 및 기간

구분	지원금액 및 기간
정년 연장형	• 피크임금 대비 80% 이하로 감액되는 부분을 최대 10년간 지원(연 600만 원 한도) 　※ 임금삭감 후 1년차: 피크임금 대비 90% 이하 　　　2년차: 피크임금 대비 85% 이하 　　　3~5년차: 피크임금 대비 80% 이하로 감액되는 부분[2014년 개정] ＊ 상시근로자 수 300인 미만인 사업은 피크임금 대비 90% 이하로 감액되는 부분 • 정년을 60세 이상으로 연장한 사업장은 연 840만 원 한도, 정년을 56세 이상 60세 미만으로 연장한 사업장은 연 720만 원 한도로 최대 5년간 지원
재고용형	• 정년 전(55세 이후)에 임금이 줄어든 근로자는 피크연도 대비 80% 이하로 감액되는 부분을, 정년 이후 임금이 줄어든 근로자는 피크연도 대비 70% 이하로 감액되는 부분을 재고용된 날부터 최대 5년간 연 600만 원까지 지원 • 정년 전(55세 이후)에 임금이 줄어든 근로자는 피크연도 대비 80% 이하(우선지원기업은 90%)로 감액되는 부분을, 정년 이후 임금이 줄어든 근로자는 피크연도 대비 80% 이하(우선지원기업은 90%)로 감액되는 부분을 재고용된 날부터 최대 5년간 연 600만 원까지 지원 [2014년 개정]
근로시간 단축형	• 피크연도 임금의 50% 이하로 감액된 부분을 임금이 감액된 날부터 최대 10년간(재고용 시는 재고용된 날부터 최대 5년간) 연 300만 원까지 지원 • 피크연도 임금의 70% 이하로 감액된 부분을 임금이 감액된 날부터 최대 5년간 연 500만 원까지 지원[2014년 개정]

제3절 취업규칙 변경 등 후속절차

1. 변경해야 할 규범

가. 취업규칙 개정 등의 필요성

이번 대법원 전원합의체 판결에서 통상임금 여부를 판단함에 있어 해당 임금을 특정일 현재 재직 중인 자에 한하여 지급하는 경우에는 해당 임금은 소정근로의 대가성도 없을 뿐만 아니라 고정성도 부정되어 통상임금이 아니라고 판시하고 있고, 소정근로 제공 이외에 추가적인 조건을 달성하여야만 지급하는 임금도 고정성이 없어 통상임금이 아니라고 판시하고 있다. 따라서 이 같은 대법원 전원합의체의 통상임금 판단기준에 따라 기존의 정기상여금 등을 통상임금에서 제외하기 위해서는 앞에서 언급한 바와 같이 임금지급조건의 변경이나 임금체계 개편을 통해서 해결할 수밖에 없다.

그러나 이러한 임금의 지급조건 변경이나 임금체계 개편은 단체협약, 취업규칙, 근로계약의 변경을 수반하게 된다. 여기서 취업규칙이라 함은 각 사업장에서 근로자가 준수해야 하는 취업상의 규율과 직장질서 및 근로조건에 대한 구체적인 사항을 규정한 규칙을 말하는 것으로 "사규, 규정, 세칙 등 그 명칭과 관계가 없고, 그 형식에서도 하나의 서면으로 작성해야 하는 것도 아니다."[204] 따라서 급여규정, 연봉규정 등 임금 관련 규정으로 운영되고 있거나 심지어는 품의서 형태로 운영되고 있다 하더라도 이는 취업규칙에 해당하는 것이다.

나. 취업규칙 불이익 변경의 법리

근로기준법 제94조 제1항에 "사용자는 취업규칙의 작성 또는 변경에 관하여 해당사업 또는 사업장에 근로자의 과반수로 조직된 노동조합이 있는 경우에는 그 노동조합, 근로자의 과반수로 조직된 노동조합이 없는 경우에 근로자의 과반수의 의견을 들어야 한다. 다만, 취업규칙을 근로자에게 불이익하게 변경하는 경우에는 그 동의를 받아야 한다"고 규정하여 불리하게 취업규칙을 변경하고자 하는 경우에 근로자 과반수의 동의를 받도록 규정하고 있다.

통상임금문제를 해결하기 위해서는 회사의 각종 임금 관련 제도를 개편해야 하는 것이고, 이는 취업규칙 등 관련 규범의 변경을 수반하게 된다. 그러나 정기상여금 등 통상임금 문제를 해결하기 위한 임금체계 개편이 취업규칙의 불이익변경에 해당하느냐가 문제이다. 취업규칙 변경 시 불이익 여부는 개별 항목으로 판단하는 것이 아니라 "그 변경의 취지와 경위, 해당 사업체의 업무의 성질, 취업규칙 각 규정의 전체적인 체제 등 제반 사정을 종합하여 판단"한다.[205] 또한, 취업규칙 변경에 따라 일부 근로자에게는 유리하고 일부 근로자에게는 불리한 경우에도 판례는 "취업규칙 일부를 이루는 급여규정의 변경이 일부의 근로자에게는 유리하고 일부의 근로자에게는 불리한 경우 그러한 변경에 근로자 집단의 동의를

---

204) 대법원 1994.5.10. 선고 93다30181 판결
205) 대법원 1997.5.16. 선고 96다2507 판결

요하는지를 판단하는 것은 근로자 전체에 대하여 획일적으로 결정되어야 할 것이고, 또 이러한 경우 취업규칙의 변경이 근로자에게 전체적으로 유리한지 불리한지를 객관적으로 평가하기가 어려우며, 같은 개정에 의하여 근로자 상호 간의 유·불리에 따른 이익이 충돌되는 경우에는 그러한 개정은 근로자에게 불이익한 것으로 취급하여 근로자들 전체의 의사에 따라 결정하게 하는 것이 타당하다 할 것이다"고 판시하여 불이익변경으로 보고 있다.206) 따라서 앞에서도 언급한 바와 같이, 2013.12.18. 대법원 전원합의체 판결에 의거 통상임금에 해당하는 상여금 등을 통상임금에서 제외하기 위하여 취업규칙을 변경하는 경우에 이는 통상임금액수가 적어지므로 근로자의 기득이익을 침해하는 것으로 불이익한 변경에 해당한다. 고용노동부도 통상임금 노사지도지침 44쪽에서 "특정임금항목에 지급일 기타 특정시점 재직요건 등을 추가할 경우 통상임금에 해당하던 금품이 통상임금에 해당하지 않게 되므로 불이익변경에 해당(한다). 따라서 이 경우에는 근로기준법 제94조 제1항에 따라 취업규칙 불이익변경절차를 거쳐야 (한다)"라고 규정하고 있다. 따라서 취업규칙에 재직요건을 추가/변경하는 경우에 근로자 과반수의 동의를 받아야 한다. 그러나 임금구성항목 단순화와 같이 통상임금 문제를 해결하면서 임금구성 항목변경에도 불구하고 통상임금이 적어지지 않는 경우라면 이는 불이익변경이라 볼 수 없기에 근로자 과반수의 동의를 받아야 할 필요는 없는 것이다.

한편 단순히 통상임금 문제를 해결하기 위한 취업규칙 변경이 아니라 정년연장에 따른 후속조치로 임금체계를 개편하는 경우에도 취업규칙 불이익변경에 해당되어 근로자 과반수의 동의를 받아야 하는지가 의문이다. 대법원 판례는 비록 취업규칙의 불이익변경이라 하더라도 그 변경의 합리성이 인정되는 경우라면 근로자 과반수의 동의가 없다고 하더라도 변경의 효력이 있다고 판시하고 있는바, 고용상 연령차별금지 및 고령자 고용촉진에 관한 법률 제19조(정년) 제1항에 "사업주는 근로자의 정년을 60세 이상으로 정하여야 한다"고 규정하여 정년 60세를 의무화하고 있는 상태에서 동법 제19조의2(정년연장에 따른 임금체계 개편 등) 제1항에서 "제19조 제1항에 따라 정년을 연장하는 사업 또는 사업장의 사업주와

---

206) 대법원 1993.5.14. 선고 93다1893 판결

근로자의 과반수로 조직된 노동조합(근로자의 과반수로 조직된 노동조합이 없는 경우에는 근로자의 과반수를 대표하는 자를 말한다)은 그 사업 또는 사업장의 여건에 따라 임금체계 개편 등 필요한 조치를 하여야 한다"고 규정하여 노사 양 당사자에게 임금체계 개편 등 필요한 조치를 의무화하고 있다. 그렇다면 기업이 동법 제19조에 따라 정년을 연장하면서 이에 따라 임금체계 개편이나 임금피크제 도입을 추진함에 있어 근로자들이 불이익변경이라고 동의하지 않는다 하더라도, 정년연장에 따른 근로자의 혜택(소득증가분 등)과 임금체계 개편이나 임금피크제 도입을 통한 근로조건 삭감 분을 비교하여 종합적으로 판단할 때 근로조건 삭감 분에 비하여 정년연장에 대한 혜택이 큰 경우라면 비록 근로자 과반수의 동의를 받지 못했다 하더라도 이는 합리적 이유 있는 취업규칙 불이익변경에 해당할 가능성이 있다. 따라서 단지 근로자 과반수의 동의를 받지 않았다고 하여 제도변경이 불가능하다고는 볼 수 없다고 생각된다.

근로자에게 불리하게 작성·변경된 취업규칙이라도 사회통념상 합리성이 있다고 인정되는 경우에는 근로자의 집단적 의사결정방법에 의한 동의가 없어도 된다(대법원 2010.1.28. 선고 2009다32362 판결).

사용자가 일방적으로 새로운 취업규칙의 작성·변경을 통하여 근로자가 가지고 있는 기득의 권리나 이익을 박탈하여 불이익한 근로조건을 부과하는 것은 원칙적으로 허용되지 아니하지만, 당해 취업규칙의 작성 또는 변경이 그 필요성 및 내용의 양면에서 보아 그에 의하여 근로자가 입게 될 불이익의 정도를 고려하더라도 여전히 당해 조항의 법적 규범성을 시인할 수 있을 정도로 사회통념상 합리성이 있다고 인정되는 경우에는 종전 근로조건 또는 취업규칙의 적용을 받고 있던 근로자의 집단적 의사결정방법에 의한 동의가 없다는 이유만으로 그의 적용을 부정할 수는 없다. 한편 여기에서 말하는 사회통념상 합리성의 유무는 취업규칙의 변경에 의하여 근로자가 입게 되는 불이익의 정도, 사용자 측의 변경 필요성의 내용과 정도, 변경 후의 취업규칙 내용의 상당성, 대상조치 등을 포함한 다른 근로조건의 개선상황, 노동조합 등과의 교섭 경위 및 노동조합이나 다른 근로자의 대응, 동종 사항에 관한 국내의 일반적인 상황 등을 종합적으로 고려하여 판단하여야 한다. 다만, 취업규칙을 근로자에게 불리하게 변경하는 경우에는 그 동의를 받도록 한 근로기준법을 사실상 배제하는 것이므로 제한적으로 엄격하게 해석하여야 한다.207)

---

207) 대법원 2010.1.28. 선고 2009다32362 판결

다. 변경해야 할 규범

앞에서 언급한 바와 같이, 통상임금문제를 해결하기 위해서는 임금의 지급조건 변경과 임금체계 개편이 필요한데, 변경해야 하는 사항 등은 개별회사에 따라 다르지만, 단체협약, 취업규칙, 또는 근로계약서에 명시되어 있다. 또한, 단체협약이나 취업규칙 등과 같은 서면이 아니더라도 노동관행으로 존재할 수도 있다.

〈규정 예〉

- 단체협약 제O조(임금의 정의와 구성) 임금은 노동의 대가로 조합원에게 지급하는 일체의 금품을 말하며 그 구성은 다음과 같다(기본급, 제 수당, 상여금, 기타 임시로 지급하는 금품) 단협O조(상여금) 상여금은 2, 4, 6, 8, 10, 12, 설, 추석에 각각 100%를 지급한다.

- 취업규칙(급여규정) 제O조(상여금) ① 회사는 기본급의 800%를 상여금으로 지급한다. ② 지급시기는 2, 4, 6, 8, 10, 12월에 각각 100%, 설과 추석에 각각 100%를 지급한다.

- 근로계약서의 제O조(임금) ① 갑이 을에게 지급하는 임금은 아래와 같다.

구분	기본급	제수담	상여금	면봉외급여 (성과상여금)	월 지급액	비고
금액						

라. 규범충돌의 문제

(1) 일반원칙

근로관계를 규율하는 규범은 다양하게 존재한다. 즉, 법령, 단체협약, 취업규칙, 근로계약, 노동관행 등이다. 따라서 이들 규범 간의 충돌이 발생할 경우에 이러한 충돌을 해결하기 위한 일반원칙으로 상위규범 우선의 원칙, 유리조건 우선의 원칙, 특별규범 우선의 원칙 등이 있다.

상위규범우선의 원칙[208]이라 함은 상위의 규범이 하위의 규범에 우선하여 적용된다는 원칙이다. 즉 헌법은 일반법률에 우선하며, 법률은 단체협약에 우선하며, 단체협약은 취업규칙이나 근로계약에 우선하는 원칙을 말한다. 근로기준법

---

208) 이를 위계의 원칙이라고도 한다.

제15조 제1항에서 "이 법에서 정하는 기준에 미치지 못하는 근로조건을 정한 근로계약은 그 부분에 한하여 무효로 한다", 동조 제2항에서는 "제1항에 따라 무효로 된 부분은 이 법에서 정하는 기준에 따른다"고 규정한 것이나, 동법 제97조 "취업규칙에서 정한 기준에 미달하는 근로조건을 정한 근로계약은 그 부분에 관하여는 무효로 한다. 이 경우 무효로 된 부분은 취업규칙에 정한 기준에 따른다"는 규정 및 노동조합 및 노동관계조정법 제33조 제1항에서 "단체협약에 정한 근로조건 기타 근로자의 대우에 관한 기준에 위반하는 취업규칙 또는 근로계약의 부분은 무효로 한다"고 규정한 것이나, 또 동조 제2항에 "근로계약에 규정되지 아니한 사항 또는 제1항의 규정에 의하여 무효로 된 부분은 단체협약이 정하는 기준에 의한다"는 규정 등은 상위규범 우선의 원칙을 규정한 것이다.

특별규범 우선의 원칙이란 일반규범에 비하여 특별규범이 우선하여 적용된다는 원칙이다. 즉, 민법의 고용에 관한 규정에도 불구하고 근로기준법에서 고용에 관한 규정을 두고 있는 경우 근로기준법은 민법의 특별규범에 해당되어 우선하여 적용되는 것이고, 업무상 재해에 있어서도 근로기준법상에 휴업보상은 평균임금의 60%를 보상해주도록 규정하고 있음에도 불구하고 산업재해보상보험법상에는 평균임금의 70%를 보상해주도록 규정하고 있는바 산업재해보상보험법은 근로기준법의 특별규범에 해당하여 우선 적용된다는 것이다. 한편 유리조건 우선의 원칙은 아래에서 더 자세히 설명하고자 한다.

(2) 유리조건 우선의 원칙

유리조건 우선의 원칙이란 법령, 단체협약, 취업규칙, 근로계약, 노동관행 등 근로관계에 관한 다양한 규범에 특정내용이 중복 규정되어 규범 간 충돌이 발생하는 경우에 비록 하위의 규범이라고 하더라도 상위의 규범에 규정된 내용보다 유리하다면 우선하여 적용된다는 것이다. 즉, 위에서 언급한 바와 같이 근로기준법 제15조에서 근로기준법을 위반한 근로계약 부분을 무효로 한다는 규정이나, 동법 제97조에서 취업규칙에서 정한 기준에 미달하는 근로계약 부분을 무효로 한다는 규정, 노동조합 및 노동관계조정법 제33조 제1항에서 규정한 단체협약에서 정한 기준에 미달하는 취업규칙 부분과 근로계약 부분을 무효로 한다는 규정은 반대로 해석하면 하위규범에서 유리한 내용을 규정하고 있다면 유효하다는 것인 바, 이는 근로자를 보호하기 위한 노동법의 취지와 협약자치의 법리에 의거 당연한 것이다.

　개별회사의 노동관행, 노조유무 등에 차이가 있겠으나 통상임금 포함 여부와 관련된 근거규정은 단체협약, 취업규칙, 근로계약서 등에 규정되어 있기에 취업규칙만 변경하여서는 유리조건 우선의 원칙으로 인해 개정되지 않은 유리한 내용을 담고 있는 단체협약이나 근로계약이 우선 적용되므로 해당 임금을 통상임금에서 제외할 수가 없게 된다. 즉, 위의 <규정 예>와 같이 통상임금과 관련한 내용이 단체협약에도 규정되어 있고 취업규칙에도 규정되어 있으면서 또한 개별 근로계약에도 규정되어 있다면 취업규칙만 변경할 경우 단협의 내용이나 근로계약의 내용은 그대로 존재하게 된다. 그렇다면 취업규칙 개정에도 불구하고 유효한 단체협약의 해당 내용이나 근로계약서의 해당 내용이 존재하므로 유리조건 우선의 원칙에 의거 유리한 내용의 단체협약이나 근로계약서의 내용이 적용되는 것이다. 따라서 이 경우 단체협약은 물론 취업규칙과 근로계약서(연봉계약서)까지 변경해야 한다. 아래에서는 통상임금 문제와 관련이 있는 단체협약, 취업규칙, 근로계약서 등의 변경절차에 대하여 상술하기로 한다.

2. 단체협약 변경절차

가. 단협 변경의 의의

　단체협약은 노사자치를 기본으로 하므로, 협약내용이 법에 위반되지 않는 한 노사는 자유로이 정할 수 있다. 따라서 노사 간에 임금체계 개편의 필요성에 공감하여 교섭을 통해 상여금 등에 재직자 요건을 추가하는 '임금의 지급조건 변경방식' 등으로 통상임금을 합의하였다면 노사가 이를 합의서로 작성하면 된다. 즉, 단체협약서상의 통상임금 관련 조항을 수정하거나 신설하는 등 본 단체협약서를 변경하고 날인하는 것이다.

나. 교섭주체

노동조합 및 노동관계조정법 제29조에 의거 교섭주체는 당연히 노동조합과 사용자이므로, 회사가 통상임금문제를 해결하기 위해서 교섭해야 할 상대방은 해당 사업장에 적법하게 설립된 노동조합이다.

그러나 2011.7.1.부터 사업장 단위에 복수노조설립이 허용되었기에 한 기업 내에 수 개의 노동조합이 존재할 수 있다. 따라서 이 경우 어느 노동조합과 교섭을 해야 하는지가 의문이다.

우선, 교섭대표노동조합이 있다면 회사는 교섭대표노동조합과 교섭하면 된다. 이는 복수노조가 설립된 이후 창구단일화 절차를 거쳐 교섭대표노동조합을 결정한 경우에 해당되는 것이며, 교섭대표노동조합의 지위는 노동조합 및 노동관계조정법 시행령 제14조의10 제1항에 의거 "교섭대표 노동조합으로 결정된 후 사용자와 체결한 첫 번째 단체협약의 유효기간이 2년인 경우에는 그 단체협약의 유효기간이 만료되는 날"이고 "교섭대표 노동조합으로 결정된 후 사용자와 체결한 첫 번째 단체협약의 유효기간이 2년 미만인 경우에는 그 단체협약의 효력이 발생한 날로부터 2년이 되는 날"이다.

제14조의10(교섭대표노동조합의 지위 유지기간 등) ① 법 제29조의2 제2항부터 제5항까지의 규정에 따라 결정된 교섭대표노동조합은 그 결정된 때부터 다음 각 호의 구분에 따른 날까지 그 교섭대표노동조합의 지위를 유지하되, 새로운 교섭대표노동조합이 결정된 경우에는 그 결정된 때까지 교섭대표노동조합의 지위를 유지한다.
1. 교섭대표노동조합으로 결정된 후 사용자와 체결한 첫 번째 단체협약의 유효기간이 2년인 경우: 그 단체협약의 유효기간이 만료되는 날
2. 교섭대표노동조합으로 결정된 후 사용자와 체결한 첫 번째 단체협약의 유효기간이 2년 미만인 경우: 그 단체협약의 효력이 발생한 날을 기준으로 2년이 되는 날
② 제1항에 따른 교섭대표노동조합의 지위 유지기간이 만료되었음에도 불구하고 새로운 교섭대표노동조합이 결정되지 못할 경우 기존 교섭대표노동조합은 새로운 교섭대표노동조합이 결정될 때까지 기존 단체협약의 이행과 관련해서는 교섭대표노동조합의 지위를 유지한다.
③ 법 제29조의2에 따라 결정된 교섭대표노동조합이 그 결정된 날부터 1년 동안 단체협약을 체결하지 못한 경우에는 어느 노동조합이든지 사용자에게 교섭을 요구할 수 있다. 이 경우 제14조의2 제2항 및 제14조의3부터 제14조의9까지의 규정을 적용한다.

둘째, 교섭대표노동조합이 없는 경우이다. 이 경우에는 새로이 창구 단일화 절차를 거쳐 교섭대표노동조합을 결정한 후 결정된 교섭대표노동조합과 교섭하면 되며, 창구단일화 절차는 노동조합 및 노동관계조정법 제29조의2 및 동법 시행령 제14조의2 내지 14조의9에 의거 노조의 교섭요구→교섭요구 사실 공고→타 노조의 교섭참여 신청→교섭요구노조 확정공고→자율적 단일화→과반수노조에 대한 대표권 부여→자율적 공공교섭 대표단 구성→노동위원회를 통한 공동교섭 대표단 구성의 순으로 진행된다.

다. 교섭의 시기와 방법

단협 변경의 시기와 관련하여 단협 만료에 따라 단협 갱신을 위한 교섭 기간에 하거나 아니면 노사가 통상임금 문제에 대한 변경 필요성을 인식하여 단협 유효기간에 교섭하기로 합의하여 교섭하는 방식이 있을 수 있다. 물론, 창구 단일화 절차의 개시 시점은 노동조합 및 노동관계조정법 시행령 제14조의3에 의거 "단협 유효기간 만료일 이전 3개월이 되는 날"부터 교섭을 요구할 수 있도록 규정하고 있어, 현재 단체협약 유효기간 중에 있다면 교섭요구권이 없기에 교섭이 불가능하다고 생각할 수도 있으나, 협약 유효기간 중이라고 하더라도 사정변경 등으로 인해 교섭해야 할 사항이 발생하였을 경우 당사자 간 교섭하기로 동의한다면 교섭은 가능한 것이므로 회사의 교섭요구에 대하여 노동조합이 거부하지 않는다면 단협 만료일 이전 3개월이 되는 날에 구애 없이 교섭 가능한 것이다. 그러나 사용자의 교섭요구에도 불구하고 노동조합이 교섭에 응하지 않는다면 단협 만료에 따른 갱신교섭기간에 교섭하여야 할 것이다.

또한, 단협 변경에 관한 합의서의 형태도 본 단체협약서상의 해당 조항을 변경/추가하는 방법이나 본 단체협약서 외에 보충합의서나 별도합의서의 형태로 협약서를 체결하는 방법도 있다.

한편 2013.12.18. 대법원 전원합의체 판결은 '정기상여금이 통상임금에 해당되는 경우에도 노사 간에 상여금을 통상임금에서 배제하기로 합의한 경우, 임금소급청구로 인해서 기업에 중대한 경영상의 어려움이 초래된 경우라면 통상임금에 기한 과거 3년분의 추가임금 소급 청구는 신의칙에 반한다'고 하면서, 이러한 합의는 보도자료[209]를 통해 "이 판결로 그와 같은 노사합의가 무효임이 선언된 이후에는 그와 같은 신뢰가 있을 수 없음이 명백하므로 신의칙 법리는 이 판결 이후의 합의에는 적용될 수 없(다)"고 하고 있고, 고용노동부도 통상임금 노사지도지침을 통해 "전원합의체 판결은 법률상 통상임금에 포함되는 정기상여금을 제외한 노사합의가 무효임이 선언된 이후에는 더 이상 정기상여금이 통상임금에 해당되지 않는다는 신뢰가 없으므로 이 판결 이후의 합의에는 신의칙이 적용될 여지가 없다고 판시(하고 있다). 또한, 전원합의체 판결은 신의칙 적용 시 노사 양측이 신뢰 여부를 '합의 당시'를 기준으로 하고 있으며, 기존 노사합의에서 정한 임금총액을 기준으로 기업의 재정적 부담능력을 고려하고 있(다). 이러한 판결취지를 고려할 때, 노사는 임단협 등의 애초 노사가 합의한 기간을 기준으로 하여 동기간이 만료되기 전에(한편 묵시적 합의 또는 관행의 경우에는 일반적으로 사업장마다 정기적으로 임금을 조정하는 시기에) 정기상여금의 통상임금 산입 여부를 명확히 정비해야 할 것(이다)"이라고 해석하고 있다.[210] 그렇다면 정기상여금을 통상임금에서 제외하기로 한 합의는 단체협약의 유효기간 동안은 유효하다 할 것이고 단체협약의 유효기간까지는 신의칙에 의거 추가임금소급청구가 불가능하므로 기존 단협상에 정기상여금을 통상임금에서 배제하기로 한 합의가 있는 한 단협 만료 전까지는 통상임금 소급문제와 관한 단협 개정은 하지 않아도 되는 것이다.

라. 단체협약의 신고문제

노사 간에 통상임금 문제 해결을 단체교섭을 통해 해결하였다면, 노동조합 및 노동관계조정법 제31조 제1항에 의거 '서면으로 작성하고 노사당사자 쌍방이 서명 또는 날인해야' 하며, 동조 제2항에 의거 '15일 이내에 행정관청에 신고하여야' 한다. 그러나 단체협약의 신고 여부는 단체협약의 효력과는 무관하다.

---

209) 통상임금에 관한 대법원 전원합의체 판결선고 보도자료, 대법원(2013.12.18)
210) 고용노동부, "통상임금 노사지도지침", 2014.1.23.

3. 취업규칙 변경절차

가. 취업규칙의 범위

취업규칙이란 사업장에서 근로자가 지켜야 할 규율 또는 근로조건에 관한 구체적인 내용을 정한 모든 규칙을 말하는 것으로 "사용자가 근로자의 복무규율과 임금 등 당해 사업의 근로자 전체에 적용될 근로조건에 관한 준칙을 규정한 것을 말하는 것으로서, 그 명칭에 구애받을 것은 아니다."[211] 취업규칙은 사규·규정·세칙 등 그 명칭과 관계가 없고,[212] 그 형식에서도 하나의 서면을 작성해야 할 필요도 없는 것이다.[213] 따라서 취업규칙이라는 제목의 규칙 외에도 급여규정, 복무규정, 심지어 아래와 같이 대법원 판례는 자구계획서도 취업규칙이라고 인정하고 있다.

근로조건을 정한 자구계획서도 취업규칙에 해당한다(대법원 2005.5.12. 선고 2003다
52456 판결).

기아자동차판매가 기아그룹 차원에서 자구계획서를 작성하면서 그 자구계획서 내에 기아그룹이 정상화될 때까지 기아그룹 소속회사 임직원들의 상여금·휴가비 등을 반납하는 방침을 정하여 그 내용을 서면화하였으므로 위 자구계획서는 종업원의 근로조건변경을 내용으로 하는 것으로서 취업규칙에 해당한다고 할 것이(다).[214]

나. 동의의 주체

취업규칙 불이익 변경 시의 동의의 주체는 근로기준법 제94조 제1항에 의거 근로자 과반수로 조직된 노동조합이 있는 경우에는 그 노동조합, 근로자 과반수로 조직된 노동조합이 없는 경우에는 근로자 과반수의 동의를 얻어야 한다. 여기서 현재 일부 근로자에게만 적용되는 취업규칙이라도 승진 등으로 장차 변경된 취업

---

211) 대법원 1994.5.10. 선고 93다30181 판결; 1997.11.28. 선고 97다23877 판결; 1997.11.28. 선고 97다24511 판결; 2002.6.28. 선고 2001다77970 판결 등 참조
212) 대법원 1994.5.10. 선고 93다30181 판결
213) 대법원 1992.2.28. 선고 91다30828 판결
214) 대법원 2005.5.12. 선고 2003다52456 판결; 대법원 2004.2.12. 선고 2001다63599 판결; 2004.2.27. 선고 2001다28596 판결 등 참조

규칙의 적용이 예상되는 근로자라고 한다면 동의의 대상에 포함되는 것이다.

> **승진 등으로 장차 변경된 취업규칙의 적용이 예상되는 근로자라고 한다면 동의의 대상에 포함되는 것이다**(대법원 2009.11.12. 선고 2009다49377 판결, 대법원 2009.5.28. 선고 2009두2238 판결 참조).
>
> 여러 근로자 집단이 하나의 근로조건 체계 내에 있어 비록 취업규칙의 불이익 변경 시점에는 일부 근로자 집단만이 직접적인 불이익을 받더라도 그 나머지 다른 근로자 집단에게도 장차 직급의 승급 등으로 변경된 취업규칙의 적용이 예상되는 경우에는 일부 근로자 집단은 물론 장래 변경된 취업규칙 규정의 적용이 예상되는 근로자 집단을 포함한 전체 근로자 집단이 동의주체가 되고, 그렇지 않고 근로조건이 이원화되어 있어 변경된 취업규칙이 적용되어 직접적으로 불이익을 받게 되는 근로자 집단 이외에 변경된 취업규칙의 적용이 예상되는 근로자 집단이 없는 경우에는 변경된 취업규칙이 적용되어 불이익을 받는 근로자 집단만이 동의주체가 된다.215)

한편 취업규칙 불이익변경에 있어 근로자 과반수의 동의를 받아야 하지만, 해당 근로자들의 동의를 받지 못한 경우에 변경된 취업규칙은 기득이익이 침해되는 기존근로자에게는 효력이 없지만, 신규입사자에게는 변경된 취업규칙이 적용되는 것이다.

> **동의를 받지 못한 불이익 변경된 취업규칙은 변경 후 입사한 근로자에게는 적용된다**(대법원 1992.12.22. 선고 91다45165 판결).
>
> 취업규칙에서 정한 근로조건을 근로자에게 불리하게 변경함에 있어서 근로자의 동의를 얻지 않은 경우에 그 변경으로 기득이익이 침해되는 기존의 근로자에 대한 관계에서는 변경의 효력이 미치지 않게 되어 종전 취업규칙의 효력이 그대로 유지되지만, 변경 후에 변경된 취업규칙에 따른 근로조건을 수용하고 근로관계를 갖게 된 근로자에 대한 관계에서는 당연히 변경된 취업규칙이 적용되어야 하고, 기득이익의 침해라는 효력배제 사유가 없는 변경 후의 취업근로자에 대해서까지 변경의 효력을 부인하여 종전 취업규칙이 적용되어야 한다고 볼 근거가 없다.216)

---

215) 대법원 2009.11.12. 선고 2009다49377 판결; 대법원 2009.5.28. 선고 2009두2238 판결 참조
216) 대법원 1992.12.22. 선고 91다45165 판결

다. 동의의 방식

취업규칙 변경 시 동의의 방식은 대상 근로자와의 개별적 동의가 아닌 집단적 회의방식에 의한 동의를 말하는 것이다. 따라서 회사에서 취업규칙 변경안에 대해 근로자를 모아놓고 설명회를 한 후 이에 대한 가부 여부를 묻는 것이나, 지리적 여건 등으로 인해 전체를 모아놓고 설명회를 개최하기가 어려운 경우에는 사업장 단위 또는 부서 단위 등도 가능하다 할 것이다. 즉 대법원 판례도 "사용자가 취업규칙의 변경에 의하여 기존의 근로조건을 근로자에게 불리하게 변경하려면 종전 근로조건 또는 취업규칙의 적용을 받고 있던 근로자의 집단적 의사결정 방법에 의한 동의를 요하고, 이러한 동의를 얻지 못한 취업규칙의 변경은 효력이 없으며, 그 동의의 방법은 노동조합이 없는 경우에는 근로자들의 회의방식에 의한 과반수의 동의를 요하고, 회의방식에 의한 동의라 함은 사업 또는 한 사업장의 기구별 또는 단위 부서별로 사용자 측의 개입이나 간섭이 배제된 상태에서 근로자 간에 의견을 교환하여 찬반을 집약한 후 이를 전체적으로 취합하는 방식도 허용된다"고 판시하고 있다.217)

라. 소급동의의 효력

통상임금문제를 해결하기 위한 취업규칙 변경이 불이익 변경이기에 근로자 과반수의 동의를 요하지만, 근로자들은 근로조건의 저하를 이유로 취업규칙 불이익 변경에 동의하기가 현실적으로 쉽지 않다. 이 경우 기업은 개정된 취업규칙을 동의를 받지 못한 기존 근로자들에게는 개정 전의 취업규칙을 적용하고, 신규입사자에게는 변경된 취업규칙을 적용하여 한시적으로 2개의 제도를 운용할 수도 있다. 그러나 이러한 이중적인 제도는 근로조건의 현격한 차이를 가져와 노사갈등을 일으키는 계기가 될 수 있다. 한편 시간이 지나면서 노동조합 지도부가 바뀔 수도 있고 또한 새로운 노동조합이 근로자 과반수를 대표할 수도 있고, 이러한 노동조합은 취업규칙 변경에 호의적일 수도 있다. 그렇다면 향후라도 변경된 취업규칙의 동의를 받으면 효력이 있는 것일까? 결론부터 말하면 효력이 있다. 즉, 취

---

217) 대법원 1994.9.23. 선고 94다23180 판결

업규칙 불이익변경에 대하여 변경 당시 동의를 받지 못하였다고 하더라도 향후 최초 변경 시점부터 적용하는 것으로 소급하여 동의를 받는 것이 가능한 것이다. 그리고 소급 동의/추인 주체는 취업규칙 불이익 변경 당시의 근로자 과반수가 아니라 소급 추인(사후 추인) 당시의 근로자 과반수이다. 그러나 취업규칙 변경에 대한 소급추인은 소급추인 당시의 근로자에 한하여 유효하므로 소급추인 전에 퇴사한 근로자에게는 변경된 취업규칙의 효력은 발생하지 않는다.

> **소급 추인된 취업규칙은 추인 당시의 근로자 과반수의 동의를 받으면 된다**(대법원 1997.02.11. 선고 95다55009 판결).
>
> 장차 퇴직금을 하향조정하는 보수규정을 개정 후에 추인받는 경우, 추인 당시에 근로자 과반수로 조직된 노동조합이 있으면 설사 그것이 보수규정 개정 이후에 설립되었고 이해관계가 있는 개정 당시의 근로자들이 노동조합에 1명도 가입하지 않은 조합이라 하더라도 노동조합의 동의를 얻어야 하고, 그러한 노동조합이 없으면 회의방식에 의하여 전체 근로자 과반수의 동의를 얻어야 한다.218)

마. 취업규칙 변경 신고

위와 같은 방식에 의거 취업규칙을 적법하게 변경하였다면, 근로기준법 제93조에 의거 고용노동부 장관에게 신고하여야 한다. 다만, 이러한 신고를 하지 않았을 경우에는 동법 제93조에 의거 500만 원 이하의 과태료에 처해질 수는 있으나 취업규칙의 효력이 부인되는 것은 아니다.

4. 근로계약 변경 절차

근로계약이란 근로자가 사용자에게 근로를 제공하고 사용자는 이에 대하여 임금을 지급하는 것을 목적으로 체결된 계약(근로기준법 제2조 4호)으로 동법 제17조 제2항에서는 임금의 구성항목·계산방법·지급방법, 소정근로시간, 주휴일, 연차휴가에 관한 사항은 반드시 서면으로 명시하여 이를 근로자에게 교부하도록

---

218) 대법원 1997.2.11. 선고 95다55009 판결

의무화하고 있다. 이처럼 임금에 관한 사항은 근로계약의 중요한 사항으로 서면으로 명시하도록 의무화하고 있어, 대부분 근로계약서에 임금에 관련된 부분을 적시하여 근로계약을 체결하고 있는 실정이고, 계약내용에 있어서도 법에 위반되지 않는 한 계약자유의 원칙에 의거 당사자 간 자유로이 정할 수 있다.

따라서 근로계약서(연봉계약서 포함)에 임금의 구성항목과 금액을 기재하여 합의한 경우 통상임금으로 해석되는 특정항목을 임금체계 등을 변경하여 통상임금에서 제외하고자 한다면 이는 중요한 근로계약 내용의 변경이므로 근로자의 동의를 받아야 한다. 다만, 근로계약서에 임금의 구성항목이나 금액 또는 통상임금의 산정방법 등에 대한 내용이 기재되어 있지 아니하고 단체협약 또는 취업규칙(급여규정 또는 연봉규정 포함)에서 정하는 바에 따른다고 되어 있거나 관례로 그렇게 해왔다면 별도의 근로계약 변경절차 없이 단체협약의 갱신이나 취업규칙의 변경만으로도 가능하다.

부록 1 정기상여금 통상임금성 판결문(2012다89399)

대법원 2013.12.18. 선고 2012다89399 전원합의체 판결

【판시사항】

[1] 어떠한 임금이 통상임금에 속하는지 판단하는 기준 및 근로기준법상 통상임금에 속하는 임금을 통상임금에서 제외하기로 하는 노사합의의 효력(무효)

[2] 갑 주식회사가 상여금지급규칙에 따라 상여금을 근속기간이 2개월을 초과한 근로자에게는 전액을, 2개월을 초과하지 않는 신규입사자나 2개월 이상 장기휴직 후 복직한 자, 휴직자에게는 상여금 지급 대상기간 중 해당 구간에 따라 미리 정해 놓은 비율을 적용하여 산정한 금액을 각 지급하고, 상여금 지급 대상기간 중에 퇴직한 근로자에게는 근무일수에 따라 일할계산하여 지급한 사안에서, 위상여금은 통상임금에 해당한다고 한 사례

[3] 노사가 정기상여금을 통상임금에서 제외하기로 합의하고 이를 전제로 임금수준을 정한 경우, 근로자가 노사합의의 무효를 주장하며 정기상여금을 통상임금에 포함하여 산정한 추가 법정수당을 청구하는 것이 신의성실의 원칙에 위배되는지 여부

[4] 갑 주식회사가 일정 기간 한시적으로 관리직 직원에게 상여금을 매월 지급하였던 것을 제외하고는 상여금지급규칙에 따라 관리직과 생산직 직원 모두에 대하여 동일한 지급률과 지급 기준을 적용하여 상여금을 지급하였고, 노동조합과 체결한 단체협약에서 상여금을 통상임금 산입에서 제외하였는데, 노동조합원이 아닌 관리직 직원 을에 대해서도 단체협약을 적용하여 상여금이 제외

된 통상임금을 기초로 법정수당을 산정·지급한 사안에서, 제반 사정들에 대하여 제대로 심리하지 아니한 채 미사용 연차휴가수당 등의 지급을 구하는 을의 청구가 신의칙에 위배되지 않는다고 본 원심판결에 법리오해 등의 위법이 있다고 한 사례

【판결요지】

[1] [다수의견]

(가) 어떠한 임금이 통상임금에 속하는지 여부는 그 임금이 소정근로의 대가로 근로자에게 지급되는 금품으로서 정기적·일률적·고정적으로 지급되는 것인지를 기준으로 객관적인 성질에 따라 판단하여야 하고, 임금의 명칭이나 지급주기의 장단 등 형식적 기준에 의해 정할 것이 아니다. 여기서 소정근로의 대가라 함은 근로자가 소정근로시간에 통상적으로 제공하기로 정한 근로에 관하여 사용자와 근로자가 지급하기로 약정한 금품을 말한다. 근로자가 소정근로시간을 초과하여 근로를 제공하거나 근로계약에서 제공하기로 정한 근로 외의 근로를 특별히 제공함으로써 사용자로부터 추가로 지급받는 임금이나 소정근로시간의 근로와는 관련 없이 지급받는 임금은 소정근로의 대가라 할 수 없으므로 통상임금에 속하지 아니한다. 위와 같이 소정근로의 대가가 무엇인지는 근로자와 사용자가 소정근로시간에 통상적으로 제공하기로 정한 근로자의 근로의 가치를 어떻게 평가하고 그에 대하여 얼마의 금품을 지급하기로 정하였는지를 기준으로 전체적으로 판단하여야 하고, 그 금품이 소정근로시간에 근무한 직후나 그로부터 가까운 시일 내에 지급되지 아니하였다고 하여 그러한 사정만으로 소정근로의 대가가 아니라고 할 수는 없다.

(나) ① 어떤 임금이 통상임금에 속하기 위해서 정기성을 갖추어야 한다는 것은 임금이 일정한 간격을 두고 계속적으로 지급되어야 함을 의미한다. 통상임금

에 속하기 위한 성질을 갖춘 임금이 1개월을 넘는 기간마다 정기적으로 지급되는 경우, 이는 노사 간의 합의 등에 따라 근로자가 소정근로시간에 통상적으로 제공하는 근로의 대가가 1개월을 넘는 기간마다 분할지급되고 있는 것일 뿐, 그러한 사정 때문에 갑자기 그 임금이 소정근로의 대가로서 성질을 상실하거나 정기성을 상실하게 되는 것이 아님은 분명하다. 따라서 정기상여금과 같이 일정한 주기로 지급되는 임금의 경우 단지 그 지급주기가 1개월을 넘는다는 사정만으로 그 임금이 통상임금에서 제외된다고 할 수는 없다. ② 어떤 임금이 통상임금에 속하기 위해서는 그것이 일률적으로 지급되는 성질을 갖추어야 한다. '일률적'으로 지급되는 것에는 '모든 근로자'에게 지급되는 것뿐만 아니라 '일정한 조건 또는 기준에 달한 모든 근로자'에게 지급되는 것도 포함된다. 여기서 '일정한 조건'이란 고정적이고 평균적인 임금을 산출하려는 통상임금의 개념에 비추어 볼 때 고정적인 조건이어야 한다. 일정 범위의 모든 근로자에게 지급된 임금이 일률성을 갖추고 있는지 판단하는 잣대인 '일정한 조건 또는 기준'은 통상임금이 소정근로의 가치를 평가한 개념이라는 점을 고려할 때, 작업 내용이나 기술, 경력 등과 같이 소정근로의 가치 평가와 관련된 조건이라야 한다. ③ 어떤 임금이 통상임금에 속하기 위해서는 그것이 고정적으로 지급되어야 한다. '고정성'이라 함은 '근로자가 제공한 근로에 대하여 업적, 성과 기타의 추가적인 조건과 관계없이 당연히 지급될 것이 확정되어 있는 성질'을 말하고, '고정적인 임금'은 '임금의 명칭 여하를 불문하고 임의의 날에 소정근로시간을 근무한 근로자가 그 다음 날 퇴직한다 하더라도 그 하루의 근로에 대한 대가로 당연하고도 확정적으로 지급받게 되는 최소한의 임금'이라고 정의할 수 있다. 고정성을 갖춘 임금은 근로자가 임의의 날에 소정근로를 제공하면 추가적인 조건의 충족 여부와 관계없이 당연히 지급될 것이 예정된 임금이므로, 지급 여부나 지급액이 사전에 확정된 것이라 할 수 있다. 이와 달리 근로자가 소정근로를 제공하더라도 추가적인 조건을 충족하여야 지급되는 임금이나 조건 충족 여부에 따라 지급액이 변동되는 임금 부분은 고정성을 갖춘 것이라고 할 수 없다.

(다) 통상임금은 근로조건의 기준을 마련하기 위하여 법이 정한 도구개념이므

로, 사용자와 근로자가 통상임금의 의미나 범위 등에 관하여 단체협약 등에 의해 따로 합의할 수 있는 성질의 것이 아니다. 따라서 성질상 근로기준법상의 통상임금에 속하는 임금을 통상임금에서 제외하기로 노사 간에 합의하였다 하더라도 그 합의는 효력이 없다. 연장·야간·휴일 근로에 대하여 통상임금의 50% 이상을 가산하여 지급하도록 한 근로기준법의 규정은 각 해당 근로에 대한 임금산정의 최저기준을 정한 것이므로, 통상임금의 성질을 가지는 임금을 일부 제외한 채 연장·야간·휴일 근로에 대한 가산임금을 산정하도록 노사 간에 합의한 경우 그 노사합의에 따라 계산한 금액이 근로기준법에서 정한 위 기준에 미달할 때에는 그 미달하는 범위 내에서 노사합의는 무효이고, 무효로 된 부분은 근로기준법이 정하는 기준에 따라야 한다.

[대법관 김창석의 별개의견]

(가) 통상임금에 관한 노사합의나 노사관행은 어떤 임금이 통상임금에 포함되느냐의 여부를 판단하는 기준이 된다. 연장근로, 야간근로 또는 휴일근로(이하 '연장근로 등'이라고 한다)에 대하여 지급되는 임금을 제외한 나머지 임금은 그 실질에 따라 통상근로(소정근로)에 대한 임금과 총 근로(통상근로와 연장근로 등을 포함하는 전체 근로를 의미한다)에 대한 임금의 두 종류로 구분된다. 통상임금에 포함될 수 있는 임금은 총 근로가 아닌 통상근로에 대한 대가인 임금일 수밖에 없고 어떤 임금이 총 근로가 아닌 통상근로에 대한 대가인지의 여부는 객관적으로 확인되는 노사의 의사에 의하여 판단될 수밖에 없다.

(나) 일반적으로 노사합의나 노사관행은 기본급과 1개월 이내의 기간마다 지급되는 수당만을 통상임금에 포함시키고 있다는 점에 별다른 의문이 없는 것으로 보인다. 특별한 사정이 없는 한 상여금이나 1개월을 넘는 기간마다 지급되는 수당을 통상임금에 포함시키는 해석은 노사합의나 노사관행의 법적 효력을 부정하는 위법한 해석이라 할 것이고, 원칙적으로 기본급과 1개월 이내의 기간마다 지급되는 수당만이 통상임금에 포함된다고 해석하여야 한다. 본질적으로 어떤 임금

이 통상임금에 포함될 수 있느냐의 여부는 임금이 통상근로(소정근로)에 대한 대가이냐 아니면 총 근로에 대한 대가이냐에 의하여 결정되는 것이다. 어떤 임금이 정기적·일률적·고정적으로 지급되는 것이냐 아니냐의 여부는 기본급에 준하는 형식적 속성도 갖고 있는지 여부를 판단하는 2차적 기준일 뿐이다. 상여금이나 1개월을 넘는 기간마다 지급되는 수당은 기본급에 준하는 실질을 갖는다고 볼 수 없고 오히려 전혀 다른 실질을 갖고 있으며, 정기적·일률적·고정적으로 지급되는 것이냐에 관계없이 통상근로(소정근로)에 대한 대가로서 실질을 갖는 것이 아니라 총 근로에 대한 대가로서의 실질을 갖는다. 결국 상여금이나 1개월을 넘는 기간마다 지급되는 수당은 통상임금에 포함될 수 없다.

(다) 통상임금의 범위는 본질적으로 임금지급의 형식에 의하여 정하여지는 것이 아니라 임금의 실질에 의하여 정하여지며, 임금의 실질을 결정하고 이에 따라 통상임금의 범위를 결정하는 근본적 책임과 권리는 1차적으로 노사 당사자에게 귀속된다는 것이다. 그럼에도 법원이 노사합의나 노사관행의 효력을 부정하고 스스로 새로운 틀에 의한 임금을 형성하려고 하는 것은 해석의 한계를 벗어나는 것으로서 찬성하기 어렵다.

[2] 갑 주식회사가 상여금지급규칙에 따라 상여금을 근속기간이 2개월을 초과한 근로자에게는 전액을, 2개월을 초과하지 않는 신규입사자나 2개월 이상 장기 휴직 후 복직한 자, 휴직자에게는 상여금 지급 대상기간 중 해당 구간에 따라 미리 정해 놓은 비율을 적용하여 산정한 금액을 각 지급하고, 상여금 지급 대상기간 중에 퇴직한 근로자에게는 근무일수에 따라 일할계산하여 지급한 사안에서, 위 상여금은 근속기간에 따라 지급액이 달라지기는 하나 일정 근속기간에 이른 근로자에게는 일정액의 상여금이 확정적으로 지급되는 것이므로, 위 상여금은 소정근로를 제공하기만 하면 지급이 확정된 것이라고 볼 수 있어 정기적·일률적으로 지급되는 고정적인 임금인 통상임금에 해당한다고 한 사례.

[3] [다수의견]

(가) 단체협약 등 노사합의의 내용이 근로기준법의 강행규정을 위반하여 무효인 경우에, 무효를 주장하는 것이 신의칙에 위배되는 권리의 행사라는 이유로 이를 배척한다면 강행규정으로 정한 입법 취지를 몰각시키는 결과가 될 것이므로, 그러한 주장이 신의칙에 위배된다고 볼 수 없음이 원칙이다. 그러나 노사합의의 내용이 근로기준법의 강행규정을 위반한다고 하여 노사합의의 무효 주장에 대하여 예외 없이 신의칙의 적용이 배제되는 것은 아니다. 신의칙을 적용하기 위한 일반적인 요건을 갖춤은 물론 근로기준법의 강행규정성에도 불구하고 신의칙을 우선하여 적용하는 것을 수긍할 만한 특별한 사정이 있는 예외적인 경우에 한하여 노사합의의 무효를 주장하는 것은 신의칙에 위배되어 허용될 수 없다.

(나) 노사가 자율적으로 임금협상을 할 때에는 기업의 한정된 수익을 기초로 하여 상호 적정하다고 합의가 이루어진 범위 안에서 임금을 정하게 되는데, 우리나라의 실태는 임금협상 시 임금 총액을 기준으로 임금 인상 폭을 정하되, 그 임금 총액 속에 기본급은 물론, 일정한 대상기간에 제공되는 근로에 대응하여 1개월을 초과하는 일정 기간마다 지급되는 상여금(이하 '정기상여금'이라고 한다), 각종 수당, 그리고 통상임금을 기초로 산정되는 연장·야간·휴일 근로 수당 등의 법정수당까지도 그 규모를 예측하여 포함시키는 것이 일반적이다. 이러한 방식의 임금협상에 따르면, 기본급, 정기상여금, 각종 수당 등과 통상임금에 기초하여 산정되는 각종 법정수당은 임금 총액과 무관하게 별개 독립적으로 결정되는 것이 아니라 노사 간에 합의된 임금 총액의 범위 안에서 그 취지에 맞도록 각 임금 항목에 금액이 할당되고, 각각의 지급형태 및 지급시기 등이 결정된다는 의미에서 상호 견련관계가 있는 것이다. 그런데 우리나라 대부분의 기업에서는 정기상여금은 그 자체로 통상임금에 해당하지 아니한다는 전제 아래에서, 임금협상 시 노사가 정기상여금을 통상임금에서 제외하기로 합의하는 실무가 장기간 계속되어 왔고, 이러한 노사합의는 일반화되어 이미 관행으로 정착된 것으로 보인다.

(다) 앞서 본 바와 같은 방식의 임금협상 과정을 거쳐 이루어진 노사합의에서

정기상여금은 그 자체로 통상임금에 해당하지 아니한다고 오인한 나머지 정기상여금을 통상임금 산정 기준에서 제외하기로 합의하고 이를 전제로 임금수준을 정한 경우, 근로자 측이 앞서 본 임금협상의 방법과 경위, 실질적인 목표와 결과 등은 도외시한 채 임금협상 당시 전혀 생각하지 못한 사유를 들어 정기상여금을 통상임금에 가산하고 이를 토대로 추가적인 법정수당의 지급을 구함으로써, 노사가 합의한 임금수준을 훨씬 초과하는 예상외의 이익을 추구하고 그로 말미암아 사용자에게 예측하지 못한 새로운 재정적 부담을 지워 중대한 경영상의 어려움을 초래하거나 기업의 존립을 위태롭게 한다면, 이는 종국적으로 근로자 측에까지 피해가 미치게 되어 노사 어느 쪽에도 도움이 되지 않는 결과를 가져오므로 정의와 형평 관념에 비추어 신의에 현저히 반하고 도저히 용인될 수 없음이 분명하다. 그러므로 이와 같은 경우 근로자 측의 추가 법정수당 청구는 신의칙에 위배되어 받아들일 수 없다.

　　[대법관 이인복, 대법관 이상훈, 대법관 김신의 반대의견]

　　(가) 신의칙을 적용하여 실정법상의 권리를 제한하는 것은, 개별적인 사안의 특수성 때문에 법률을 그대로 적용하면 도저히 참을 수 없는 부당한 결과가 야기되는 경우에 최후 수단으로, 그것도 법의 정신이나 입법자의 결단과 모순되지 않는 범위 안에서만 고려해 볼 수 있는 방안에 불과하다. 신의칙은 강행규정에 앞설 수 없다. 신의칙의 적용을 통하여 임금청구권과 같은 법률상 강행규정으로 보장된 근로자의 기본적 권리를 제약하려 시도하는 것은 헌법적 가치나 근로기준법의 강행규정성에 정면으로 반한다. 근로기준법이 강행규정으로 근로자에게 일정한 권리를 보장하고 있음에도 근로자나 사용자가 그 강행규정에 저촉되는 내용의 노사합의를 한 경우에, 신의칙을 내세워 사용자의 그릇된 신뢰를 권리자인 근로자의 정당한 권리 찾기에 우선할 수는 없다.

　　(나) 근로자가 정기상여금을 통상임금에서 제외하기로 하는 노사합의를 무효라고 주장하는 것에 대하여 '신의칙을 적용하기 위한 일반적인 요건'이 갖추어졌

다고 볼 수 없다. 정기상여금을 통상임금에서 제외하기로 하는 노사합의의 관행이 있다고 볼 근거가 없음은 물론이고, 만에 하나 그런 관행이 있다고 한들 그것이 근로자에 의하여 유발되었거나 그 주된 원인이 근로자에게 있다고 볼 근거는 어디에도 없다. 근로자가 이를 무효라고 주장하지 않을 것이라고 사용자가 신뢰하였다는 전제 자체가 증명된 바 없지만, 그 '신뢰'가 존재한다고 하더라도 이를 정당한 것이라고 말할 수 없다.

(다) 근로자가 받았어야 할 임금을 예상외의 이익으로 취급하여 이를 되찾는 것을 정의와 형평관념에 반한다고 하는 것 자체가 정의관념에 반한다. '중대한 경영상의 어려움'이나 '기업 존립의 위태'는 모두 모호하고 불확정적인 내용으로서, 도대체 추가 부담액이 어느 정도가 되어야 그러한 요건을 충족한다는 것인지 알수 없다. 사용자는 상여금도 그 성격에 따라 통상임금에 해당할 수 있음을 알았다고 보이고, 사용자가 상여금의 통상임금 해당 가능성을 알지 못하였더라도 이를법적으로 보호할 가치가 있는 선의(선의)라고 볼 수는 없다.

[4] 갑 주식회사가 일정 기간 한시적으로 관리직 직원에게 상여금을 매월 지급하였던 것을 제외하고는 상여금지급규칙에 따라 관리직과 생산직 직원 모두에 대하여 동일한 지급률과 지급 기준을 적용하여 상여금을 지급하였고, 노동조합과체결한 단체협약에서 상여금이 근로기준법에서 정한 통상임금에 해당하지 않는다는 전제하에 이를 통상임금 산입에서 제외하였는데, 노동조합의 조합원이 아닌관리직 직원 을에 대해서도 위 단체협약을 적용하여 상여금이 제외된 통상임금을기초로 법정수당을 산정·지급한 사안에서, 갑 회사와 노동조합의 임금협상 실태와 갑 회사와 관리직 직원들 사이에 상여금을 통상임금에서 제외하기로 하는 명시적 또는 묵시적 노사합의 내지 관행이 이루어졌는지 등의 제반 사정들에 대하여 제대로 심리하지 아니한 채 미사용 연차휴가수당 등의 지급을 구하는 을의 청구가 신의칙에 위배되지 않는다고 본 원심판결에 법리오해 등의 위법이 있다고 한 사례.

【참조조문】

[1] 헌법 제32조 제1항, 제3항, 근로기준법 제2조 제1항 제5호, 제6호, 제2항, 제3조, 제15조, 제43조 제2항, 제56조, 제60조, 근로기준법 시행령 제6조 제1항, 최저임금법 제6조 제4항 [2] 근로기준법 제2조 제1항 제5호, 근로기준법 시행령 제6조 제1항 [3] 헌법 제32조 제1항, 제3항, 근로기준법 제2조 제1항 제5호, 제15조, 제56조, 근로기준법 시행령 제6조 제1항, 민법 제2조 제1항 [4] 근로기준법 제2조 제1항 제5호, 제60조, 근로기준법 시행령 제6조 제1항, 민법 제2조 제1항

【참조판례】

[1] 대법원 1993. 5. 11. 선고 93다4816 판결(공1993하, 1688)
대법원 1993. 5. 27. 선고 92다20316 판결(공1993하, 1861)
대법원 1995. 12. 21. 선고 94다26721 전원합의체 판결(공1996상, 208)
대법원 1996. 2. 9. 선고 94다19501 판결(공1996상, 857)
대법원 1996. 3. 22. 선고 95다56767 판결(공1996상, 1358)(변경)
대법원 1998. 4. 24. 선고 97다28421 판결(공1998상, 1438)
대법원 2007. 6. 15. 선고 2006다13070 판결(변경)
대법원 2009. 12. 10. 선고 2008다45101 판결
대법원 2012. 3. 29. 선고 2010다91046 판결
대법원 2012. 7. 26. 선고 2011다6106 판결
[3] 대법원 2001. 5. 29. 선고 2001다15422, 15439 판결(공2001하, 1480)

【전 문】

【원고, 피상고인】 원고 (소송대리인 변호사 김상은 외 7인)

【피고, 상고인】 갑을오토텍 주식회사 (소송대리인 변호사 이임수 외 9인)

【원심판결】 대전지법 2012. 8. 22. 선고 2012나4372 판결

【주 문】

원심판결을 파기하고, 사건을 대전지방법원 본원 합의부에 환송한다.

【이 유】

상고이유(상고이유서 제출기간이 경과한 후에 제출된 참고서면 등의 기재는 상고이유를 보충하는 범위 내에서)를 판단한다.

1. 통상임금에 관한 법리

가. 통상임금의 의의

1) 근로자가 사용자로부터 지급받는 임금은 근로자가 기본적 생활을 유지하는 재원으로서 가장 중요한 근로조건 중의 하나이다. 그리하여 헌법은 제32조 제1항에서 국가에 대하여 적정 임금을 보장하도록 노력할 의무와 법률이 정하는 바에 의하여 최저임금제를 시행할 의무를 부과하고, 같은 조 제3항에서 근로조건의 기준은 인간의 존엄성을 보장하도록 법률로 정한다고 규정하고 있다.

이러한 취지에 따라 최저임금법에는 최저임금의 기준에 관한 규정이 마련되어 있고, 나아가 근로기준법은 제2조 제1항 제5호에서 "임금이란 사용자가 근로의 대가로 근로자에게 임금, 봉급, 그 밖에 어떠한 명칭으로든지 지급하는 일체의 금품을 말한다."고 규정함과 아울러, 근로의 대가로 지급되는 일체의 금품 즉 임금에 관한 각종 근로조건을 정하고 이를 기준으로 근로자에 대한 임금 지급 등이

적정하게 이루어지도록 규율하고 있다.

2) 그런데 사용자가 근로자에게 지급하는 임금은 사용자와 근로자 사이의 근로계약에 의하여 정하여지지만, 근로자의 실제 근로시간이나 근무실적 등에 따라 증감·변동될 수 있고, 임금의 지급 여부나 지급액이 구체적인 근로의 질이나 양과 관계없는 조건에 좌우될 수 있다.

근로기준법은 위와 같은 임금의 증감·변동성 등을 고려하여 '평균임금'과 '통상임금'이라는 유형의 기준임금을 마련하고, 이를 통하여 근로조건의 기준을 정한 다음 근로계약에서 정한 근로조건이 그 기준에 미치지 못하는 때에는 그 미치지 못하는 부분을 무효로 하고, 무효로 된 부분은 그 기준에 따르도록 규정하여 근로자의 기본적 생활의 보장과 그 향상을 도모하고 있다.

이는 노사 간의 합의에 의하여 임금을 정하도록 하되 일정한 사항에 대하여는 근로기준법이 근로조건의 기준을 정하여 이를 강제하는 방식을 취하는 것으로, 임금 결정에 관하여 노사자율을 존중하는 한편 거기에 일정한 한계를 긋는 규율 방식을 취하고 있는 것이다.

3) 근로기준법 제2조 제1항 제6호 전문은 "평균임금이란 이를 산정하여야 할 사유가 발생한 날 이전 3개월 동안에 그 근로자에게 지급된 임금의 총액을 그 기간의 총일수로 나눈 금액을 말한다."고 규정하면서, 이를 근로기준법상의 퇴직금, 휴업수당, 산업재해보상보험법상의 휴업급여, 장해급여, 유족급여, 상병보상연금, 장의비 등을 산정하는 기준임금으로 삼고 있다.

이러한 평균임금은 개별 근로자의 실제 근로시간이나 근무실적 등에 따라 증감·변동되는 것으로서, 법정 기간 동안 근로자에게 실제 지급된 임금의 총액을 기초로 하여 산정되므로, 과거의 근로시간이나 근무실적 등을 토대로 사후적으로 산정되는 근로자의 통상적인 생활임금이라 할 수 있다.

4) 한편 근로기준법은 위와 같이 실제 근로시간이나 근무실적 등에 따라 증감·

변동될 수 있는 평균임금의 최저한을 보장하고 연장·야간·휴일 근로에 대한 가산임금, 해고예고수당 및 연차휴가수당 등을 산정하는 기준임금으로서 '통상임금'을 규정하고 있다. 근로기준법은 통상임금에 관하여는 직접 정의 규정을 두고 있지 않지만, 근로기준법 시행령 제6조 제1항은 "법과 이 영에서 통상임금이란 근로자에게 정기적이고 일률적으로 소정근로 또는 총 근로에 대하여 지급하기로 정한 시간급 금액, 일급 금액, 주급 금액, 월급 금액 또는 도급 금액을 말한다."고 규정하고 있다.

근로자의 연장·야간·휴일 근로가 상시적으로 이루어지는 경우가 드물지 않은 우리나라의 현실에서 근로기준법이 위와 같이 통상임금에 부여하는 기능 중 가장 주목되는 것은 그것이 연장·야간·휴일 근로에 대한 가산임금 등을 산정하는 기준임금으로 기능한다는 점이다.

근로기준법은 사용자로 하여금 연장·야간·휴일 근로에 대하여 통상임금의 50% 이상을 가산하여 지급하도록 규정하고 있는데, 이는 사용자에게 금전적 부담을 가함으로써 연장·야간·휴일 근로를 억제하는 한편, 이러한 근로는 법정근로시간 내에서 행하여지는 근로보다 근로자에게 더 큰 피로와 긴장을 주고 근로자가 누릴 수 있는 생활상의 자유시간을 제한하므로 이에 상응하는 금전적 보상을 해주려는 데에 그 취지가 있다(대법원 1990. 12. 26. 선고 90다카12493 판결 참조).

통상임금이 위와 같이 근로자가 사용자와 사이에 법정근로시간의 범위에서 정한 근로시간(이하 '소정근로시간'이라고 한다)을 초과하는 근로를 제공할 때 가산임금 등을 산정하는 기준임금으로 기능한다는 점을 고려하면, 그것은 당연히 근로자가 소정근로시간에 통상적으로 제공하는 근로의 가치를 금전적으로 평가한 것이어야 하고, 또한 근로자가 실제로 연장근로 등을 제공하기 전에 미리 확정되어 있어야 할 것이다. 그래야만 사용자와 근로자는 소정근로시간을 초과하여 제공되는 연장근로 등에 대한 비용 또는 보상의 정도를 예측하여 연장근로 등의 제공 여부에 관한 의사결정을 할 수 있고, 실제 연장근로 등이 제공된 때에는 사전에 확정된 통상임금을 기초로 하여 가산임금을 곧바로 산정할 수 있게 되기 때문이다.

그리고 근로기준법 제2조 제1항 제5호가 사용자가 근로의 대가로 근로자에게 지급하는 금품은 그 명칭과 관계없이 근로기준법의 규율을 받는 임금에 해당한다고 규정하고 있듯이, 그 임금 중에서 근로자가 소정근로시간에 통상적으로 제공하는 근로의 가치를 평가한 것으로서 사전에 미리 확정할 수 있는 것이라면 그 명칭과 관계없이 모두 통상임금에 해당하는 것으로 보아야 할 것이다.

5) 대법원 1995. 12. 21. 선고 94다26721 전원합의체 판결은 모든 임금은 근로의 대가로서 '근로자가 사용자의 지휘를 받으며 근로를 제공하는 것에 대한 보수'를 의미하므로 현실의 근로 제공을 전제로 하지 않고 단순히 근로자로서의 지위에 기하여 발생하는 이른바 '생활보장적 임금'이란 있을 수 없고, 임금을 근로의 제공 대가로 지급받는 교환적 부분과 근로자의 지위에서 받는 생활보장적 부분으로 구별할 아무런 법적 근거도 없다고 판시하여, 단체협약 등에 특별한 규정이 없는 한 근로자가 근로를 제공하지 아니한 쟁의행위 기간에는 근로 제공 의무와 대가관계에 있는 임금청구권이 발생하지 않는다는 '무노동무임금 원칙'을 정립하였다.

위 전원합의체 판결 전에 종래 판례가 취한 임금2분설은 임금을 근로의 대가로서의 성질을 갖는 교환적 부분과 단순히 근로자의 지위에 기하여 발생하는 생활보장적 부분으로 구분하고 있었으나, 실제로 임금 항목 모두를 양자로 준별하는 것이 불가능한 경우가 적지 않았고, 이러한 상황에서 어떠한 임금이 통상임금에 속하는지를 가리기 위하여 '정기적, 일률적으로 1임금산정기간에 지급하기로 정하여진 고정급 임금'인지를 판단 기준으로 삼는 것은 부득이한 측면이 있었다.

그러나 위 전원합의체 판결에서 모든 임금을 근로의 대가로 파악하여 임금2분설을 폐기함으로써 임금을 근로 제공에 대한 교환적 부분과 근로 제공과 무관한 생활보장적 부분으로 구별할 법적 근거가 없어졌으므로, 임금의 형식적인 명칭에 따라 통상임금에 속하는지 여부를 달리 볼 아무런 이유가 없게 되었고, 통상임금을 '1임금산정기간'을 기준으로 가려왔던 판단 방식 또한 더 이상 설 자리를 잃게 되었다.

이에 따라 임금2분설을 폐기한 위 전원합의체 판결 선고 직후 대법원 1996. 2.

9. 선고 94다19501 판결은 근로자에 대한 임금이 1개월을 초과하는 기간마다 지급되는 것이라도 그것이 정기적·일률적·고정적으로 지급되는 것이면 통상임금에 포함될 수 있다고 판시하였다. 그 이후 대법원은 일관되게 통상임금은 근로자가 소정근로시간에 통상적으로 제공하는 근로인 소정근로(도급 근로자의 경우에는 총근로)의 대가로 근로자에게 지급되는 금품으로서 정기적·일률적·고정적으로 지급되는 임금이라고 판시하여 왔고, 여기서 그 임금이 '1임금산정기간' 내에 지급되는 것인지 여부는 더 이상 판단 기준으로 제시되지 아니하였다(대법원 1998. 4. 24. 선고 97다28421 판결, 대법원 2012. 3. 29. 선고 2010다91046 판결 등 참조).

이는 앞서 본 근로기준법의 입법 취지와 통상임금의 문언적 의미, 통상임금의 기능 및 필요성 등을 고려하여 통상임금의 본질에 합당한 정의를 내린 것일 뿐만 아니라, 일반 사회통념과 건전한 상식에도 부합한다.

결국 어떠한 임금이 통상임금에 속하는지 여부는 그 임금이 소정근로의 대가로 근로자에게 지급되는 금품으로서 정기적·일률적·고정적으로 지급되는 것인지를 기준으로 그 객관적인 성질에 따라 판단하여야 하고, 임금의 명칭이나 그 지급주기의 장단 등 형식적 기준에 의해 정할 것이 아니다.

여기서 소정근로의 대가라 함은 근로자가 소정근로시간에 통상적으로 제공하기로 정한 근로에 관하여 사용자와 근로자가 지급하기로 약정한 금품을 말한다. 근로자가 소정근로시간을 초과하여 근로를 제공하거나 근로계약에서 제공하기로 정한 근로 외의 근로를 특별히 제공함으로써 사용자로부터 추가로 지급받는 임금이나 소정근로시간의 근로와는 관련 없이 지급받는 임금은 소정근로의 대가라 할 수 없으므로 통상임금에 속하지 아니한다.

위와 같이 소정근로의 대가가 무엇인지는 근로자와 사용자가 소정근로시간에 통상적으로 제공하기로 정한 근로자의 근로의 가치를 어떻게 평가하고 그에 대하여 얼마의 금품을 지급하기로 정하였는지를 기준으로 전체적으로 판단하여야 하고, 그 금품이 소정근로시간에 근무한 직후나 그로부터 가까운 시일 내에 지급되지 아니하였다고 하여 그러한 사정만으로 소정근로의 대가가 아니라고 할 수는 없다.

다만 실제 근로 현장에서는 다양한 종류의 수당과 상여금 등이 존재하고 그에 대한 지급조건 등도 복잡다기하여 어떤 임금이 통상임금에 포함되는지 판단이 곤란한 경우가 있을 수 있다. 아래에서는 통상임금의 개념적 징표인 정기성, 일률성, 고정성의 의미를 구체적으로 밝히고, 나아가 임금의 지급조건 등이 매우 다양한 실제 근로 현장에서 어떠한 유형의 임금이 통상임금에 속하는지 그 구체적 판단 기준을 제시하기로 한다.

나. 통상임금의 개념적 징표인 정기성, 일률성, 고정성의 의미

1) 정기성

어떤 임금이 통상임금에 속하기 위해서 정기성을 갖추어야 한다는 것은 그 임금이 일정한 간격을 두고 계속적으로 지급되어야 함을 의미한다.

통상임금에 속하기 위한 성질을 갖춘 임금이 1개월을 넘는 기간마다 정기적으로 지급되는 경우, 이는 노사 간의 합의 등에 따라 근로자가 소정근로시간에 통상적으로 제공하는 근로의 대가가 1개월을 넘는 기간마다 분할지급되고 있는 것일 뿐, 그러한 사정 때문에 갑자기 그 임금이 소정근로의 대가로서의 성질을 상실하거나 정기성을 상실하게 되는 것이 아님은 분명하다. 따라서 정기상여금과 같이 일정한 주기로 지급되는 임금의 경우 단지 그 지급주기가 1개월을 넘는다는 사정만으로 그 임금이 통상임금에서 제외된다고 할 수는 없다.

나아가 근로기준법 제43조 제2항은 임금을 매월 1회 이상 일정한 날짜를 정하여 지급하도록 규정하고 있으나, 이는 사용자로 하여금 매월 일정하게 정해진 기일에 임금을 근로자에게 어김없이 지급하도록 강제함으로써 근로자의 생활안정을 도모하려는 것이므로(대법원 1985. 10. 8. 선고 85도1262 판결 등 참조), 위 규정을 근거로 1개월을 넘는 기간마다 정기적으로 지급되는 임금이 통상임금에서 제외된다고 해석할 수는 없다.

그리고 앞서 본 근로기준법 시행령 제6조 제1항은 통상임금에 관하여 규정하면서 '시간급 금액, 일급 금액, 주급 금액, 월급 금액 또는 도급 금액'이라는 표현을 사용하고 있는데, 위 표현을 근거로 위 규정이 통상임금의 범위를 1개월을 단위로 산정 또는 지급되는 임금으로 한정한 취지라고 해석할 수는 없다. 1982. 8. 13. 대통령령 제10898호로 개정되기 전의 구 근로기준법 시행령 제31조는 '시간, 일, 주, 월, 월·주 외의 일정한 기간' 등 다양한 단위기간으로 정하여지는 임금을 시간급 통상임금으로 산정하는 방법에 관하여 규정하다가, 위 개정으로 제31조 제1항에 통상임금의 정의 규정이 신설되고 1997. 3. 27. 대통령령 제15320호로 폐지·제정된 구 근로기준법 시행령 이후부터는 그 정의 규정이 제6조 제1항으로 위치가 옮겨졌다. 위와 같은 개정 및 폐지·제정 과정이나 그 이후에도 일·주·월 외의 일정한 기간으로 정한 임금의 시간급 통상임금 산정방식이 제31조 제2항 또는 제6조 제2항으로 위치를 옮겨 종전과 동일한 내용으로 계속 규정되어 온 점에 비추어 보면, 근로기준법 시행령 제6조 제1항은 통상임금의 범위를 1개월을 단위로 산정 또는 지급되는 임금으로 한정한 것이 아니라, 다양한 기간을 단위로 산정·지급되는 임금의 형태를 예시한 것에 불과하다고 보아야 할 것이다.

한편 최저임금법 제6조 제4항은 사용자가 근로자에게 지급하는 임금 중 매월 1회 이상 정기적으로 지급하는 임금 외의 임금으로서 고용노동부장관이 정하는 것을 최저임금과 비교할 '비교대상 임금'에서 제외하고 있다. 그러나 최저임금제도의 목적은 임금의 최저수준을 보장하여 근로자의 생활 안정과 노동력의 질적 향상을 기하고자 하는 데에 있어 연장·야간·휴일 근로에 대한 가산임금 등을 산정하기 위한 통상임금제도와 그 목적을 달리하므로, 위와 같은 최저임금법의 규정을 근거로 통상임금을 매월 1회 이상 정기적으로 지급하는 임금으로 한정하여야 한다고 보는 것은 타당하지 않다.

2) 일률성

어떤 임금이 통상임금에 속하기 위해서는 그것이 일률적으로 지급되는 성질을 갖추어야 한다. '일률적'으로 지급되는 것에는 '모든 근로자'에게 지급되는 것뿐만 아니라 '일정한 조건 또는 기준에 달한 모든 근로자'에게 지급되는 것도 포함된다. 여기서 '일정한 조건'이란 고정적이고 평균적인 임금을 산출하려는 통상임금의 개념에 비추어 볼 때 고정적인 조건이어야 한다(대법원 1993. 5. 27. 선고 92다20316 판결, 대법원 2012. 7. 26. 선고 2011다6106 판결 등 참조).

단체협약이나 취업규칙 등에 휴직자나 복직자 또는 징계대상자 등에 대하여 특정 임금에 대한 지급 제한사유를 규정하고 있다 하더라도, 이는 해당 근로자의 개인적인 특수성을 고려하여 그 임금 지급을 제한하고 있는 것에 불과하므로, 그러한 사정을 들어 정상적인 근로관계를 유지하는 근로자에 대하여 그 임금 지급의 일률성을 부정할 것은 아니다.

한편 일정 범위의 모든 근로자에게 지급된 임금이 일률성을 갖추고 있는지 판단하는 잣대인 '일정한 조건 또는 기준'은 통상임금이 소정근로의 가치를 평가한 개념이라는 점을 고려할 때, 작업 내용이나 기술, 경력 등과 같이 소정근로의 가치 평가와 관련된 조건이라야 한다. 따라서 부양가족이 있는 근로자에게만 지급되는 가족수당과 같이 소정근로의 가치 평가와 무관한 사항을 조건으로 하여 지급되는 임금은 그것이 그 조건에 해당하는 모든 근로자에게 지급되었다 하더라도 여기서 말하는 '일정한 조건 또는 기준'에 따른 것이라 할 수 없어 '일률성'을 인정할 수 없으므로, 통상임금에 속한다고 볼 수 없다(대법원 2000. 12. 22. 선고 99다10806 판결, 대법원 2003. 12. 26. 선고 2003다56588 판결 등 참조).

그러나 모든 근로자에게 기본금액을 가족수당 명목으로 지급하면서 실제 부양가족이 있는 근로자에게는 일정액을 추가적으로 지급하는 경우 그 기본금액은 소정근로에 대한 대가에 다름 아니므로 통상임금에 속한다(대법원 1992. 7. 14. 선고 91다5501 판결 등 참조).

3) 고정성

어떤 임금이 통상임금에 속하기 위해서는 그것이 고정적으로 지급되어야 한다. 이는 통상임금을 다른 일반적인 임금이나 평균임금과 확연히 구분 짓는 요소로서 앞서 본 바와 같이 통상임금이 연장·야간·휴일 근로에 대한 가산임금을 산정하는 기준임금으로 기능하기 위하여서는 그것이 미리 확정되어 있어야 한다는 요청에서 도출되는 본질적인 성질이다.

'고정성'이라 함은 '근로자가 제공한 근로에 대하여 그 업적, 성과 기타의 추가적인 조건과 관계없이 당연히 지급될 것이 확정되어 있는 성질'을 말하고, '고정적인 임금'은 '임금의 명칭 여하를 불문하고 임의의 날에 소정근로시간을 근무한 근로자가 그 다음 날 퇴직한다 하더라도 그 하루의 근로에 대한 대가로 당연하고도 확정적으로 지급받게 되는 최소한의 임금'이라고 정의할 수 있다.

고정성을 갖춘 임금은 근로자가 임의의 날에 소정근로를 제공하면 추가적인 조건의 충족 여부와 관계없이 당연히 지급될 것이 예정된 임금이므로, 그 지급 여부나 지급액이 사전에 확정된 것이라 할 수 있다. 이와 달리 근로자가 소정근로를 제공하더라도 추가적인 조건을 충족하여야 지급되는 임금이나 그 조건 충족 여부에 따라 지급액이 변동되는 임금 부분은 고정성을 갖춘 것이라고 할 수 없다.

대법원은 근로자의 실제 근무성적에 따라 지급 여부 및 지급액이 달라지는 항목의 임금을 통상임금에서 제외하여 왔는데, 그러한 임금은 고정성을 갖추지 못하였기 때문이다(대법원 1996. 2. 9. 선고 94다19501 판결, 대법원 2012. 3. 15. 선고 2011다106426 판결 등 참조).

다. 다양한 유형의 임금이 통상임금에 속하는지에 관한 구체적 판단 기준

실제 근로 현장에서는 임금의 지급조건 등이 매우 다양하므로, 위에서 본 통상임금의 개념적 징표인 정기성, 일률성, 고정성의 의미를 바탕으로 어떠한 유형의 임금을 통상임금에 속한다고 볼 수 있는지 그 구체적 판단 기준에 관하여 살펴본다.

1) 근속기간에 연동하는 임금

어떠한 임금이 일정 근속기간 이상을 재직할 것을 지급조건으로 하거나, 또는 일정 근속기간을 기준으로 하여 임금의 계산방법을 달리하거나 근속기간별로 지급액을 달리하는 경우와 같이 지급 여부나 지급액이 근속기간에 연동하는 임금 유형이 있다.

근속기간은 근로자의 숙련도와 밀접한 관계가 있으므로 소정근로의 가치 평가와 관련이 있는 '일정한 조건 또는 기준'으로 볼 수 있고, 일정한 근속기간 이상을

재직한 모든 근로자에게 그에 대응하는 임금을 지급한다는 점에서 일률성을 갖추고 있다고 할 수 있다. 또한 근속기간은 근로자가 임의의 날에 연장·야간·휴일 근로를 제공하는 시점에서는 그 성취 여부가 불확실한 조건이 아니라 그 근속기간이 얼마인지가 확정되어 있는 기왕의 사실이므로, 일정 근속기간에 이른 근로자는 임의의 날에 근로를 제공하면 다른 추가적인 조건의 성취 여부와 관계없이 근속기간에 연동하는 임금을 확정적으로 지급받을 수 있어 고정성이 인정된다. 따라서 임금의 지급 여부나 지급액이 근속기간에 연동한다는 사정은 그 임금이 통상임금에 속한다고 보는 데 장애가 되지 않는다.

2) 근무일수에 연동하는 임금

매 근무일마다 일정액의 임금을 지급하기로 정함으로써 근무일수에 따라 일할 계산하여 임금이 지급되는 경우에는 실제 근무일수에 따라 그 지급액이 달라지기는 하지만, 근로자가 임의의 날에 소정근로를 제공하기만 하면 그에 대하여 일정액을 지급받을 것이 확정되어 있으므로, 이러한 임금은 고정적 임금에 해당한다.

그러나 일정 근무일수를 충족하여야만 지급되는 임금은 소정근로를 제공하는 외에 일정 근무일수의 충족이라는 추가적인 조건을 성취하여야 비로소 지급되는 것이고, 이러한 조건의 성취 여부는 임의의 날에 연장·야간·휴일 근로를 제공하는 시점에서 확정할 수 없는 불확실한 조건이므로 고정성을 갖춘 것이라 할 수 없다.

한편 일정 근무일수를 기준으로 계산방법 또는 지급액이 달라지는 경우에도 소정근로를 제공하면 적어도 일정액 이상의 임금이 지급될 것이 확정되어 있다면 그와 같이 최소한도로 확정되어 있는 범위에서는 고정성을 인정할 수 있다. 예를 들어 근무일수가 15일 이상이면 특정 명목의 급여를 전액 지급하고, 15일 미만이면 근무일수에 따라 그 급여를 일할계산하여 지급하는 경우, 소정근로를 제공하기만 하면 최소한 일할계산되는 금액의 지급은 확정적이므로, 그 한도에서 고정성이 인정된다. 다른 한편, 근무일수를 기준으로 계산방법을 달리 정하지 않고, 단순히 근무일수에 따라 일할계산하여 지급하는 경우도 앞서 본 매 근무일마다 지급하는 경우와 실질적인 차이가 없어 고정성을 인정할 수 있다.

3) 특정 시점에 재직 중인 근로자에게만 지급하는 임금

근로자가 소정근로를 했는지 여부와는 관계없이 지급일 기타 특정 시점에 재직 중인 근로자에게만 지급하기로 정해져 있는 임금은 그 특정 시점에 재직 중일 것이 임금을 지급받을 수 있는 자격요건이 된다. 그러한 임금은 기왕에 근로를 제공했던 사람이라도 특정 시점에 재직하지 않는 사람에게는 지급하지 아니하는 반면, 그 특정 시점에 재직하는 사람에게는 기왕의 근로 제공 내용을 묻지 아니하고 모두 이를 지급하는 것이 일반적이다. 그와 같은 조건으로 지급되는 임금이라면, 그 임금은 이른바 '소정근로'에 대한 대가의 성질을 가지는 것이라고 보기 어려울 뿐 아니라 근로자가 임의의 날에 근로를 제공하더라도 그 특정 시점이 도래하기 전에 퇴직하면 당해 임금을 전혀 지급받지 못하여 근로자가 임의의 날에 연장·야간·휴일 근로를 제공하는 시점에서 그 지급조건이 성취될지 여부는 불확실하므로, 고정성도 결여한 것으로 보아야 한다.

그러나 근로자가 특정 시점 전에 퇴직하더라도 그 근무일수에 비례한 만큼의 임금이 지급되는 경우에는 앞서 본 매 근무일마다 지급되는 임금과 실질적인 차이가 없으므로, 근무일수에 비례하여 지급되는 한도에서는 고정성이 부정되지 않는다.

4) 특수한 기술, 경력 등을 조건으로 하는 임금

특수한 기술의 보유나 특정한 경력의 구비 등이 임금 지급의 조건으로 부가되어 있는 경우, 근로자가 임의의 날에 연장·야간·휴일 근로를 제공하는 시점에서 특수한 기술의 보유나 특정한 경력의 구비 여부는 그 성취 여부가 불확실한 조건이 아니라 기왕에 확정된 사실이므로, 그와 같은 지급조건은 고정성 인정에 장애가 되지 않는다.

5) 근무실적에 연동하는 임금

지급 대상기간에 이루어진 근로자의 근무실적을 평가하여 이를 토대로 지급 여부나 지급액이 정해지는 임금은 일반적으로 고정성이 부정된다고 볼 수 있다. 그러나 근무실적에 관하여 최하 등급을 받더라도 일정액을 지급하는 경우와 같이

최소한도의 지급이 확정되어 있다면, 그 최소한도의 임금은 고정적 임금이라고 할 수 있다.

근로자의 전년도 근무실적에 따라 당해 연도에 특정 임금의 지급 여부나 지급 액을 정하는 경우, 당해 연도에는 그 임금의 지급 여부나 지급액이 확정적이므로 당해 연도에 있어 그 임금은 고정적인 임금에 해당하는 것으로 보아야 한다. 그러 나 보통 전년도에 지급할 것을 그 지급 시기만 늦춘 것에 불과하다고 볼 만한 특 별한 사정이 있는 경우에는 고정성을 인정할 수 없다. 다만 이러한 경우에도 근무 실적에 관하여 최하 등급을 받더라도 일정액을 최소한도로 보장하여 지급하기로 한 경우에는 그 한도 내에서 고정적인 임금으로 볼 수 있다.

라. 통상임금에 관한 노사합의의 효력

근로기준법에서 정하는 근로조건은 최저기준이므로(근로기준법 제3조), 그 기 준에 미치지 못하는 근로조건을 정한 근로계약은 그 부분에 한하여 무효로 되며, 이에 따라 무효로 된 부분은 근로기준법에서 정한 기준에 따른다(근로기준법 제 15조). 통상임금은 위 근로조건의 기준을 마련하기 위하여 법이 정한 도구개념이 므로, 사용자와 근로자가 통상임금의 의미나 범위 등에 관하여 단체협약 등에 의 해 따로 합의할 수 있는 성질의 것이 아니다.

따라서 앞에서 밝힌 기준에 따라 성질상 근로기준법상의 통상임금에 속하는 임금을 통상임금에서 제외하기로 노사 간에 합의하였다 하더라도 그 합의는 효력 이 없다. 연장·야간·휴일 근로에 대하여 통상임금의 50% 이상을 가산하여 지 급하도록 한 근로기준법의 규정은 각 해당 근로에 대한 임금산정의 최저기준을 정한 것이므로, 통상임금의 성질을 가지는 임금을 일부 제외한 채 연장·야간· 휴일 근로에 대한 가산임금을 산정하도록 노사 간에 합의한 경우 그 노사합의에 따라 계산한 금액이 근로기준법에서 정한 위 기준에 미달할 때에는 그 미달하는 범위 내에서 노사합의는 무효라 할 것이고(대법원 1993. 5. 11. 선고 93다4816 판 결, 대법원 2009. 12. 10. 선고 2008다45101 판결 등 참조), 그 무효로 된 부분은 근로기준법이 정하는 기준에 따라야 할 것이다.

마. 변경하여야 할 대법원판결

근속수당의 지급조건에 일정 근무일수를 기준으로 그 미만은 일할계산하여 지급하고 그 이상은 전액 지급하기로 정해진 경우 그 일할계산하여 지급되는 최소한도의 임금은 고정적인 임금이라고 보아야 하는데도, 이와 달리 이를 지급 여부 및 그 지급액이 실제 근무성적에 의하여 달라진다는 이유로 비고정적인 임금으로 통상임금에 해당하지 아니한다고 판단한 대법원 1996. 3. 22. 선고 95다56767 판결과 문제가 된 복리후생적 명목의 급여가 지급일 당시 재직 중일 것을 지급조건으로 하는지 여부에 관하여 심리하지 아니한 채 해당 급여가 단체협약 등에 의하여 일률적·정기적으로 지급되는 것으로 정해져 있다는 사정만으로 통상임금에 해당한다고 판단한 대법원 2007. 6. 15. 선고 2006다13070 판결 등을 비롯한 같은 취지의 판결들은 이 판결의 견해에 배치되는 범위 내에서 이를 모두 변경하기로 한다.

2. 이 사건에 대한 판단

가. 이 사건 상여금이 통상임금에 속하는지에 관하여

원심판결 이유와 원심이 적법하게 채택한 증거들에 의하면, 피고(피고의 전신인 모딘코리아 유한회사는 2004. 6. 7. 설립된 후 2009. 12. 23. 갑을오토텍 유한회사로 상호가 변경되었고, 이후 2010. 8. 20. 피고로 조직변경되었다. 이하에서는 이들 회사를 구분하지 않고 '피고'라고 한다)는 상여금지급규칙에 따라 이 사건 상여금을 근속기간이 2개월을 초과한 근로자에게는 전액을, 근속기간이 2개월을 초과하지 않는 신규입사자나 2개월 이상 장기 휴직 후 복직한 자, 휴직자에 대하여는 상여금 지급 대상기간 중 해당 구간에 따라 미리 정해 놓은 비율을 적용하여 산정한 금액을 각 지급하였으며, 상여금 지급 대상기간 중에 퇴직한 근로자에 대해서는 근무일수에 따라 일할계산하여 지급한 사실을 알 수 있다.

앞에서 본 법리를 위 사실관계에 비추어 보면, 이 사건 상여금은 근속기간에 따라 지급액이 달라지기는 하나 일정 근속기간에 이른 근로자에 대해서는 일정액의 상여금이 확정적으로 지급되는 것이므로, 이 사건 상여금은 소정근로를 제공하기만 하면 그 지급이 확정된 것이라고 볼 수 있어 정기적·일률적으로 지급되는 고정적인 임금인 통상임금에 해당한다.

원심이 같은 취지에서 이 사건 상여금이 통상임금에 해당한다고 판단한 것은 정당하고, 거기에 상고이유 주장과 같은 통상임금의 개념, 요건 및 범위에 관한 대법원판례 위반 등의 위법이 없다.

나. 이 사건 상여금을 통상임금에서 제외하는 노사합의의 무효를 주장하여 추가 법정수당을 청구하는 것이 신의성실의 원칙에 위배되는지에 관하여

1) 신의성실의 원칙(이하 '신의칙'이라고 한다)은, 법률관계의 당사자는 상대방의 이익을 배려하여 형평에 어긋나거나 신뢰를 저버리는 내용 또는 방법으로 권리를 행사하거나 의무를 이행하여서는 아니 된다는 추상적 규범을 말하는 것으로서, 신의칙에 위배된다는 이유로 그 권리행사를 부정하기 위해서는 상대방에게 신의를 공여하였거나 객관적으로 보아 상대방이 신의를 가지는 것이 정당한 상태에 이르러야 하고 이와 같은 상대방의 신의에 반하여 권리를 행사하는 것이 정의관념에 비추어 용인될 수 없는 정도의 상태에 이르러야 한다(대법원 1991. 12. 10. 선고 91다3802 판결, 대법원 2006. 5. 26. 선고 2003다18401 판결 등 참조).

단체협약 등 노사합의의 내용이 근로기준법의 강행규정을 위반하여 무효인 경우에, 그 무효를 주장하는 것이 신의칙에 위배되는 권리의 행사라는 이유로 이를 배척한다면 강행규정으로 정한 입법 취지를 몰각시키는 결과가 될 것이므로, 그러한 주장이 신의칙에 위배된다고 볼 수 없음이 원칙이다. 그러나 노사합의의 내용이 근로기준법의 강행규정을 위반한다고 하여 그 노사합의의 무효 주장에 대하여 예외 없이 신의칙의 적용이 배제되는 것은 아니다(대법원 2001. 5. 29. 선고 2001다15422, 15439 판결 참조). 위에서 본 신의칙을 적용하기 위한 일반적인 요건을 갖춤은 물론 근로기준법의 강행규정성에도 불구하고 신의칙을 우선하여 적

용하는 것을 수긍할 만한 특별한 사정이 있는 예외적인 경우에 한하여 그 노사합의의 무효를 주장하는 것은 신의칙에 위배되어 허용될 수 없다.

2) 건전한 재정은 기업에 있어 생명줄과도 같다. 재정의 악화는 경영난으로 이어지고 그것이 심화되면 기업의 존립이 위태로워진다. 특히 임금은 기업의 재정에 가장 큰 영향을 미치는 요소 중의 하나이다. 노사는 임금협상을 하면서 근로자에게 근로의 대가로 얼마만큼의 금품을 어느 시기에 어떠한 형태와 조건으로 지급할 것인지를 정하게 된다. 이러한 임금협상은 기업의 경영실적, 근로자의 노동생산성, 물가상승률, 동종 업계의 일반적인 임금인상률 등 여러 요소를 고려하여 이루어지지만, 기업의 지속적인 존립과 성장은 노사 양측이 다 같이 추구하여야 할 공동의 목표이므로 기업 재정에 심각한 타격을 주어 경영상 어려움을 초래하거나 기업의 존립기반에 영향을 주면서까지 임금을 인상할 수는 없는 것이다. 따라서 임금의 인상은 기업이 생산·판매 활동 등을 함으로써 얻을 수 있는 수익에 기초하여 노동비용 부담능력 안에서 이루어져야 한다는 내적 한계가 있고, 이는 노사 상호 간에 양해된 사항이라 할 수 있다.

그리하여 노사가 자율적으로 임금협상을 할 때에는 기업의 한정된 수익을 기초로 하여 상호 적정하다고 합의가 이루어진 범위 안에서 임금을 정하게 되는데, 우리나라의 실태는 임금협상 시 임금 총액을 기준으로 임금 인상 폭을 정하되, 그 임금 총액 속에 기본급은 물론, 일정한 대상기간에 제공되는 근로에 대응하여 1개월을 초과하는 일정 기간마다 지급되는 상여금(이하 '정기상여금'이라고 한다), 각종 수당, 그리고 통상임금을 기초로 산정되는 연장·야간·휴일 근로 수당 등의 법정수당까지도 그 규모를 예측하여 포함시키는 것이 일반적이다. 이러한 방식의 임금협상에 따르면, 기본급, 정기상여금, 각종 수당 등과 통상임금에 기초하여 산정되는 각종 법정수당은 임금 총액과 무관하게 별개 독립적으로 결정되는 것이 아니라 노사 간에 합의된 임금 총액의 범위 안에서 그 취지에 맞도록 각 임금 항목에 금액이 할당되고, 각각의 지급형태 및 지급시기 등이 결정된다는 의미에서 상호 견련관계가 있는 것이다.

그런데 우리나라 대부분의 기업에서는 정기상여금은 그 자체로 통상임금에 해당하지 아니한다는 전제 아래에서, 임금협상 시 노사가 정기상여금을 통상임금에서 제외하기로 합의하는 실무가 장기간 계속되어 왔고, 이러한 노사합의는 일반화되어 이미 관행으로 정착된 것으로 보인다. 이러한 관행이 정착하게 된 데에는, 상여금의 연원이 은혜적·포상적인 이윤배분이나 성과급에서 비롯된 점, 국내 경제가 성장기로 접어든 이후 상여금이 근로의 대가로서 정기적·일률적으로 지급되는 경우가 많다고는 하지만 여전히 성과급, 공로보상 또는 계속근로 장려 차원에서 지급되는 경우도 있고 그 지급형태나 지급조건 등이 다양하여 그 성질이 명확하지 아니한 경우도 있는 점, 근로현장에서 노사 양측에 지대한 영향력을 발휘하여 온 고용노동부의 '통상임금 산정지침'이 1988. 1. 14. 제정된 이래 일관되게 정기상여금을 통상임금에서 제외하여 온 점, 대법원판례상으로도 2012. 3. 29. 이른바 '금아리무진 판결'이라고 불리는 대법원 2010다91046 판결이 선고되기 전에는 상여금의 통상임금 해당성을 부정한 대법원판결(대법원 1990. 2. 27. 선고 89다카2292 판결, 대법원 1996. 2. 9. 선고 94다19501 판결 등)만 있었고 정기상여금이 통상임금에 해당할 수 있음을 명시적으로 인정한 대법원판결은 없었던 점 등이 그 주요 원인이 되어 노사 양측 모두 정기상여금은 통상임금에서 제외되는 것이라고 의심 없이 받아들여 왔기 때문인 것으로 보인다.

위와 같은 임금협상의 구조와 한계, 근로현장에서의 임금협상 방법과 과정, 각 임금 항목의 결정 방법 및 그 내용, 관행 등을 고려하지 아니한 채, 종래 정기상여금을 통상임금에서 제외한 노사합의가 근로기준법의 강행규정에 위배되어 무효라는 이유로 새로이 정기상여금이 포함된 통상임금을 기초로 한 법정수당을 추가로 지급하게 되면, 근로자가 받을 임금 총액이 당초 노사 간에 합의한 임금 총액의 범위를 훨씬 초과하게 되어, 임금협상 당시 노사 양측이 의도한 것과 사뭇 다른 결과가 발생할 수 있다.

앞서 본 바와 같이 임금에 관한 노사합의는 기업의 한정된 수익에 기초하여 합의한 임금 총액의 범위 안에서 각 임금 항목에 액수를 할당하고 그 개별적인 지급시기, 지급형태 및 조건 등을 정하는 실질을 갖고 있다. 따라서 기업의 수익 기초가 동일한 이상 노사 양측이 임금협상 당시 정기상여금이 통상임금에 해당할 수 있다는 점을 인식하였다면, 해당 정기상여금이 통상임금에 산입됨을 전제로 기본급과 수당 등의 인상률을 조정하고 지급형태나 조건 등을 변경하는 등의 조치를 취함으로써 결과적으로 통상임금을 기초로 산정되는 각종 법정수당을 포함하여 근로자에게 지급되는 임금 총액은 정기상여금이 통상임금에 산입되는 경우와 그렇지 않은 경우 사이에 실질적인 차이가 없도록 하는 등 기업의 부담능력 범위 내에서 다른 대안을 마련하여 노사합의를 이루었을 것으로 봄이 타당하다.

그런데도 이러한 사정들은 전혀 고려하지 아니한 채 노사 양측이 합의 당시 상호 공통적으로 이해하고 있었던 것과는 전혀 다른 법리적 사유를 들어 사용자에게 정기상여금이 포함된 통상임금을 토대로 한 추가적인 법정수당 지급의무를 부과한다면, 근로자 측은 한편으로는 임금협상 당시 노사가 서로 양해한 전제나 기초 아래 기업의 한정된 수익을 감안하여 결정된 임금을 모두 지급받으면서, 다른 한편으로는 그 전제나 기초가 무효임을 주장하며 기업의 한정된 수익을 넘는 추가적인 법정수당을 지급받게 되고, 반면에 사용자 측은 노사합의를 신뢰하여 이를 기초로 수지 균형을 맞추며 기업을 경영하여 오다가 예측하지 못하였던 재정적 부담을 지게 되고, 그로 인하여 중대한 경영상의 어려움을 겪거나 기업의 존립 자체가 흔들리는 상황에 놓이게 될 수 있다. 이는 상호 신뢰를 기초로 하여 노사합의를 이루어 자율적이고 조화로운 관계를 유지하며 공동의 이익을 추구해 온 노사관계에 있어 예기치 않은 사유로 서로 간의 신뢰기반을 깨뜨리고 노사가 지향해 온 상생관계를 해치는 행위로서 궁극적으로는 근로자의 근로환경이나 근로조건에도 부정적인 영향을 미치고, 기업의 재정적 파탄으로 이어져 일자리의 터전을 상실할 위험도 초래하는 등 노사 양쪽 모두에게 피해가 갈 수 있다.

따라서 앞서 본 바와 같은 방식의 임금협상 과정을 거쳐 이루어진 노사합의에서 정기상여금은 그 자체로 통상임금에 해당하지 아니한다고 오인한 나머지 정기상여금을 통상임금 산정 기준에서 제외하기로 합의하고 이를 전제로 임금수준을 정한 경우, 근로자 측이 앞서 본 임금협상의 방법과 경위, 실질적인 목표와 결과 등은 도외시한 채 임금협상 당시 전혀 생각하지 못한 사유를 들어 정기상여금을 통상임금에 가산하고 이를 토대로 추가적인 법정수당의 지급을 구함으로써, 노사가 합의한 임금수준을 훨씬 초과하는 예상외의 이익을 추구하고 그로 말미암아 사용자에게 예측하지 못한 새로운 재정적 부담을 지워 중대한 경영상의 어려움을 초래하거나 기업의 존립을 위태롭게 한다면, 이는 종국적으로 근로자 측에까지 그 피해가 미치게 되어 노사 어느 쪽에도 도움이 되지 않는 결과를 가져오므로 정의와 형평 관념에 비추어 신의에 현저히 반하고 도저히 용인될 수 없음이 분명하다. 그러므로 이와 같은 경우 근로자 측의 추가 법정수당 청구는 신의칙에 위배되어 받아들일 수 없다.

3) 원심이 채택한 증거들과 기록을 종합하여 보면 다음과 같은 사정을 알 수 있다.

가) 피고는 2009. 1.부터 2010. 2.까지 한시적으로 관리직 직원에 대하여 이 사건 상여금을 매월 지급하였던 것을 제외하고는 상여금지급규칙에 따라 관리직 직원과 생산직 직원 모두에 대하여 동일한 지급률과 지급 기준을 적용하여 이 사건 상여금을 지급하였다.

나) 피고와 전국민주노동조합총연맹 전국금속노동조합(이하 '노동조합'이라고 한다)은 2008. 10. 8. 체결한 단체협약에서 통상임금에 산입될 임금의 범위를 정하면서, 이 사건 상여금이 근로기준법 소정의 통상임금에 해당하지 않는다는 전제하에 이 사건 상여금을 통상임금 산입에서 제외하였는데, 피고와 노동조합은 이전에도 이와 같이 단체협약으로 통상임금의 산입 범위를 정하였던 것으로 보인다. 그리고 피고와 노동조합은 임금협상을 하면서 임금 총액을 기준으로 기본급 등의 인상률과 각종 수당의 증액, 단체협약상의 통상임금을 전제로 한 법정수당의 규모 등을 정하였던 것으로 보인다.

다) 피고는 노동조합의 조합원이 아닌 관리직 직원들에 대해서도 이 사건 상여

금을 통상임금 산입에서 제외한 단체협약을 적용하여 이 사건 상여금이 제외된 통상임금을 기초로 법정수당을 산정·지급하여 왔고, 이에 대하여 이 사건 소송 제기 전까지는 원고를 비롯한 관리직 직원들이 별다른 이의를 제기하지 않았던 것으로 보인다.

라) 한편 위 단체협약에 따르면 생산직 직원의 경우 통상임금은 기본급에 직책수당, 생산수당, 위해수당 등 제 수당을 합산한 금액으로 산정되고, 짝수달에 지급되는 상여금은 위와 같은 통상임금의 산정 기초 임금에 20,000원과 연장근로 35시간분을 합산한 금액의 연 600%로 산정된다. 이러한 통상임금 및 상여금의 산정방식과 그 규모 등에 비추어 보면, 단체협약에서 당초 통상임금 산정 시 기초로 삼은 임금에 더하여 이 사건 상여금을 산입할 경우 통상임금의 액수는 단체협약에서 예정한 통상임금의 액수를 훨씬 초과할 것으로 보인다.

특히 피고의 직원 수는 관리직을 제외한 생산직 직원만 400여 명에 달하는데, 생산직 직원의 경우 연장·야간·휴일 근로 등 초과근로가 상시적으로 이루어지고, 짝수달에 지급되는 이 사건 상여금이 단체협약에서 정한 통상임금 산정 기초 임금의 연 600%를 넘는 규모인 점 등에 비추어 볼 때, 이 사건 상여금을 통상임금에 산입할 경우 피고가 추가로 부담하게 될 초과근로에 대한 가산임금은 임금협상 당시 노사가 협상의 자료로 삼은 가산임금의 범위를 현저히 초과하고, 근로자들이 추가 법정수당을 지급받게 될 경우 그들의 실질임금 인상률은 임금협상 당시 노사가 상호 양해한 임금인상률을 훨씬 초과하게 될 것으로 보인다. 한편 관리직 직원의 경우 생산직 직원처럼 상시적으로 초과근로를 하지는 않지만, 이 사건 상여금을 통상임금에 산입할 경우에는 간헐적인 초과근로에 대한 가산임금, 미사용 연차휴가수당 등의 증가를 가져오므로, 이 역시 전체적으로 피고에게 새로운 재정적 부담으로 작용할 것으로 보인다.

4) 위와 같은 사정들을 종합하여 보면, 피고는 이 사건 상여금이 통상임금에 해당한다는 점을 인식하지 못한 채 노동조합과 이 사건 상여금을 통상임금에서 제

외하는 내용의 단체협약을 체결하였고, 이러한 단체협약에 따른 통상임금 기준을 조합원이 아닌 관리직 직원들에게도 적용하는 것에 대하여 피고와 관리직 직원들 사이에 명시적 또는 묵시적인 노사합의 내지 관행이 있었으며, 이 사건 상여금이 통상임금에 산입될 경우 근로자들은 당초 노사 간 임금협상 등을 통하여 받은 이익을 초과하는 예상 밖의 이익을 기대할 수 있게 되는 한편, 피고로서는 예측하지 못한 새로운 재정적 부담을 지게 되어 중대한 경영상의 어려움을 초래한다고 볼 수 있는 사정이 상당히 드러나 있다.

다만 앞서 본 바와 같이 피고는 짝수달에 1회씩 상여금을 지급하기로 하는 상여금지급규칙이 존재하는 상태에서 2009. 1.부터 2010. 2.까지 한시적으로 관리직 직원에 한하여 이 사건 상여금을 매월 지급하였는데, 이것이 위 기간에 한하여 아무런 조건 없이 관리직 직원 전체에 대하여 생산직 직원과 달리 이 사건 상여금을 통상임금에 포함하여 실질임금을 보장해 주려는 의도로 이루어진 것이라면, 이 부분에 관하여는 이 사건 상여금을 통상임금에 포함하여 이를 기초로 법정수당을 산정한다고 하여 피고가 예측하지 못한 새로운 재정적 부담을 지게 되는 것은 아니라고 볼 여지가 있다.

그렇다면 원심으로서는 앞서 본 법리에 기초하여 피고와 노동조합의 임금협상 실태와 피고와 관리직 직원들 사이에 이 사건 상여금을 통상임금에서 제외하기로 하는 명시적 또는 묵시적 노사합의 내지 관행이 이루어졌는지 여부, 그리고 이 사건 상여금이 통상임금에 산입될 경우 피고가 부담하게 될 추가 법정수당액과 전년도 대비 실질임금 인상률 및 그에 관한 과거 수년간의 평균치, 피고의 재정 및 경영상태, 피고의 관리직 직원들에 대한 이 사건 상여금의 구체적인 지급방식 및 그 변경 내용, 동기 및 경위, 그 변경된 지급방식의 원고에 대한 적용 여부 등을 심리하여 2007년부터 2010년까지의 미사용 연차휴가수당 등의 지급을 구하는 원고의 이 사건 청구가 신의칙에 위배되는지를 살펴보았어야 할 것이다.

그런데도 이와 달리 원심은 위와 같은 사정들에 대하여 제대로 심리하지 아니한 채 그 판시와 같은 사정만으로 원고의 이 사건 청구가 신의칙에 위배되지 않는다고 단정하고 말았으니, 이러한 원심의 판단에는 신의칙에 관한 법리를 오해하고 필요한 심리를 다하지 아니한 위법이 있다고 할 것이다. 이를 지적하는 상고이유 주장은 이유 있다.

3. 결론

그러므로 원심판결을 파기하고, 사건을 다시 심리·판단하도록 원심법원에 환송하기로 하여 주문과 같이 판결한다. 이 판결에는 신의칙의 적용에 관하여 대법관 이인복, 대법관 이상훈, 대법관 김신의 반대의견과 통상임금 판단 기준에 관하여 대법관 김창석의 별개의견이 있는 외에는 관여 법관들의 의견이 일치하였고, 다수의견에 대한 대법관 김용덕, 대법관 고영한, 대법관 김소영의 보충의견이 있다.

4. 대법관 이인복, 대법관 이상훈, 대법관 김신의 반대의견

가. 이 사건은 근로자가 자신이 제공한 근로에 대한 정당한 임금을 받지 못하였음을 이유로 사용자에게 근로기준법이 정한 바에 따른 임금의 지급을 구하는 사건이다. 이에 대한 다수의견의 요지는 다음과 같다. 즉 정기상여금은 통상임금에 해당하고, 이것을 통상임금에서 제외하기로 근로자와 사용자가 합의하였더라도 그러한 합의는 근로기준법에 위배되어 무효인 것은 맞으나, 근로자가 그 합의의 무효를 주장하면서 정기상여금을 통상임금에 포함하여 산정한 수당과 퇴직금을 추가로 청구하는 것은 신의칙에 위배된다는 것이다.

그러나 근로기준법의 강행규정성을 인정하면서도 신의칙으로 그 강행규정성을 배척하는 다수의견의 논리는 너무 낯선 것이어서 당혹감마저 든다. 그리고 거듭 살펴보아도 그 논리에서 합리성을 찾을 수 없다.

나. 다수의견의 논리 전개와 결론이 부당하다고 보는 이유는 다음과 같다.

1) 근로기준법상 강행규정에 위반된 노사합의를 무효라고 주장하는 것이 신의

칙에 위배되어 허용되지 않는다는 점에 대하여

가) 다수의견이 설시하는 것처럼, 신의칙이란, 법률관계의 당사자는 상대방의 이익을 배려하여 형평에 어긋나거나 신뢰를 저버리는 내용 또는 방법으로 권리를 행사하거나 의무를 이행하여서는 안 된다는 추상적인 규범이다. 그런데 이러한 추상적인 신의칙에 의하여 구체적인 문제를 해결하려고 하면 법률에 의한 재판의 원칙을 침해할 수 있고 법률관계가 불안해질 수 있으므로, 대법원은 신의칙은 엄격하게 해석·적용하지 않으면 안 된다고 선언해 왔다(대법원 2008. 5. 29. 선고 2004다33469 판결 등 참조).

특히 실정법의 개별 조항에 의하여 명백히 인정되는 권리·의무의 내용을 신의칙을 이유로 변경하는 것은 법체계에 심각한 혼란을 초래하여 법의 권위와 법적 안정성에 큰 위협이 될 수 있다. 신의칙을 적용하여 그와 같은 실정법상의 권리를 제한하는 것은, 개별적인 사안의 특수성 때문에 법률을 그대로 적용하면 도저히 참을 수 없는 부당한 결과가 야기되는 경우에 최후 수단으로, 그것도 법의 정신이나 입법자의 결단과 모순되지 않는 범위 안에서만 고려해 볼 수 있는 방안에 불과하다.

나) 공익을 추구하는 강행규정은 그 입법 목적을 달성하기 위하여 그에 위배된 행위의 효력을 부정함으로써 계약자유의 원칙을 제한한다. 그리고 강행규정은 해당 규정에 대한 행위자의 인식 여부를 불문하고 적용된다.

신의칙을 이용하여 강행규정을 위반한 법률행위의 효력을 유지하는 것은 전체 법질서 내에서 작동하여야 할 신의칙이 법질서에 역행하는 결과를 초래한다. 강행규정에 위배되는 약정의 당사자가 그 약정의 무효를 주장하는 것이 신의칙에 위반되는 권리의 행사라는 이유로 그 주장을 배척한다면, 이는 강행규정에 의하여 배제하려는 결과를 실현시키는 셈이 되어 입법 취지를 완전히 몰각하게 되므로 그러한 주장은 신의칙에 반하는 것이 아니라는 것이 판례의 확립된 견해이다(대법원 2011. 3. 10. 선고 2007다17482 판결 등 참조). 이처럼 신의칙은 강행규정에 앞설 수 없다.

다) 대부분의 근로조건, 그중에서도 특히 임금은 근로자에게는 생존에 관한 문제이다. 그렇기 때문에 헌법은 국가에게 근로자의 적정임금 보장에 노력할 의무를 지우고(헌법 제32조 제1항), 근로조건의 기준은 인간의 존엄성을 보장하도록 법률로 정하게 하고 있으며(헌법 제32조 제3항), 근로기준법은 이를 이어받아 근로조건에 관한 각종 강행규정을 두고 있는 것이다. 근로기준법 제15조는 그 법에서 정하는 기준에 미치지 못하는 근로조건을 정한 근로계약은 그 부분에 한하여 무효임을 선언하여 그 강행규정성을 분명히 하고 있다. 그럼에도 신의칙의 적용을 통하여 임금청구권과 같은 법률상 강행규정으로 보장된 근로자의 기본적 권리를 제약하려 시도하는 것은 이와 같은 헌법적 가치나 근로기준법의 강행규정성에 정면으로 반한다.

근로기준법이 강행규정으로 근로자에게 일정한 권리를 보장하고 있음에도 근로자나 사용자가 그 강행규정에 저촉되는 내용의 노사합의를 한 경우에, 신의칙을 내세워 사용자의 그릇된 신뢰를 권리자인 근로자의 정당한 권리 찾기에 우선할 수는 없다.

사용자의 경제적 어려움도 근로자의 권리를 희생시킬 수 있는 근거가 될 수 없다. 사용자의 경제적 어려움은 근로조건의 설정과정에서 근로자의 이해와 양보를 구할 수 있는 근거가 될 수 있을지언정 이미 정해진 근로조건에 따라 사용자가 이행하여야 할 법적 의무를 면하는 이유가 될 수는 없다. 사용자는 자신이 제공받는 근로에 합당한 대가를 지급하는 것이지 무슨 '손해'를 입는 것이 아니다.

이처럼 어느 모로 보나 근로기준법상 강행규정을 위반한 노사합의가 무효라고 주장하는 것이 신의칙에 위배되어 허용될 수 없다는 다수의견은 부당하다. 헌법에 기초하여 국민의 대표자가 법률을 통하여 강행법규로써 보장한 권리를 근로자가 제대로 알지 못하다가 법에 따라 되찾겠다고 주장하는 것이, 어떻게 '정의와 형평 관념에 비추어 신의에 현저히 반하는 것'이 될 수 있고, 또 그것이 왜 '도저히 용인될 수 없음이 분명한 것'인지 이해할 수 없다.

2) 정기상여금을 통상임금에서 제외하기로 하는 노사합의가 무효라는 주장이

신의칙 위반에 해당하는 경우라고 하면서 다수의견이 드는 요건에 대하여

가) 다수의견은, 근로자가 강행법규인 근로기준법에 위반된 노사합의의 무효를 주장하는 것이 신의칙에 위배되어 허용되지 아니한다고 보기 위해서는 '신의칙을 적용하기 위한 일반적인 요건'을 갖추어야 함은 물론이고, 더 나아가 '근로기준법의 강행규정성에도 불구하고 신의칙을 우선하여 적용하는 것을 수긍할 만한 특별한 사정'이 있어야 한다고 전제한 다음, 근로자가 정기상여금을 통상임금에서 제외하기로 하는 노사합의를 무효라고 주장하는 것이 이러한 요건을 모두 갖추어서 신의칙에 위배된다고 한다.

나) 우선 근로자가 정기상여금을 통상임금에서 제외하기로 하는 노사합의를 무효라고 주장하는 것에 대하여 '신의칙을 적용하기 위한 일반적인 요건'이 갖추어졌다고 볼 수 없다.

신의칙에 위배된다는 이유로 권리행사를 부정하기 위해서는 상대방에게 신의를 공여하였거나 객관적으로 보아 상대방이 신의를 가지는 것이 정당하여야 하고, 이와 같은 상대방의 신의에 반하여 권리를 행사하는 것이 정의관념에 비추어 도저히 참을 수 없는 정도의 상태에 이르러야 한다. 여기서 신의칙의 적용을 통하여 보호되어야 할 상대방의 신뢰는 정당한 신뢰이어야 하므로, 신뢰할 만하지 아니한 것을 과실로 신뢰한 경우나 신뢰할 만하지 아니하다는 것을 알고 있었던 경우에는 그 신뢰의 보호를 주장할 수 없다. 또한 신뢰보호는 상대방이 어떠한 사태를 신뢰하고 있고 또 그러한 신뢰를 가질 만하다고 하여서 곧바로 인정되는 것이 아니고, 그 신뢰의 보호로 말미암아 불이익을 입는 자에게 그 불이익을 받을 만한 귀책근거가 있어야 한다.

이와 관련하여 다수의견은 상여금의 연원, 그 성질의 불명확성, 고용노동부의 지침 등으로 인하여 정기상여금을 통상임금에서 제외하기로 하는 노사합의가 관행으로 정착되어 왔다는 사정을 근거로 들고 있다.

그러나 이 사건에서 이러한 노사합의가 관행으로 정착되어 왔다는 사정을 인

정할 근거자료를 찾아볼 수 없다. 단지 그러한 관행이 있는 것으로 보인다고 다수의견이 사용자의 관점에서 일방적으로 추정하고 있을 뿐이다.

　나아가 이러한 노사합의의 관행이 있다고 하더라도 이를 근로자의 신뢰 공여로 평가할 수 없다. 근로기준법의 강행규정은 그 규정의 존재를 알지 못하거나 이를 제대로 이해하지 못한 자에게도 일률적으로 적용되고, 법률의 부지(불지)나 법적 평가에 관한 착오가 있다고 하여 그 적용을 피할 수 없다. 강행규정에 위반되어 무효인 노사합의의 관행이 있더라도 그러한 관행이 근로자에 의하여 유발되거나 그 주된 원인이 근로자에게 있지 아니한 이상, 그와 같은 무효인 노사합의의 관행이 강행규정에 반하여 무효라고 주장하지 않으리라고 사용자가 신뢰하는 것이 정당화될 수 없다. 그와 같은 사용자의 신뢰는 보호할 만한 가치가 있는 것이 아닐 뿐만 아니라, 이를 먼저 보호하게 되면 법에 위반된 관행을 강행규정에 우선시키는 결과를 초래하기 때문이다.

　정기상여금을 통상임금에서 제외하기로 하는 노사합의의 관행이 있다고 볼 근거가 없음은 물론이고, 만에 하나 그런 관행이 있다고 한들 그것이 근로자에 의하여 유발되었거나 그 주된 원인이 근로자에게 있다고 볼 근거는 어디에도 없다. 다수의견은 이런 점에 관하여 아무런 설명 없이 그저 그런 관행이 있다고만 하고 있다. 근로자가 이를 무효라고 주장하지 않을 것이라고 사용자가 신뢰하였다는 전제 자체가 증명된 바 없지만, 그 '신뢰'가 존재한다고 하더라도 이를 정당한 것이라고 말할 수 없다.

　결국 신의칙의 일반적 요건이 갖추어졌음을 전제로 근로기준법의 강행규정에도 불구하고 신의칙을 우선하여 적용할 수 있는 특별한 사정까지 갖추어졌다는 취지의 다수의견은 그 전제부터 타당하지 않다.

　다) 다수의견이 정기상여금을 통상임금에서 제외하는 노사합의에 대한 근로자의 무효 주장이 신의칙에 위반된다고 하면서 내세우는 근거나 기준도 합리성이 없다.

㉮ 다수의견은, 노사가 임금협상 당시 정기상여금을 통상임금에서 제외하는 노사합의가 근로기준법의 강행규정에 위배되어 무효라는 점을 알았더라면 기본급의 인상률을 낮추거나 상여금·수당의 지급형태나 조건을 변경하는 조치를 취함으로써 통상임금을 기초로 산정되는 각종 법정수당을 포함하여 근로자에게 지급되는 임금 총액이 당초 노사합의에서 정한 통상임금을 기초로 산정되는 각종 법정수당을 포함한 임금 총액과 실질적인 차이가 없도록 하였을 것이라고 한다.

그러나 그러한 노사협의가 이루어졌을 것이라는 전제는 오로지 사용자의 관점에서만 바라본 주관적·가정적(가정적) 의사를 밝힌 것에 불과하다. 근로자의 관점에서 보면 임금 수준은 유지하면서 연장·야간·휴일근로 등 초과근로를 축소하는 방향으로 노사협의를 진행하였을 가능성도 충분하다. 이러한 근로자의 관점이 오히려 초과근로를 되도록 제한함으로써 근로자의 인간다운 생활을 보장하려는 근로기준법의 기본정신에 더 부합한다. 다수의견과 같은 가정적 의사를 당연한 전제로 받아들여 이를 신의칙 적용의 출발점으로 삼는 것은 논리의 비약이다.

㉯ 다수의견은, 정기상여금을 통상임금에서 제외하기로 한 노사합의의 무효를 주장함으로써 근로자가 얻는 것이 '예상외의 이익'이라고 하면서 이를 신의칙 위반의 중요한 근거로 들고 있다.

그러나 근로자가 초과근로를 함으로써 얻는 초과근로수당청구권은 근로기준법이 명시적으로 인정하는 근로자의 권리이다. 예상외의 이익, 즉 뜻밖의 횡재가 아니다. 근로자가 과거에 마땅히 받았어야 할 것을 이제 와서 받으려는 것일 뿐이다. 이것은 근로기준법이 당사자의 합의에 의하여서도 박탈하지 못하도록 굳이 강행규정을 두어 보장한 근로자의 정당한 권리이다.

노사합의 당시 정기상여금이 통상임금에 포함된다는 사정을 알았더라면 사용자로서는 초과근로시간을 줄이고 근로자로서도 초과근로를 적게 하였을 것이므로, 사용자가 정당한 대가를 치르지 않고 근로자의 초과근로를 제공받은 것이 오히려 다수의견의 표현마따나 '예상외의 이익'인 셈이다.

근로자가 받았어야 할 임금을 예상외의 이익으로 취급하여 이를 되찾는 것을 정의와 형평 관념에 반한다고 하는 것 자체가 정의관념에 반한다.

㉰ 다수의견은 '법정수당의 추가 지급으로 사용자에게 예측하지 못한 새로운 재정적 부담을 지게 함으로써 중대한 경영상의 어려움을 초래하거나 기업의 존립을 위태롭게 한다'는 것을 신의칙 위반의 또 다른 요건으로 들고 있다.

그러나 이러한 '중대한 경영상의 어려움'이나 '기업 존립의 위태'는 모두 모호하고 불확정적인 내용으로서, 도대체 추가 부담액이 어느 정도가 되어야 그러한 요건을 충족한다는 것인지 알 수 없다.

이처럼 모호하고 불명확한 기준을 신의칙의 적용 요건으로 보게 되면 근로기준법상 보장되는 권리가 사업장이나 개개 소송마다 달라질 가능성이 커지게 되고, 이는 곧 근로기준법상 근로자들에게 고루 보장되어야 하는 권리가 형평에 맞지 않게 인정되거나 부정되는 결과를 초래할 수 있다.

어느 범위의 근로자에게 법정수당을 추가 지급하는 경우를 기준으로 이러한 요건의 충족 여부를 가릴 수 있는지도 문제이다. 다수의견은 실제로 추가 지급을 청구하는 근로자 외에 단체협약의 적용을 받는 조합원 전체, 나아가 단체협약의 직접 적용 대상이 아닌 비조합원도 '묵시적 합의'를 매개로 그 기준에 포함시키고 있는 것으로 보이지만, 이러한 태도는 결국 '중대한 경영상의 어려움' 내지 '기업 존립의 위태'가 초래되는 결론을 도출해내기 위하여 편법을 동원한 것에 불과하다.

㉱ 사용자가 정기상여금을 통상임금에서 제외하는 것이 근로기준법에 위배된다는 것을 알지 못한 채 단체협약을 체결한 것이라는 취지의 다수의견의 판단 역시 그대로 받아들일 수 없다. 사용자가 이를 몰랐다면 적어도 그 모른 것에 과실은 있다.

대법원은 1995. 12. 21. 선고 94다26721 전원합의체 판결로 임금2분설을 폐기한 이래 임금의 명목이나 지급주기를 불문하고 객관적 성격에 따라 통상임금성 여부를 가려야 한다고 일관되게 판단하여 왔다. 반면 고용노동부는 이러한 판례를 무시하고 1개월 초과 임금, 상여금을 통상임금에서 제외하는 행정해석을 고수하였다. 이처럼 판례와 행정해석의 불일치로 생기는 산업현장의 혼란에 대하여는 그동안 꾸준히 문제 제기가 있어 왔고, 기업을 운영하는 사용자라면 이러한 사정을 당연히 알았거나 알았어야 할 상황이었다.

상여금의 통상임금성이 문제 된 사안에서 대법원이 통상임금이 아니라고 한 과거의 사례들은, 그 임금이 '상여금'이기 때문이 아니라 '고정성을 결여'하였기 때문에 통상임금성을 부정하였던 것이고(대법원 1996. 2. 9. 선고 94다19501 판결, 대법원 2007. 4. 12. 선고 2006다81974 판결 등 참조), 이는 상여금도 정기성·일률성·고정성을 갖추면 통상임금에 해당할 수 있음을 전제로 한 것이다. 이 사건 변론과정에서 드러난 바에 따르면 산업현장에서도 상여금 중 고정적 정기상여금은 통상임금에 해당한다는 점을 어느 정도 인식하고 있었다고 보인다. 거듭되는 판례에도 불구하고 일부 기업은 여전히 근속수당처럼 통상임금의 성격이 명백한 임금조차 통상임금에서 제외하는 처사를 계속하고 있고, 이 사건에서 문제 되는 정기상여금에 관하여도 이러한 법 무시 내지 경시 태도를 보이고 있는 기업이 드물지 않다.

사용자는 상여금도 그 성격에 따라 통상임금에 해당할 수 있음을 알았다고 보이고, 사용자가 상여금의 통상임금 해당 가능성을 알지 못하였더라도 이를 법적으로 보호할 가치가 있는 선의(선의)라고 볼 수는 없다.

3) 다수의견이 이 사건에 신의칙을 적용한 구체적인 논리나 판단에 대하여

가) 다수의견은, 이 사건에서 사용자인 피고가 단체협약에서 정한 통상임금 기준을 조합원이 아닌 관리직 직원들에게 적용하여 이 사건 상여금이 제외된 통상임금을 기초로 법정수당을 산정·지급해 왔고 이에 대하여 원고를 비롯한 관리직 직원들이 별다른 이의를 제기하지 않았던 것으로 보인다는 이유로, 단체협약상의 통상임금 기준을 조합원이 아닌 관리직 직원들에게도 적용하는 것에 대하여 피고와 관리직 직원들 사이에 명시적이거나 묵시적인 노사합의 또는 관행이 있었다고 하면서, 원고가 이 사건 상여금을 통상임금에 포함하여 이를 기초로 미사용 연·

월차수당과 퇴직금의 지급을 구하는 것이 신의칙에 위배될 수 있다고 한다.

나) 그러나 이 사건 소송은 개별 근로자의 임금청구 소송이다. 단체교섭이나 단체협상의 주체인 노동조합이 금전지급청구를 하는 것이 아니다.

노동법의 기본원리 중 하나는 '협상은 집단적으로 하되, 권리행사는 개별적으로 한다'는 것이다. 이 때문에 장래에 적용될 근로조건의 결정에 관한 주장의 불일치가 아니라, 이미 정해진 근로조건에 따른 권리행사는 노동쟁의의 범위에서 벗어나게 된다. 노사 간 이익 조정을 위한 집단적 교섭과 그 교섭의 결과물인 근로조건에 기초한 개별 근로자의 권리행사는 뚜렷이 구별되고, 따라서 단체협약 체결 과정에서 사용자에게 어떤 신뢰를 준 행위가 있었더라도 그 주체는 노동조합이지 개별 근로자가 아니다. 다시 말하면 노동조합이 사용자와 합의하여 단체협약을 체결하였다는 사실에는 개별 근로자가 무효인 단체협약 대신 근로기준법에 따른 임금을 지급해 달라고 요구하는 데 방해가 되는 '신뢰의 제공'은 존재하지 않는 것이다. 더구나 원고는 노동조합의 조합원도 아니고 단체협약의 체결과정에 참여한 바도 없다.

다) 다수의견처럼 사용자가 단체협약상의 근로조건을 비조합원인 관리직 직원들에게 적용하고 이에 대하여 비조합원들이 이의를 하지 아니하였다는 이유만으로 그에 관한 노사합의의 존재를 인정하면서, 더 나아가 이를 신의칙 위반의 근거로 삼는 것은 일반 민사법 영역에서도 유례를 찾아볼 수 없을 정도로 부당하게 신의칙의 적용범위를 확장하는 것이다.

우선 위와 같이 비조합원인 근로자들이 별다른 이의를 제기하지 않았다는 사정만으로 명시적 노사합의의 존재를 인정할 수는 없다. 그리고 비조합원인 근로자가 이의를 제기하지 않은 데서 묵시적인 합의의 존재를 추인할 수 있다고 보더라도, 이를 근거로 신의칙을 적용하는 것은 부당하다. 사용자가 근로기준법에 위배되는 단체협약상 근로조건을 일방적으로 적용하더라도 비조합원들이 단지 이의를 하지 않았다는 이유만으로, 그 단체협약상 근로조건의 유효성에 관하여 사용자가 가지는 신뢰는 정당한 신뢰가 되고, 비조합원들은 근로기준법상 강행규정으로 보장되는 권리를 부정당하는 결과가 되기 때문이다.

사용자의 근로기준법 위반행위에 대하여 적극적으로 저항하거나 이의를 제기하지 않는 근로자는 사용자에게 정당한 신뢰를 준 것이어서 그 위법행위의 무효를 주장하는 것이 정의에 반한다는 논리는 근로기준법의 규범력을 무시하는 발상이다.

라) 더욱이 이 사건에서 원심이 확정한 사실관계에 의하면 사용자인 피고 측은 2009. 1.부터 2010. 2.까지 정기상여금을 매월 기본급에 통합하여 지급하는 것으로 정기상여금 지급방식을 변경하였을 뿐만 아니라, 이 기간 동안 퇴직한 근로자들에게 정기상여금을 통상임금에 포함하여 계산한 연·월차수당과 퇴직금을 지급하였고, 나아가 정기상여금을 통상임금에 포함하여 계산한 고용유지지원금을 관계기관에 신청하기도 하였다.

사용자인 피고는 정기상여금을 통상임금에 포함하여 고용유지지원금을 신청하여도 무방하고, 똑같은 상황에서 근로자인 원고가 그 정기상여금을 통상임금에 포함하여 산정한 초과수당을 청구하면 신의칙 위반이 될 수 있다는, 이 모순된 이중 잣대를 도무지 이해할 수 없다. 다수의견은, 적어도 이 사건에서는 정기상여금이 통상임금에 포함되어야 한다는 원고의 주장은 신의칙에 반한다고 볼 수 없고, 오히려 피고가 원고의 주장이 신의칙에 반한다고 항변하는 것이야말로 신의칙에 반한다고 말해야 옳다.

다. 다수의견처럼 노사가 임금협상 시 정기상여금을 통상임금에서 제외하기로 합의하는 실무가 장기간 계속되어 왔고 이러한 노사합의가 일반화되어 관행으로 정착되었다고 한다면, 대법원은 이를 이유로 근로자들의 정당한 권리 행사를 배척할 것이 아니라 이러한 관행은 근로기준법의 강행규정에 위반되므로 고쳐야 한다고 선언하는 것이 옳다. 그렇지 않으면 대법원이 위법한 관행을 승인하여 주는 것이고, 본연의 역할인 법의 올바른 해석·적용이 아니라 거꾸로 위법한 해석·

적용을 하는 결과가 된다.

다수의견이 '강행법규보다 신의칙을 앞세울 만한 특별한 사정을 인정하는 기준'으로 내세운 것들은 단체협약의 체결을 위한 노사협의의 장(장)에서나 논의될 만한 사정에 불과함에도, 다수의견은 이를 '정의와 형평의 관념'으로 포장하여 권리실현의 장이 되어야 할 법정에 무리하게 끌어들여 권리 배제의 사유로 삼고 있다. 이러한 다수의견의 태도는 강행규정에 반하여 무효인 법률행위를 무효라고 주장할 수 있는 당연한 권리를 법관이 신의칙을 동원하여 마음대로 박탈할 수 있다는 것과 다를 바 없다. 결국 다수의견은 타당성 있는 논리적 뒷받침 없이 단순히 '원고가 피고로부터 연·월차수당과 퇴직금을 더 받아가는 것을 용인할 수 없다'고 선언하는 것에 지나지 아니한다.

대법원은 최고의 법해석 기관으로서 통상임금에 관한 법리를 법에 따라 선언해야 한다. 그에 따른 경제적 우려를 최소화하는 것은 정부와 기업의 역할이다. 대법원은 통상임금의 법원칙을 바로 세우고, 정부는 대법원판결의 결론이 연착륙할 수 있도록 다양한 노동정책을 펼치면 되는 것이다. 그렇지 않고 대법원이 앞으로 시행될 노동정책까지 고려하여 현행 법률의 해석을 거기에 맞추려 한다면, 이는 법해석의 왜곡이다.

이상과 같은 이유로 다수의견에 찬성할 수 없음을 밝힌다.

5. 대법관 김창석의 별개의견

원심판결이 파기되어야 한다는 점에서는 다수의견과 결론을 같이 한다.

그러나 정기적·일률적·고정적으로 지급되는 임금이라면 상여금이나 1개월을 넘는 기간마다 지급되는 수당도 통상임금에 포함된다는 다수의견 및 반대의견은 다음과 같은 이유로 받아들일 수 없다.

가. 헌법 제32조는 제1항에서 "국가는 사회적·경제적 방법으로 근로자의 고용

의 증진과 적정임금의 보장에 노력하여야 하며, 법률이 정하는 바에 의하여 최저임금제를 시행하여야 한다."고 규정하고 있고, 제2항에서 "국가는 근로의 의무의 내용과 조건을 민주주의 원칙에 따라 법률로 정한다."고 규정하고 있으며, 제3항에서 "근로조건의 기준은 인간의 존엄성을 보장하도록 법률로 정한다."고 규정하고 있다. 이러한 헌법 제32조의 규정에 따라 "근로조건의 기준을 정함으로써 근로자의 기본적 생활을 보장, 향상시키며 균형 있는 국민경제의 발전을 꾀하는 것을 목적으로"(근로기준법 제1조) 근로기준법이 제정되었고, 근로조건의 기준을 정하는 구체적 내용으로 근로기준법 제56조에서 "사용자는 연장근로와 야간근로 또는 휴일근로에 대하여는 통상임금의 100분의 50 이상을 가산하여 지급하여야 한다."고 규정하는 한편, 그 실효성을 담보하기 위하여 근로기준법 제15조에서 "① 이 법에서 정하는 기준에 미치지 못하는 근로조건을 정한 근로계약은 그 부분에 한하여 무효로 한다. ② 제1항에 따라 무효로 된 부분은 이 법에서 정한 기준에 따른다."고 규정하고 있다. 이에 따라 사용자는 연장근로, 야간근로 또는 휴일근로(이하 '연장근로 등'이라고 한다)에 대하여 통상임금의 100분의 50 이상을 가산하여 지급하여야 하는 법적 의무를 부담하며, 만약 연장근로 등에 대하여 통상임금의 100분의 50 미만을 가산하여 지급하기로 하였다면 이러한 내용은 무효가 되고, 연장근로 등에 대하여 통상임금의 100분의 50을 가산하여 지급할 법적 의무를 부담한다.

이와 같이 헌법과 근로기준법이 정한 기준에 의하여 사용자에 대하여 부과된 법적 의무는 연장근로 등에 대하여 통상임금의 100분의 50 이상을 가산하여 지급하여야 하는 것인데, 가산의 기준이 되는 통상임금이 무엇인가 하는 점에 관하여는 근로기준법이나 다른 법률이 명시적인 규정을 두지 않고 있을 뿐만 아니라 그 기준을 구체적으로 정할 수 있도록 하는 위임규정 또한 두지 않고 있다. 이러한 상황은 법의 흠결에 해당하고 따라서 법원의 해석에 의한 법의 형성이 필요한지에 관한 의문을 낳는다.

그런데 헌법 제119조 제1항은 "대한민국의 경제 질서는 개인과 기업의 경제상의 자유와 창의를 존중함을 기본으로 한다."고 규정하여 사적자치를 기반으로 하는 시장경제의 원리를 선언함으로써 근로조건을 정하는 노사 간의 근로계약도 근본적으로 사적자치 원칙의 지배 아래에 있다고 할 것이다. 나아가 헌법 제33조 제1항은 "근로자는 근로조건의 향상을 위하여 자주적인 단결권·단체교섭권 및 단체행동권을 가진다."고 규정하여 임금을 비롯한 근로조건과 관련된 문제에 관하여 단체교섭에 의하여 정할 수 있도록 함으로써 단체교섭에 의하여 근로조건을 정할 권리를 헌법적 권리로서, 즉 기본권으로서 규정하고 있다. 이러한 헌법 규정에 근거하여 근로기준법 제4조는 "근로조건은 근로자와 사용자가 동등한 지위에서 자유의사에 따라 결정하여야 한다."고 규정하고 노동조합 및 노동관계조정법은 단체교섭 및 단체협약에 관한 상세한 규정을 두는 한편 그 제33조에서 "① 단체협약에서 정한 근로조건 기타 근로자의 대우에 관한 기준에 위반하는 취업규칙 또는 근로계약의 부분은 무효로 한다. ② 근로계약에 규정되지 아니한 사항 또는 제1항의 규정에 의하여 무효로 된 부분은 단체협약에 정한 기준에 의한다."고 규정함으로써 근로조건에 관한 노사합의의 법적 효력에 관하여 구체화하고 있다. 그렇다면 통상임금에 어떤 것을 포함시키고 어떤 것을 제외한다는 명시적인 노사합의가 존재한다면, 법률에 통상임금에 관한 내용을 정하는 명시적인 규정이나 위임규정이 없는 사정 아래에서는, 이와 같은 노사합의는 헌법과 그 위임에 의하여 제정된 "근로기준법", "노동조합 및 노동관계조정법"의 위와 같은 규정에 의하여 그 법적 효력이 강고하게 인정된다. 설사 위와 같은 규정이 없다 하더라도 통상임금에 관한 노사합의는 근로조건에 관한 사적자치가 인정되는 이상 그 합의의 효력을 부정할 적법한 근거가 없는 한 그 법적 효력이 인정되어야 한다. 또한 통상임금에 관한 명시적인 노사합의가 없는 경우라 하더라도 그동안 연장근로 등에 대한 수당을 지급하기 위하여 통상임금을 산정하여 온 노사관행이나 묵시적인 노사합의가 존재하는 것으로 볼 수 있고, 그러한 노사관행이나 묵시적인 노사합의에 대하여도 마찬가지로 그 법적 효력이 인정된다. 따라서 통상임금에 관한 노사합의나 노사관행은 어떤 임금이 통상임금에 포함되느냐의 여부를 판단하는 기준이 된다. 이는 다음에서 보는 바와 같이 통상임금의 본질과도 정합성을 갖는다.

　연장근로 등에 대하여 지급되는 임금을 제외한 나머지 임금은 그 실질에 따라 통상근로(소정근로)에 대한 임금과 총 근로(통상근로와 연장근로 등을 포함하는 전체 근로를 의미한다)에 대한 임금의 두 종류로 구분된다. 근로자가 지급받는 임금이 통상근로만 하는 경우를 예정하여 정한 것이고 연장근로 등을 하는 경우에는 그 추가적인 근로시간에 상응하여 추가적인 임금을 지급받기로 한 것으로 인정되는 경우 그 임금은 오직 통상근로에 대한 대가로 지급되는 것이므로 당연히 통상임금에 포함된다. 반면에 근로자가 통상근로 이외에 연장근로 등을 전혀 하지 않거나 연장근로 등을 하더라도 그 시간이 얼마나 되느냐에 관계없이 똑같은 임금을 지급받기로 한 것으로 인정되는 경우 그 임금은 통상근로뿐만 아니라 연장근로 등을 포함하는 총 근로에 대한 대가로 지급되는 것이어서 연장근로 등을 하더라도 그 추가적인 근로시간에 상응하여 추가적인 임금을 지급할 필요가 없으므로 당연히 통상임금에 포함되지 아니한다. 그런데 이러한 구분에 따라 어떤 임금이 통상근로(소정근로)에 대한 대가이냐 총 근로에 대한 대가이냐 하는 임금의 실질을 판단하는 근거는 객관적으로 확인되는 노사의 의사 이외에 다른 것이 생각되어질 수 없다. 요약하면 통상임금에 포함될 수 있는 임금은 총 근로가 아닌 통상근로에 대한 대가인 임금일 수밖에 없고 어떤 임금이 총 근로가 아닌 통상근로에 대한 대가인지의 여부는 객관적으로 확인되는 노사의 의사에 의하여 판단될 수밖에 없다는 것이다. 이 같은 통상임금 개념의 자명성 때문에 법률에 통상임금을 정의하는 규정이 반드시 있어야 한다고 할 수 없으며, 그에 관한 규정이 없다는 점이 결코 법의 흠결을 의미할 수 없다.

근로기준법 시행령 제6조 제1항이 "법과 이 영에서 '통상임금'이란 근로자에게 정기적이고 일률적으로 소정(소정)근로 또는 총 근로에 대하여 지급하기로 정한 시간급 금액, 주급 금액, 월급 금액 또는 도급 금액을 말한다."고 정한 통상임금에 관한 정의규정은 일반적으로 존재하는 노사합의의 실제와 노사관행을 반영하여 규정된 것으로 말하여진다. 위 시행령이 최초로 규정될 당시나 현재에도 일반적으로 노사합의나 노사관행은 기본급과 1개월 이내의 기간마다 지급되는 수당만을 통상임금에 포함시키고 있다는 점에 별다른 의문이 없는 것으로 보인다. 따라서 근로기준법 시행령 제6조 제1항은 법률에 그 위임규정을 갖고 있지 않아 법규로서의 효력을 갖는지의 여부에 관계없이 노사합의나 노사관행을 일반적으로 확인하는 의미를 갖는다는 점에서 존중되어야 하고 그러한 의미에서 해석되어야 한다.

그러므로 상여금이나 1개월을 넘는 기간마다 지급되는 수당을 통상임금에 포함되는 것으로 해석하는 것은 노사합의나 노사관행에 어긋나는 한 위법하다. 법원이 해석의 권한을 행사하여 법을 형성할 수 있는 경우는 법의 흠결이 있는 때에 허용되는 것인데, 통상임금에 관한 노사합의나 노사관행이 존재함에도 그 법적 효력을 부정하고 해석으로써 노사합의나 노사관행을 대체하는 것이 되기 때문이다. 물론 예외적으로 노사합의에 의하여 상여금이나 1개월을 넘는 기간마다 지급되는 수당 중 일부나 전부를 통상임금에 포함시키거나 그러한 노사관행이 성립된 것으로 인정할 수 있는 특별한 사정이 있는 경우라면 그 유효성 또한 인정되어야 하고 그에 따라 해석하여야 할 것이다.

결국 특별한 사정이 없는 한 상여금이나 1개월을 넘는 기간마다 지급되는 수당을 통상임금에 포함시키는 해석은 노사합의나 노사관행의 법적 효력을 부정하는 위법한 해석이라 할 것이고, 원칙적으로 기본급과 1개월 이내의 기간마다 지급되는 수당만이 통상임금에 포함된다고 해석하여야 한다. 이러한 점에서 임금이 1개월을 넘는 기간마다 지급되는 것이라도 그것이 정기적·일률적·고정적으로 지급되는 것이라면 통상임금에 포함된다고 판시한 대법원 1996. 2. 9. 선고 94다19501 판결 등은 폐기되어야 한다.

나. 다음으로 1개월 이내의 기간마다 지급되는 임금은 그 전부가 통상임금에 포함된다고 해석하여야 하느냐 하는 문제가 제기된다.

통상임금이라는 용어가 말하여 주는 것처럼 통상임금에 모든 임금이 포함된다고 할 수는 없다. 대법원은 과거에 기본급이 당연히 통상임금에 포함되는 이외에 1개월 이내의 기간마다 정기적·일률적·고정적으로 지급되는 수당 또한 통상임금에 포함된다고 해석하여 왔다. 아울러 대법원 1993. 5. 11. 선고 93다4816 판결 등에서 성질상 통상임금에 산입되어야 할 수당을 노사 간의 합의에 따라 통상임금에서 제외하기로 한 경우 그 합의의 효력을 인정한다면 근로기준법이 통상임금을 규정한 입법 취지가 몰각될 것이므로 그러한 노사합의는 근로기준법 제15조 제1항 소정의 근로기준법이 정하는 기준에 달하지 못하는 근로조건을 정한 합의로서 무효라고 보아야 한다고 판시하여 왔다. 이러한 해석은 1개월 이내의 기간마다 정기적·일률적·고정적으로 지급되는 수당에 관한 한 근로자를 보호하는 기능을 수행하는 해석으로서 그 타당성이 긍정되어야 한다. 이는 근로기준법 시행령 제6조 제1항에 부합하는 해석이기도 하다.

이와 같은 해석의 범위 내에서는 노사합의나 노사관행의 법적 효력이 해석에 의하여 제한된다고 할 수 있다. 이러한 해석에 의한 법적 효력의 제한이 정당성을 갖기 위하여서는 적법한 근거가 있어야 한다. 이 같은 해석의 실질적 근거는 1개월 이내의 기간마다 정기적·일률적·고정적으로 지급되는 수당은 기본급에 준하는 실질을 갖는다는 점이다. 기본급에 준하는 실질을 갖고 있음에도 기본급과 달리 통상임금에 포함되지 아니한다면 결과적으로 탈법행위를 용인하는 것이 될 수 있기 때문이다. 사용자는 기본급으로 지급할 임금을 1개월 이내의 기간마다 정기적·일률적·고정적으로 지급되는 수당의 형식으로 지급함으로써 근로자에게 지급하여야 할 연장근로수당 등의 액수를 쉽사리 감소시킬 수 있기 때문이다. 따라서 1개월 이내의 기간마다 정기적·일률적·고정적으로 지급됨으로써 기본급에 준하는 실질을 갖는 수당은 특별한 사정이 없는 한 연장근로 등을 전혀 하지 않고 통상근로(소정근로)만 하는 경우를 예정하여 정한 것으로 볼 수밖에 없고, 그 결과 연장근로 등을 하는 경우에는 그 추가적인 근로시간에 상응하는 수당 금액을 추가적으로 지급하여야 한다. 그러므로 기본급과 1개월 이내의 기간마다 정기적·일률적·고정적으로 지급됨으로써 기본급에 준하는 실질을 갖는 수당은 통상임금에 포함되어야 한다.

그러나 비록 1개월 이내의 기간마다 정기적·일률적·고정적으로 지급되는 수당이라 하더라도 그 수당이 통상임금에 포함되지 아니함으로써 근로자에게 지급하여야 할 연장근로수당 등의 액수를 부당하게 감소시키는 것으로 평가되지 않는 예외적인 경우에는 그 수당은 통상임금에 포함되지 아니한다. 예컨대 사용자가 근로자의 개인연금보험이나 직장단체보험의 보험료를 매월 지급함으로써 그 보험료가 정기적·일률적·고정적으로 지급된 임금으로 평가될 수 있다 하더라도, 이는 근로자가 연장근로 등을 전혀 하지 않거나 연장근로 등을 하더라도 그 시간이 얼마나 되느냐에 관계없이 똑같은 보험료를 지급하기로 한 것으로 해석할 수 있을 뿐이고 이와 달리 통상근로만 하는 경우를 예정하여 정한 것으로 보아 연장근로 등을 하는 경우에는 그 추가적인 근로시간에 상응하는 개인연금보험이나 직장단체보험의 보험료 해당 액수를 추가적으로 지급하여야 한다고 해석할 수는 없다. 이는 사용자가 매월 지급하는 근로자의 개인연금보험이나 직장단체보험의 보험료는 근로자가 제공한 통상근로뿐만 아니라 연장근로 등을 모두 포함하는 1개월 동안의 총 근로에 대한 대가이고 통상근로(소정근로)에 대한 대가가 아니라는 것을 의미한다. 그리고 1개월 이내의 기간마다 지급되는 것이기는 하나 정기적·일률적·고정적으로 지급되는 것으로 볼 수 없는 수당 또한 1개월 동안의 총 근로에 대한 대가로서의 임금이다.

이상에서 살펴본 것처럼 본질적으로 어떤 임금이 통상임금에 포함될 수 있느냐의 여부는 그 임금이 통상근로(소정근로)에 대한 대가냐 아니면 총 근로에 대한 대가이냐에 의하여 결정되는 것이다. 어떤 임금이 정기적·일률적·고정적으로 지급되는 것이냐 아니냐의 여부는 기본급에 준하는 형식적 속성도 갖고 있는지의 여부를 판단하는 2차적 기준일 뿐이다. 정기적·일률적·고정적으로 지급되는 임금으로 판단되면 곧바로 그 임금이 통상임금에 포함된다고 해석하는 것은 논리의 비약이다.

다. 상여금이나 1개월을 넘는 기간마다 지급되는 수당은 아래에서 살펴보는 것처럼, 기본급에 준하는 실질을 갖는다고 볼 수 없고 오히려 전혀 다른 실질을 갖고 있으며, 정기적·일률적·고정적으로 지급되는 것이냐에 관계없이 통상근로(소정근로)에 대한 대가로서의 실질을 갖는 것이 아니라 총 근로에 대한 대가로서의 실질을 갖는다. 결국 상여금이나 1개월을 넘는 기간마다 지급되는 수당은 통상임금에 포함될 수 없는 것이다.

1) 다수의견 및 반대의견의 논리는 상여금이나 1개월을 넘는 기간마다 지급되는 수당이라 하더라도 이는 근로의 대가로서 지급되는 임금이라 할 것이고, 이러한 상여금이나 수당이 정기적·일률적·고정적으로 지급되는 것이라면 이는 연장근로 등을 제외한 통상근로에 대한 대가로서 지급되는 것이므로, 만약 연장근로수당 등의 산정 기준이 되는 통상임금에서 이 같은 상여금이나 수당이 제외된다면 연장근로 등에 대하여는 그에 상응하는 상여금이나 수당이 지급되지 아니함으로써 통상근로에 대한 대가와 연장근로 등에 대한 대가가 차별적 취급을 받는 것이며, 따라서 형평의 관념에 비추어 허용될 수 없다는 점을 실질적 근거로 삼고 있는 것으로 이해된다.

그런데 이와 같은 논리는 상여금이나 1개월을 넘는 기간마다 지급되는 수당의 성격에 관한 오해에서 비롯된 것으로 생각된다. 근로의 대가로서 지급되는 임금의 성격을 갖고 있으며 동시에 그것이 정기적·일률적·고정적으로 지급되는 이상 이는 총 근로가 아닌 통상근로에 대한 대가로서 지급되는 것이므로 그 종류에 관계없이 반드시 근로시간에 비례하여 등가적으로 지급되어야 하고 그 이외의 방식으로 지급되어서는 아니 된다는 점이 긍정되어야만 이러한 논리는 정당성을 가질 수 있다.

2) 노사가 상여금으로 1년에 기본급의 600%를 지급하기로 합의한 경우 두 가지 해석이 생각될 수 있다. 우선 근로자가 연장근로 등을 전혀 하지 않거나 연장근로 등을 하더라도 그 시간이 얼마나 되느냐에 관계없이 상여금으로 1년에 기본급의 600%를 똑같이 지급하기로 합의한 것이라고 해석할 수 있다. 이때 상여금은 총 근로에 대한 대가로서 지급되는 임금의 실질을 갖는다. 이와 달리 이러한 합의는 통상근로만 하는 경우를 예정하여 정한 것이고 연장근로 등을 하는 경우에는 그 추가적인 근로시간에 상응하여 상여금을 추가적으로 지급하기로 합의한 것이라고 해석할 수도 있다. 이때 상여금은 통상근로(소정근로)에 대한 대가로서 지급되는 임금의 실질을 갖는다. 다수의견 및 반대의견은 상여금 지급의 방식에 따라 상여금이 정기적·일률적·고정적으로 지급되는 것으로 평가되는 경우에는 후자

와 같이 해석하여 통상임금에 포함시키고 그렇게 평가되지 아니하는 경우에는 전자와 같이 해석하여 통상임금에 포함시키지 아니한다.

문제는 이와 같은 상여금 지급의 형식적 속성에 따른 해석이 상여금의 임금으로서의 실질에 전혀 합치되지 않는다는 점이다. 예컨대, 경영성과에 따라 상여금을 지급한다는 취지의 합의를 한 후 기본급의 600%의 상여금을 지급한 경우와 1년에 기본급의 600%의 상여금을 정기적·일률적·고정적으로 지급하기로 사전에 확정적으로 합의를 한 후 그 상여금을 지급한 경우 두 상여금의 임금으로서의 실질이 다르다고 할 수 있느냐이다. 전자의 경우에는 근로자가 연장근로 등을 전혀 하지 않거나 연장근로 등을 하더라도 그 시간이 얼마나 되느냐에 관계없이 총근로에 대한 대가로서 똑같은 상여금만을 지급하여야 하고 후자의 경우에는 통상근로에 대한 대가로서 통상근로만 하는 경우를 예정하여 정한 것이므로 연장근로 등을 하는 경우에는 그 추가적인 근로시간에 상응하여 추가적으로 상여금을 지급하여야 한다는 논리가 어떠한 실질적 근거 위에서 정당화될 수 있느냐이다. 그러나 법률의 규정에서도, 노사의 의사나 관행 가운데에서도, 그리고 합목적성의 관점에서도 도무지 그 근거가 찾아지지 않는다.

기본급은 사전에 확정되어 정기적·일률적·고정적으로 지급될 수밖에 없는 속성을 갖는 반면, 상여금은 사전에 확정되어 정기적·일률적·고정적으로 지급될 수도 있고 그렇지 않을 수도 있는 특성을 갖는다. 이러한 상여금의 특성을 고려하지 않고 상여금 중 정기적·일률적·고정적으로 지급되는 경우에는 기본급과 그 지급의 방식이 비슷하다 하여 그 상여금이 다른 방식으로 지급되는 상여금과 임금으로서의 실질이 달라진다고 할 수는 없는 것이다. 단적으로 말하면 다수의견 및 반대의견에 의한 해석은 상여금의 액수가 사전에 확정될 수 있으면 통상임금의 산정대상에 고려될 수 있기 때문에 포함되어야 하고 사전에 확정될 수 없으면 통상임금의 산정대상에 고려될 수 없기 때문에 포함되어서는 아니 된다는 형식논리에 근거하고 있다고 할 수 있다. 다수의견 및 반대의견이 이러한 비판을 받지 않고 "근로가치의 등가성"이라는 실질을 관철하고자 한다면 상여금 지급의 기준이 사후에 확정되는 경우에도 그 기준이 확정되면 연장근로수당 등을 다시 계산하여 추가적으로 지급하여야 하는 것으로 해석하여야 할 것이다.

결국 다수의견 및 반대의견에 의한 해석은 동일한 실질을 갖고 있는 상여금을 완전히 상이한 실질을 갖는 상여금으로 차별화함으로써 그 실질을 왜곡하는 결과를 가져온다. 이로써 해석에 의하여 오히려 실질적 불평등을 야기하며 정의를 훼손한다고 할 수도 있다. 이러한 결과가 실질에 맞게 근로자보호를 실현하는 것이라고 평가할 수는 없을 것이다.

3) 상여금 지급의 방식이 정기적·일률적·고정적인 것이든 그렇지 아니하든 상여금 지급에 관한 합의에 내재되어 있는 노사의 진정한 의사는 연장근로 등의 제공 여부나 정도에 관계없이 정하여진 상여금을 똑같이 지급하기로 한 것이라는 점을 부정할 수 없을 것이다. 다시 말하여 상여금은 통상근로(소정근로)에 대한 대가가 아니라 총 근로에 대한 대가라는 것이다. 이 점에서 다수의견 및 반대의견은 노사의 자율에 의하여 형성된 합법적인 의사를 해석에 의하여 노사의 의사와는 무관하게 왜곡한다는 점을 지적하지 않을 수 없다.

노사가 상여금이나 수당으로 지급되는 임금을 기본급에 포함시키지 않고 이같은 방식으로 별도로 지급하는 이유가 무엇인지를 주목하여야 한다. 기본급에 포함시키지 않고 상여금이나 1개월을 넘는 기간마다 수당으로 지급함으로써 통상임금의 액수를 줄이고자 의도하였다면 이러한 노사합의가 탈법적인 것으로 반드시 그 효력이 부정되어야 하느냐이다. 그러나 이러한 노사합의가 실질적이고도 합리적인 근거를 갖고 있음을 수긍하여야 할 것이다. 사용자의 현재 지급능력을 고려하는 한편 장래 지급능력까지를 예상하여 노사는 임금 중 일부는 연장근로 등에 대한 임금에 영향을 미치는 기본급이나 수당(통상근로에 대한 임금)으로 지급하고 나머지 일부는 이에 영향을 미치지 않는 상여금이나 수당(총 근로에 대한 임금)으로 지급하는 것으로 합의할 현실적 필요가 분명하게 존재한다. 그리고 이러한 필요성을 충족하기 위하여 노사가 그와 같은 임금형성의 재량을 행사하는 것은 당연히 합법적인 노사자치의 영역에 속한다. 이는 임금의 실질과 이에 따른 임금지급의 형식을 결정할 권리와 책임이 노사 쌍방에게 있음을 의미한다.

이처럼 형성된 임금은 그 실질에 따라 기본급과 상여금으로 크게 구분된다고 할 수 있으며, 대체로 1개월 이내의 기간마다 지급되는 수당은 기본급에 준하는 실질을 갖고 1개월을 넘는 기간마다 지급되는 수당은 상여금에 준하는 실질을 갖는다고 할 수 있다. 이에 따라 기본급과 1개월 이내의 기간마다 지급되는 수당은 통상근로, 즉 소정근로에 대한 임금의 실질을 갖게 되고, 상여금과 1개월을 넘는 기간마다 지급되는 수당은 총 근로에 대한 임금의 실질을 갖게 된다. 그러므로 기본급과 1개월 이내의 기간마다 지급되는 수당은 통상임금에 해당하고, 상여금과 1개월을 넘는 기간마다 지급되는 수당은 통상임금에 해당하지 아니한다.

　그럼에도 다수의견 및 반대의견과 같이 그 종류에 관계없이 정기적·일률적·고정적으로 지급되는 임금인 이상 언제나 통상임금에 포함될 수밖에 없게 된다면 사용자가 근로자에게 연장근로 등에 대한 수당에 영향을 미치지 않으면서 정기적·일률적·고정적으로 상여금이나 수당을 지급하는 방식이 원천적으로 금지되는 결과가 된다. 이러한 금지를 회피하기 위하여서는 지급되는 상여금이나 수당이 정기적·일률적·고정적으로 지급되는 것이라는 평가를 받지 않는 방식을 선택함으로써 우회하는 수밖에 없을 것이다. 이러한 상황이 어떤 논리로 정당화될 수 있는지 알 수 없다. 결국 임금에 관한 내용을 형성할 수 있는 노사의 헌법상 권리가 법률의 규정이나 정당화할 수 있는 실질적 근거 없이 근본적으로 침해된다고 하지 않을 수 없다.

　4) 이상에서 살펴본 것처럼, 통상임금의 범위는 본질적으로 임금지급의 형식에 의하여 정하여지는 것이 아니라 임금의 실질에 의하여 정하여지며, 임금의 실질을 결정하고 이에 따라 통상임금의 범위를 결정하는 근본적 책임과 권리는 1차적으로 노사 당사자에게 귀속된다는 것이다. 그럼에도 법원이 노사합의나 노사관행의 효력을 부정하고 스스로 새로운 틀에 의한 임금을 형성하려고 하는 것은 해석의 한계를 벗어나는 것으로서 찬성하기 어렵다. 근로자보호는 근로조건에 관한 노사의 자율권을 규정한 헌법적 요구를 수용하는 전제 위에서 부작용을 가져오지 않는 범위 내에서 조화롭게 실현되어야 하는 한계를 갖는다. 이러한 한계 내에서

의 해석이 기본급과 1개월 이내의 기간마다 정기적·일률적·고정적으로 총 근로가 아닌 통상근로(소정근로)에 대한 대가로서 지급되는 수당만이 통상임금에 포함된다는 해석이다.

라. 다수의견 및 반대의견에 따르든지 별개의견에 따르든지 사용자는 그 지급능력의 범위 내에서 근로자와의 교섭을 통하여 임금을 형성하여 지급할 것이므로 장기적으로 보면 어떤 견해를 따르는지에 의하여 근로자에게 유리하거나 불리하게 된다고 볼 수는 없다. 임금의 지급액은 사용자의 지급능력에 좌우되는 것이지 임금의 지급방식에 좌우되는 것은 아니기 때문이다.

반대의견에 따른다면 시효가 완성되지 않은 지나간 3년간의 연장근로수당, 야간근로수당 또는 휴일근로수당을 다시 계산하여 추가지급을 하여야 하고 퇴직자에 대하여는 퇴직금을 다시 계산하여 추가지급을 하여야 한다. 또한 다수의견 및 반대의견에 따른다면 통상임금 산정대상의 변화에 따라 장래 증가되는 사용자의 임금지급액의 부담을 해소하는 합의가 이루어질 때까지 추가적인 임금지급의무를 부담하게 된다. 근로자로서는 종래 기대하지 않았던 임금을 지급받는 이익을 얻게 되나 사용자로서는 예상하지 않았던 부담을 지게 된다. 이러한 상황은 사용자의 경영에 돌발적인 변수가 됨으로써 국민경제에 충격을 줄 것이다.

반면에 별개의견에 따른다면 현재 존재하는 임금지급의 상황에 별다른 영향을 주지 않게 된다. 종래 상여금이나 1개월을 넘는 기간마다 지급되는 수당임에도 통상임금 산정대상에 포함시켜 온 경우 노사합의의 효력에 의하여, 또는 노사관행에 의하여 지급되어 온 것으로서 여전히 구속력을 유지하며, 사용자가 이를 파기하거나 근로자에게 불이익하게 변경하기 위하여서는 단체협약의 변경이나 취업규칙 불이익변경의 절차를 밟아야 할 것이므로 근로자의 불이익은 거의 없을 것으로 보인다.

결국 통상임금 개념을 어떻게 파악하느냐에 따라 국민경제에 돌발적인 충격을 야기하느냐 아니냐가 결정된다고 할 것이다. 대법원 1996. 2. 9. 선고 94다19501 판결 이후에 형성된 1개월을 넘는 기간마다 지급되는 수당 등에 관한 통상임금에 관한 법리가 장기간 지속되었다 하더라도 이에 의하여 생긴 영향력의 크기는 다수의 상여금이 통상임금의 산정대상에 포함될 수 있다는 법리에 의하여 생겨나는 영향력의 크기에 비추어 보면 훨씬 작다고 할 수 있다. 이러한 이유로 법적 안정성의 측면에서도 다수의견 및 반대의견은 받아들이기 어렵다는 점을 강조하지 않을 수 없다.

마. 연장근로 등에 대하여 지급되는 임금을 제외한 나머지 모든 임금이 통상근로에 대한 대가로서 지급되는 것이라는 주장은 그 자체로서 잘못된 것이라고 할 수 없다. 오히려 타당하다고 할 수 있다. 이 점 때문에 다수의견 및 반대의견은 더 이상 임금의 실질에 관하여 살펴보지 않는 것으로 보인다. 그런데 어떤 임금이 통상임금에 해당하느냐를 판단하는 문제의 열쇠는, 그 임금이 통상근로에 대한 대가로서 지급되는 것이냐 하는 데에 있는 것이 아니라, 그 임금이 오직 통상근로에 대한 대가로서 지급되는 것이냐 아니면 통상근로뿐만 아니라 연장근로 등을 포함하는 총 근로에 대한 대가로서 지급되는 것이냐 하는 데에 있다. 다수의견 및 반대의견은 이 같은 임금실질의 차이를 인식하지 못함으로써 통상임금 개념에서 본질적 중요성을 갖는 "소정근로(통상근로)"의 요건을 사실상 포기하게 되고, 그 결과 2차적 의미를 갖는 임금지급의 정기성·일률성·고정성이라는 형식적 속성만을 기준으로 통상임금 여부를 판단하는 잘못된 길에 들어선 것으로 이해된다.

도구개념은 현실을 규범과 조화롭게 해석할 수 있는 기능을 잘 수행할 수 있을 때 그 개념의 정당성이 비로소 증명된다고 할 수 있다. 그런데 다수의견 및 반대의견의 논리는 규범의 적용대상인 현실과 사이에 심대한 괴리를 발생시키며, 이는 해석을 위한 도구개념으로서 받아들여질 수 없다는 점을 반증하고 있다고 할 수 있다. 이처럼 다수의견 및 반대의견의 논리가 규범의 적용대상인 현실을 이해하는 데 실패한 근본적 원인은, 통상임금 개념을 정립함에 있어 통상근로(소정근로)에 대한 대가와 총 근로에 대한 대가를 분명하게 구분하지 않은 채, 헌법과 법률에 근거를 갖고 있을 뿐만 아니라 현실적으로 존재하고 있는 통상임금에 관한 노사합의나 노사관행의 법적 효력을 수긍할 수 있는 분명한 근거 없이 지나치게 부정한 반면에, "근로가치의 등가성"이라는 목적지향적인 해석을 타당한 범위를 넘어 지나치게 추구한 데에 있다.

그리고 이러한 다수의견 및 반대의견에 의한 해석은 노사에 의한 임금의 형성에 과도하게 개입함으로써 헌법이 근본 질서로 규정한 사적자치를 기반으로 하는 시장경제의 원리를 훼손한 것이라는 비판에서 자유롭지 않을 것으로 생각한다.

바. 이상과 같은 이유로 원심판결을 파기한 다수의견의 결론에는 찬성하나 그 논거에 관하여는 견해를 달리하므로 별개의견으로 이를 밝혀 둔다.

6. 대법관 김용덕, 대법관 고영한, 대법관 김소영의 보충의견

이 사건 상여금을 통상임금에서 제외하는 노사합의의 무효를 주장하여 추가 법정수당을 청구하는 것에 대해 신의칙을 적용할 수 있는지에 관하여 앞서 본 다수의견의 내용을 보충한다.

가. 신의칙은 실정법이나 계약 등을 형식적이고 엄격하게 적용함으로써 야기될 수 있는 부당한 결과를 막고 구체적 타당성을 실현하여야 할 필요가 있는 경우 법질서 전체를 관통하는 일반 원칙으로 작용한다. 그리하여 신의칙은 실정법의 규정취지, 법률행위를 한 당사자의 의도 등을 그 의미에 적합하게 구체화하고, 불성실하거나 부당한 권리행사를 제한하며, 실정법 또는 법률행위의 내용을 보정(보정)하는 기능 등을 수행한다.

나. 구체적 타당성을 실현한다는 명목하에 편의적으로 신의칙을 적용하는 것은 법적 안정성을 해칠 뿐만 아니라 법질서의 혼란을 초래할 수 있고, 특히 실정법의 강행규정성을 인정하면서도 신의칙으로 실정법의 적용을 배제하는 것은 강행규정의 취지를 몰각할 수 있으므로, 신의칙은 제한적인 범위 내에서 예외적으로 적용되어야 한다는 점에 대하여는 이론(이론)이 있을 수 없다.

그러나 다수의견에서 이미 상세히 밝힌 바와 같은 임금과 통상임금 상호 간의 밀접한 관련성, 우리나라의 노사 간 임금협상 관행, 정기상여금을 통상임금에서 배제하기로 하는 노사합의에 이르게 된 경위, 그로 인하여 근로자가 받는 실질적인 불이익의 정도, 위 노사합의의 무효 주장을 받아들일 경우 노사 쌍방에 미치는 영향 등 여러 사정과 함께 당사자들이 상호 전제하거나 기초가 되는 사항에 관하여 착오가 있었을 경우 일정한 요건하에 가정적 의사를 밝혀내어 정당한 이익조정을 하는 것도 신의칙의 영역에 속한다는 점 등을 아울러 고려하면, 근로자 측이 정기상여금을 통상임금에서 제외하는 노사합의의 무효를 주장하여 추가 법정수당을 구하는 것에 대하여는 예외적으로 신의칙이 적용될 수 있다고 본다.

다. 임금은 최저임금법에 저촉된다는 등의 특별한 사정이 없는 한 노사 간의 합의 및 이에 기초한 근로계약에 의하여 결정되며, 통상임금은 그와 같이 결정된 임금 중에서 소정근로의 대가로서 정기적·일률적·고정적으로 지급되는 금품을 말하므로, 노사합의에서 정한 구체적인 임금의 내용 및 지급 조건에 따라 통상임금인지 여부가 정해진다. 근로자에게 지급되는 임금 중에서 어느 임금을 통상임금으로 포함시킬 것인지를 정하는 노사합의는 근로기준법이 정한 기준에 미치지 못하는 범위 내에서 허용될 수 없다. 그렇지만 근로자와 사용자는 동등한 지위에서 자유의사에 따라 임금의 내용과 지급조건을 정할 수 있고 이를 통하여 통상임금에 해당하는 내용과 지급조건을 갖춘 임금과 그렇지 아니한 임금으로 나누어 정할 수 있으므로, 실질적으로 통상임금에 해당하는 임금의 구체적인 범위는 노사합의나 근로계약을 통하여 정하여지거나 변경된다는 점을 부정할 수 없다.

개별 근로계약에서의 임금은 개별 근로자가 제공하는 근로에 대한 대가이지만, 다른 한편으로는 전체 근로자의 임금 총액은 생산을 위하여 지출되어야 하는 비용이 되므로, 다수의견이 상세하게 밝힌 바와 같이 임금협상은 기업의 한정된 수익을 기초로 하여 이루어질 수밖에 없는 한계가 있다. 이에 따라 우리나라의 노사 간 임금협상은 임금 총액을 기준으로 기본급, 상여금, 각종 수당과 함께 통상임금을 기초로 산정되는 법정수당 등의 규모 등도 미리 책정하여 임금인상률과 각종 수당의 신설·폐지 또는 증액 여부, 임금 항목별 액수와 지급형태 및 지급시기 등을 결정하여 왔고, 그 과정에서 앞서 본 것과 같이 여러 사정들로 인하여 정기상여금은 통상임금에 해당하지 아니한다는 전제 아래 이를 통상임금에 포함시키지 아니하는 노사관행이 형성되었다.

이러한 임금협상의 경위와 그 한계 등에 비추어 보면, 노사가 종전의 임금협상 당시 위 노사관행과 달리 정기상여금도 통상임금에 속할 수 있어 그만큼 통상임금액수가 늘어난다는 사정을 알았더라면, 그 통상임금을 기초로 산정되는 각종 법정수당을 포함하여 근로자에게 지급되는 임금 총액이 노사합의에서 예정한 통상임금을 기초로 산정되는 각종 법정 수당을 포함한 임금 총액과 실질적인 차이가 없도록 하기 위하여 임금의 액수, 내용 및 지급조건을 변경하는 등의 상당히 다른 내용의 임금협상을 하였을 것으로 보는 것이 합리적이다.

결국 노사가 임금 총액을 기준으로 하여 임금 조정에 협상하고 그 임금협상 결과에 따라 새로운 근로계약을 체결하였다면, 이는 노사의 자유의사에 따른 선택의 결과로서 노사가 그 근로계약을 체결한 직접적인 목적은 그 조정된 임금 총액이라 할 것이며, 그 근로계약에 대한 노사의 신뢰는 세부적인 항목별 임금의 지급조건 내지 산정방법이 아니라 그 조정된 임금 총액 수준에 있다고 할 것이다. 따라서 노사가 임금협상과정에서 통상임금에 속하는 임금 범위에 대한 착오 등으로 인하여 항목별 임금의 내용과 지급조건을 제대로 정하지 못함으로써 임금 총액에 의한 협상 결과에 영향을 미칠 경우에, 위와 같은 자유의사에 따른 선택에 대한 신뢰를 존중하여 착오 등에 의하여 발생한 부당한 결과를 시정하거나 회피할 수 있도록 하는 것은 타당하며, 이것이 통상임금과 관련하여 근로조건의 최저기준을 정한 근로기준법의 취지에 반한다고 할 수 없다.

라. 이에 대하여 반대의견은 이는 사용자의 관점에서 본 주관적·가정적 의사에 불과하고 근로자의 관점에서 보면 임금 수준을 유지하면서 초과근로를 축소하는 방향으로 노사협의를 진행하였을 가능성이 있으므로 이러한 주관적·가정적 의사를 당연한 전제로 받아들이며 신의칙 적용의 출발점으로 삼는 것은 부당하다

고 지적한다.

그러나 이러한 반대의견의 지적은 임금 총액을 기준으로 실질임금 인상률을 중시하여 기본급, 상여금, 각종 수당과 함께 통상임금에 기초하여 산정되는 법정수당의 규모 등도 미리 책정하여 임금 수준을 결정하여 온 임금협상의 실제와는 거리가 먼 것일 뿐만 아니라, 임금협상 당시 결정된 임금 수준은 근로자들이 일정 시간의 초과근로를 계속 제공하여 기업이 그동안 얻어 왔거나 향후 얻을 수 있는 수익의 규모를 전제로 정해진 것이라는 점을 간과하고 있다. 만일 근로자들이 초과근로를 제공하지 아니하거나 이를 축소한다면 기업의 생산·판매량은 감소하고 그 수익 역시 감소할 것이며, 기업이 이에 대응하여 새로운 대체 인력을 투입하여 종전의 생산·판매량을 유지하려 하더라도 그에 따른 초기 시설비용의 투입, 교육·훈련비용의 증가, 신규 고용인력의 노동생산성 감소 등으로 인하여 역시 임금협상 당시와 같은 수준의 수익을 그대로 유지하기는 어려울 것이다. 따라서 근로자들이 초과근로를 축소하면서 동일한 임금 수준을 유지하였을 것이라는 전제는 오히려 비합리적이다.

위와 같은 임금과 통상임금 상호 간의 밀접한 관련성, 임금협상의 과정과 그 실질 등에 비추어 보면, 결국 노사는 기업의 한정된 수익을 기초로 하여 임금 총액을 기준으로 실질임금 인상률을 중시하여 임금 수준을 결정하여 온 것이고, 그에 따라 정기상여금을 통상임금에 포함하지 아니한 채 초과근로에 따른 법정수당을 지급하였다 하더라도, 그로 인하여 근로자가 입은 실질적인 불이익은 임금 총액의 측면에서 볼 때 그리 크다고 볼 수 없다. 반면 근로자 측이 뒤늦게 정기상여금을 통상임금에 포함하지 아니한 노사합의가 무효임을 주장하며 정기상여금을 통상임금에 포함하여 산정한 법정수당의 추가 지급을 구하게 되면, 이는 당사자들이 임금협상 당시 양해한 전제나 기초를 뒤흔드는 것으로, 한편으로는 그 전제나 기초가 달라졌다면 기업의 한정된 수익하에서 지급조건이나 지급액수 등이 달라졌을 기본급, 상여금, 각종 수당 등은 모두 지급받은 후, 다른 한편으로는 그 전제나 기초가 무효라고 주장하면서 그 지급조건이나 지급액수 등이 여전히 동일할 것이라는 그릇된 가정하에 기업의 한정된 수익을 넘어서는 추가적인 법정수당의 지급을 청구하는 것이므로, 그로 인하여 쌍방이 예정하지도 않은 추가적인 이익을 얻게 됨이 분명하다.

이러한 추가적인 이득이 기업의 경영상태나 재정상태상 감당할 수 있는 정도의 수준이라면 모르지만, 그 정도를 넘어서서 그로 인하여 기업에 중대한 경영상의 어려움을 초래한다면, 이는 상호 신뢰를 기초로 하여 노사합의를 이루어 자율적이고 조화로운 관계를 유지하며 공동의 이익을 추구해 온 노사관계에 있어 예기치 않은 사유로 서로 간의 신뢰기반을 깨뜨리는 것이다.

마. 나아가 통상임금의 판단 기준에 관한 근로기준법 관계 법령의 미비나 불명확성, 근로현장에서 상당한 영향력을 미치고 있는 고용노동부의 행정해석, 우리나라의 노사관행 등을 고려할 때, 평균적인 지식을 가진 대부분의 사용자가 정기상여금이 통상임금에 속하지 아니한다고 믿고 그 전제 아래 근로자와 사이에 대등하게 임금협상을 하고 단체협약 등을 체결하면서 형성하게 된 신뢰가 신의칙상 보호할 수 없는 신뢰라고 할 수는 없다.

그리고 노동조합은 근로자가 주체가 되어 자주적으로 단결하여 근로조건의 유지·개선 기타 근로자의 경제적·사회적 지위의 향상을 도모함을 목적으로 조직하는 단체 또는 그 연합단체로서(노동조합 및 노동관계조정법 제2조 제4호 본문), 단체협약에 관한 사항은 노동조합 총회의 의결을 거쳐야 하고(같은 법 제16조 제1항 제3호), 노동조합의 대표자는 그 노동조합 또는 조합원을 위하여 사용자나 사용자단체와 교섭하고 단체협약을 체결할 권한을 가지므로(같은 법 제29조 제1항), 단체협약을 체결하는 형식적인 주체가 노동조합이라는 사정만으로 개별 근로자에 대한 관계에서 신의칙의 적용을 부정하는 것 역시 적절하지 아니하다. 비조합원의 경우에도 그러한 단체협약을 자신에게도 적용하기로 사용자와 사이에 명시적·묵시적 합의를 하였다면, 단체협약의 체결 주체가 노동조합이라는 사정은 신의칙 적용에 장애가 되지 아니한다.

무엇보다도 다수의견이 사용자의 이와 같은 신뢰를 보호하기 위하여 일정한 요건하에 신의칙을 적용하려는 것은, 노사 쌍방이 정기상여금이 통상임금에 속하지 아니한다고 믿고 이를 전제로 임금협상을 하였는데 그 전제가 잘못된 것임이 밝혀져 노사 쌍방이 의도한 것과 현저히 다른 결과가 발생하게 되었으므로, 그에 따른 이익조정이 불가피하다는 데 있고, 이러한 예측하지 못한 현저한 이익 불균형의 조정은 바로 신의칙이 수행하는 기능 중의 하나이다.

대법원은 "계약당사자 쌍방이 계약의 전제나 기초가 되는 사항에 관하여 같은 내용으로 착오가 있고 이로 인하여 그에 관한 구체적 약정을 하지 아니하였다면, 당사자가 그러한 착오가 없을 때에 약정하였을 것으로 보이는 내용으로 당사자의 의사를 보충하여 계약을 해석할 수 있고, 여기서 보충되는 당사자의 의사는 당사자의 실제 의사 또는 주관적 의사가 아니라 계약의 목적, 거래관행, 적용법규, 신의칙 등에 비추어 객관적으로 추인되는 정당한 이익조정 의사를 말한다."고 판시한 바 있다(대법원 2006. 11. 23. 선고 2005다13288 판결 등 참조). 비교법적으로 보더라도 계약당사자 쌍방이 계약의 전제나 기초가 되는 사항에 관하여 동일한 내용으로 착오를 일으킨 경우 이러한 방식의 이익조정은 널리 행해지고 있다. 유럽연합(EU)의 법 통일작업과의 관련 아래 마련된 유럽계약법원칙(The Principles of European Contract Law)은 쌍방이 사실 또는 법률에 관하여 동일한 착오를 일으킨 경우에는 각자의 청구에 의하여 법원이 합리적으로 합의하였을 내용대로 계약을 조정할 수 있도록 규정하고 있고(제4장 105조 제3항), 독일에서도 당사자 쌍방이 동일한 착오를 일으킨 경우 2002년 민법 개정 전에는 신의성실에 좇은 급부에 관하여 규정한 독일 민법 제242조를 근거로 법원이 직권으로 당사자들의 이익을 형량하여 계약 내용을 조정할 수 있음이 인정되다가 위 개정을 통하여 이에 관한 명문 규정(제313조)이 신설되었다.

단체협약 등의 해석이나 그 내용을 조정할 수 있는지 여부가 쟁점이 아닌 이 사건에서 앞서 본 대법원의 판례이론을 그대로 적용하는 것은 적절하지 아니하지만, 위와 같이 당사자 쌍방이 계약의 전제나 기초가 되는 사항에 관하여 동일한 내용으로 착오를 일으킨 경우 신의칙 등을 적용하여 객관적으로 추인되는 정당한 이익을 조정하려는 법의 정신과 이치는 그와 상황이 동일·유사한 이 사건에도 마찬가지로 적용될 수 있는 것이다.

이와 달리 임금협상의 경위와 그 목표 및 결과 등은 도외시한 채 상여금·수당의 지급형태와 조건은 그대로 유지되어야 한다는 전제에서, 정기상여금을 통상임금에서 배제하기로 하는 노사합의 부분만을 분리하여 그 부분이 형식적으로 근로기준법의 강행규정에 위배되어 무효이므로 정기상여금을 통상임금에 가산하고 이를 토대로 한 추가 법정수당을 지급받을 수 있어야만 한다는 견해야말로, 사건의 전체적인 실질과 형평은 외면한 채 근로기준법의 강행규정성을 고수하여야 한다는 일면만을 중시하여 실정법의 형식적인 적용을 획일적으로 관철하려는 것이다.

바. 그리고 다수의견이 '기업의 중대한 경영상의 어려움'을 신의칙 적용 요건 중의 하나로 제시한 것은, 근로자의 추가적인 법정수당 청구가 기업의 재정상태나 경영상태 등에 비추어 감당할 수 있는 정도인지를 기준으로 하여 현저히 형평에 반하는 결과가 발생하는 경우에만 신의칙을 적용하도록 함으로써 신의칙이 무한정 확대 적용되는 것을 방지하기 위함이다. 따라서 어떠한 경우가 '중대한 경영상의 어려움'을 초래하는지는 결국 개별 기업의 재정상태, 경영상태 등과 정기상여금을 통상임금에 포함시켜 법정수당을 산정할 경우 추가로 지급하여야 하는 법정수당의 규모 등 개별적·구체적인 사정을 종합적으로 고려하여 판단할 수밖에 없을 것이다.

다만 이 사건으로 돌아와 '중대한 경영상의 어려움'을 인정할 수 있는지에 관하여 살펴본다. 피고는 2010. 1. 1. 현재 근속기간이 약 20년 8개월로서 피고 생산직 직원의 평균 근속기간에 근접한 근로자 1인을 기준으로 짝수달마다 지급되는 이 사건 상여금이 통상임금에 산입될 경우 2010년 한해 추가되는 피고의 재정적 부담을 계산하면, 시간급 통상임금은 2010년 임금협상에 따른 8,970원에서 15,246원으로 증액되어 69.9% 정도 상승하고 이에 따라 근로자 1인의 추가 연장근로수당을 비롯한 각종 법정수당도 11,048,393원 정도 증액되어, 2009년도 대비 근로자 1인의 실질임금 인상률은 2010년 임금협상에 따른 19.9%[(2010년 임금지급 총액 63,865,898원-2009년 임금지급 총액 53,254,158원) ÷ 53,254,158원]에서 40.6%[(2010년 임금지급 총액 63,865,898원 + 추가 법정수당액 11,048,393원-2009년 임금지급 총액 53,254,158원) ÷ 53,254,158원]로 2배 넘게 상승하고, 이러한 근로자 1인의 실질임금 증가액을 평균치로 보아 생산직 근로자 401명에 적용하면, 2010년 당기순이익 4,435,313,273원의 99.8% 상당을 생산직 근로자들에게 추가 지급하여야 하는 상황에 처하게 된다고 주장하고 있다.

이 판결을 통하여 신의칙 위반의 법리가 처음 판시된 것이어서 이 점에 관한 원심의 심리가 충분하지 못한 탓에 위 주장의 당부에 관하여는 환송심에서 다시 심리하여야 할 것이지만, 만일 피고의 위 주장이 사실이라면, 이 사건 상여금이 통상임금에 산입됨으로써 피고에게 추가되는 재정적 부담은 피고에게 중대한 경영상의 어려움을 초래한다고 보기에 충분하므로, 다수의견이 제시한 법리에 비추어 볼 때 원고가 이 사건 상여금을 통상임금에 산입하여 이를 기초로 미지급 연차수당 등의 지급을 구하는 것은 신의칙에 위배된다고 볼 여지가 있다.

한편 반대의견은 피고가 2009. 1.부터 2010. 2.까지 한시적으로 관리직 직원에 한하여 이 사건 상여금을 매월 지급한 사정 등을 들어 위 기간 동안에는 신의칙 적용이 배제되어야 한다고 지적한다. 다수의견도 피고가 위 기간에 한하여 아무런 조건 없이 관리직 직원 전체에 대하여 생산직 직원과 달리 이 사건 상여금을 통상임금에 포함하여 실질임금을 보장해 주려는 의도로 이루어진 것이라면, 이 부분은 신의칙의 적용이 배제될 수 있음을 인정하고 있으므로, 이 점에서는 다수의견의 견해와 다르지 아니한 것으로 보인다. 다만 다수의견은 피고는 짝수달에 1회씩 상여금을 지급하기로 하는 상여금지급규칙이 존재하는 상태에서 한시적으로 위와 같은 방식의 상여금을 지급한 동기 및 경위, 그것이 원고에 대하여도 적용될 수 있는 것인지 등이 제대로 심리되어 있지 아니하므로 이를 명확히 심리한 후 종국적인 판단을 내릴 필요가 있다고 보는 점에서 차이가 있을 뿐이다.

사. 결국 이 사건 상여금을 통상임금에서 제외한 노사합의의 무효를 주장하여 추가 법정수당을 청구하는 것에 관하여 신의칙을 적용한 다수의견은 충분한 근거가 있고, 또한 합리적인 견해라고 생각한다.

이상과 같이 다수의견에 대한 보충의견을 밝힌다.

부록 2 복리후생급여 통상임금성 판결문

대법원 2013.12.18. 선고 2012다94643 전원합의체 판결

【판시사항】

[1] 통상임금의 의의 및 임금의 고정성을 판단하는 기준

[2] 갑 주식회사 소속 근로자들에게 지급되는 설·추석상여금과 하기휴가비, 김장보너스, 선물비, 생일자지원금, 개인연금지원금, 단체보험료가 통상임금에 해당하는지 문제 된 사안에서, 위 설·추석상여금 등이 통상임금에 해당한다고 본 원심판결에 법리오해 등의 위법이 있다고 한 사례

【판결요지】

[1] [다수의견]

(가) 근로기준법이 연장·야간·휴일 근로에 대한 가산임금, 해고예고수당, 연차휴가수당 등의 산정 기준 및 평균임금의 최저한으로 규정하고 있는 통상임금은 근로자가 소정근로시간에 통상적으로 제공하는 근로인 소정근로(도급근로자의 경우에는 총 근로)의 대가로 지급하기로 약정한 금품으로서 정기적·일률적·고정적으로 지급되는 임금을 말한다. 1개월을 초과하는 기간마다 지급되는 임금도 그것이 정기적·일률적·고정적으로 지급되는 것이면 통상임금에 포함될 수 있다.

(나) 고정적인 임금이라 함은 '임금의 명칭 여하를 불문하고 임의의 날에 소정근로시간을 근무한 근로자가 그 다음 날 퇴직한다 하더라도 그 하루의 근로에 대한 대가로 당연하고도 확정적으로 지급받게 되는 최소한의 임금'을 말하므로, 근로자가 임의의 날에 소정근로를 제공하면 추가적인 조건의 충족 여부와 관계없이 당연히 지급될 것이 예정되어 지급 여부나 지급액이 사전에 확정된 임금은 고정성을 갖춘 것으로 볼 수 있다. 여기서 말하는 조건은 근로자가 임의의 날에 연장·야간·휴일 근로를 제공하는 시점에 그 성취 여부가 아직 확정되어 있지 않은 조건을 말하므로, 특정 경력을 구비하거나 일정 근속기간에 이를 것 등과 같이 위 시점에 그 성취 여부가 이미 확정되어 있는 기왕의 사실관계를 조건으로 부가하고 있는 경우에는 고정성 인정에 장애가 되지 않지만, 근로자가 소정근로를 했는지 여부와는 관계없이 지급일 기타 특정 시점에 재직 중인 근로자에게만 지급하기로 정해져 있는 임금은 그 특정 시점에 재직 중일 것이 임금을 지급받을 수 있는 자격요건이 된다. 그러한 임금은 기왕에 근로를 제공했던 사람이라도 특정 시점에 재직하지 않는 사람에게는 지급하지 아니하는 반면, 그 특정 시점에 재직하는 사람에게는 기왕의 근로 제공 내용을 묻지 아니하고 모두 이를 지급하는 것이 일반적이다. 그와 같은 조건으로 지급되는 임금이라면, 그 임금은 이른바 '소정근로'에 대한 대가의 성질을 가지는 것이라고 보기 어려울 뿐 아니라 근로자가 임의의 날에 근로를 제공하더라도 그 특정 시점이 도래하기 전에 퇴직하면 당해 임금을 전혀 지급받지 못하여 근로자가 임의의 날에 연장·야간·휴일 근로를 제공하는 시점에서 그 지급조건이 성취될지 여부는 불확실하므로, 고정성도 결여한 것으로 보아야 한다.

[대법관 김창석의 별개의견]

(가) 통상임금에 포함될 수 있는 임금은 총 근로가 아닌 통상근로에 대한 대가인 임금일 수밖에 없고 어떤 임금이 총 근로가 아닌 통상근로에 대한 대가인지의

여부는 객관적으로 확인되는 노사의 의사에 의하여 판단될 수밖에 없다. 일반적으로 기본급과 1개월 이내의 기간마다 지급되는 수당만을 통상근로에 대한 대가인 통상임금에 포함시키는 것이 지금까지의 노사합의 내지 노사관행으로 보는 데에 의문이 없다. 그러므로 원칙적으로 기본급과 1개월 이내의 기간마다 지급되는 수당만이 통상임금에 포함된다고 해석하여야 하고, 특별한 사정이 없는 한 상여금이나 1개월을 넘는 기간마다 지급되는 수당을 통상임금에 포함시키는 해석은 노사합의나 노사관행의 법적 효력을 부정하는 위법한 해석이다.

(나) 어떤 임금이 통상임금에 포함될 수 있느냐의 여부는 본질적으로 그 임금이 통상근로(소정근로)에 대한 대가이냐 아니면 총 근로에 대한 대가이냐에 의하여 결정된다고 할 것이다. 어떤 임금이 정기적·일률적·고정적으로 지급되는 것이냐 아니냐의 여부는 통상임금의 형식적 속성도 갖고 있는지의 여부를 판단하는 2차적 기준일 뿐이다.

[2] 갑 주식회사 소속 근로자들에게 지급되는 설·추석상여금과 하기휴가비, 김장보너스, 선물비, 생일자지원금, 개인연금지원금, 단체보험료가 통상임금에 해당하는지 문제 된 사안에서, 사후에 노사협의를 통해 지급액을 정하도록 한 김장보너스는 고정적인 임금이 아니고, 그 외 설·추석상여금 등은 지급일 전에 퇴사한 근로자에게는 지급하지 아니하였으므로 노사 간에 지급일에 재직 중일 것이라는 조건을 임금을 지급받을 수 있는 자격요건으로 부가하는 명시적 또는 묵시적 합의가 이루어졌거나 그러한 관행이 확립된 것으로 볼 여지가 있는데도, 이에 대한 심리 없이 위 설·추석상여금 등이 통상임금에 해당한다고 본 원심판결에 법리오해 등의 위법이 있다고 한 사례.

[1] 근로기준법 제2조 제1항 제5호, 제6호, 제2항, 제15조, 제43조 제2항, 제56조, 제60조, 근로기준법 시행령 제6조 제1항 [2] 근로기준법 제2조 제1항 제5호, 제56조, 근로기준법 시행령 제6조 제1항

【전 문】

【원고, 피상고인】 별지 원고 명단 기재와 같다. (소송대리인 변호사 김상은 외 7인)

【피고, 상고인】 갑을오토텍 주식회사 (소송대리인 변호사 이임수 외 9인)

【원심판결】 대전고법 2012. 9. 21. 선고 2011나6388 판결

【주 문】

원심판결 중 피고 패소 부분을 파기하고, 이 부분 사건을 대전고등법원에 환송한다.

【이 유】

상고이유(상고이유서 제출기간 경과 후에 제출된 참고서면 등의 기재는 상고이유를 보충하는 범위 내에서)를 판단한다.

1. 통상임금에 관한 법리

근로기준법이 연장·야간·휴일 근로에 대한 가산임금, 해고예고수당, 연차휴

가수당 등의 산정 기준 및 평균임금의 최저한으로 규정하고 있는 통상임금은 근로자가 소정근로시간에 통상적으로 제공하는 근로인 소정근로(도급근로자의 경우에는 총 근로)의 대가로 지급하기로 약정한 금품으로서 정기적·일률적·고정적으로 지급되는 임금을 말한다. 1개월을 초과하는 기간마다 지급되는 임금도 그것이 정기적·일률적·고정적으로 지급되는 것이면 통상임금에 포함될 수 있다.

그리고 고정적인 임금이라 함은 '임금의 명칭 여하를 불문하고 임의의 날에 소정근로시간을 근무한 근로자가 그 다음 날 퇴직한다 하더라도 그 하루의 근로에 대한 대가로 당연하고도 확정적으로 지급받게 되는 최소한의 임금'을 말하므로, 근로자가 임의의 날에 소정근로를 제공하면 추가적인 조건의 충족 여부와 관계없이 당연히 지급될 것이 예정되어 지급 여부나 지급액이 사전에 확정된 임금은 고정성을 갖춘 것으로 볼 수 있다.

여기서 말하는 조건은 근로자가 임의의 날에 연장·야간·휴일 근로를 제공하는 시점에 그 성취 여부가 아직 확정되어 있지 않은 조건을 말하므로, 특정 경력을 구비하거나 일정 근속기간에 이를 것 등과 같이 위 시점에 그 성취 여부가 이미 확정되어 있는 기왕의 사실관계를 조건으로 부가하고 있는 경우에는 고정성 인정에 장애가 되지 않지만, 근로자가 소정근로를 했는지 여부와는 관계없이 지급일 기타 특정 시점에 재직 중인 근로자에게만 지급하기로 정해져 있는 임금은 그 특정 시점에 재직 중일 것이 임금을 지급받을 수 있는 자격요건이 된다. 그러한 임금은 기왕에 근로를 제공했던 사람이라도 특정 시점에 재직하지 않는 사람에게는 지급하지 아니하는 반면, 그 특정 시점에 재직하는 사람에게는 기왕의 근로 제공 내용을 묻지 아니하고 모두 이를 지급하는 것이 일반적이다. 그와 같은 조건으로 지급되는 임금이라면, 그 임금은 이른바 '소정근로'에 대한 대가의 성질을 가지는 것이라고 보기 어려울 뿐 아니라 근로자가 임의의 날에 근로를 제공하더라도 그 특정 시점이 도래하기 전에 퇴직하면 당해 임금을 전혀 지급받지 못하여 근로자가 임의의 날에 연장·야간·휴일 근로를 제공하는 시점에서 그 지급조건이 성취될지 여부는 불확실하므로, 고정성도 결여한 것으로 보아야 한다.

2. 이 사건의 판단

가. 원심판결 이유에 의하면, 원심은 제1심판결을 인용하여 이 사건 설·추석 상여금과 하기휴가비, 김장보너스, 선물비, 생일자지원금, 개인연금지원금, 단체 보험료(이하 위 각 급여를 총칭할 때에는 '이 사건 설·추석상여금 등'이라고 한 다)는 근로의 대가로 정기적·일률적·고정적으로 지급된 임금이어서 모두 근로 기준법 소정의 통상임금에 해당한다고 판단하였다.

나. 근로기준법 소정의 임금이란 사용자가 근로의 대가로 근로자에게 지급하는 일체의 금품으로서, 근로자에게 계속적·정기적으로 지급되고 그 지급에 관하여 단체협약, 취업규칙, 급여규정, 근로계약, 노동관행 등에 의하여 사용자에게 지급 의무가 지워져 있다면 그 명목 여하를 불문하고 임금에 해당된다(대법원 2012. 2. 9. 선고 2011다20034 판결 등 참조).

따라서 원심이 제1심판결을 인용하여 피고 소속 근로자들에게 정기적·일률적 으로 지급되는 이 사건 선물비, 생일자지원금, 개인연금지원금, 단체보험료가 임 금에 해당된다고 판단한 것은 정당하고, 거기에 상고이유의 주장과 같은 임금의 개념 및 요건 등에 관한 법리오해 등의 위법이 없다.

다. 그러나 원심이 그 판시와 같은 이유를 들어 이 사건 설·추석상여금 등이 정기적·일률적·고정적인 임금에 해당하여 통상임금에 속한다고 판단한 것은 다음과 같은 이유에서 그대로 수긍하기 어렵다.

1) 먼저 이 사건 김장보너스에 관하여 본다.

통상임금이 소정근로시간을 초과하는 근로를 제공할 때 지급되는 가산임금을 산정하는 기준임금으로 기능하는 점을 고려하면, 어떤 임금이 통상임금에 해당하 기 위해서는 근로자가 실제로 연장·야간·휴일 근로를 하기 전에 그 지급과 지 급액이 사전에 확정되어 있어야 하고, 여기서 지급과 지급액이 사전에 확정되어 있다는 것은 임의의 날에 소정근로를 제공하면 당연히 지급될 것이 예정되어 있는 것을 의미함은 앞서 본 바와 같다.

그런데 원심판결 이유와 기록에 의하면, 피고와 노동조합이 체결한 단체협약은 "회사는 김장철에 김장보너스를 지급하며, 지급금액은 노사협의하여 지급한다."고 정하고 있고, 이에 따라 이 사건 김장보너스는 지급 직전에 노사협의를 통해 정해졌는데, 2007년부터 2009년까지는 220,000원, 2010년에는 240,000원으로 정해진 사실을 알 수 있다. 이처럼 지급액을 결정하기 위한 객관적인 기준 없이 단지 사후에 노사협의를 통해 그 지급액을 정하도록 한 경우라면 그 지급액이 사전에 확정되어 있다고 볼 수 없다. 따라서 이 사건 김장보너스는 고정적인 임금이라고 할 수 없어 통상임금에 해당한다고 볼 수 없다.

그럼에도 원심은 이 사건 김장보너스가 실제의 근무성적과 상관없이 휴직자, 정직자 등을 제외한 소속 근로자들에게 지급되었음을 이유로 통상임금에 해당한다고 판단하였으니, 이러한 원심의 판단에는 통상임금에 관한 법리를 오해하여 판결에 영향을 미친 위법이 있다.

2) 다음으로 이 사건 설·추석상여금을 비롯한 나머지 임금에 관하여 본다.

가) 원심판결 이유와 원심이 적법하게 채택한 증거에 의하면, ① 피고의 상여금 지급규칙은 제5조에서 "상여금 지급시기는 2월, 4월, 6월, 8월, 10월, 12월 및 설날, 추석으로 하며, 지급일자는 별도로 정한다. 상여 지급 대상기간은 상여 지급 월 전월에서 당월 2개월간으로 한다."고 하여 상여금의 지급시기 및 지급 대상기간을 정하고 있고, 제6조에서는 신규입사자와 2개월 이상 장기휴직 후 복직한 자, 휴직자에 대한 상여 적용률과 퇴사자에 대한 처리 등 지급 기준을 정하고 있는 사실, ② 위 지급 기준에 따르면, 신규입사자나 장기휴직 후 복직한 자의 경우 지급 대상기간 2개월을 근무하면 100%, 1개월 이상 근무하면 70%, 1개월 미만 근무하면 30%의 각 상여 적용률을 적용하고, 휴직자의 경우 지급 대상기간 중 15일 미만 휴직하면 100%, 1개월 미만 휴직하면 70%, 2개월 미만 휴직하면 50%의 각

상여 적용률을 적용하되 지급 대상기간 2개월을 휴직하면 상여금을 지급하지 않는 것으로 정하여져 있고, 퇴사자에 대해서는 근무한 일수만큼 일할계산하여 지급하도록 정하여진 사실, ③ 그런데 피고는 이 사건 설·추석상여금의 지급에 있어서 상여금지급규칙 제6조 소정의 지급 기준을 적용하지 아니하고, 지급일 현재 6개월 이상 휴직 중인 자를 제외하고는 재직 중인 근로자 전원에게 이 사건 설·추석상여금을 일률적으로 지급하는 한편 지급일 전에 퇴직한 근로자에게는 이를 지급하지 아니한 사실을 알 수 있고, 위와 같이 피고가 지급일 전에 퇴직한 근로자에게 이 사건 설·추석상여금을 지급하지 않은 것에 대하여 노동조합이나 근로자들이 특별히 이의를 제기하였음을 인정할 자료는 없다.

근로자가 소정근로를 했는지 여부와 관계없이 지급일 기타 특정 시점에 재직 중인 근로자에게만 지급하기로 정해져 있는 임금은 소정근로의 대가로서의 성질을 갖지 못할 뿐만 아니라 고정적 임금으로 볼 수 없음은 앞서 본 바와 같다. 나아가 어떠한 임금이 이러한 성격을 갖고 있는지는 그 근로계약이나 단체협약 또는 취업규칙 등에서 정한 내용에 따라 판단하여야 하고, 근로계약 등에 명시적인 규정이 없거나 그 내용이 불분명한 경우에는 그 임금의 성격이나 지급 실태, 관행 등 객관적 사정을 종합적으로 고려하여 판단하여야 할 것이다.

한편 취업규칙은 사용자가 당해 사업의 근로자 전체에 통일적으로 적용될 근로자의 복무규율과 임금 등 근로조건에 관한 준칙을 규정한 것으로서 사용자와 근로자 등 관계 당사자들에게 보편타당하고 합리적인 해석을 하여야 하며, 근로자들의 공통적인 의사도 그 일반적인 해석기준의 하나로 된다(대법원 1999. 5. 12. 선고 97다5015 전원합의체 판결 참조).

앞서 인정한 사실관계를 위와 같은 법리에 비추어 보면, 피고의 상여금지급규칙은 취업규칙에 해당하는 것으로서 제5조는 짝수달에 지급되는 상여금 외에 설날과 추석에 지급되는 상여금에 대해서도 정하고 있으나, 지급 대상기간을 '상여금 지급월 전월에서 당월까지인 2개월간'으로 정하고 있고, 제6조에서도 지급 대상기간이 2개월임을 전제로 신규입사자와 복직자, 휴직자에 대한 상여 적용률을 정하고 있는 점, 피고는 이 사건 설·추석상여금에 대해서는 상여금지급규칙 제6조의 지급 기준을 적용하지 않았고, 이와 같은 지급 처리에 관하여 근로자 측도 별다른 이의를 제기하지 않은 것으로 보이는 점 등을 종합하여 볼 때, 상여금지급규칙 제6조의 지급 기준은 일응 짝수달에 지급되는 상여금을 대상으로 한 것이고 이 사건 설·추석상여금은 그 적용 대상이 아닌 것으로 볼 수 있다(기록에 의하면, 원고들도 제6조의 지급 기준 중 지급제한규정은 이 사건 설·추석상여금에는 적용되지 않는다고 주장하고 있다).

나아가 피고가 상당기간에 걸쳐 그 지급일 전에 퇴직한 근로자에게 이 사건 설·추석상여금을 지급하지 않았고 이에 대하여 노동조합이나 개별근로자가 이의를 제기하지 않았다면, 이 사건 설·추석상여금에 대해서는 지급일에 재직 중일 것이 임금을 지급받을 수 있는 자격요건으로 부가되어 기왕에 근로를 제공했던 사람이라도 지급일에 재직하지 않는 사람에게는 지급하지 않는 반면, 지급일에 재직하는 사람에게는 기왕의 근로 제공 내용을 묻지 아니하고 이를 모두 지급하기로 하는 명시적 또는 묵시적 노사합의가 이루어졌거나 그러한 관행이 확립된 것으로 볼 여지가 있다.

나) 이 사건 하기휴가비와 선물비, 생일자지원금에 관하여 보면, 원심판결 이유와 기록에 의하면 피고가 그 소속 근로자들에게 이 사건 하기휴가비와 선물비, 생일자지원금으로 정액을 일률적으로 지급하면서 각 지급일 전에 퇴사한 근로자에게는 이를 지급하지 아니한 사실을 알 수 있다. 그렇다면 이 사건 하기휴가비와 선물비, 생일자지원금에 대해서도 앞서 본 이 사건 설·추석상여금과 마찬가지로 노사 간에 지급일에 재직 중일 것이라는 조건을 임금을 지급받을 수 있는 자격요건으로 부가하는 명시적 또는 묵시적 합의가 이루어졌거나 그러한 관행이 확립된 것으로 볼 여지가 있다.

나아가 이 사건 개인연금지원금과 단체보험료도 그 지급 내용상 지급일 전에 퇴직한 근로자에 대해서는 지급되지 않았을 가능성을 배제할 수 없다.

다) 그렇다면 원심으로서는 상여금지급규칙 제6조의 적용 대상에 이 사건 설·추석상여금이 포함되어 있는지, 피고가 지급일 전에 퇴직한 근로자에게 이 사건 설·추석상여금과 하기휴가비, 선물비, 생일자지원금을 지급하지 않은 경위와 이에 대하여 노동조합이나 근로자들이 이의를 제기한 사실이 있는지, 이 사건 개인연금지원금과 단체보험료의 경우 중도 퇴직자에 대하여 어떻게 지급·처리되었는지 등을 심리하여 이들 임금의 지급에 있어 지급일에 재직 중일 것이 임금을 지급받을 수 있는 자격요건으로 부가되어 기왕에 근로를 제공했던 사람이라도 지급일에 재직하지 않는 사람에게는 지급하지 않는 반면, 지급일에 재직하는 사람에게는 기왕의 근로 제공 내용을 묻지 아니하고 이를 모두 지급하기로 하는 명시적 또는 묵시적 노사합의가 이루어졌는지 또는 그러한 관행이 확립되어 있는지를 살펴보았어야 할 것이다.

그런데도 원심은 위와 같은 사정에 대한 심리 없이 그 판시와 같은 이유만으로 이들 임금이 통상임금에 해당한다고 판단하였는바, 이러한 원심의 판단에는 통상임금에 관한 법리를 오해하여 필요한 심리를 다하지 아니함으로써 판결에 영향을 미친 위법이 있다.

3. 결론

그러므로 원심판결 중 피고 패소 부분을 파기하고 이 부분 사건을 다시 심리·판단하도록 원심법원에 환송하기로 하여 주문과 같이 판결한다. 이 판결에는 대법관 김창석의 별개의견이 있는 외에는 관여 법관들의 의견이 일치하였다.

4. 대법관 김창석의 별개의견

원심판결 중 피고 패소 부분이 파기되어야 한다는 점에서는 다수의견과 결론을 같이 한다.

그러나 정기적·일률적·고정적으로 지급되는 임금이라면 상여금이나 1개월을 넘는 기간마다 지급되는 수당도 통상임금에 포함된다는 다수의견은 다음과 같은 이유로 받아들일 수 없다.

  가. 연장근로, 야간근로 또는 휴일근로(이하 '연장근로 등'이라고 한다)에 대하여 지급되는 임금을 제외한 나머지 임금은 그 실질에 따라 통상근로(소정근로)에 대한 임금과 총 근로(통상근로와 연장근로 등을 포함하는 전체 근로를 의미한다)에 대한 임금의 두 종류로 구분된다. 근로자가 지급받는 임금이 통상근로만 하는 경우를 예정하여 정한 것이고 연장근로 등을 하는 경우에는 그 추가적인 근로시간에 상응하여 추가적인 임금을 지급받기로 한 것으로 인정되는 경우 그 임금은 오직 통상근로에 대한 대가로 지급되는 것이므로 당연히 통상임금에 포함된다. 반면에 근로자가 통상근로 이외에 연장근로 등을 전혀 하지 않거나 연장근로 등을 하더라도 그 시간이 얼마나 되느냐에 관계없이 똑같은 임금을 지급받기로 한 것으로 인정되는 경우 그 임금은 통상근로뿐만 아니라 연장근로 등을 포함하는 총 근로에 대한 대가로 지급되는 것이어서 연장근로 등을 하더라도 그 추가적인 근로시간에 상응하여 추가적인 임금을 지급할 필요가 없으므로 당연히 통상임금에 포함되지 아니한다. 그런데 이러한 구분에 따라 어떤 임금이 통상근로(소정근로)에 대한 대가이냐 총 근로에 대한 대가이냐 하는 임금의 실질을 판단하는 근거는 객관적으로 확인되는 노사의 의사 이외에 다른 것이 생각되어질 수 없다. 요약하면 통상임금에 포함될 수 있는 임금은 총 근로가 아닌 통상근로에 대한 대가인 임금일 수밖에 없고 어떤 임금이 총 근로가 아닌 통상근로에 대한 대가인지의 여부는 객관적으로 확인되는 노사의 의사에 의하여 판단될 수밖에 없다는 것이다. 이와 같은 해석은 헌법과 그 위임에 의하여 제정된 "근로기준법", "노동조합 및 노동관계조정법"의 관련 규정에 합치되는 것일 뿐만 아니라 근로조건에 관한 사적자치가 인정되는 이상 통상임금에 관한 노사합의나 노사관행의 효력을 부정할 적법한 근거가 없는 한 그 법적 효력이 인정되어야 한다는 당연한 논리에 의하여 뒷받침된다.

일반적으로 기본급과 1개월 이내의 기간마다 지급되는 수당만을 통상근로에 대한 대가인 통상임금에 포함시키는 것이 지금까지의 노사합의 내지 노사관행으로 보는 데에 의문이 없다. 그러므로 원칙적으로 기본급과 1개월 이내의 기간마다 지급되는 수당만이 통상임금에 포함된다고 해석하여야 하고, 특별한 사정이 없는 한 상여금이나 1개월을 넘는 기간마다 지급되는 수당을 통상임금에 포함시키는 해석은 노사합의나 노사관행의 법적 효력을 부정하는 위법한 해석이다. 이러한 점에서 1개월을 넘는 기간마다 지급되는 임금도 정기적·일률적·고정적으로 지급되면 통상임금에 포함된다고 판시한 대법원 1996. 2. 9. 선고 94다19501 판결 등은 폐기되어야 한다.

결론적으로 어떤 임금이 통상임금에 포함될 수 있느냐의 여부는 본질적으로 그 임금이 통상근로(소정근로)에 대한 대가이냐 아니면 총 근로에 대한 대가이냐에 의하여 결정된다고 할 것이다. 어떤 임금이 정기적·일률적·고정적으로 지급되는 것이냐 아니냐의 여부는 통상임금의 형식적 속성도 갖고 있는지의 여부를 판단하는 2차적 기준일 뿐이다.

나. 이러한 법리를 바탕으로 이 사건에 관하여 보면, 이 사건 설·추석상여금 등을 통상임금에 포함시키기로 하는 노사합의 내지 노사관행이 존재한다고 인정할 만한 특별한 사정이 없는 이상, 이 사건 설·추석상여금 등은 그 지급 방식이 정기적·일률적·고정적인지 여부에 관계없이 모두 통상근로(소정근로)에 대한 대가가 아니라 총 근로에 대한 대가로서 지급되는 임금이라고 할 것이므로 통상임금에 포함될 수 없다.

다. 이상과 같은 이유로 원심판결 중 피고 패소 부분을 파기한 다수의견의 결론에는 찬성하나 그 논거에 관하여는 견해를 달리하므로 별개의견으로 이를 밝혀 둔다.

부록 3 통상임금에 관한 대법원 보도자료

통상임금에 관한 대법원 전원합의체 판결 선고

(제1판결: 대법원 2013. 12. 18. 선고 2012다89399 전원합의체 판결)
(제2판결: 대법원 2013. 12. 18. 선고 2012다94643 전원합의체 판결)

- 정기상여금이 통상임금에 해당함을 명확히 인정하고 그 외에 어떠한 임금이 통상임금에 포함되는지 여부에 관한 판단기준을 제시하면서 다만 정기상여금을 포함한 통상임금에 기초한 추가임금 청구가 신의성실의 원칙에 위반될 수 있다는 점을 밝힘-

I. 주요 판시 내용

■ 어떠한 임금이 통상임금에 속하는지 여부는 그 임금이 소정근로의 대가로 근로자에게 지급되는 금품으로서 정기적·일률적·고정적으로 지급되는 것인지를 기준으로 그 객관적인 성질에 따라 판단하여야 하고, 임금의 명칭이나 그 지급주기의 장단 등 형식적 기준에 의해 정할 것이 아닌바, 일정한 대상기간에 제공되는 근로에 대응하여 1개월을 초과하는 일정기간마다 지급되는 정기상여금은 통상임금에 해당하나(제1판결), 근로자가 소정근로를 했는지 여부와는 관계없이 지급일 기타 특정 시점에 재직 중인 근로자에게만 지급하기로 정해져 있는 임금은 '소정근로'에 대한 대가의 성질을 가지는 것이라고 보기 어려울 뿐 아니라 근로자가 임의의 날에 연장·야간·휴일 근로를 제공하는 시점에서 재직 중이라는 그 지급조건이 성취될지 여부가 불확실하므로 고정성도 결여한 것으로 보아야 하므로, 통상임금에 해당하지 아니함(제1, 2판결)

■ 법률상 통상임금에 해당하는 정기상여금 등을 통상임금 산정에서 제외하기

로 하는 노사합의는 근로기준법에 위반되므로 무효임을 확인함. 다만, '정기상여금'에 있어서, 노사가 통상임금에 해당하지 않는다고 신뢰하여 이를 통상임금 산정에서 제외하기로 합의하고 이를 토대로 임금총액 및 다른 근로조건을 정한 경우에, ①기업의 한정된 수익 범위 내에서 세부항목별이 아닌 총액을 기준으로 임금 등을 정하는 것이 일반적이므로, 노사는 정기상여금이 통상임금에 포함됨을 알았다면 다른 조건을 변경하여 합의된 종전 총액과 차이가 없도록 조정하였을 것이고, ②정기상여금이 통상임금 산정에서 제외된 부분만을 무효로 주장하며 근로자가 추가임금을 청구할 수 있다면, 노사합의에 따른 임금은 모두 지급받으면서, 그 합의된 조건이 무효라며 기업의 한정된 수익을 넘는 추가임금을 지급받게 되는 결과가 되므로, 근로자의 추가임금 청구로 인해 예상 외의 과도한 재정적 부담을 안게 된 기업에게 중대한 경영상 어려움이 초래되는 것은, 정의와 형평 관념에 비추어 용인될 수 없는바, 이러한 경우에 한해서는 근로자의 추가임금 청구가 신의성실의 원칙에 위반되어 허용될 수 없음(제1판결)

◼ 제1판결 사건의 원심은 신의칙 위반 여부에 대한 심리가 미진하여 파기환송, 제2판결 사건의 원심은 특정 시점에 재직 중인 근로자에게만 지급되는 것으로 볼 여지가 있는 각종 금품의 통상임금 해당 여부에 대한 심리가 미진하다는 등의 이유로 파기환송

II. 이번 판결의 의미

1) 판결의 취지

◼ 대법원은 이번 전원합의체 판결로, 그간 사회적으로 많은 논란과 혼선이 있었던 통상임금의 개념과 요건에 관하여 구체적이고 명확한 법적기준을 제시함으로써, 근로현장에서 통상임금 산정과 관련된 분쟁의 소지를 없애고자 하였음(구체적인 기준은 별지 참조)

◼ 정기상여금이 통상임금에 해당한다는 점 및 소정근로 제공과 관계없이 지

급일 기타 특정 시점에 재직 중인 근로자에게만 지급하기로 정해져 있는 임금은 통상임금이 아니라는 점을 명확히 하였음

▣ 나아가 노사합의로 법률상 통상임금에 해당하는 정기상여금 등을 통상임금 산정에서 제외하기로 합의하였더라도 이는 근로기준법에 위반되어 무효임을 법리적으로 확인하고 선언하였음

▣ 한편 '정기상여금'의 경우에는, 그와 같은 노사합의가 무효임이 명백히 선언되기 전에 정기상여금을 통상임금에서 제외하기로 노사가 합의한 사업장에서, 근로자가 그 합의의 무효를 주장하며 추가임금을 청구하는 것이 신의성실의 원칙상 허용되지 않을 수 있고, 그에 해당하기 위한 요건을 명확히 제시하였음 (이 판결의 사안은 그에 해당하는지 여부에 대한 심리가 미진하여 원심을 파기하고 환송하였음)

▣ [결론에 이르기까지의 심리과정]
대법원은 사회적인 논란과 분쟁이 적법한 절차에 따라 사법적으로 원만히 해결될 수 있어야 한다는 실질적 법치주의실현의 헌법적 책무를 다하기 위하여, 공개변론 등을 통해 문제로 제기된 많은 쟁점과 고려 요소들에 대하여 당사자와 전문가들의 변론을 경청하였고, 장시간에 걸친 진지한 심리와 토론을 거쳐 위와 같은 결론을 내렸음

▣ 이 대법원 판결이 제시하고 있는 여러 원칙과 기준에 따라 통상임금과 관련되어 제기되고 있는 여러 법적인 문제들이 원만히 해결될 수 있을 것으로 기대됨

2) 이 판결에 따른 주요 법률관계

▣ 근로자는 이 판결이 제시한 기준에 따라 법률상 통상임금에 해당하는 임금을 통상임금 산정에 포함하여 다시 계산한 추가임금을 청구할 수 있음

▣ '노사합의'로 법률상 통상임금에 해당하는 임금을 통상임금에서 제외시킨 경우에도 그러한 노사합의는 무효이므로 추가임금을 청구할 수 있는 것이 원칙이나, 정기상여금에 기한 추가임금 청구는 다음과 같이 신의칙에 의해 제한

될 수 있음

◼ (신의칙상 추가임금 청구가 허용되지 않는 경우 : 신의칙 적용 요건) ① 정기상여금의 경우에, ② 이 판결로 정기상여금을 통상임금에서 제외하는 노사합의가 무효임이 명백하게 선언되기 이전에 노사가 정기상여금이 통상임금에 해당하지 않는다고 신뢰한 상태에서 이를 통상임금에서 제외하는 합의를 하고 이를 토대로 임금 등을 정하였는데, 근로자가 그 합의의 무효를 주장하며 추가임금을 청구할 경우 예측하지 못한 새로운 재정적 부담을 떠안게 될 ③ 기업에게 중대한 경영상 어려움을 초래하거나 기업의 존립 자체가 위태롭게 된다는 사정이 인정된다면, 추가임금의 청구는 신의칙에 반하여 허용되지 아니함

- 정기상여금에 한정된 문제임(그 밖의 임금은 신의칙 적용 여지 없음)
- 통상임금 제외 합의가 없거나 합의를 하였더라도 위와 같은 사정들이 인정되지 않는다면 신의칙 적용되지 않으므로 추가임금을 청구할 수 있음

III. 반대의견과 별개의견, 보충의견(2012다89399 사건)

◼ 반대의견 : 대법관 이인복, 이상훈, 김신

• 신의칙 적용에 관한 반대의견임
• 법률상 통상임금에 해당하는 정기상여금 등을 통상임금 산정에서 제외하기로 하는 노사합의가 강행규정인 근로기준법에 위반되어 무효임에도 불구하고, 다수의견은 신의칙을 근거로 그 무효주장을 제한할 수 있다고 하지만, 이는 강행규정의 입법취지를 몰각시키는 결과이므로 부당하고, 신의칙을 적용하기 위한 일반적인 요건을 갖추지 못한 경우일 뿐만 아니라 다수의견이 제시한 신의칙위반의 근거나 기준에 합리성이 없기 때문에, 신의칙 적용에 찬성할 수 없음(상고기각 의견)

◼ 별개의견 : 대법관 김창석

- 상여금이나 1개월이 넘는 기간마다 지급되는 수당은 정기적·일률적·고정적으로 지급되는 것이라도 통상임금에 포함될 수 없으므로, 다수의견 및 반대의견을 받아들일 수 없다는 취지의 별개의견을 제시함(원심파기 의견)

■ 보충의견 : 대법관 김용덕, 고영한, 김소영

- 노사가 임금협약 당시에 미처 예상하지 못했던 사정으로 인해, 공동의 이익을 추구해 온 노사 간의 상호 신뢰가 깨지고 쌍방이 의도한 것과 현저히 다른 결과가 발생하게 된다면, 신의칙을 적용하여 이를 형평에 맞게 조정할 수 있는 것이고, 이것이 신의칙이 수행하는 기능 중의 하나이므로, 신의칙 적용에 관한 다수의견은 충분히 근거가 있고 합리적인 견해라는 취지의 보충의견

◆ [대법원 2012다89399 임금사건, 2012다94643 임금사건 전원합의체 판결의 요지]

1. 각 사건의 사실관계 및 주요 쟁점

가. 제1판결 사건

■ 주요 사실관계

- 피고회사는 상여금지급규칙에 따라, 이 사건 상여금을 짝수 달에 지급하되, 근속기간이 2개월을 초과한 근로자에게는 전액을, 근속기간이 2개월을 초과하지 않는 신규입사자나 2개월 이상 장기 휴직 후 복직한 자, 휴

직자에 대하여는 상여금 지급대상기간 중 해당 구간에 따라 미리 정해놓은 비율을 적용하여 산정한 금액을 각 지급하였으며, 상여금 지급대상기간 중에 퇴직한 근로자에 대해서는 근무일수에 따라 일할계산하여 지급하였음

- 피고와 노동조합은 2008. 10. 8. 체결한 단체협약에서 통상임금에 산입될 임금의 범위를 정하면서, 이 사건 상여금이 근로기준법 소정의 통상임금에 해당하지 않는다는 전제하에 이 사건 상여금을 통상임금 산입에서 제외하였음

◼ 이 사건의 쟁점

- 피고회사의 이 사건 상여금이 통상임금에 해당하는지 여부
- 노사가 이 사건 상여금을 통상임금 산정에서 제외하기로 합의하였음에도, 근로자인 원고가 그 합의의 무효를 주장하며 추가임금을 청구하는 것이 신의칙에 반하는지 여부

◼ 원심의 판단(대전지방법원 2012. 8. 22. 선고 2012나4372 판결)

- 이 사건 상여금은 통상임금에 해당하고, 근로자가 이에 기초하여 추가임금을 청구하는 것이 신의칙에 위반되지 아니한다고 판시함(원고 승소)

나. 제2판결 사건

◼ 주요 사실관계 및 쟁점

- 액수를 지급 직전 노사협의를 통해 정하기로 한 김장보너스의 통상임금 해당 여부

- 특정 시점에 재직 중인 근로자에게만 지급하기로 한 것으로 볼 여지가 있
  는 설·추석상여금, 하기휴가비, 선물비, 생일자지원금, 개인연금지원금,
  단체보험료 등의 통상임금 해당 여부

▣ 원심의 판단(대전고등법원 2012. 9. 21. 선고 2011나6388 임금)

- 위 각 금품 모두 통상임금에 해당하고, 이를 통상임금에서 제외하기로
  한 노사합의는 근로기준법에 위반되어 무효이며, 근로자가 그 무효를
  주장하며 추가임금을 청구하는 것이 신의칙에 반하지 아니함(원고 일부
  승소)

[이하 전원합의체판결 주요판시사항]

2. 통상임금의 개념과 요건 및 판단 기준

가. 통상임금의 개념

▣ 통상임금의 개념

- 통상임금이란 근로계약에서 정한 근로를 제공하면 확정적으로 지급되는 임금
- 명칭과 관계없이 통상임금의 법적인 요건을 갖추면 모두 통상임금에 해당

▣ 통상임금의 기능

- 연장·야간·휴일 근로에 대한 가산임금(초과근로수당), 해고예고수당 및
  연차휴가수당 등을 산정하는 기준임금
- 근로기준법상 초과근로수당은 통상임금에 50%를 가산한 150%임

나. 통상임금의 요건

1) 통상임금의 개념적 징표와 요건
- 통상임금은 초과근로수당 산정 등을 위한 기초임금이므로, 근로자가 근로계약에 따른 정상적인 근로시간에 통상적으로 제공하는 근로의 가치를 금전적으로 평가한 것이어야 함(소정근로의 대가)
  - 따라서 근로계약에서 정한 근로가 아닌 특별한 근로를 제공하고 추가로 지급받은 임금은 통상임금 아님
- 또한 근로자가 실제로 초과근로를 제공하기 전에 미리 확정되어 있어야 함(그래야만 실제 초과근로가 제공될 때 사전에 확정된 통상임금을 기초로 하여 가산임금을 곧바로 산정할 수 있기 때문임)
- 통상임금의 요건 ➜ 근로의 대가로서의 임금이 ① 정기성, ② 일률성, ③ 고정성을 모두 갖추고 있어야 통상임금에 해당함(대법원이 그간 판시해 온 법리와 동일함)

2) 정기성 요건

◉ 정기성의 의미

- 미리 정해진 일정한 기간마다 정기적으로 지급되는 임금이어야 함

◉ 1개월(1임금산정기간)을 초과하는 기간마다 지급되는 임금

- 어떤 임금이 1개월을 초과하는 기간마다 지급이 되더라도, 일정한 기간마다 정기적으로 지급되는 것이면 통상임금에 포함될 수 있음
- 그간 논란이 있어왔던 쟁점이지만, 대법원 1996. 2. 9. 선고 94다19501 판결 이후 일관된 판시 내용

[정기상여금의 경우]
- 보통 근로의 대가를 1개월에 한 번씩 월급으로 받지만, 정기상여금은 월급과 달리 2개월마다 지급하는 회사도 있고, 분기마다 지급하는 회사도 있고, 1년마다 지급하는 회사도 있을 수 있음
- 이처럼 상여금이 월급과는 달리 2개월마다, 3개월마다, 6개월마다, 1년마다 등으로 지급이 되더라도 정기적으로만 지급이 되면 정기성을 갖춘 것임
- 따라서 1개월을 초과하는 기간마다 지급되는 것이 일반적인 정기상여금도 통상임금이 될 수 있음

3) 일률성 요건 해설

■ 일률성의 의미

• '모든 근로자' 또는 '일정한 조건이나 기준에 달한 모든 근로자'에게 일률적으로 지급되어야 통상임금이 될 수 있음

■ '일정한 조건이나 기준에 달한 모든 근로자'의 의미

• 모든 근로자에게 지급되는 것은 아니더라도 일정한 조건이나 기준에 달한 근로자들에게는 모두 지급되는 것이면 일률성이 인정됨
• 따라서 여기서 '일정한 조건'이란 시시때때로 변동되지 않는 고정적인 조건이어야 함
• 휴직자나 복직자, 징계대상자에게는 지급이 제한되어 있는 임금의 일률성
- 휴직자나 복직자 또는 징계대상자 등에 대하여 특정한 임금의 지급이 제한되어 있더라도, 이는 해당 근로자의 개인적인 특수성을 고려한 것일 뿐이므로, 정상적인 근로관계를 유지하고 있는 근로자에 대하여 그 해당 임금의 일률성이 부정되지는 아니함
- 즉 그 해당 임금도 통상임금이 될 수 있음
• 가족수당
- 통상임금이 소정근로의 가치를 평가한 개념이므로 '일정한 조건 또는 기

준'은 '근로'와 관련된 조건이어야 함

- 따라서 '부양가족이 있는 근로자'에게만 지급되는 가족수당은 그 조건이 근로와 무관하므로 통상임금 아님
- 다만, 모든 근로자에게 기본금액을 가족수당 명목으로 지급하면서, 실제로 부양가족이 있는 근로자에게는 일정액을 '추가로' 지급하는 경우, 그 기본금액은 모든 근로자에게 일률적으로 지급되는 근로의 대가와 같으므로(명목만 가족수당에 불과)통상임금에 해당함(추가 지급되는 가족수당은 통상임금 아님)

4) 고정성 요건 해설

▣ 고정성의 의미

• 고정성 : 초과근로를 제공할 당시에, 그 지급 여부가 업적, 성과 기타 추가적인 조건과 관계없이 사전에 이미 확정되어 있는 것이어야 고정성이 인정됨
• 따라서 고정적인 임금이란, 명칭을 묻지 않고, 소정근로시간을 근무한 근로자가 그 다음날 퇴직한다하더라도 근로의 대가로 당연하고도 확정적으로 지급받게 되는 최소한의 임금을 의미함
• 통상임금인지 여부를 판단함에 있어 가장 핵심적인 쟁점
• 일반적인 정기상여금의 경우 이미 정기적인 지급이 확정되어 있기 때문에 고정성이 인정됨

▣ 고정성이 없다는 것의 의미

• 근로제공 이외에 추가적인 조건이 충족되어야 지급되는 임금이나, 그 충족 여부에 따라 지급액이 달라지는 임금 부분은 고정성이 없어 통상임금 아님
• 여기서 '추가적인 조건'이란 '초과근무를 하는 시점에 성취 여부가 불분명

한 조건'을 의미함

- 다만, 그 조건에 따라 달라지지 않는 부분만큼은 고정성이 있어 통상임금이 될 수 있음을 유의해야 함

- 실제 근무성적에 따라 지급 여부나 지급액이 달라지는 성과급과 같은 임금이 고정성이 없어 통상임금이 될 수 없는 대표적인 경우(다만, 이 경우에도 최소한도로 보장되는 부분만큼은 근무성적과 무관하게 누구나 받을 수 있는 고정적인 것이므로, 통상임금이 될 수 있음)

5) 통상임금의 요건 및 판단기준 종합

- 야간, 휴일, 연장근무 등 초과근로수당 산정 등의 기준이 되는 통상임금이 되기 위해서는, 초과근무를 하는 시점에서 판단해 보았을 때, 근로계약에서 정한 근로의 대가로 지급될 어떤 항목의 임금이, 일정한 주기에 따라 정기적으로 지급이 되고(정기성), '모든 근로자'나 '근로와 관련된 일정한 조건 또는 기준에 해당하는 모든 근로자'에게 일률적으로 지급이 되며(일률성), 그 지급 여부가 업적이나 성과 기타추가적인 조건과 관계없이 '사전에 이미 확정되어 있는 것'(고정성)이어야 하는데, 이러한 요건을 갖추면 그 명칭과 관계없이 통상임금에 해당함

다. 통상임금인지 여부가 문제되는 경우(판단기준의 구체적인 적용)

1) 근속기간에 따라 달라지는 임금(근속수당 등)

- 일정한 근속기간 이상을 재직할 것을 지급조건으로 하거나, 또는 근속기간에 따라 임금계산방법이 다르거나 지급액이 달라지는 임금이 통상임금인지 여부

- 일률성 판단

  - 모든 근로자에게 일률적으로 지급되는 임금이 아니라 '근속기간'이라는 조건에 따라 임금이 달라지므로 일률성이 있는지가 문제됨

- 근속기간은 근로자의 숙련도와 밀접한 관련 → 일률성에 있어서 '근로와 관련된 일정한 조건 또는 기준'에 해당하고 그 조건 또는 기준을 충족한 모든 근로자에게 지급되는 임금이므로 일률성이 인정됨
- 고정성 판단
- 초과근로를 하는 시점에서(통상임금 산정이 필요한 시점) 보았을 때, 그 근로자의 근속기간이 얼마나 되는지는 이미 확정되어 있는 사실이지, 성취 여부가 불확실한 조건이 아님
- 따라서 고정성 인정됨
- 결론 : 이와 같은 근속수당은 통상임금에 해당함

2) 근무일수에 따라 달라지는 임금

◾ 매 근무일마다 일정액을 지급하기로 한 임금(일할계산 임금)

- 매 근무일에 근로를 제공하기만 하면 일정액을 지급받기로 확정되어 있음
- 통상임금에 해당함

◾ 일정한 근무일수를 채워야만 지급되는 임금

- 근로제공 이외에 일정 근무일수를 채워야 한다는 추가적인 조건 달성이 필요하므로, 초과근로를 제공하는 시점에서 확정할 수 없는 불확실한 조건에 해당하여 고정성이 없어 통상임금 아님
- 즉 초과근로를 제공하는 시점에서는, 근로자가 그 근무일수를 다 채워서 그에 해당하는 임금을 받을 수 있을지 여부가 불확실함

3) 특정시점에 재직 중인 근로자에게만 지급되는 임금
- 근로자가 정해진 근로제공을 했는지 여부와 무관하게 지급일 기타 특정시점에 재직중인 근로자에게만 지급하기로 정해져 있는 임금 → 특정시점 재

직 중일 것이 임금을 받을 자격요건
- 그 전까지 근로를 제공했던 사람이라도 그 시점에 재직하지 않으면 지급받지 못하고, 그 시점에 재직 중인 사람은 그 전까지의 근로제공 내용을 묻지 않고 모두 이를 지급하는 것이 보통인 임금
- 통상임금이 아님
  - 근로와 무관하게 재직만이 지급 조건이므로 소정근로의 대가로 보기 어려움
  - 초과근로를 제공하는 시점에서 보았을 때, 그 근로자가 그 특정시점에 재직하고 있을지 여부는 불확실하기 때문에 고정성이 없음(그 특정시점이 도래하기 전에 퇴직하면 당해 임금을 전혀 지급받지 못하기 때문)
- 다만, 근로자가 특정시점 전에 퇴직하더라도 그 근무일수에 비례한 만큼의 임금을 받을 수 있다면(일할계산 등으로), '근무일수에 비례하여 지급되는 한도에서는' 당연히 통상임금임
- 구체적인 사례
  - 예컨대, 짝수 달마다 상여금을 지급하고, 이와 별도로 추석과 설날에 명절 상여금을 지급하기로 하였는데, 2달마다 지급되는 상여금은 퇴직시에 일할계산하여 지급하기로 하였지만, 명절 상여금은 명절이 되기 전 퇴직한 사람에게는 지급하지 않기로 한 경우
  - 2달마다 지급되는 상여금은 지급 여부가 확정되어 있고 상여금 지급시점에 퇴직하더라도 근무일수에 비례하여 근무일수 만큼을 지급하기 때문에 통상임금
  - 명절상여금은 퇴직하면 전혀 지급받지 못하기 때문에 초과근로를 제공하는 시점에서 보았을 때, 그 근로자가 명절날 재직하고 있을지 여부가 불확실하므로(사전에 확정되어 있지 아니하므로), 통상임금이 아님
- 이 판결 사건의 경우(제2판결 사건)
  - 이 사건 회사의 설·추석 상여금, 하기휴가비, 선물비, 생일자지원금, 개인연금지원금, 단체보험료 등은 특정 시점에 재직 중인 근로자에게만 지급하기로 한 것으로볼 여지가 있음에도 불구하고, 이에 대한 추가심리 없이

이를 통상임금으로 인정한 원심은 심리가 미진하므로 파기함

4) 특수한 기술, 경력 등을 조건으로 하는 임금
- 특수한 기술의 보유나 특정한 경력의 구비가 임금지급의 조건인 경우(기술 수당, 자격수당, 면허수당 등)
- 특수한 기술이나 경력이라는 '근로와 관련된 일정한 조건 또는 기준에 해당하는 모든 근로자'에게 일률적으로 지급이 되므로 일률성 요건 충족
- 근로자가 초과근로를 제공하는 시점에서 보았을 때, 해당 기술의 보유나 특정한 경력의 구비 여부가 이미 확정되어 있기 때문에 고정성이 인정됨
- 통상임금에 해당함

5) 근무실적에 좌우되는 임금

◼ 성과급

- 특정기간 근무실적을 평가하여 이를 토대로 지급 여부나 지급액이 결정되는 임금
- 초과근로를 제공하는 시점에서 근무실적에 대한 평가와 그에 따른 성과급 지급 여부 및 지급액이 확정되어 있지 아니함
- 사전에 확정될 수 없는 사실을 조건으로 하기 때문에 고정성이 인정되지 않아 통상임금 아님

◼ 최소한도가 보장되는 성과급

- 다만, 근무실적에서 최하등급을 받더라도 최소한의 일정액은 보장되는 경우라면, 그 최소한도의 금액만큼은 받는 것이 확정되어 있기 때문에 고정적인 임금으로서 통상임금에 해당함

> **[구체적인 사례]**
> - 근무실적을 A, B, C로 평가하여 최하 C등급은 100만 원, B등급은 200만 원, A
>   등급은 300만 원의 성과급을 지급하기로 하였다면 최소 100만 원은 보장되므로
>   100만 원만큼 통상임금, 나머지는 통상임금 아님
> - 근무실적을 A, B, C로 평가하여 최하 C등급은 0원, B등급은 200만 원, A등급은
>   300만 원의 성과급을 지급하기로 하였다면, C등급을 받을 경우 성과급이 없기
>   때문에 위 회사의 성과급은 전부 통상임금이 아님

◩ 전년도 근무실적으로 다음 해에 지급되는 성과급

- 전년도 근무실적에 따라 당해 연도에 성과급의 지급 여부나 지급액을 정하
  는 경우에는, 초과근무를 제공하는 시점인 당해 연도에는 그 성과급의 지
  급 여부나 지급액수가 확정되어 있으므로(전년도 근무실적에 따른 성과급
  이 이미 확정되어 있기 때문), 고정성이 있어 통상임금에 해당함
- 단, 전년도에 지급해야 할 것을 그 지급시기만 늦춘 것에 불과한 것일 경우
  에는 일반적인 성과급과 마찬가지이므로, 고정성이 없어 통상임금이 아님

6) 지급액수가 확정되어 있지 않은 김장보너스(제2판결 사건 사안)

◩ 사안

- 단체협약상 '김장철에 김장보너스를 지급하며, 지급금액은 노사협의하여
  지급한다'라고 되어 있고, 매년 김장보너스 지급 직전에 노사협의를 통해
  그 금액이 정해졌는데, 금액이 일정하지 않았던 경우

◩ 통상임금 해당 여부

- 초과근로를 제공하는 시점에서, 노사협의에 따른 그 지급액수를 확정할 수
  없으므로 사전에 이미 확정되어 있는 임금이 아님

- 고정성 없으므로, 통상임금 아님

라. 이 판결 사안의 경우(제1판결 사건)

1) 이 사건 회사의 정기상여금 지급기준
- 짝수 달(2개월 주기)에 상여금을 지급함
- 다만, 근속기간이 2개월 초과한 근로자에게는 전액을 지급하고, 근속기간이 1~2개월인 근로자나 휴직자 등에게는 지급대상기간 중 해당 구간에 따라 미리 정해 놓은 비율대로 상여금을 지급함
- 중간에 퇴직한 근로자에게도 근무일수에 따라 일할계산하여 지급함

2) 통상임금 해당 여부에 대한 판단
- 이 사건 회사의 임금산정기간인 1개월을 초과한 2개월마다 지급되더라도 정기적으로 지급되었기 때문에 정기성 요건 충족
- 또한 그 지급 여부 및 지급액이 이미 모든 근로자에게 일률적으로 확정되어 있기 때문에 일률성과 고정성 인정
- 근속기간에 따라 달리 지급되므로(2개월 기준) 일률성이 없거나 사전에 확정되어 있지 않은 임금으로 오인할 수 있으나, 초과근로를 하는 시점(통상임금 산정이 필요한 시점)에서 볼 때, 해당 근로자가 2개월의 근속기간을 채우고 있는지 여부는 이미 확정되어 있는 사실이고, 중간퇴직자에게도 근무일수에 비례하여 상여금을 지급하므로, 일률성과 고정성이 인정됨
- 위에서 설명한 바와 같이, 휴직자에 대한 특별한 취급도 해당 개인의 특수한 사정을 고려한 것에 불과하므로, 통상임금성 인정에 장애사유가 되지 않음
- 따라서 이 사건 정기상여금은 통상임금에 해당함

3. '통상임금 제외 합의'의 유효성과 추가임금 청구

1) 법률상 통상임금을 통상임금 산정에서 제외하기로 한 노사합의의 유효성 → 무효

- 근로기준법이 정한 기준보다 낮은 임금 등 불리한 근로조건 계약은 무효(근로기준법 제15조 참조)
- 따라서 법률상 통상임금에 해당하는 정기상여금 등의 임금을 통상임금에서 제외하기로 노사가 합의하였다 하더라도 위 합의는 근로기준법에 위반되어 무효임

2) 추가임금 청구 가능

- 위와 같은 합의가 무효이므로, 법률상 통상임금에 해당하는 임금을 통상임금 산정에 포함시켜 다시 초과근로수당을 계산한 다음, 소급하여 이미 지급받은 것과의 차액을 추가임금으로 청구할 수 있는 것이 원칙이나, 정기상여금에 기초한 추가임금 청구는 신의칙에 의해 제한되는 경우가 있음
- 통상임금 제외 합의가 아예 없었던 사업장의 경우에는 당연히 통상임금으로 산정되지 아니한 정기상여금 등을 포함시켜 계산한 차액을 추가임금으로 청구할 수 있음
- 다만, 사용자가 소멸시효 항변을 할 경우 최종 3년분만 인정 가능

4. 정기상여금에 기한 추가임금 청구와 신의칙 적용

가. 이 판결(제1판결 사건)의 판시내용 요지

- 법률상 통상임금에 해당하는 정기상여금 등을 통상임금 산정에서 제외하기로 하는 노사합의는 근로기준법에 위반되므로 무효이지만, '정기상여금'에 있어서, 노사가 그간의 사회적 인식과 근로관행에 따라 통상임금에 해당하

지 않는다고 신뢰하여 이를 통상임금 산정에서 제외하기로 합의하고 이를 토대로 임금총액과 다른 근로조건을 정한 경우에, ① 임금에 관한 노사 합의시 기업의 한정된 수익 내에서 세부항목별이 아닌 임금총액을 기준으로 임금 등을 정하는 것이 일반적이고, ② 노사가 정기상여금이 통상임금에 해당함을 알았다면 다른 조건 등을 변경하여 합의된 종전 총액과 실질적인 차이가 없도록 조정하였을 것이며, ③ 만약 정기상여금이 통상임금 산정에서 제외된 부분만을 무효로 주장하면서 근로자가 추가임금을 청구할 수 있다면, 근로자는 임금협상 당시 노사가 서로 합의한 조건에 따른 임금을 모두 지급받으면서, 다른 한편으로는 그 합의된 조건이 무효임을 주장하며 기업의 한정된 수익을 넘는 추가임금을 지급받게 되는 결과가 되므로, 근로자의 추가청구로 인해 사용자 측이 예기치 못한 과도한 재정적 지출을 부담하게 됨으로써 기업에 중대한 경영상 어려움을 초래하게 되는 것은, 정의와 형평 관념에 비추어 용인될 수 없으므로, 이러한 경우에 한해서는 근로자의 추가임금 청구가 신의성실의 원칙에 위반되어 허용될 수 없음

▣ 즉 이러한 경우에는 정기상여금을 통상임금 산정에 포함시켜 다시 계산한 통상임금을 기초로, 소급하여 초과근로수당 차액을 청구할 수가 없음

나. 위와 같은 경우 추가임금 청구가 신의칙에 위반되는 상세 근거

• 임금협상에 있어서 노사의 자율적인 의사
 - 기업의 지속적인 존립과 성장은 노사 모두 함께 추구하여야 할 공동 목표임
 - 따라서 노사는 기업의 한정된 수익을 기초로 하여 상호 적정하다고 합의된 범위내에서 임금을 정하는 임금협상을 하는 것이 당연하고, 노사 양측 모두 기업 재정에 심각한 타격을 주어 경영상 어려움을 초래하거나 기업의 존립기반을 위태롭게 하면서까지 임금을 인상할 생각은 없었을 것임
• '정기상여금을 통상임금 산정에서 제외한 노사합의'가 우리나라의 임금협상 관행에 따른 일반적인 모습

- 우리나라는 노사가 임금협상을 할 때, 임금총액을 기준으로 인상률을 정하고, 기본급, 정기상여금, 각종 수당, 초과근로수당 등 세부항목의 지급기준과 액수는 임금총액과 별도로 정하는 것이 아니라 그 인상된 총액에 맞게 할당하여 배정하는 것이 일반적(임금총액과 각 세부항목이 상호 밀접한 견련관계)

- 또한 대부분의 기업에서 정기상여금은 그 자체로 통상임금에 해당하지 않는다는 전제하에서, 임금협상을 할 때 정기상여금을 통상임금에서 제외하기로 합의하는 실무가 장기간 계속되어 왔고, 이러한 노사합의는 이미 일반화된 관행으로 정착되었음

- 원래 '상여금'이 통상임금이 아닌 포상적인 성과급에서 시작된 것이고, 현재도 상여금 명목으로 지급되는 금원 중 상당수가 통상임금이 아니거나 성격이 불분명한 금품인 점, 고용노동부의 '통상임금산정지침'이 1988년 제정된 이후 일관되게 정기상여금은 통상임금이 아니라고 예시해 오고 있는 점, 대법원 판례상으로도 2012년 '금아리무진 판결'이 선고되기 전까지는 상여금의 통상임금성을 부정한 판결들만 있었고 명시적으로 정기상여금이 통상임금이라고 인정한 판결이 없었던 점 등이 모두 위와 같은 관행의 원인이라고 볼 수 있음

• 그러나 위와 같은 관행이 없었다면, 즉 노사가 정기상여금도 통상임금에 해당할 수 있다는 점을 인식하였다면, 기본급의 인상률을 낮추거나 정기상여금과 수당의 지급형태와 조건을 변경하는 등의 조치를 취하여, 임금총액을 "기업의 한정된 수익에 기초하여 합의한 임금총액의 범위 내"로 조정하여 결과적으로 정기상여금이 통상임금에 포함될 경우와 실질적인 차이가 없도록 이를 다시 맞추었을 것임(즉, 노사가 정기상여금도 통상임금에 해당할 수 있다는 점을 알았다면 종래 임금협상에서 합의한 내용과 같은 노사합의를 하지 않았을 것이라는 의미)

• 그럼에도 불구하고, 전체 노사합의 중 기본급 인상률, 정기상여금과 각종 수당의 액수 및 지급조건 등은 그대로 놔둔 채, 통상임금 제외 합의만을 무

효로 하여, 정기상여금을 통상임금 산정에 포함시켜 초과근로수당을 다시 산정하고 추가 법정수당의 청구를 할 수 있도록 한다면, 근로자는 임금협상 당시 노사가 서로 양해한 전제나 기초 아래 기업의 한정된 수익을 감안하여 결정된 임금을 모두 지급받으면서, 다른 한편으로는 그 전제나 기초가 무효임을 주장하며 기업의 한정된 수익을 넘는 추가적인 임금을 지급받게 되는 결과가 되고, 또한 사용자로서는 "임금협상을 거쳐 노사가 합의한 임금총액의 범위를 훨씬 초과하는" 예상치 못한 과도한 지출을 하게 되는데, 이는 형평에 어긋나는 것임

- 또한 노사 모두가 임금협상을 할 당시에는 전혀 생각하지 못한 사유를 내세워, 근로자 측이 추가 법정수당을 청구하여 예상외의 이익을 얻으려 하다가, 기업으로 하여금 (기업의 한정된 수익을 기초로 노사가 합의한 임금총액의 범위를 훨씬 초과하는) 예상치 못한 새로운 재정적 부담을 지게 하여 중대한 경영상의 어려움을 초래하거나 기업의 존립을 위태롭게 한다면, 종국적으로는 근로자들이 일자리를 잃게 되는 등 그 피해가 근로자에게까지 미칠 수 있음

- 이와 같은 결과는 아무에게도 도움이 되지 않는 것으로서, 정의와 형평의 관념에 비추어 신의에 현저히 반하고 도저히 용인될 수 없음이 분명하다고 판단됨

- 따라서 이와 같은 경우에는 근로자 측의 추가 임금청구가 신의칙상 허용될 수 없다는 것임

다. 신의칙이 적용되어 추가임금 청구가 허용되지 않는 경우(신의칙 적용의 요건)

① 정기상여금에만 적용 가능(그 밖의 임금은 신의칙 적용 여지 없음)
② 노사가 정기상여금이 통상임금에 해당하지 않는다고 신뢰한 상태에서 이를 통상임금에서 제외하는 합의를 하고 이를 토대로 임금인상 등 임금조건을 정하였을 것

- 이와 같은 합의에는 단체협약 등 명시적인 합의 이외에도 묵시적 합의나 근로관행도 포함됨
- 이 판결로 그와 같은 노사합의가 무효임이 선언된 이후에는 그와 같은 신뢰가 있을 수 없음이 명백하므로, 신의칙 법리는 이 판결 이후의 합의에는 적용될 수 없음

③ 이후 근로자가 그 합의의 무효를 주장하며 추가임금을 청구할 경우, 그로 인해 예측하지 못한 새로운 재정적 부담을 떠안을 기업에게 중대한 경영상 어려움을 초래하거나 기업의 존립이 위태롭게 될 수 있다는 사정이 있을 것
- 추가적인 재정적 부담이 그 정도에 이르지 않는 경우는 신의칙 적용 불가

라. 이 판결 사안의 경우(제1판결 사건) ➔ 신의칙 위배되는지 여부에 대한 심리가 미진

- 피고회사와 노동조합은 이 사건 상여금이 통상임금에 해당한다는 점을 인식하지 못한 채 통상임금에서 배제하는 내용의 단체협약 체결하였음
- 위 단체협약에 따른 통상임금 기준을 조합원이 아닌 관리직 직원들에게도 적용하는 것에 대하여 피고회사와 관리직 직원들 사이에 명시적 또는 묵시적인 노사합의 내지 관행이 있었던 것으로 볼 여지 있음
- 이 사건 상여금(짝수달에 지급되는 상여금)은 연 600%이고 피고회사의 직원 수는 생산직만 400여 명으로서, 이 사건 상여금이 통상임금에 산입될 경우 근로자들은 당초 노사 간 임금협상 등을 통하여 받은 이익을 초과하는 예상외의 이익을 기대할 수 있게 되는 한편(피고 측에서는 이 사건 상여금이 통상임금으로 산입될 경우, 전년도 대비 근로자 1인의 실질임금인상률이 2배 넘게 상승하고, 2010년도 당기순이익의 99.8% 상당을 생산직 근로자들에게 추가로 지급해야 한다고 주장함), 피고회사로서는 예측하지 못한 새로운 재정적 부담을 지게 되어 중대한 경영상의 어려움을 초래한다고 볼 수 있는 사정이 상당히 드러나 있음

- 그런데, 원심은 원고의 추가임금 청구가 신의칙에 위배되는지 여부를 판단할 수 있는 여러 사정들(피고회사의 임금협상 실태, 피고회사와 관리직 직원들 사이의 통상임금 배제합의 존부, 통상임금 재산정시 피고회사의 추가 부담액 및 전년대비 실질임금인상율과 과거 수년간의 평균치, 피고의 재정 및 경영상태 등)에 대한 심리를 다하지 않았으므로, 추가 심리를 위해 파기환송 함
- 위와 같이 대법원이 원심의 심리가 부족하다고 적시한 부분은 추후 같은 유형의 소송에 있어서 중점적인 심리의 대상이 될 것으로 보임

마. 참고 : 신의성실의 원칙이란

- 법률관계 당사자는 상대방의 이익을 배려하여야 하고, 형평에 어긋나거나 신뢰를 저버리는 내용 또는 방법으로 권리행사를 해서는 아니 된다는 근대 사법의 대원칙으로서, 모든 법 영역에 적용될 여지가 있는 추상적인 일반 규범임
- 근로관계에 관한 강행법규 위반 사안에서, 신의칙을 이유로 근로자 측의 강행법규 위반 무효주장을 배척한 사례로는 대법원 2003. 7. 11. 선고 2003다14935 판결(노동조합법 위반 사례)이 있음
- 일반 민사법 영역에서 강행법규 위반으로 인한 무효주장을 신의칙을 근거로 배척한 사례로는 대법원 2010. 10. 14. 선고 2010다54788 판결(사립학교법 위반 사례)과 대법원 1980. 11. 11. 선고 80다191 판결(농지개혁법 위반 사례)이 있음

5. 이 판결에 따른 주요 법률관계 정리

▣ 근로자는 이 판결이 제시한 기준에 따라 법률상 통상임금에 해당하는 임금을 통상임금 산정에 포함하여 다시 계산한 추가임금을 청구할 수 있음

▣ '노사합의'로 법률상 통상임금에 해당하는 임금을 통상임금에서 제외시킨 경우에도 그러한 노사합의는 무효이므로 추가임금을 청구할 수 있는 것이 원칙이나, 정기상여금에 기한 추가임금 청구는 다음과 같이 신의칙에 의해 제한될 수 있음

▣ (신의칙상 정기상여금에 기초한 추가청구가 허용되지 않는 경우) ① 정기상여금의 경우에, ② 이 판결로 정기상여금을 통상임금에서 제외하는 노사합의가 무효임이 명백하게 선언되기 이전에 노사가 정기상여금이 통상임금에 해당하지 않는다고 신뢰한 상태에서 이를 통상임금에서 제외하는 합의를 하고 이를 토대로 임금 등을 정하였는데, 근로자가 그 합의의 무효를 주장하며 추가임금을 청구할 경우 예측하지 못한 새로운 재정적 부담을 떠안게 될 ③기업에게 중대한 경영상 어려움을 초래하거나 기업의 존립 자체가 위태롭게 된다는 사정이 인정된다면(신의칙적용의 요건), 추가임금의 청구는 신의칙에 반하여 허용되지 아니함

- 정기상여금에 한정된 문제임(그 밖의 임금은 신의칙 적용 여지 없음)
- 통상임금 제외 합의가 없거나 합의를 하였더라도 위와 같은 사정들이 인정되지 않는다면 신의칙 적용되지 않으므로 추가임금을 청구할 수 있음

6. 본 전원합의체 판결에 따라 변경하여야 할 대법원 판결

▣ 대법원 1996. 3. 22. 선고 95다56767 판결

- 근속수당의 지급조건에 일정 근무일수를 기준으로 그 미만은 일할계산하여 지급하고 그 이상은 전액 지급하기로 정해진 경우 고정성 없다고 통상임금 부정한 판결
- 본 전원합의체 판결이 제시한 기준에 의하면, 일할계산하여 지급되는 최소한도의 임금은 고정적인 임금이므로, 이에 배치되는 범위 내에서 위 판결 변경함

▣ 대법원 2007. 6. 15. 선고 2006다13070 판결 등을 비롯한 같은 취지의 판결들

- 문제가 된 복리후생적 명목의 급여가 지급일 당시 재직 중일 것을 지급조건으로 하는지 여부에 관하여 심리하지 아니한 채 해당 급여가 단체협약 등에 의하여 일률적·정기적으로 지급되는 것으로 정해져 있다는 사정만으로 통상임금에 해당한다고 판단한 판결들
- 이번 전원합의체 판결이 제시한 기준에 의하면, 지급일 당시 재직 중일 것이 지급조건인 것은 통상임금이 아니므로, 배치되는 범위 내에서 위 판결들을 모두 변경함

[통상임금인지 문제되는 유형별 정리]

임금명목	임금의 특징	통상임금 해당여부
기술수당	기술이나 자격보유자에게 지급되는 수당(자격수당, 면허수당 등)	통상임금O
근속수당	근속기간에 따라 지급여부나 지급액이 달라지는 임금	통상임금O
가족수당	부양가족 수에 따라 달라지는 가족수당	통상임금X (근로와 무관한 조건)
	부양가족 수와 관계없이 모든 근로자에게 지급되는 가족수당 분	통상임금O (명목만 가족수당, 일률성 인정)
성과급	근무실적을 평가하여 지급여부나 지급액이 결정되는 임금	통상임금X (조건에 좌우됨, 고정성 인정X)
	최소한도가 보장되는 성과급	그 최소한도만큼만 통상임금O (그 만큼은 일률적, 고정적 지급)
상여금	정기적인 지급이 확정되어 있는 상여금(정기상여금)	통상임금O
	기업실적에 따라 일시적, 부정기적, 사용자 재량에 따른 상여금(경영성과분배금, 격려금, 인센티브)	통상임금X (사전 미확정, 고정성 인정X)
특정시점 재직 시에만 지급되는 금품	특정시점에 재직 중인 근로자만 지급받는 금품(명절귀향비나 휴가비의 경우 그러한 경우가 많음)	통상임금X (근로의 대가X, 고정성X)
	특정시점 되기 전 퇴직 시에는 근무일수 비례하여 지급되는 금품	통상임금O(근무일수 비례하여 지급되는 한도에서는 고정성O)

부록 4 통상임금에 관한 고용노동부 노사지도지침

1. 지침의 배경

□ 통상임금은 근로자가 통상적으로 지급받는 임금으로서, 연장근로 등에 대한 가산임금 등 법정 수당 산정의 기준이 됨.

* "통상임금"이란 근로자에게 정기적이고 일률적으로 소정근로 또는 총 근로에 대해 지급하기로 정한 시간급·일급·주급·월급 또는 도급 금액을 말함.(근로기준법 시행령 제6조)

ㅇ 그간 경제성장 과정에서 장시간근로 관행이 계속되는 가운데, 각종 수당이 증가하는 등 임금구성이 복잡해지면서 통상임금성에 대한 판례와 1988년 제정된 고용노동부 예규(「통상임금 산정지침」)사이에 불일치가 발생하였고, 그 결과 해석상 논란이 제기되어 왔음.

□ 이러한 가운데 대법원은 '13.12.18. 전원합의체 판결을 통해 그간의 통상임금에 관한 법원의 해석을 종합적으로 정리해 제시하였는바,

ㅇ 복리후생금품 등 각종 수당과 정기상여금의 통상임금성에 대하여 정기성·일률성·고정성 요건을 명확히 하는 한편, 고정적인 정기상여금의 소급분에 대해서는 신의칙을 적용해 추가임금 청구를 불허함.

□ 이번 전합 판결에 따라 노사가 통상임금 제도의 법리와 기준을 정확히 숙지하여 복잡한 임금구조를 정비하고, 임금체계를 미래지향적으로 개편하도록 지원하는 것이 현안 과제로 대두됨.

ㅇ 이에 정부는 상반기 중 노사정 논의 등을 통해 통상임금 제도에 관한 근로기준법령 개정 및 관련 예규 정비를 추진할 계획인 바,

ㅇ 본격적인 임단협 교섭을 앞두고 통상임금 산정과 관련하여 노사간 불필요한 혼란과 갈등을 방지하기 위해 우선 전합 판결을 기초로한 노사지도지침을 제시하는 것임.

2. 대법원 전원합의체 판결 요지

◆ 대법원 전합 판결('13.12.18)은 통상임금에 대한 법리를 정리하고 다양한 사례에 대한 판단기준을 제시하였는 바,
- 1임금지급기(1개월)를 초과해 지급하는 금품이 정기성·일률성·고정성이 있다면 통상임금에 포함된다는 점을 재확인하면서, 그간 논란이 있었던 고정성 요건을 구체화하고, 정기상여금에 대해서는 노사 신의칙을 존중해 추가임금청구를 불허함.

(1) 통상임금의 개념과 특징

□ 대법원은 통상임금을 "근로계약에서 정한 근로를 제공하면 확정적으로 지급되는 임금"이라 하고,

  ○ 통상임금 여부는 임금의 명칭이나 지급주기의 장단 등 형식적인 기준이 아니라 임금의 객관적 성질이 통상임금의 법적인 요건을 갖추었는지 여부에 따라 판단하고 있음.

> **판시사항 (2012다89399 판결문 6쪽)**
> … 결국 어떠한 임금이 통상임금에 속하는지 여부는 그 임금이 소정근로의 대가로 근로자에게 지급되는 금품으로서 정기적·일률적·고정적으로 지급되는 것인지를 기준으로 그 객관적 성질에 따라 판단하여야 하고, 임금의 명칭이나 그 지급주기의 장단 등 형식적 기준에 의해 정할 것은 아니다.

□ 통상임금은 초과근로수당 산정 등을 위한 기초임금이므로,

  ○ 근로계약에 따른 소정근로시간에 통상적으로 제공하는 근로의 가치를 금전적으로 평가한 것이어야 함(소정근로의 대가).

> **판시사항 (2012다89399 판결문 4쪽)**
> … 통상임금이 위와 같이 근로자가 사용자와 사이에 법정근로시간의 범위에서 정한 근로시간(이하 '소정근로시간'이라고 한다)을 초과하는 근로를 제공할 때 가산임금 등을 산정하는 기준임금으로 기능한다는 점을 고려하면, 그것은 당연히 근로자가 소정근로시간에 통상적으로 제공하는 근로의 가치를 금전적으로 평가한 것이어야 하고, 또한 근로자가 실제로 연장근로 등을 제공하기 전에 미리 확정되어 있어야 할 것이다.

○ 따라서 근로계약에서 정한 근로가 아닌 특별한 근로(예: 초과근로)를 제공하고 추가로 지급받은 임금은 통상임금이 아님.

> 판시사항 (2012다89399 판결문 7쪽)
> … 근로자가 소정근로시간을 초과하여 근로를 제공하거나 근로계약에서 제공하기로 정한 근로 외의 근로를 특별히 제공함으로써 사용자로부터 추가로 지급받는 임금이나 소정근로시간의 근로와는 관련 없이 지급받는 임금은 소정근로의 대가라 할 수 없으므로 통상임금에 속하지 아니한다.

○ 또한 근로자가 실제로 초과근로를 제공하기 전에 미리 확정되어 있어야 함.

(2) 통상임금의 판단기준

1 소정근로의 대가

□ 소정근로의 대가는 "근로자가 소정근로시간에 통상적으로 제공하기로 정한 근로에 관하여 사용자와 근로자가 지급하기로 약정한 금품"이라고 정의함.

> 판시사항 (2012다89399 판결문 7쪽)
> … 소정근로의 대가라 함은 근로자가 소정근로시간에 통상적으로 제공하기로 정한 근로에 관하여 사용자와 근로자가 지급하기로 약정한 금품을 말한다.

□ 소정근로의 대가로 볼 수 없는 임금은 아래와 같음

① 근로자가 소정근로시간을 초과하여 근로를 제공하여 지급받는 임금

② 근로계약에서 제공하기로 정한 근로 외의 근로를 특별히 제공함으로써 사용자로부터 추가로 지급받는 임금

③ 소정근로시간의 근로와는 관련 없이 지급받는 임금

* 다만, 약정한 금품이 소정근로시간에 근무한 직후나 그로부터 가까운 시일내에 지급되지 아니하였다고 하여 소정근로의 대가가 아니라고 할 수 없음

2 정기성

□ 정기성은 미리 정해진 일정한 기간마다 정기적으로 지급되는지 여부에 관한 것으로서, 1개월을 초과하는 기간마다 지급되더라도 일정한 간격을 두고 계속적으로 지급되는 것이면 통상임금이 될 수 있음.

> **판시사항 (2012다89399 판결문 8쪽)**
> ··· 통상임금에 속하기 위한 성질을 갖춘 임금이 1개월을 넘는 기간마다 정기적으로 지급되는 경우, 이는 노사간의 합의 등에 따라 근로자가 소정근로시간에 통상적으로 제공하는 근로의 대가가 1개월을 넘는 기간마다 분할지급되고 있는 것일 뿐, ··· 정기상여금과 같이 일정한 주기로 지급되는 임금의 경우 단지 그 지급주기가 1개월을 넘는다는 사정만으로 그 임금이 통상임금에서 제외된다고 할 수는 없다.

○ 대법원은 '1임금지급주기'를 통상임금의 요건으로 볼 수 없는 근거를 아래와 같이 제시하고 있음.

> **1임금지급주기가 통상임금의 요건이 아님을 판단한 근거**
>
> ① 근로기준법 제43조 제2항*의 정기불 지급원칙은 근로자의 생활안정을 도모하려는 것이므로 이를 근거로 1개월 넘는 기간마다 지급되는 임금을 통상임금에서 제외된다고 해석할 수 없음
>   * (근로기준법 제43조 제2항) 임금은 매월 1회 이상 일정한 날짜를 정하여 지급하여야 한다. 다만, 임시로 지급하는 임금, 수당, 그 밖에 이에 준하는 것 또는 대통령령으로 정하는 임금에 대하여는 그러하지 아니한다.
> ② 시행령 제6조 제1항*의 정의규정 중 시간급·일급·주급·월급 금액 등은 다양한 기간을 단위로 산정·지급되는 임금의 형태를 예시한 것에 불과함
>   * (근로기준법 시행령 제6조 제1항) 법과 이 영에서 "통상임금"이란 근로자에게 정기적이고 일률적으로 소정근로 또는 총근로에 대해 지급하기로 정한 시간급 금액, 일급 금액, 주급 금액, 월급 금액 또는 도급 금액을 말한다.
> ③ 최저임금은 근로자의 생활안정 등을 위하여 매월 1회 이상 정기적으로 지급하는 임금 이외의 임금은 최저임금 비교대상 임금에서 제외하고 있으나 이를 근거로 통상임금을 1임금지급기로 한정하여야 한다고 볼 수 없음.

※ 따라서 1개월을 넘어 2개월, 분기(3개월), 반기(6개월), 년 단위로 지급되더라도, 정기적으로 지급되는 것이면 '정기성'요건은 충족됨.

③ 일률성

□ 일률성은 '모든 근로자'에게 지급되는 것뿐만 아니라 '일정한 조건 또는 기준에 달한 모든 근로자'에게 지급되는 것도 포함하는 개념으로서, 일률적으로 지급되어야 통상임금이 될 수 있음.

> 판시사항 (2012다89399 판결문 9쪽)
> … 어떤 임금이 통상임금에 속하기 위해서는 그것이 일률적으로 지급되는 성질을 갖추어야 한다. '일률적'으로 지급되는 것에는 '모든 근로자'에게 지급되는 것뿐만 아니라 '일정한 조건 또는 기준에 달한 모든 근로자'에게 지급되는 것도 포함된다.

○ '일정한 조건 또는 기준'은 작업 내용이나 기술, 경력 등과 같이 소정근로의 가치 평가와 관련된 조건이어야 함.

> 판시사항 (2012다89399 판결문 8~9쪽)
> … '일정한 조건'이란 고정적으로 평균적인 임금을 산출하려는 통상임금의 개념에 비추어 볼 때 고정적인 조건이어야 한다. … '일정한 조건 또는 기준'은 통상임금이 소정근로의 가치를 평가한 개념이라는 점을 고려할 때, 작업내용이나 기술, 경력 등과 같이 소정근로의 가치 평가와 관련된 조건이라야 한다.

* '일정한 조건'이란 시시때때로 변동되지 않는 고정적인 조건이어야 함.

> **'일률성' 요건의 구체적 적용**
>
> ① 단체협약이나 취업규칙 등에서 휴직이나 복직자, 징계대상자에 대한 지급 제한 사유를 규정한 임금이라도 이는 해당 근로자의 개인적 특수성을 고려한 것일 뿐이므로 정상적인 근로관계를 유지하고 있는 근로자에 대하여 그 해당 임금의 일률성이 부정되지 아니함
> ② 가족수당
> - 부양가족 수에 따라 차등 지급되는 경우는 근로와 관련된 일정한 조건 또는 기준에 따른 것이라 할 수 없어 일률성이 부정됨(眞性 가족수당)
> - 다만, 기본금액을 동일하게 지급하면서 부양가족 수에 따라 추가적으로 지급하는 경우 그 기본금액은 통상임금에 해당
> - 모든 근로자에게 일정금액을 기본금액으로 지급하는 가족수당은 통상임금에 포함됨

④ 고정성

☐ 고정성은 초과근로를 제공할 당시에, 그 지급 여부가 업적, 성과 기타 추가적인 조건과 관계없이 사전에 이미 확정되어 있는 것이어야 인정됨.

　o 고정적 임금은 명칭을 묻지 않고, 소정근로시간을 근무한 근로자가 그 다음 날에 퇴직한다 하더라도 근로의 대가로 당연하고도 확정적으로 지급받게 되는 최소한의 임금을 말함.

> 판시사항 (2012다89399 판결문 11쪽)
> … '고정성'이라 함은 '근로자가 제공한 근로에 대하여 그 업적, 성과 기타의 추가적인 조건과 관계없이 당연히 지급될 것이 확정되어 있는 성질'을 말하고, '고정적인 임금'은 '임금의 명칭 여하를 불문하고 임의의 날에 소정근로시간을 근무한 근로자가 그 다음 날 퇴직한다 하더라도 그 하루의 근로에 대한 대가로 당연하고도 확정적으로 지급받게 되는 최소한의 임금'이라고 정의할 수 있다.

☐ 고정성 판단기준

　o 초과근로를 제공할 당시에 그 지급 여부가 업적, 성과 기타의 '추가적인 조건에 관계없이' 지급될 것이 확정되어 있는지 여부를 기준으로 판단해야 함(사전확정성).

　– '추가적 조건'이란 '초과근무를 제공하는 시점'에 성취 여부가 불분명한 조건을 의미함.

　– 따라서 근로제공 이외에 추가적인 조건이 충족되어야 지급되는 임금이나, 그 충족 여부에 따라 지급액이 달라지는 임금 부분은 고정성이 결여되었다고 봄

> 판시사항 (2012다89399 판결문 11쪽)
> … 소정근로를 제공하더라도 추가적인 조건을 충족하여야 지급되는 임금이나 그 조건 충족 여부에 따라 지급액이 변동되는 임금 부분은 고정성을 갖춘 것이라 할 수 없다.

　– 다만, 지급액 중 추가적인 조건에 따라 달라지지 않는 부분만큼은 고정성을 인정함.

○ 실제 근무성적에 따라 지급 여부나 지급액이 달라지는 성과급과 같은 임금은 고정성이 없어 통상임금이 될 수 없는 대표적인 경우임.

– 다만, 이 경우에도 최소한도로 보장되는 부분만큼은 근무성적과 무관하게 누구나 받을 수 있는 고정적인 것이므로, 통상임금이 될 수 있음.

> 판시사항 (2012다89399 판결문 14쪽)
> … 지급 대상기간에 이루어진 근로자의 근무실적을 평가하여 이를 토대로 지급 여부나 지급액이 정해지는 임금은 일반적으로 고정성이 부정된다고 볼 수 있다. 그러나 근무실적에 관하여 최하 등급을 받더라도 일정액을 지급하는 경우와 같이 최소한도의 지급이 확정되어 있다면, 그 최소한도의 임금은 고정적 임금이라고 할 수 있다.

○ 합 판결은 지급일 기타 특정시점에 재직 중인 근로자에게만 지급하는 임금은 고정성을 결여한 것으로 판단함.

> ☞ 야간, 휴일, 연장근무 등 초과근로수당 산정 등의 기준이 되는 통상임금이 되기 위해서는, 초과근무를 하는 시점에서 보았을 때, 근로계약에서 정한 근로의 대가로 지급될 어떤 항목의 임금이, 일정한 주기에 따라 정기적으로 지급이 되고(정기성), '모든 근로자'나 '근로와 관련된 일정한 조건 또는 기준에 해당하는 모든 근로자'에게 일률적으로 지급이 되며(일률성), 그 지급 여부가 업적이나 성과 기타 추가적인 조건과 관계없이 '사전에 이미 확정되어 있는 것'(고정성)이어야 하는데, 이러한 요건을 갖추면 그 명칭과 관계없이 통상임금에 해당함.

(3) 통상임금에 관한 노사합의

□ 노사가 「근로기준법」이 정한 기준보다 낮은 임금 등 불리하게 근로조건을 계약하는 것은 무효임(근로기준법 제15조).

○ 대법원은 법률상 통상임금에 해당하는 정기상여금 등의 임금을 통상임금에서 제외하기로 노사가 합의하였다 하더라도 위 합의는 「근로기준법」에 위반되어 무효임을 확인함.

> **판시사항 (2012다89399 판결문 15쪽)**
> … 근로기준법이 정하는 근로조건은 최저기준이므로(근로기준법 제3조), 그 기준에 미치지 못하는 근로조건을 정한 근로계약은 그 부분에 한하여 무효로 되며, 이에 따라 무효로 된 부분은 근로기준법에서 정한 기준에 따른다(근로기준법 제15조). 통상임금은 위 근로조건의 기준을 마련하기 위하여 법이 정한 도구개념이므로, 사용자와 근로자가 통상임금의 의미나 범위 등에 관하여 단체협약 등에 의해 따로 합의할 수 있는 성질의 것이 아니다.

○ 따라서 법률상 통상임금에 해당되는 임금을 통상임금 산정에 포함시켜 다시 초과근로수당을 계산한 다음, 소급하여 이미 지급받은 것과의 차액을 추가임금으로 청구할 수 있음(다만, 사용자가 소멸시효 항변을 할 경우 최종 3년분만 인정 가능).

(4) 신의성실의 원칙[219] 적용과 추가임금 청구 불허

□ 다만 통상임금에 속하는 임금을 통상임금에서 제외하기로 한 노사합의가 「근로기준법」에 위반되어 무효이더라도 신의칙 요건을 갖춘 경우에는 추가임금 청구가 허용되지 않음.

> **판시사항 (2012다89399 판결문 17쪽)**
> … 노사합의의 내용이 근로기준법의 강행규정을 위반한다고 하여 그 노사합의의 무효 주장에 대하여 예외 없이 신의칙의 적용이 배제되는 것은 아니다. 위에서 본 신의칙을 적용하기 위한 일반적인 요건을 갖춤은 물론 근로기준법의 강행규정성에도 불구하고 신의칙을 우선하여 적용하는 것을 수긍할만한 특별한 사정이 있는 예외적인 경우에 한하여 그 노사합의의 무효를 주장하는 것은 신의칙에 위배되어 허용될 수 없다.

□ 신의칙 적용요건은 다음과 같음.

① 통상임금에 포함하지 않고 산정한 항목이 정기상여금일 것

* 정기상여금이란 일정한 대상기간에 제공되는 근로에 대응하여 1개월을 초과하는 일정한 기간마다 지급되는 상여금을 말한다고 함.

---

219) 신의성실의 원칙: 법률관계당사자는 상대방의 이익을 배려하여야 하고, 형평에 어긋나거나 신뢰를 저버리는 내용 또는 방법으로 권리행사를 하여서는 아니된다는 근대사법의 대원칙으로서 모든법 영역에 적용될 여지가 있는 추상적인 일반규범

② 노사가 정기상여금이 통상임금에 해당되지 않는다고 신뢰한 상태에서 이를 통상임금에서 제외하는 합의를 하고 이를 토대로 임금인상률 등 그 밖의 임금 조건을 정하였을 것

* 노사합의에는 단체협약 등 명시적 합의 이외에도 묵시적 합의나 근로관행도 포함됨.

전합판결에 제시된 상세 근거

ⅰ) 임금협상에 있어서 노사의 자율적인 의사
ⅱ) '정기상여금을 통상임금 산정에서 제외한 노사합의'가 우리나라의 임금협상 관행에 따른 일반적인 모습
  - 임금총액을 기준으로 인상률을 정하고 세부항목은 총액에 맞게 할당
  - ▲상여금은 원래 포상적인 성과급에서 시작되었고, 현재도 상당수가 통상임금이 아니거나 성격이 불분명, ▲고용부의 '통상임금산정지침'이 일관되게 정기상여금은 통상임금이 아니라고 예시해 옴, ▲대법원 판례도 2012년 금아리무진 판결 이전까지는 상여금의 통상임금성을 부정하였던 점 등이 이러한 관행의 원인

---

③ 근로자가 추가임금을 청구할 경우 예측하지 못한 재정적 부담으로 기업에 '중대한 경영상 어려움'을 초래하거나 그 존립이 위태롭게 될 수 있다는 사정이 있을 것

* 전합판결에 제시된 판단근거: ⅰ) 정기상여금이 600%, ⅱ) 상시적 초과근로, ⅲ) 추가지급시 실질임금 인상률이 교섭 당시 예정한 임금인상률을 훨씬 초과, ⅳ) 미사용 연차휴가수당 증가 등

판시사항 (2012다89399 판결문 24쪽)
… 피고와 노동조합의 임금협상 실태와 피고와 관리직 직원들 사이에 이 사건 ① 상여금을 통상임금에서 제외하기로 하는 ② 명시적 또는 묵시적 노사합의 내지 관행이 이루어졌는지 여부, 그리고 이 사건 상여금이 통상임금에 산입될 경우 ③ 피고가 부담하게 될 추가 법정수당액과 전년도 대비 실질임금 인상률 및 그에 관한 과거 수년간의 평균치, 피고의 재정 및 경영상태, … 등을 심리하여 2007년부터 2010년까지의 미사용연차휴가수당 등의 지급을 구하는 원고의 이 사건 청구가 신의칙에 위배되는지를 살펴보았어야 할 것이다.

3. 노사지도 지침

◇ 고용노동부는 전합 판결을 기본으로 하여 노사정 논의 등을 통해 통상임금 제도개선을 위한 입법과 예규 개정을 추진 중인 바, 가급적 신속히 제도개선을 완료할 계획임.

◇ 따라서 근로기준법 및 예규 개정이 완료되기 전까지는 일종의 과도기로서 노사가 전합 판결 취지 및 이 지침에 따라 기업의 임금체계 등을 신속히 조정하는 등 향후 새로운 통상임금 제도 시행에 대비토록 할 필요가 있음.

◇ 지방관서는 노사가 통상임금 전합 판결 및 지도 지침 내용을 올바로 이해하고, 임금체계를 미래지향적으로 신속히 개편하도록 노사 간 협의를 적극 지도·지원해야 할 것임.

○ 신의칙 적용 등 전합 판결 해석 관련 쟁점에 대해서는 신의칙을 강조한 판례 취지에 따라 노사 간 성실한 대화를 통해 원만히 풀도록 지도

○ 이 과정에서 복잡한 임금구성을 단순화하고, 직무·성과중심임금체계로의 개편이 이루어지도록 지원

(1) 통상임금에 관한 지도방향

□ (통상임금 판단기준)각 지방노동관서는 노사가 이 지침에 따라 통상임금 기준을 명확히 하도록 지도

* 전합 판결은 앞에서 설명한 것과 같이 통상임금의 개념과 소정근로의 대가, 정기성·일률성·고정성 요건 판단기준을 구체적으로 제시하고 있음.

* 이번 전합 판결은 해당 사건 외에 다른 사건의 경우에도 심급제도의 본질상 구속력을 가지게 될 것임.

▣ 금품의 명칭이 아닌 실질을 기준으로 판단

○ 법원은 금품의 명칭이 아니라 실질을 기준으로 판단하므로, 사업장에서 상여금과 제수당의 명칭보다는 지급조건과 운용실태 등 객관적 성질을 기준으로 통상임금성을 판단하도록 지도

* 명칭이 복리후생수당이라 하더라도 그 실질이 소정근로의 대가로서 정기성·일률성·고정성을 갖춘 경우에는 통상임금에 해당됨.

▣ 소정근로의 대가 판단

○ 소정근로시간에 통상적으로 제공하기로 정한 근로자의 근로의 가치를

어떻게 평가하고, 그에 대하여 얼마의 금품을 지급하기로 정하였는지를 기준으로 전체적으로 판단하도록 지도

- ▣ 정기성 판단
  - ○ 정기성이란 일정한 간격을 두고 계속적으로 지급되어야 함을 의미하므로, 1개월을 넘는 기간마다 지급되는 것은 소정근로의 대가를 1개월을 넘는 기간마다 분할 지급하는 것일 뿐임.
  - − 따라서 지급주기가 1개월을 넘는다는 사정만으로 그 임금이 통상임금에서 제외되지 않음을 지도
  - ○ 이와 같은 정기성 판단기준에 따라 1개월을 초과하여 지급하는 정기상여금은 정기성 요건을 충족해 통상임금이 될 수 있음(고정성 판단은 별도)

- ▣ 일률성 판단
  - ○ '모든 근로자' 뿐 아니라 '일정한 조건 또는 기준에 달한 모든 근로자'에게 지급되는 임금은 일률성 요건을 충족함.
  - − 이때 '일정한 조건 또는 기준'에는 각종 자격이나 면허 외에 '근속기간'도 포함됨.

- ▣ 고정성 판단
  - ○ 통상임금은 초과근로수당 산정 등을 위한 기초임금이므로 실제로 초과근로 등을 제공하기 전에 미리 확정되어 있어야 함(사전확정성)
  - − 따라서 고정성 판단을 위해서는 특정 임금의 지급조건에 있어 '초과근로 제공 당시'의 시점에서 그 지급조건이 충족될 수 있을 지 여부에 대해 판단하도록 지도
  - − 이에 따라 특정 시점에 재직 중인 근로자에게 지급되는 임금은 초과근로를 제공하는 시점에서 보았을 때, 그 근로자가 그 특정시점에 재직하고 있을지 여부가 불확실하므로 고정성이 없음을 주지
  - ○ 따라서 정기성 요건을 충족한 정기상여금 중에서도 그 지급요건이 "특정

시점에 재직 중인 근로자에게 한정"할 경우에는 고정성이 없으므로, 통
상임금에서 제외된다고 보고 지도

* 부산고법 2014.1.8.(2012나7816) : 입사 1년 이상 근속해 지급기준일에 재직하고 있는 근
로자에 한해 월 만근임금의 380%(연 4회 95%씩 분할지급)를 지급하는 상여금에 대해
고정성이 없어 통상임금이 아니라고 판시

통상임금 해당여부에 대한 구체적 적용

◉ 근속기간에 따라 달라지는 임금(근속수당 등)

> ・지급 여부나 지급금액이 근속기간에 따라 달라지는 경우
>   * (예시) 몇 년 이상 근속해야 지급하거나, 근속기간에 따라 임금계산방법이 다르거나
>   지급액이 달라지는 임금
>   ☞ 통상임금에 해당
>   − (일률성 인정) 근속기간은 일률성 요건 중 '근로와 관련된 일정한 조건 또는 기준'
>   에 해당
>   − (고정성 인정) 초과근로를 하는 시점에서 보았을 때, 그 근로자의 근속기간이 얼마
>   나 되는지는 이미 확정되어 있음.

◉ 근무일수에 따라 달라지는 임금

> ・매 근무일마다 일정액을 지급하기로 한 임금
>   * (예시) 근무일수에 따라 일할계산해서 지급되는 임금
>   ☞ 통상임금에 해당
>   − (고정성 인정) 근로자가 임의의 날에 소정근로를 제공하기만 하면 그에 대하여 일
>   정액을 지급받을 것이 확정되어 있음.
> ・일정 근무일수를 채워야만 지급되는 임금
>   * (예시) 월 15일 이상 근무해야만 지급되는 임금
>   ☞ 통상임금이 아님
>   − (고정성 부정) 소정근로 제공 외에 일정 근무일 충족이라는 추가적 조건을 성취하
>   여야 하는바, 연장・야간・휴일 근로를 제공하는 시점에서 금액을 확정할 수 없기
>   때문에 고정성을 인정하기 어려움.
> ・일정 근무일수에 따라 계산방법 또는 지급액이 달라지는 임금
>   * (예시) 근무일수가 15일 이상이면 특정명목의 급여를 전액 지급하고, 15일 미만이면
>   근무일수에 따라 그 급여를 일할계산하여 지급하는 경우
>   ☞ 소정근로를 제공하면 적어도 일정액 이상의 임금이 지급될 것이 확정되어 있는 최
>   소한도의 범위에서는 고정성을 인정할 수 있음.
>   * 위 예시에서 최소한 일할계산되는 금액 한도는 통상임금에 해당

◉ 특정 시점에 재직중인 근로자에게만 지급되는 임금

> ・소정근로를 했는지 여부와는 관계없이 지급일 기타 특정 시점에 재직 중인 근로자에
> 게만 지급하기로 정해져 있는 임금
> ☞ 통상임금이 아님.
> － (소정근로의 대가 부정) 근로와 무관하게 재직만이 지급조건
> － (고정성 부정) 초과근로를 제공하는 시점에서 보았을 때, 그 근로자가 그 특정 시점
> 에 재직하고 있을 지 여부는 불확실함.
> ・특정시점에 퇴직하더라도 그 근무일수에 따라 달라지는 임금
> ＊ (예시) 퇴직시 일할계산하여 지급하기로 한 경우
> ☞ 근무일수에 비례하여 지급되는 한도에서는 통상임금 해당
> － (고정성 인정) 특정 시점 전에 퇴직하더라도 그 근무일수에 비례한 만큼의 임금이 지
> 급되는 경우에는 근무일수에 비례하여 지급되는 한도에서는 고정성이 부정되지 않음.

◉ 근무실적에 좌우되는 임금(성과급 등)

> ・근무실적을 평가하여 이를 토대로 지급 여부나 지급액이 정해지는 임금
> ☞ 일반적으로 성과급은 통상임금이 아님.
> － 다만, 근무실적에 관하여 최하등급을 받더라도 지급받을 수 있는 그 최소한도의 임
> 금은 통상임금에 해당
> ＊ (예시) 근무실적을 A, B, C로 평가하여 최하 C등급에도 100만 원의 성과급을 지급
> 한다면, 최소 100만 원은 보장되므로 100만 원만큼만 통상임금에 해당됨(나머지는
> 통상임금 아님).
> ・근로자의 전년도 업무 실적에 따라 당해 연도에 지급 여부나 지급액을 정하는 임금
> ☞ 통상임금에 해당
> － (고정성 인정) 초과근무를 제공하는 시점인 당해 연도에는 그 성과급 등의 지급 여
> 부나 지급액이 확정되어 있으므로 고정성이 인정됨.
> ＊ (예시) 성과연봉
> － (고정성 부정의 경우) 그러나 보통 전년도에 지급할 것을 그 지급시기만 늦춘 것에
> 불과하다고 볼만한 특별한 사정이 있는 경우에는 일반적인 성과급과 마찬가지로서
> 고정성을 인정할 수 없음.

◉ 특수한 기술, 경력 등을 조건으로 하는 임금(자격수당 등)

> ・특수한 기술의 보유나 특정한 경력의 구비 등이 지급의 조건으로 부가되어 있는 경우
> ＊ (예시) 특정 자격증 또는 기술을 보유한 경우 지급하는 수당
> ☞ 통상임금에 해당
> － (고정성 인정) 초과근로를 제공하는 시점에서 보았을 때, 특수한 기술의 보유나 특
> 정한 경력의 구비 여부는 기왕에 확정된 사실이므로 고정성이 인정됨.

[임금유형별 통상임금 여부 정리]

임금명목	임금의 특징	통상임금 해당여부
기술수당	기술이나 자격보유자에게 지급되는 수당(자격수당, 면허수당 등)	통상임금 ○
근속수당	근속기간에 따라 지급 여부나 지급액이 달라지는 임금	통상임금 ○
가족수당	부양가족 수에 따라 달라지는 가족수당	통상임금 × (근로와 무관한 조건)
	부양가족 수와 관계없이 모든 근로자에게 지급이 되는 가족수당 분	통상임금 ○ (명목만 가족수당, 일률성 인정)
성과급	근무실적을 평가하여 지급 여부나 지급액이 결정되는 임금	통상임금 × (조건에 좌우됨, 고정성 인정 ×)
	최소한도가 보장되는 성과급	그 최소한도만큼만 통상임금 ○ (그 만큼은 일률적, 고정적 지급)
상여금	정기적인 지급이 확정되어 있는 상여금(정기상여금)	통상임금 ○
	기업실적에 따라 일시적, 부정기적, 사용자 재량에 따른 상여금(경영성과분배금, 격려금, 인센티브)	통상임금 × (사전 미확정, 고정성 인정 ×)
특정시점 재직 시에만 지급되는 금품	특정시점에 재직 중인 근로자만 지급받는 금품(명절귀향비나 휴가비의 경우 그러한 경우가 많음)	통상임금 × (근로의 대가 ×, 고정성 ×)
	특정시점이 되기 전 퇴직 시에는 근무일수에 비례하여 지급되는 금품	통상임금 ○ (근무일수 비례하여 지급되는 한도에서는 고정성 ○)

* 출처: 대법원 전원합의체 판결('13.12.18.) 보도자료.

☐ (취업규칙 변경시) 법이 정한 소정의 절차적 요건 준수 지도 철저

　○ (신의성실 협의) 사용자가 특별한 사정없이 통상임금 제도 및 판결취지를 면탈할 의도로 일부 지급조건을 바꿔 통상임금 범위를 기존 수준보다 하향 조정하는 것은 바람직하지 않으므로 노사 간 성실한 협의를 통해 합리적인 방향으로 정비하도록 지도

　○ (불이익 변경절차 준수) 통상임금 지급조건을 불가피하게 근로자에게 불리하게 변경할 때에는 근로기준법 제94조 제1항에 따른 취업규칙 불이익 변경절차를 철저히 준수토록 지도

* 근로기준법 제94조 제1항: 과반수로 조직된 노조 또는 근로자 과반수의 동의

　○ (예외적인 경우) 취업규칙에 통상임금을 기존 예규인 '통상임금산정지침'에 따라 정하기로 한 경우,

　－ 특정 임금 항목의 지급조건에 변경이 없음에도 이번 전합판결에 따라 통상임금이었던 임금이 통상임금에 해당하지 않게되어 통상임금이 줄어드

는 것이라면 취업규칙 불이익 변경에 해당하지 않는 것으로 봄

□ (신의칙 법리 적용 관련) 신의칙 법리는 향후 개별 사건에 대한 법원 판결을 통해 구체적으로 정리될 것인바, 정부 입장에서는 전합 판결 취지를 감안할 때 다음과 같이 지도

□ 적용대상 금품
  ○ 전합 판결은 정기상여금에만 적용가능하다고 밝혔음을 주지

* 전합 판결(보도자료 16쪽): 신의칙이 적용되어 추가임금 청구가 허용되지 않는 경우(신의칙 적용요건) ① 정기상여금에만 적용 가능(그 밖의 임금은 신의칙 적용 여지 없음)

□ 적용요건
  ○ 노사가 정기상여금이 통상임금에 해당되지 않는다고 신뢰한 상태에서 이를 통상임금에서 제외하는 합의를 하고 이를 토대로 임금인상률 등 그 밖의 임금 조건을 정하였을 것
  − 이러한 노사합의에는 단체협약 등 명시적 합의 이외에도 묵시적 합의나 근로관행도 포함되므로, 반드시 임단협이 아니라 하더라도 신의칙이 적용될 수 있을 것임.
  ○ '중대한 경영상 어려움'의 판단기준은, 법원에서 개별 기업의 구체적인 사정에 따라 판단할 사안임.

□ 신의칙 적용기한(추가임금 청구가 언제까지 제한되는지)
  ○ 전합 판결은 신의칙이 '이 판결 이후 합의'에는 적용되지 않는 것으로 제시하고 있음.
  − 여기서 '이 판결'이란 전합 판결을 의미하므로 전합 판결일('13.12.18.) 이후에 노사가 새로이 합의(판결일 이전에 합의*하고 그 만료시점이 판결일 이후일 경우에는 그 시점 이후)한 때로부터는 신의칙이 적용되지 않는 것으로 볼 수 있음.

* 묵시적 합의 또는 근로관행의 경우에는 전합 판결일 이후를 기준으로 사업장마다 정기

적으로 임금을 조정하는 시기로 볼 수 있음.

　　ㅇ 전합 판결이 통상임금 판단기준을 명확히 제시하였고, 신의칙을 인정한 취지에 비추어볼 때 당초 합의 기간 만료 전에 노사가 성실히 협의하여 가급적 상반기 중 원만하게 해결하도록 지도

* 임·단협의 경우에는 임금총액을 기준으로 임금조정을 해 온 관행에 주목한 판결 취지에 비추어 임금협약의 만료기간을 기준으로 함.

　　－ 노사가 법리적 논쟁이나 소모적 소송보다는 임금체계 개편을 적극 협의하도록 지도

□ (임금체계 개편) 각 사업장이 통상임금 판단기준을 명확히 하는 동시에 미래지향적으로 장시간근로 개선 및 임금체계 개편을 추진하도록 지도

　　ㅇ 우리 기업의 임금구성은 기본급 등 정액급여 비중이 낮은 대신, 각종 수당과 상여금 등 특별급여와 장시간근로에 따른 초과급여 비중이 과도하며, 직무·성과와의 연계가 불투명하고, 호봉제 중심의 연공급 임금체계가 일반적임(별첨 2 참조)

　　－ 이에 따라 근로가치 및 생산성 반영이 미흡하고, 임금결정의 합리성과 예측가능성이 부족해 임금협상시마다 혼선이 초래됨.

　　－ 또한, 생산성과 괴리된 연공급제로 중고령자 조기 퇴직을 초래하고 장시간 근로 관행이 지속적으로 유지되어 고용에도 부정적인 영향을 미치고 있음.

　　ㅇ 생산성 제고, 장시간근로 개선 및 고용 감소 없는 정년 연장을 위해서는 임금체계를 직무·성과 중심으로 개편할 필요가 있음.

　　－ 따라서 근로자의 기본적인 소득안정성을 보장하는 ① 기본급을 중심으로 ② 직무성과를 반영한 성과급에 ③ 직무특성에 따른 일정 수당이 부가되는 형태로 임금구성을 단순·명확하게 재편하도록 지도

(2) 사업장 동향 점검 및 노사협의 지원

□ 지방노동관서는 대법원 전합 판결 및 이 지침에 따라 관할 사업장의 노사가 원만히 협의할 수 있도록 적극 지도·지원할 것

　　ㅇ 현장 노사 간담회, 설명회, 컨설팅 등을 실시하여, 산업현장의 노사가 전

합 판결과 지침의 내용에 대해 정확히 알 수 있도록 지원

* 각 지역별 중소기업청, 노사단체 등 협조

　　ο 지역노사민정협의회 활동과 연계해 합리적 해결을 위한 지역 내 공감대 촉발·확산

□ 노사가 전합 판결 및 이 지침의 취지를 충실히 반영하도록 지도

　　ο 사용자가 단지 통상임금을 줄이기 위해 노사협의 및 법적 절차를 준수하지 않고, 일방적으로 지급조건만 바꾸는 등 부당한 행위를 하지 않도록 엄정하게 지도

* 직무·성과급 도입 등을 위해 근로계약·취업규칙·단체협약을 변경할 경우 근로자 동의 등 법적 절차를 준수하도록 지도

　　ο 노조 등 근로자는 소모적인 갈등과 소송보다는 대화와 타협을 통해 근로시간 단축과 중고령자 고용안정에 기여하는 방향으로 향후 임금체계 개편 협의에 적극 나서도록 지도

□ 임금체계 개편 지원 및 우수·모범사례 발굴 및 확산

　　ο 사업장 수요를 받아 지방관서 자체 지도 또는 노사발전재단의 "임금직무체계 개선 컨설팅" 사업 적극 안내

　　－「임금체계 개편 매뉴얼」별도 시달 예정

* 노사발전재단 홈페이지(www.nosa.or.kr) 및 임금근로시간정보시스템(www.wage.go.kr) 활용
* 본부에서 임금직무혁신센터(KLI), 노사발전재단 등 전문기관과 협의해 각종 모델 및 우수사례를 지속적으로 제시할 예정
* 교대제 개편 등을 위한 패키지 재정지원 등 각종 지원내용을 참고하여, 고용센터와 연계해 "지도－컨설팅－재정지원"이 종합적으로 연계되도록 기관간 협업

　　ο 통상임금, 정년연장 및 장시간근로 개선 방향으로 임금체계를 합리적으로 개편한 사업장을 발굴하여 관내 사업장에 전파하고 본부에 보고

* 임금구성 단순화, 교대제 개편, 직무·성과중심 임금체계 개편 사업장 포함.

□ 임금체계 개편 과정에서 예상되거나, 이미 발생한 노사 간 분쟁은 대화와 타협을 통해 해결토록 지도·지원

　　ο (예방지원) 임금구성 및 임금체계, 지급요건 등을 중심으로 향후 통상임금성을 둘러싼 갈등요인이 있는지 사전에 파악

- 노사협의 상황을 주기적으로 확인, 원만한 협의를 지원
○ (사후지원) 旣소송제기·진행중 또는 노사갈등이 발생한 사업장 상황을 파악하고, 노사가 대화를 통해 문제를 풀도록 지도
○ (지원단 운영) 지방노동관서별로 근로감독관 전담 관리·지원체제를 구축하고,
- 「임금체계·근로시간 개편 지원단」 활동을 통해 관내 노사단체, 전문가 등의 협업을 강화, 관할 사업장의 갈등 해결을 공동 지원

【별첨 1】 Q & A

Q 1 통상임금이란 무엇인가?

○ 현행 근로기준법 시행령 제6조는 통상임금을 "근로자에게 정기적이고 일률적으로 소정근로 또는 총 근로에 대해 지급하기로 정한 시간급·일급·주급·월급 또는 도급 금액"이라고 정의

* 통상임금 산정지침 제3조 제1항: 통상임금의 산정기초가 되는 임금은 근로계약이나 취업규칙 또는 단체협약 등에 의하여 소정근로시간에 대하여 근로자에게 지급하기로 정하여진 기본급 임금과 정기적·일률적으로 1임금산정기간에 지급하기로 정하여진 고정급 임금

− 현행 시행령의 통상임금 정의가 모법의 위임근거가 없다는 이유로 법적 효력을 둘러싸고 논란이 있음

○ 대법원은 '95년 임금이분설과 '96년 1임금지급기를 폐기한 후

− '통상임금'에 관하여 근로자가 소정근로시간에 통상적으로 제공하는 근로인 소정근로(도급근로자의 경우에는 총 근로)의 대가로 근로자에게 지급되는 금품으로서 정기적·일률적·고정적으로 지급되는 임금으로 판시하였고

− 전합 판결에서 '통상임금'이란 근로계약에서 정한 근로를 제공하면 확정적으로 지급되는 임금으로 정의하면서 기존의 판시 내용을 유지함

> 판시사항(2012다89399 판결문 5쪽)
> …사용자가 근로의 대가로 근로자에게 지급하는 금품은 그 명칭과 관계없이 근로기준법의 규율을 받는 임금에 해당한다고 규정하고 있듯이, 그 임금 중에서 근로자가 소정근로시간에 통상적으로 제공하는 근로의 가치를 평가한 것으로서 사전에 미리 확정할 수 있는 것이라면 그 명칭과 관계없이 모두 통상임금에 해당하는 것으로 보아야 할 것이다.

− 어떠한 임금이 통상임금인지 여부는 임금의 명칭이나 지급주기의 장단 등 형식적인 기준이 아니라 임금의 객관적 성질이 통상임금의 법적인 요건을 갖추었는지 여부에 따라 판단해야 함

Q 2 이번 대법원 전원합의체 판결이 통상임금에 관한 다른 사건에도 효력을 미치는지?

○ 당해 사건의 경우, 상급법원의 판단은 하급심을 기속함

＊ 법원조직법 제8조: 상급법원의 재판에 있어서의 판단은 당해 사건에 관하여 하급심을 기속한다.

－ 대법원이 파기환송 판결을 내린 경우 당해 사건에 관한 한 대법원의 사실상·법률상의 판단은 환송받은 법원과 그 하급심, 그리고 다시 상고를 받은 상고법원을 기속

○ 다른 사건의 경우에도 심급제도의 본질상 구속력을 가질 수밖에 없으며,

－ 이번 전원합의체 판결은 통상임금의 개념 및 요건 등 기본적 법리를 구체적으로 설시하고 있으므로 사실상 통상임금 판단에 구속력을 가질 것임

Q 3 통상임금에 해당하기 위한 1차적 요소로서 '소정근로의 대가'란 무엇을 말하는 것인가?

○ 전합 판결은 통상임금에 속하는지 여부는 우선 그 임금이 소정근로의 대가로 지급되는 금품이어야 한다고 함

－ 여기서 말하는 '소정근로의 대가'라 함은 근로자가 소정근로시간에 통상적으로 제공하기로 정한 근로에 관하여 사용자와 근로자가 지급하기로 약정한 금품으로 정의함

○ 소정근로의 대가로 볼 수 없는 임금은 아래와 같음

① 근로자가 소정근로시간을 초과하여 근로를 제공하여 지급받는 임금

② 근로계약에서 제공하기로 정한 근로 외의 근로를 특별히 제공함으로써 사용자로부터 추가로 지급받는 임금

③ 소정근로시간의 근로와는 관련 없이 지급받는 임금

○ 어떠한 임금이 소정근로의 대가인지는 소정근로시간에 통상적으로 제공하기로 정한 근로자의 근로의 가치를 어떻게 평가하고 그에 대하여 얼마의 금품을 지급하기로 정하였는지를 기준으로 전체적으로 판단하여야 함

- 즉, 소정근로시간에 통상적으로 약정한 금품이 소정근로시간에 근무한 직후나 그로부터 가까운 시일 내에 지급되지 아니하였다고 하여 소정 근로의 대가가 아니라고 할 수 없다고 판단함

> 판시사항(2012다89399 판결문 7쪽)
> …소정근로의 대가가 무엇인지는 근로자와 사용자가 소정근로시간에 통상적으로 제공하기로 정한 근로자의 근로의 가치를 어떻게 평가하고 그에 대하여 얼마의 금품을 지급하기로 정하였는지를 기준으로 전체적으로 판단하여야 하고, 그 금품이 소정근로시간에 근무한 직후나 그로부터 가까운 시일 내에 지급되지 아니하였다고 하여 그러한 사정만으로 소정근로의 대가가 아니라고 할 수는 없다.

Q 4 가족수당을 부양가족 수에 따라 차등적으로 지급하는 경우에는 통상임금으로 볼 수 없는지?

○ 그간 행정해석은 가족수당을 근로시간과 관계없이 생활보조적·복리후생적으로 지급되는 금품으로 보아 전 근로자에게 정기적, 일률적으로 지급되더라도 통상임금성을 부인함

○ 그러나 전합 판결은 가족수당 중 부양가족이 있는 근로자에게만 지급되는 가족수당은 통상임금이 아니라고 판시함

- 즉, 통상임금은 소정근로의 가치를 평가한 개념이므로 '일정한 조건 또는 기준'은 근로와 관련된 조건이어야 하는데, 가족수당은 소정근로의 가치와 무관한 사항을 조건으로 지급되는 임금이므로 통상임금성을 부정함

- 학설도 이른바 '眞性 가족수당', 즉 부양가족이 있거나 그 가족 수에 따라 달

라지는 가족수당에 대해서는 통상임금성을 인정하지 않음

ㅇ 다만, 이번 전합 판결은 모든 근로자에게 기본금액을 가족수당 명목으로 지급하면서, 실제로 부양가족이 있는 근로자에게 일정액을 '추가'로 지급하는 경우, 그 기본금액은 통상임금에 해당하는 것으로 판시함

판시사항(2012다89399 판결문 10쪽)

… 부양가족이 있는 근로자에게만 지급되는 가족수당과 같이 소정근로의 가치평가와 무관한 사항을 조건으로 하여 지급되는 임금은 그것이 그 조건에 해당하는 모든 근로자에게 지급되었다 하더라도 여기서 말하는 '일정한 조건 또는 기준'에 따른 것이라 할 수 없어 '일률성'을 인정할 수 없으므로, 통상임금에 속한다고 볼 수 없다. 그러나 모든 근로자에게 기본금액을 가족수당 명목으로 지급하면서 실제 부양가족이 있는 근로자에게는 일정액을 추가적으로 지급하는 경우 그 기본금액은 소정근로에 대한 대가나 다름 아니므로 통상임금에 속한다.

Q 5 1개월을 초과하는 기간마다 지급되는 임금도 통상임금인가?

ㅇ 행정해석은 1개월을 초과하여 지급하는 임금의 통상임금성을 부정함

ㅇ 법원은 '96년 이후 1개월을 초과하는 기간마다 지급되는 임금이라도, 일정한 기간마다 정기적으로 지급되는 것이면 통상임금에 포함될 수 있다고 판시해 옴

판시사항(1996.2.9. 선고94다19501)

· 체력단련비, 월동보조비) 1개월을 초과하는 기간마다 지급되는 것이라도 그것이 정기적·일률적으로 지급되는 것이면 통상임금에 포함될 수 있다고 판시

【전원합의체 판결 시 보도자료 7쪽】

【정기상여금의 경우】

ㅇ 보통 근로의 대가를 1개월에 한 번씩 월급으로 받지만, 정기상여금은 월급과 달리 2개월마다 지급하는 회사도 있고, 분기마다 지급하는 회사도 있고, 1년마다 지급하는 회사도 있을 수 있음

ㅇ 이처럼 상여금이 월급과는 달리 2개월마다, 3개월마다, 6개월마다, 1년마다 등으로 지급이 되더라도 정기적으로만 지급이 되면 정기성을 갖춘 것임

ㅇ 따라서 1개월을 초과하는 기간마다 지급되는 것이 일반적인 정기상여금도 통상임금이 될 수 있음

- 즉, 통상임금의 개념에서 '정기성'이란 일정한 간격을 두고 계속적으로 지급되어야 함을 의미하며,
- 1개월을 넘는 기간마다 지급되는 것은 소정근로의 대가를 1개월을 넘는 기간마다 분할 지급하는 것일 뿐 지급주기가 1개월을 넘는다는 사정만으로 그 임금이 통상임금에서 제외된다고 할 수 없다고 함

【1임금지급주기가 통상임금의 요건이 아님을 판단한 근거(판결문 8쪽)】

① 근로기준법 제43조 제2항의 정기불 지급원칙은 근로자의 생활안정을 도모하려는 것이므로 이를 근거로 1개월 넘는 기간마다 지급되는 임금을 통상임금에서 제외된다고 해석할 수 없음
② 시행령 제6조 제1항의 정의규정 중 시간급·일급·주급·월급 금액 등은 다양한 기간을 단위로 산정·지급되는 임금의 형태를 예시한 것에 불과
③ 최저임금법은 1개월을 초과하는 기간마다 지급하는 임금을 최저임금의 비교대상 임금에서 제외하고 있으나 이것은 근로자의 생활안정 등을 위한 것으로 이를 근거로 통상임금을 1임금지급기로 한정하여야 한다고 볼 수 없음

Q 6 근속수당, 정근수당 등 근속기간에 연동하는 임금도 통상임금 요건 중 일률성을 갖추었다고 해석할 수 있는가?

ㅇ 그간 행정해석은 판례와 동일하게 근로와 관계된 '일정한 조건 또는 기준에 달한 모든 근로자'에게 지급되는 임금은 통상임금에 포함함
- 다만 행정해석은 장기근속자의 우대 또는 개근을 촉진하기 위한 근속 수당의 경우 실제 근로 여부에 따라 지급금액이 변동된다고 보아 통상 임금에 포함하지 않았음
ㅇ 전합 판결은 근속기간에 따라 달라지는 임금(근속수당 등)도 근속기간을 일률성 요건의 '일정한 조건 또는 기준'으로 보아 통상임금에 해당한다고 판시함

○ 즉, 초과근로를 하는 시점에서 그 근로자의 근속기간이 얼마나 되는지는 이미 확정되어 있는 사실이므로 고정성이 인정되고, 이러한 근속수당은 통상임금에 해당하는 것으로 판단됨

Q 7 고정성이란 무엇인가?

○ 전합 판결은 '고정성'이란 근로자가 제공한 근로에 대하여 그 업적, 성과, 기타의 추가적인 조건과 관계없이 당연히 지급될 것이 확정되어 있는 성질을 말한다고 하고,

- '고정적인 임금'은 '임금의 명칭 여하를 불문하고 임의의 날에 소정근로 시간을 근무한 근로자가 그 다음 날 퇴직한다 하더라도 그 하루의 근로에 대한 대가로 당연하고도 확정적으로 지급받게 되는 최소한의 임금'으로 정의함

- 즉, 통상임금은 초과근로수당 산정 등을 위한 기초임금이므로 실제로 초과근로 등을 제공하기 전에 미리 확정되어 있어야 함

- 왜냐하면, 초과근로 시 비용 또는 보상의 정도를 예측할 수 있어야 연장근로 여부를 결정할 수 있기 때문임

○ 특히, 전합 판결은 지급일 기타 특정 시점에 재직 중인 근로자에게만 지급하는 임금(재직자 요건)은 초과근로 등을 제공하는 시점에 그 지급조건이 성취될지 여부가 불확실하므로 고정성이 결여된 것으로 보아 기존의 판례를 변경함

Q 8 근무일수에 따라 달라지는 임금의 통상임금 판단 기준은?

○ 그간 행정해석은 근무일에 따라 일정금액을 지급하는 경우 통상임금성을 부정함

○ 기존 판례 중 일부는 근무일수(cctv수당)에 따라 지급하는 경우에도 통상임금에 해당한다고 판시한 사례도 있었으나, 근무일수에 따라 지급금액이 변동된다고 보아 고정성을 부정(승무수당)한 판례도 있었음

– 다만, 계산방법 또는 지급액이 달라지는 경우에는 일관되게 고정성을 부정해 왔음

* 15일 이상 근무 시 전액지급, 15일 미만 근무 시 일할계산지급 → 고정성 부정

○ 이번 전합판결은 이를 구체적으로 나누어

– 매 근무일에 근로를 제공하기만 하면 일정액을 지급받기로 확정되어 있는 임금을 통상임금에 해당하는 것으로 명확히 하고,

– 일정한 근무일수를 채워야만 지급되는 임금은 기존 판례와 같이 통상임금성을 부정함

– 일정 근무일수를 기준으로 계산방법 또는 지급액이 달라지는 경우에도 최소한도로 확정되어 있는 금액(사전확정성이 인정되는 금액) 범위에서 고정성을 인정하는 것으로 기존 판례를 변경

* 15일 이상 근무 시 전액지급, 15일 미만 근무 시 일할계산 지급 → 일할계산 부분은 고정성 인정

판시사항(2012다89399 판결문 12쪽)
… 매 근무일마다 일정액의 임금을 지급하기로 정함으로써 근무일수에 따라 일할계산하여 임금이 지급되는 경우에는 … 고정적 임금에 해당한다. 그러나 일정 근무일수를 충족하여야만 지급되는 임금은 소정근로를 제공하는 외에 일정 근무일수의 충족이라는 추가적인 조건을 성취하여야 비로소 지급되는 것이고, 이러한 조건의 성취 여부는 임의의 날에 연장·야간·휴일 근로를 제공하는 시점에서 확정할 수 없는 불확실한 조건이므로 고정성을 갖춘 것이라 할 수 없다.

> … 근무일수가 15일 이상이면 특정 명목의 급여를 전액 지급하고, 15일 미만이면 근
> 무일수에 따라 그 급여를 일할계산하여 지급하는 경우, 소정근로를 제공하기만 하면
> 최소한 일할계산되는 금액의 지급은 확정적이므로, 그 한도에서 고정정이 인정된다.

Q 9 정기상여금도 지급일 기타 특정시점에 재직하는 근로자에게만 지급하는 경우에
　 는 통상임금에 해당되지 않는지?

○ 전합 판결은 근로자가 정해진 근로를 제공했는지 여부와 무관하게 지급일
　 기타 특정시점에 재직 중인 근로자에게만 지급하기로 정해져 있는 임금은
　 소정근로의 대가로 볼 수 없으며,

> 판시사항(2012다89399 판결문 13쪽)
> 근로자가 소정근로를 했는지 여부와는 관계없이 지급일 기타 특정시점에 재직 중인
> 근로자에게만 지급하기로 정해져 있는 임금은 …소정근로에 대한 대가의 성질을 가
> 지는 것으로 보기 어려울 뿐만 아니라 …고정성도 결여한 것으로 보아야 한다.

－ 초과근로를 하는 시점에서 보았을 때, 그 근로자가 특정시점에 재직하고 있
　 을지 여부는 불확실하므로 고정성이 결여되었다고 판단함

○ 이러한 법리는 정기상여금에도 동일하게 적용되어야 할 것임

－ 이번 전합 판결에서 상여금의 경우도 특정 시점 재직자 기준이 적용됨을 전
　 제로 퇴직한 근로자에 대해서는 일할계산하여 지급하는지 여부를 확인한 후
　 통상임금에 해당하는 것으로 판단하고 있음

> 판시사항(2012다89399 판결문 16쪽)
> 상여금 지급 대상기간 중 퇴직한 근로자에 대해서는 근무일수에 따라 일할계산 하
> 여 지급한 사실을 확인할 수 있다. … 이 사건 상여금은 소정근로를 제공하기만 하
> 면 그 지급이 확정된 것이라고 볼 수 있어 정기적·일률적으로 지급되는 고정적인
> 임금인 통상임금에 해당한다.

－ 보도자료에서도 특정시점에 재직 중인 근로자에게만 지급되는 임금의 통상

임금 여부에 대한 구체적 사례에서 상여금의 경우도 예시함

【전원합의체 판결 시 보도자료 11쪽】

> 2달마다 지급되는 상여금은 지급 여부가 확정되어 있고 상여금 지급시점에 퇴직하더라도 근무일수에 비례하여 근무일수만큼 지급하기 때문에 통상임금에 해당

○ 2014.1.8. 부산고법(2012나7816)은 입사 1년 이상 근속해 지급기준일에 재직하고 있는 근로자에 한해 월 만근임금의 380%(연 4회 95%씩 분할지급)를 지급하는 상여금에 대해 고정성이 없어 통상임금이 아니라고 판시함

○ 따라서 정기상여금의 경우도 지급일 기타 특정시점에 재직 중인 근로자에게만 지급하는 경우 통상임금에 해당하지 않는 것으로 판단하는 것이 타당함

Q 10 지급일 기타 특정시점 재직자에게만 지급하는 임금은 고정성이 결여된다고 하는 경우 이것은 반드시 명시적으로 규정하고 있어야 하는지?

○ 특정 임금이 통상임금에 해당하기 위해서는 그 지급이 고정적이어야 함

― "고정성"이란 그 지급 여부가 사전에 확정되어 있을 것을 의미한다고 판시하였으나,

― 반드시 그 지급요건을 명시적으로 규정하고 있을 것을 요구하지는 않음

○ 그 지급요건이 명시적으로 규정되어 있지 않더라도 임금의 실제 반복적인 지급 관행 등을 종합적으로 고려하여 판단할 수 있을 것임

> 판시사항(2012다94643 판결문 6쪽)
> 어떠한 임금이 이러한 성격을 갖고 있는지는 그 근로계약이나 단체협약 또는 취업규칙 등에서 정한 내용에 따라 판단하여야 하고, 근로계약 등에 명시적인 규정이 없거나 그 내용이 불분명한 경우에는 그 임금의 성격이나 지급실태, 관행 등 객관적인 사정을 종합적으로 고려하여 판단하여야 할 것이다.

Q 11 만약, 특정임금을 '월할계산'해서 지급하고 있다면 고정성이 결여되었다고 보는지?

○ 전합 판결은 근무일수에 따라 일할계산하여 임금이 지급되는 경우에는 실제

근무일수에 따라 그 지급액이 달라지기는 하지만,

- 근로자가 임의의 날에 소정근로를 제공하기만 하면 그에 대하여 일정액을 지급받을 것이 확정되어 있으므로 고정적 임금으로 해석함

> 판시사항(2012다89399 판결문 13쪽)
> 근무일수를 기준으로 계산방법을 달리 정하지 않고, 단순히 근무일수에 따라 일할 계산하여 지급하는 경우도 앞서 본 매 근무일마다 지급하는 경우와 실질적인 차이가 없어 고정성을 인정할 수 있다.

○ 또한, 전합 판결은 '근무일수에 비례한 만큼의 임금을 지급받을 수 있는 경우'를 일할계산하여 지급하는 경우만으로 한정하지 않는 것으로 봄

【전원합의체 판결 시 보도자료 11쪽】

> 근로자가 특정시점 전에 퇴직하더라도 그 근무일수에 비례한 만큼의 임금을 받을 수 있다면(일할계산 "등"으로) 근무일수에 비례하여 지급되는 한도에서는 통상임금에 해당

- 따라서 월할계산하여 지급하는 임금에 대해서도 고정성이 인정될 수 있을 것임

Q 12 주요 금품의 통상임금 여부에 대한 판례의 구체적 판단은?

○ 대법원은 어떠한 유형의 임금이 통상임금에 속하는지에 관한 구체적 판단기준을 제시하고,

- 금품의 지급명목과 그 특징에 따라 통상임금에 해당하는지를 임금 유형별로 정리함 (명목보다는 특징에 유념할 필요) 임금명목 임금의 특징 통상임금 해당 여부

임금명목	임금의 특징	통상임금 해당 여부
기술수당	기술이나 자격보유자에게 지급되는 수당(자격수당, 면허수당 등)	통상임금 ○
근속수당	근속기간에 따라 지급 여부나 지급액이 달라지는 임금	통상임금 ○
가족수당	부양가족 수에 따라 달라지는 가족수당	통상임금 × (근로와 무관한 조건)
	부양가족 수와 관계없이 모든 근로자에게 지급되는 가족수당 분	통상임금 ○ (명목만 가족수당, 일률성 인정)
성과급	근무실적을 평가하여 지급 여부나 지급액이 결정되는 임금	통상임금 × (조건에 좌우됨, 고정성 인정 ×)
	최소한도가 보장되는 성과급	그 최소한도만큼만 통상임금 ○ (그만큼은 일률적, 고정적 지급)
상여금	정기적인 지급이 확정되어 있는 상여금(정기상여금)	통상임금 ○
	기업실적에 따라 일시적, 부정기적, 사용자 재량에 따른 상여금 (경영성과분배금, 격려금, 인센티브)	통상임금 × (사전 미확정, 고정성 인정 ×)
특정시점 재직 시에만 지급되는 금품	특정시점에 재직 중인 근로자만 지급받는 금품 (명절귀향비나 휴가비의 경우 그러한 경우가 많음)	통상임금 × (근로의 대가 ×, 고정성 ×)
	특정시점이 되기 전 퇴직 시에는 근무일수에 비례하여 지급되는 금품	통상임금 ○ (근무일수 비례하여 지급되는 한도에서는 고정성○)

Q 13 전합판결에서 말한 정기상여금에 신의칙이 적용되어 추가임금 청구가 허용되지 않는 요건은?

○ 전합 판결은 정기상여금이 통상임금에 포함되더라도 신의칙이 적용되어 추가임금 청구가 허용되지 않는 요건을 다음과 같이 제시함

① 노사가 정기상여금이 통상임금에 해당되지 않는다고 신뢰하였을 것

– 기업에서 정기상여금이 통상임금에 해당되지 않는 전제 아래 통상임금에 관한 합의가 장기간 계속되었을 것

② 정기상여금을 통상임금에 포함하지 않는 노사합의가 있었을 것

– 위 합의에는 단체협약 등 명시적인 합의 이외에도 묵시적 합의나 근로관행도 포함

* 조합원이 아닌 관리직 직원들에 대해서도 이 사건 소송 제기 전까지는 별다른 이의를 제기하지 않은 점에서 명시적 또는 묵시적 노사합 내지 관행을 인정함

③ 근로자의 추가임금 청구로 인하여 기업에게 중대한 경영상 어려움을 초래

하거나 기업의 존립이 위태롭게 될 수 있다는 사정이 있을 것

○ 즉, 반대로 이러한 요건에 해당되지 않을 경우에는 법원에서 신의칙을 적용하지 않을 수 있을 것이나, 개별적 사건마다 구체적 사정을 종합적으로 고려하여 판단하게 될 것임

Q 14 신의칙 적용 여부를 판단하기 위하여 구체적으로 고려하여야 할 사항으로 전합 판결이 제시한 것은 무엇인가?

○ 전합 판결은 추가임금 청구가 신의칙에 위배되는지를 판단하기 위하여 살펴보아야 할 것들로 다음을 제시함

① 임금협상 방법과 과정, 각 임금 항목별 결정방법 및 그 내용 등 회사와 노동조합의 임금협상 실태

– 즉, 임금협상을 하면서 임금총액을 기준으로 기본급 등의 인상률과 각종 수당의 증액, 단체협약상의 통상임금을 전제로 법정 수당의 규모 등을 정하였는지 여부

② 회사와 근로자들 사이에 이 사건 상여금을 통상임금에서 제외하기로 하는 명시적 또는 묵시적 노사합의 내지 관행이 이루어졌는지 여부

③ 회사의 근로자들에 대한 상여금의 구체적인 지급방식, 변경내용, 변경하게 된 동기 및 경위

④ 상여금이 통상임금에 산입될 경우 기업이 부담하게 될 추가 법정수당액

⑤ 전년도 대비 실질임금 인상률 및 그에 관한 과거 수년간의 평균치

⑥ 기업의 재정 및 경영상태

판시사항(2012다89399 판결문 24쪽)

… 피고와 노동조합의 임금협상 실태와 피고와 관리직 직원들 사이에 이 사건 상여금을 통상임금에서 제외하기로 하는 명시적 또는 묵시적 노사합의 내지 관행이 이루어졌는지 여부, 그리고 이 사건 상여금이 통상임금에 산입될 경우 피고가 부담하게 될 추가 법정수당액과 전년도 대비 실질임금 인상률 및 그에 관한 과거 수년간의 평균치, 피고의 재정 및 경영상태, 피고의 관리직 직원들에 대한 이 사건 상여금의 구체적인 지급방식 및 그 변경 내용, 동기 및 경위, 그 변경된 지급방식의 원고에 대한 적용 여부 등을 심리하여 2007년부터 2010년까지의 미사용 연차휴가 수당 등의 지급을 구하는 원고의 이 사건 청구가 신의칙에 위배되는지를 살펴보았어야 할 것이다.

○ 소송으로 제기된 개별적 사건에 대해서 법원은 위의 구체적 사정을 종합적으로 고려하여 판단하게 될 것임

Q 15 신의칙 적용 시 '중대한 경영상의 어려움을 초래하거나 기업의 존립이 위태롭게 될 수 있다는 사정'은 어떻게 판단하는지?

○ 전합 판결은 추가임금 청구로 인해 기업의 중대한 경영상 어려움을 신의칙 적용 요건 중 하나로 봄

– 다만, 어떠한 경우가 '중대한 경영상 어려움을 초래'에 해당하는지에 대해서는 개별적·구체적 사정을 종합적으로 고려하여 판단한다고 설시함

> 판시사항(2012다89399 판결문 58쪽)
> … '기업의 중대한 경영상의 어려움'을 신의칙 적용 요건 중의 하나로 제시한 것은, 근로자의 추가적인 법정수당 청구가 기업의 재정상태나 경영상태 등에 비추어 감당할 수 있는 정도인지를 기준으로 하여 현저히 형평에 반하는 결과가 발생하는 경우에만 신의칙을 적용하도록 함으로써 신의칙이 무한정 확대 적용되는 것을 방지하기 위함이다. 따라서 어떠한 경우가 '중대한 경영상의 어려움'을 초래하는지는 결국 개별 기업의 재정상태, 경영상태 등과 정기상여금을 통상임금에 포함시켜 법정 수당을 산정할 경우 추가로 지급하여야 하는 법정수당의 규모 등 개별적·구체적인 사정을 종합적으로 고려하여 판단할 수밖에 없을 것이다.

○ 이번 갑을오토텍 사건에서는 신의칙 적용 시 정기상여금이 통상임금에 산입될 경우 몇 가지 판단기준 등을 제시하면서, '추가되는 임금이 차지하는 규모 등'을 주로 고려하였음

【중대한 경영상 어려움 판단근거(2012다89399) 판결문 59쪽】

> 2010년 한해 추가되는 피고의 재정적 부담을 계산하면,
> · 시간급 통상임금은 8,970원→15,246원(69.9% 상승)
> · 근로자 1인의 추가 연장근로수당 등 각종 법정수당 11,048,393원 증액
> · '09년 대비 실질임금 인상률 '10년 임금협상에 따른 19.9%→40.6%로 상승
> · 근로자 실질임금 증가액을 평균치로 하여 생산직 401명에 적용 시 당기순이익 99.8% 상당(4,435,313,273원)을 추가임금으로 근로자에게 지급

① 정기상여금이 600% ② 상시적 초과근로 ③ 추가지급 시 실질임금 인상률이 교섭 당시 예정한 임금인상률을 훨씬 초과 ④ 미사용 연차휴가수당 증가 등

○ 소송이 제기된 개별 사안별로 구체적 사정에 따라 법원에서 판단할 것이나, 노사는 소모적인 소송 등 소급분 다툼보다는 향후 임금체계 개편을 통해 문제를 해결하는 것이 노사 모두에게 이로울 것임

Q 16 신뢰의 원칙이 적용되는 '이 판결 이후 합의'란 이 판결 이후 새로이 체결한 합의를 의미하는가?

○ 전합 판결은 법률상 통상임금에 포함되는 정기상여금을 제외한 노사합의가 무효임이 선언된 이후에는 더 이상 정기상여금이 통상임금에 해당하지 않는다는 신뢰가 없으므로,

– 이 판결 이후의 합의에는 신의칙이 적용될 수 없다고 판시함

【전원합의체 판결 시 보도자료 17쪽】

> 이 판결로 그와 같은 노사합의가 무효임이 선언된 이후에는 그와 같은 신뢰가 있을 수 없음이 명백하므로, 신의칙 법리는 '이 판결 이후의 합의'에는 적용될 수 없음

– 또한 전합 판결은 신의칙 적용 시 노사 양측의 신뢰 여부를 '합의 당시'를 기준으로 하고 있으며, 기존 노사합의에서 정한 임금총액을 기준으로 기업의 재정적 부담능력을 고려하고 있음

> 판시사항(2012다89399 판결문 18~20쪽)
> …이러한 방식의 임금협상에 따르면, 기본급, 정기상여금, 각종 수당 등과 통상임금에 기초하여 산정되는 각종 법정수당은 임금총액과 무관하게 별개 독립적으로 결정되는 것이 아니라 노사 간에 합의된 임금 총액의 범위 안에서 그 취지에 맞도록 각 임금 항목에 할당되고, 각각의 지급형태 및 지급시기 등이 결정된다는 의미에서 상호 견련관계가 있는 것이다. …기업의 수익기초가 동일한 이상 노사 양측이 임금협상 당시 정기상여금이 통상임금에 해당할 수 있다는 점을 인식하였다면, 해당 정기상여금이 통상임금에 산입됨을 전제로 기본급과 수당 등의 인상률을 조정하고 지급형태나 조건 등을 변경하는 등의 조치를 취함으로써 결과적으로 통상임금을 기초로 산정되는 각종 법정수당을 포함하여 근로자에게 지급되는 임금총액은 정기상여금이 통상임금에 산입되는 경우와 그렇지 않은 경우 사이에 실질적인 차이가 없도록 하는 등 기업의 부담능력 내에서 다른 대안을 마련하여 노사합의를 이루었을 것으로 봄이 타당하다.

○ 이러한 판결 취지를 감안할 때, 노사는 임단협 등의 당초 노사가 합의한 기간을 기준으로 하여 동 기간이 만료되기 전에(한편 묵시적 합의 또는 관행의 경우에는 일반적으로 사업장마다 정기적으로 임금을 조정하는 시기에) 정기상여금의 통상임금 산입 여부를 명확히 정비해야 할 것임

Q 17 신의칙이 적용되는 묵시적 합의 또는 근로관행의 한 유형으로 취업규칙도 인정할 수 있는지?

○ 전합 판결은 이번 사안에서 조합원이 아닌 관리직 직원들의 경우 상여금을 통상임금에서 제외하는 명시적·묵시적 노사합의 내지 근로관행에 대해서 신의칙을 적용함

- 즉, 전합 판결은 신의의 원칙이 적용되는 노사합의에 명시적인 합의 이외에도 묵시적 합의나 근로관행도 포함되는 것으로 봄

> 판시사항(2012다89399 판결문 23쪽)
> … 이러한 단체협약에 따른 통상임금 기준을 조합원이 아닌 관리직 직원들에게도 적용하는 것에 대하여 피고와 관리직 직원들 사이에 명시적 또는 묵시적인 노사합의 내지 관행이 있었으며 …

○ 묵시적 합의나 근로관행도 포함된다고 판결이 보고 있으므로

- 취업규칙 제정·변경 시 근로기준법에 따른 의견청취 또는 동의 과정에서 정기상여금을 통상임금에서 제외하는 것에 대하여 근로자들의 별다른 이의제기가 없었다면 취업규칙도 신의칙이 적용되는 근로관행의 한 유형으로 해석됨

【근로기준법 제94조 제1항】

> 사용자는 취업규칙의 작성 또는 변경에 관하여 해당 사업 또는 사업장에 근로자의 과반수로 조직된 노동조합이 있는 경우에는 그 노동조합, 근로자의 과반수로 조직된 노동조합이 없는 경우에는 근로자의 과반수의 의견을 들어야 한다. 다만, 취업규칙을 근로자에게 불리하게 변경하는 경우에는 그 동의를 받아야 한다.

Q 18 만약, 판결 이후 새로운 합의를 하는 때부터 신의칙 적용이 부정된다고 할 경우 어느 시점(또는 어떤 경우)에 묵시적 합의 또는 근로관행이 새로이 변경된 것으로 볼 수 있는지?

○ 전합 판결 및 보도자료는 명시적 노사 합의 외에도 묵시적 합의 또는 근로관행도 신의칙이 적용되는 합의로 인정된다고 하면서, 이번 전원합의체 판결 이후의 합의에는 신의칙이 적용될 수 없다고 함

○ 대법원은 통상임금만이 아니라 임금인상 등 임금총액을 기준으로 한 임금조건에 관한 합의에 신의칙을 적용한 것이므로,

– 이 판결 이후의 임금협약 또는 사용자가 일반적으로 매년 실시하는 임금조정 등 임금조건을 변경한 때부터는 정기상여금이 통상임금에 해당되지 않는다는 것에 대한 신뢰가 더 이상 인정받을 수 없을 것임

○ 또한, 이 판결 이후 협약기간 만료 전에 새로운 임금조건에 합의한 경우에는 기존의 신뢰에 대하여 더 이상 신의칙을 적용할 수 없는 것으로 판단됨

○ 노사 일방의 교섭 요구 또는 일부 근로자들이 서면 등으로 이의제기를 한 경우 신의칙 적용 여부에 대해서는 최종적으로는 법원의 판단을 받아봐야 할 것이나,

– 판결 취지를 감안하면, 바로 기존 합의의 신의칙이 부정된다고 단정할 수 없을 것인바, 가급적 불필요한 갈등을 최소화하면서 노사 간 협의로 통상임금을 명확히 정비하는 것이 바람직함

Q 19 임금협약과 단체협약의 만료기간이 다른 경우 두 협약 중 무엇을 기준으로 이 사건 이후 새로운 합의로 보는지?

○ 전합 판결에서 신의칙을 적용한 것은 그간 '정기상여금'을 통상임금 산정에서 제외하고 임금협상을 한 관행을 인정한 것임

– 즉, 임금협상을 할 때 임금총액을 기준으로 인상률을 정하고, 세부 항목의 지급기준과 액수는 인상된 총액에 맞게 조정해 온 것이 실무상 일반화된 모습임을 고려한 것임

○ 따라서 단체협약과 임금협약 만료기간이 다른 경우 그 명칭과 관계없이 임

금 인상률 등 임금조건에 관한 사항이 포함된 협약(대부분의 경우 임금협약)을 기준으로 하는 것이 합리적임

Q 20 정기상여금에만 신의칙을 적용할 수 있고 기타 수당에는 그 금액이 다소 크더라도 적용할 수 없는지?

○ 대법원은 정기상여금에 신의칙이 적용가능하다는 입장이며,

【전원합의체 판결 시 보도자료 16쪽】

> 신의칙이 적용되어 추가임금 청구가 허용되지 않는 경우(신의칙 적용요건) ①정기상여금에만 신의칙 적용가능(그 밖의 임금은 신의칙 적용여지 없음)

– 정기상여금의 경우 통상임금에서 제외하는 관행이 있었고 그러한 관행이 정착되게 된 여러 가지 근거*를 제시함

* 상여금의 연원 및 성질, 일관되게 상여금의 통상임금성을 부정한 통상임금 산정지침, 정기상여금이 통상임금에 해당할 수 있음을 명시적으로 인정한 판례가 없었던 점 등

> 판시사항(2012다89399 판결문 19쪽)
> … 우리나라 대부분의 기업에서는 정기상여금은 그 자체로 통상임금에 해당하지 아니한다는 전제 아래에서 임금 협상시 노사가 정기상여금을 통상임금에서 제외하기로 합의하는 실무가 장기간 계속되어 왔고, 이러한 노사합의는 일반화되어 이미 관행으로 정착된 것으로 보인다. 이러한 관행이 정착하게 된 데에는, 상여금의 연원이 은혜적·포상적인 이윤배분이나 성과급에서 비롯된 점,…여전히 성과급, 공로보상 또는 계속근로 장려차원에서 지급되는 경우도 있고…근로현장에서 노사 양측에 지대한 영향력을 발휘하여 온 고용노동부의 '통상임금 산정지침'이 1988.1.14. 제정된 이래 일관되게 정기상여금을 통상임금에서 제외하여 온 점, … '금아리무진 판결'이…선고되기 전에는 상여금의 통상임금 해당성을 부정한 대법원 판결만 있었고, 정기상여금이 통상임금에 해당할 수 있음을 명시적으로 인정한 대법원 판결은 없었던 점 등이 주요 원인이 되어 노사 양측 모두 정기상여금은 통상임금에서 제외되는 것이라고 의심없이 받아들여 왔기 때문인 것으로 보인다.

Q 21 특정 임금항목의 지급요건을 지급일 기타 특정시점 재직 요건 등을 추가하도록
    취업규칙을 변경할 경우 불이익 변경으로 볼 수 있는지?

○ 특정 임금 항목에 지급일 기타 특정시점 재직 요건 등을 추가할 경우 통상임금
  에 해당하던 금품이 통상임금에 해당하지 않게 되므로 불이익 변경에 해당함

- 따라서 이 경우에는 근로기준법 제94조 제1항에 따라 취업규칙 불이익 변경
  절차를 거쳐야 함

* 취업규칙 불이익 변경절차를 위반 시 500만 원 이하의 벌금(근로기준법 제114조 제1항)

【근로기준법 제94조 제1항】

> 사용자는 취업규칙의 작성 또는 변경에 관하여 해당 사업 또는 사업장에 근로자의
> 과반수로 조직된 노동조합이 있는 경우에는 그 노동조합, 근로자의 과반수로 조직
> 된 노동조합이 없는 경우에는 근로자의 과반수의 의견을 들어야 한다. 다만, 취업규
> 칙을 근로자에게 불리하게 변경하는 경우에는 그 동의를 받아야 한다.

○ 사용자가 일방적으로 일부 지급요건을 변경하여 기존의 통상임금보다 낮게
  줄이는 것은 노사 신뢰관계 유지, 근로자의 사기 관리, 장시간근로 개선 등
  의 측면에서 바람직하지 않을 뿐 아니라, 법적으로도 인정되지 않는 것임

Q 22 판결에 따른 통상임금 산입범위 확대를 회피할 목적으로 포괄 임금제 활용이
    증가할 것이라는 우려가 있는데 이에 대한 입장은?

○ 포괄임금제는 당사자 간 약정으로 기본임금을 미리 산정하지 않고 시간 외
  근로 등에 대한 제 수당을 합한 금액을 월급여액으로 정하거나, 매월 일정액
  을 제 수당으로 지급하는 임금지급 방식임

- 대법원 판례에 따르면 포괄임금제는 ① 업무성질상 연장근로수당 등의 산정
  이 어렵고, ② 근로자에게 불이익하지 않으며, ③ 당사자 사이의 약정(근로
  자의 승낙)이 있을 것을 요건으로 인정되고 있음

> 대법원 판례(94다54542, 1995.7.28. 등 다수)
> 근로시간, 근로형태와 업무의 성질 등을 참작하거나 계산의 편의와 직원의 근무의
> 욕을 고취하는 뜻에서 기본임금을 미리 산정하지 아니한 채 시간외 근로 등에 대
> 한 제수당을 합한 금액을 월급여액이나 일당임금으로 정하거나 매월 일정액을 제
> 수당으로 지급하는 내용의 이른바 포괄임금제에 의한 임금지급 계약을 체결한 경
> 우에 그것이 근로자에게 불이익이 없고 제반 사정에 비추어 정당하다고 인정될 때
> 에는 이를 무효라고 할 수 없음

○ 포괄임금 형태로 임금을 지급하더라도, 포괄임금 지급액에 포함된 법정수당
이 근로기준법에 따른 통상임금 및 실근로시간을 기준으로 산정한 법정수당
액수에 미달하는 경우에는

– 해당 포괄임금계약은 무효이며 사업주는 그 차액을 지급하여야 함(고용부
행정해석 및 대법원 판례)

> 대법원 판례(2008다6052, 2010.5.13. 등 다수)
> 근로시간의 산정이 어려운 등의 사정이 없음에도 포괄임금제 방식으로 약정된 경
> 우 그 포괄임금에 포함된 정액의 법정수당이 근로기준법이 정한 기준에 따라 산정
> 된 법정수당에 미달하는 때에는 그에 해당하는 포괄임금제에 의한 임금 지급 계약
> 부분은 근로자에게 불이익하여 무효라 할 것이고, 사용자는 근로기준법의 강행성
> 과 보충성의 원칙에 의해 근로자에게 그 미달되는 법정수당을 지급할 의무가 있음

○ 따라서 향후 통상임금 산입범위 조정 및 임금체계 개편을 회피할 목적으로
포괄임금제를 남용하는 사업장에 대해서는 위 기준에 따라 엄정하게 지도·
감독해 나갈 계획임

현창종

공인노무사, 고려대학교경영학 석사
국민권익위원회 상담전문위원
서울북부지방검찰청 형사조정위원
중소기업중앙회 노무상담위원
생산성본부, 상공회의소, 중소기업인력개발원, 대한지적공사 등 강의

『근로기준법 실무』 등 다수 저술

윤찬성

공인노무사, 경영학 박사(인사·조직·노사관계 전공)
서울지방노동위원회 공익위원
충북대학교 외래교수
(전) 연세대학교 겸임교수
    하이닉스반도체/오비맥주 노무부서장
삼성인력개발원, 한국타이어, 포스코, 하이닉스, 대한생명, LG하이시스, KOTRA, 상공회의소, 세아그
    룹, 동화그룹, 경총, 전기안전공사, 임업진흥원 등 강의

『복수노조시대의 노사관계전략』 등 다수 저술

조화식

공인노무사, 고려대학교법학 석사
영국 Oxford University Leadership Program 수료
한국공항공사 경영자문 위원, 중소기업 인력개발원 강사
중소기업 옴부즈만 규제개선자문위원
서울고등검찰청 검찰시민위원

『M&A와 근로관계의 승계』

손혁

공인노무사, 고려대학교경영학 석사
(전) 하이닉스반도체 CAO인사팀 근무
한국능률협회, 한국표준협회, 기업체 등 노무관리 강의
한국공인노무사회 이사, 서울지방노동위원회 국선노무사

『중소기업형 연봉제』

송승준

공인노무사
고려대학교 노동대학원 석사 수료
서울지방노동위원회, 중앙노동위원회 국선노무사
서울지방중소기업청 비즈니스파트너 자문위원
경영자총협회 퇴직연금 컨설턴트

통상임금
문제와 대책

초판인쇄 2014년 7월 1일
초판발행 2014년 7월 1일

지은이 현창종·윤찬성·조화식·손혁·송승준
펴낸이 채종준
펴낸곳 한국학술정보㈜
주소 경기도 파주시 회동길 230(문발동)
전화 031) 908-3181(대표)
팩스 031) 908-3189
홈페이지 http://ebook.kstudy.com
전자우편 출판사업부 publish@kstudy.com
등록 제일산-115호(2000. 6. 19)

ISBN 978-89-268-6275-9 93320